C'EST À DIRE

PREMIERS ÉCHANGES

ROBERT **ARIEW**
The University of Arizona

ANNE **NERENZ**
Eastern Michigan University

HH Heinle & Heinle Publishers, Inc.
Boston, Massachusetts 02116 U.S.A.

Publisher: Stanley J. Galek
Editorial Director: Christopher Foley
Production Editor: Paula Di Camillo
Production Coordinator: Patricia Jalbert
Assistant Editor: Petra Hausberger
Production Manager: Erek Smith
Cover and Text Design: Judy Poe
Art Director: Len Shalansky
Illustrators: Katy Linnett
          Randy Sorenson

Manufactured in the United States of America.

ISBN 0-8384-1695-0 (Instructor's Edition)
ISBN 0-8384-1694-2 (Student's Edition)

10 9 8 7 6 5 4 3 2 1

Table des matières

UNIT **4** # MON PAYS ET LE MONDE

CHAPITRE 14 PARTONS EN VACANCES 405

CHAPITRE 15 J'HABITE EN VILLE 435

PREFACE

INTRODUCTION

C'EST À DIRE is a complete first-year college-level program that represents both a curricular and a pedagogical step forward in introductory French text design.

♦ *C'EST À DIRE* is based on a functional syllabus.

C'EST À DIRE focuses on basic interactive language tasks and the high-frequency expressions and grammatical structures that allow these tasks to be carried out realistically, accurately, and in varied ways. Because only rarely do two people respond to the same question in exactly the same way, *C'EST À DIRE* focuses on communicative alternatives; it is structured around the variety of ways in which a task can be accomplished.

♦ *C'EST À DIRE* is student-centered.

C'EST À DIRE enables language learners to begin immediately to function in French—to express their own ideas by means of both oral and written language and to communicate meaningfully *in* the language rather than *about* the language.

Because real communication demands that students select from among several linguistic choices to best express themselves, the materials in *C'EST À DIRE* direct students toward real communication rather than "one correct response." The emphasis in *C'EST À DIRE* is on personalized, individualized, and student-controlled communication.

Because language is purposeful and interactive, *C'EST À DIRE* provides numerous opportunities for students to work together in large groups, small groups, and pairs executing realistic, interesting, and task-oriented activities based on abundant realia, line drawings, and photographs.

By providing students with the language options necessary to express themselves, this approach makes every student's answer interesting, valid, and worthy of being heard. *C'EST À DIRE* stresses the fact that while the accuracy of each response is important, *what students say, and not just how they say it, is critical.*

PHILOSOPHY

C'EST À DIRE focuses on communication tasks; that is, instead of contextualizing a traditional grammatical syllabus, *C'EST À DIRE* begins with basic language tasks that students should be able to perform in the context of increasingly broad personal, social, and professional settings.

■ Functions

C'EST À DIRE provides experience in the types of communicative tasks that are likely to be of particular importance to and linguistically within the grasp of students at the novice and intermediate levels of proficiency.

♦ *Seeking and imparting factual information*
  identifying and reporting; describing; narrating; asking for and giving information; asking someone to repeat; confirming information

◆ *Asking about and expressing attitudes*
    expressing agreement and disagreement; developing and presenting a position; accepting and declining an invitation; expressing capability, certainty, and obligation; expressing interest, preference and emotion; reacting; apologizing; expressing regret; excusing
◆ *Getting things done*
    inviting, advising, instructing, or directing others; requesting assistance
◆ *Socializing*
    meeting and greeting others; introducing oneself and others; taking leave; congratulating; socializing during a meal

■ Contexts

The eighteen chapters in *C'EST À DIRE* are grouped into four units of four or five chapters each. As shown below, the topic areas and broad contextual themes are recycled from one unit to the next and reflect an ever broadening view of self and society.

In Unit 1 (Qui êtes-vous?), students focus on themselves and questions of identity. They learn to:

functions	contextual themes
state their names; introduce themselves and others	self
make small talk	socializing
make a purchase	basic needs
describe themselves, their nationality, and their profession	self
invite; accept and refuse invitations; agree on an activity, a time, a day, and a place	leisure activities
identify the profession of their choice and express their interests, talents and plans	profession

In Unit 2 (Mon Quartier), the perspective changes to immediate surroundings, the neighborhood, and to events of local and personal interest. Students learn to:

functions	contextual themes
ask for and give directions, addresses, and locations	leisure, basic needs
make purchases in a café, in specialty stores, in a supermarket, and in a restaurant	basic needs
comment on their activities and on news events of general interest	socializing
tell stories and reminisce	self

In Unit 3 (Mes Relations sociales), the focus becomes even broader, turning to daily routines and to one's role as a member of society. Students learn to:

functions	contextual themes
describe daily routines and physical well-being	self
discuss and evaluate leisure activities	leisure
make professional contacts and weigh employment opportunities	profession

interact in broader social situations; accept and refuse food; apologize ... socializing

In Unit 4 (Mon Pays et le monde), the perspective changes to functioning as a member of society, a citizen of a francophone country, and a citizen of the world. Students are taught to:

functions	contextual themes
make travel plans, inquire about and reserve transportation and lodging	leisure, basic needs
find housing; purchase furnishings; request services	basic needs
describe health concerns; explain and solve health-related problems	self
select and pay for larger purchases of domestic and imported goods	basic needs
discuss one's broad-range goals and one's hopes for and vision of the future	self and society

The topics and contexts presented in *C'EST À DIRE* run the gamut from the very concrete and personal to the imaginative and hypothetical, providing a broad range of situations in which students learn to communicate. Taken together, the functions and contexts exemplify the communicative tasks that first-year students of French can comfortably accomplish.

▰ Accuracy

In *C'EST À DIRE,* grammar enables students to perform with accuracy and confidence the language functions they have acquired. Grammatical structures have been selected and sequenced with reference to the communicative language functions under consideration; that is, the order of presentation of grammatical structures is based on the frequency of occurrence of a particular structure in the functional language. Students have abundant opportunities to learn and practice grammatical structures in contextualized activities. The text covers the standard shortened grammar now common to most first-year college-level programs.

PEDAGOGICAL APPROACH
▰ Organization
▰ Recycling

Each chapter of *C'EST À DIRE* is divided into four smaller sections called *Tranches.* Each of the four *Tranches* begins with a review/preview section (**Au travail**). In the next section, called **C'est à dire,** students analyze and practice functional language alternatives. The **C'est à dire** section is followed by a section called **Regardons de plus près** in which students analyze and practice grammatical structures.

Because of the organization of the chapters into *Tranches, C'EST À DIRE* provides abundant recycling of functions as well as review and transfer of vocabulary and structures within and across chapters. Specifically:

◆ Each *Tranche* begins with a preview/review section entitled **Au travail.**

◆ *Tranches 2* and *3* end with oral recombination activities entitled **À vous!**

◆ In *Tranche 4,* the review and recombination activity takes the form of a written activity, entitled **La Langue écrite.**

◆ The chapter summary, **Vocabulaire et expressions,** effectively reviews new language by function.

◆ Each unit ends with a **Révision** which provides global application activities and supplementary readings.

C'EST À DIRE recognizes that students can comprehend and react to large amounts of functional language that they cannot as yet reproduce. Therefore, the text provides numerous opportunities throughout each *Tranche* for students to develop and practice receptive skills. By allowing students to interpret language beyond their productive abilities, students are exposed to large amounts of useful language, which becomes actively available to them as they become more proficient.

Focus on Receptive Skills

Listening

C'EST À DIRE provides realistic listening materials throughout the text. Materials explicitly directed toward listening are located in *Tranche 2* of each chapter. Students encounter language they would naturally encounter only through listening—radio advertisements, portions of conversations, public announcements, etc.

In addition, attention is paid to the development of listening skills. Appropriate pre-listening materials introduce each passage, and listening comprehension activities focus on both the main ideas of the passage and essential details. A complete listening system is provided to each student: each copy of the student text is packaged with an audio-cassette that contains the listening comprehension passages (not printed in the book) as well as the dialogues found in *Tranche 1*.

Reading

C'EST À DIRE provides numerous opportunities to read throughout each *Tranche* and focuses explicitly on reading skills in *Tranche 3* of each chapter. *C'EST À DIRE* presents students with language they would naturally encounter only through reading—printed invitations, letters and cards, schedules, surveys, newspaper articles, printed advertisements, brochures, menus, etc.

As with the listening activities, appropriate advance organizers precede each reading passage, and reading comprehension activities focus on the gist of the passage, the essential details, and the relationships among the details and their implications.

Focus on Productive Skills

C'EST À DIRE encourages students to experiment with language within the range of the correct and acceptable options offered by the text. It provides a complete set of materials for acquiring and using skills, with ample opportunity to practice new material first in carefully guided environments and then in more open-ended situations. All activities are oriented toward specific functions and are meaningful, practical, and fully contextualized.

Speaking

A majority of the activities in *C'EST À DIRE* require active oral participation. Many are designed to be done in pairs or in small groups. *C'EST À DIRE* is designed to provide a participatory teaching environment where students use language in meaningful and motivating contexts. Both structured and open-ended activities are included in each *Tranche,* and many culminating activities are provided.

Writing

Several activities per *Tranche* are designed to be done in writing, and **La Langue écrite** is a global activity devoted exclusively to written communication. Additional opportunities to practice written language, ranging from listing to expressive writing, are provided in the comprehensive workbook that accompanies *C'EST À DIRE*. All writing activities are closely tied to the language functions as well as the thematic contexts of the text.

COMPONENTS

The *C'EST À DIRE* program includes two types of materials: materials designed to assist the student and materials designed to assist the instructor.

■ Student Materials Include:

◆ *C'EST À DIRE: Premiers Échanges,* the student textbook.

◆ Student Audio Cassette. Each student copy of *C'EST À DIRE* is packaged with a Student Audio Cassette containing all **Dialogues** (from the text) and all **À l'écoute** passages (which are not printed in the text). Materials on the student tape are indicated with a headphones symbol in the text.

◆ Workbook/Laboratory Manual. The Workbook/Laboratory Manual reflects the functions, contexts, and language of the text, as well as the overall chapter organization. Each chapter is organized by *Tranche* and includes both writing and listening exercises: review and preview exercises paralleling **Au Travail,** exercises on the function introduced in the section **C'est à dire,** and exercises on the grammatical material taught in **Regardons de plus près.** Pronunciation exercises are also included in the Laboratory Manual.

◆ Laboratory Tape Program. The Laboratory Tape Program emphasizes meaningful, creative, and communicative listening and contains a variety of review/preview, functional, and structurally based listening exercises.

■ Instructor's Materials Include:

◆ *C'EST À DIRE* Instructor's Edition. The Instructor's Edition includes all of the materials in the student edition as well as features directed specifically to the instructor. These include a preface to the instructor, the tapescript of the **À l'écoute** sections, as well as liberal annotations throughout the text. The annotations expand on the materials; provide step-by-step instructions and other useful pedagogical suggestions for many activities; and provide answers, supplementary cultural information, additional contextualized examples, activity variations, an answer key, and ideas for follow-up and expansion. A Student Tape is provided to instructors free of charge upon adoption of the student text.

◆ Testing Program. The Testing Program includes contextualized and communicative situations through which students can demonstrate their mastery of the functions, vocabulary, and structures of the text. Both structured and creative use of language are tested.

◆ Laboratory Tapescript. A Laboratory Tapescript provides a transcript of the listening material contained in the laboratory tape program.

◆ Transparency Masters.

■ Additional Materials Available

Instructors may purchase the following items for use with the *C'EST À DIRE* program.

◆ *C'EST À DIRE par ordinateur.* Designed specifically for the text, *C'EST À DIRE par ordinateur* is a complete computer-assisted instruction program for the IBM PC and compatibles. The software requires a computer with one 5¼-inch disk drive and a graphics video adaptor. It includes computerized activities that deal with both language functions and structures. It provides an ideal medium for students to practice language on their own. The software makes liberal use of graphics, help screens, and individualized messages.

♦ *The French Way,* the videotape. Filmed entirely on location in France, Canada and Louisiana, this sixty-minute videotape features a wide variety of people interacting in French. The tape provides authentic examples of functional language.

CHAPTER ORGANIZATION

C'EST À DIRE begins with a brief introductory chapter designed to familiarize students with the concept of language functions, the organization and content of the text, and the procedures of large-group, small-group and pair interactions. Each chapter thereafter presents material through four steps, or *Tranches.* The functions, contexts, and structures of each *Tranche* are summarized in the opening page of the chapter. Each *Tranche* is designed to move students through a review/preview stage into interactive skill-getting and skill-using activities. The four *Tranches* in a chapter each follow the same pattern and contain the following materials:

♦ **Au Travail,** a chapter warm-up reviewing functional language, vocabulary, and grammar from previous chapters and applying them to the context of the current chapter.

♦ An authentic language sample illustrating the functions of the chapter—a **Dialogue** *(Tranche 1),* **À l'écoute,** a listening passage *(Tranche 2),* **Lecture,** a reading *(Tranche 3)* and an extended interactive situation *(Tranche 4).*

♦ **C'est à dire,** a functional language set followed by skill-getting and skill-using activities.

♦ **Regardons de plus près,** explanations of the structures that occur most frequently in the functional language set, followed by activities to use and practice the structures.

♦ **À vous!** an application activity

♦ **Notes culturelles,** cultural notes (in *Tranche 1*) explaining contexts or situations in which the language function has been developed.

♦ **La Langue écrite,** composition topics (at the end of *Tranche 4*).

♦ **Vocabulaire et Expressions,** a section that provides a list of the material covered in the chapter organized by function or language task.

♦ **Inter-Unit Review.** The last *Tranche* of each of the four units is an inter-unit review, which presents activities to review and recycle the functions taught in the preceding chapters.

♦ **Global Activities.**　　The last *Tranche* in Chapter 18 provides global activities. Based on the ACTFL Oral Proficiency Guidelines, these activities include listing activities, simple situations and situations with complications.

SYLLABUS AND LESSON PLANS

The eighteen chapters of *C'EST À DIRE* can be divided into two sections of nine chapters to accommodate instructors teaching two semesters, or into three sections of six chapters which accommodate instructors teaching three terms. In general, *Tranches 1, 2* and *3* are intended for one or two class sessions each, while *Tranche 4* may be covered in a single class session. A sample syllabus is provided below.

Week	Chapters in *C'EST À DIRE*
1	Chapitre préliminaire; Chapitre 1: Tranches 1 and 2
2	Chapitre 1: Tranches 3 and 4; Chapter Test
3	Chapitre 2: Tranches 1, 2, and 3
4	Chapitre 2: Tranche 4; Chapter Test; Chapitre 3: Tranche 1
5	Chapitre 3: Tranches 2, 3, and 4; Chapter Test
6	Chapitre 4: Tranches 1 and 2
7	Chapitre 4: Tranches 3 and 4; Chapter Test; Chapitre 5: Tranche 1
8	Chapitre 5: Tranches 2, 3, and 4
9	Chapitre 5: Chapter Test and Tranche 4 Inter-unit Review Chapitre 6: Tranches 1 and 2
10	Chapitre 6: Tranches 3 and 4 Chapter test; End-of-quarter review

END OF FIRST QUARTER

Week	Chapters in *C'EST À DIRE*
11	Chapitre 7: Tranches 1 and 2
12	Chapitre 7: Tranches 3 and 4; Chapter Test; Chapitre 8: Tranche 1
13	Chapitre 8: Tranches 2 and 3
14	Chapitre 8: Tranche 4, Chapter Test; Chapitre 9: Tranche 1
15	Chapitre 9: Tranches 2 and 3; Chapter Test; Inter-unit Review; End-of-semester review

END OF FIRST SEMESTER

Week	Chapters in *C'EST À DIRE*
16	Chapitre 10: Tranches 1, 2, and 3
17	Chapitre 10: Tranche 4; Chapter Test; Chapitre 11: Tranche 1
18	Chapitre 11: Tranches 2, 3, and 4
19	Chapitre 11: Chapter Test; Chapitre 12: Tranches 1 and 2
20	Chapitre 12: Tranches 3 and 4; Chapter Test; End-of-quarter review

END OF SECOND QUARTER

Week	Chapters in *C'EST À DIRE*
21	Chapitre 13: Tranches 1 and 2
22	Chapitre 13: Tranches 3 and 4; Chapter Test; Inter-unit Review
23	Chapitre 14: Tranches 1, 2, and 3
24	Chapitre 14: Tranche 4; Chapter Test; Chapitre 15: Tranche 1
25	Chapitre 15: Tranches 2, 3, and 4
26	Chapitre 15: Chapter Test; Chapitre 16: Tranches 1 and 2
27	Chapitre 16: Tranches 3 and 4; Chapter Test
28	Chapitre 17: Tranches 1, 2, and 3

29	Chapitre 17: Tranche 4; Chapter Test;
	Chapitre 18: Tranches 1 and 2
30	Chapitre 18: Tranches 3 and 4; Chapter Test;
	Global activities; end-of-quarter (semester) review

END OF THIRD QUARTER, SECOND SEMESTER

— Typical Lesson Plans

During a fifty-minute class session, a typical *Tranche* might be taught as follows:

DAY 1:

Administrative tasks, **Au travail**	10 minutes
Dialogue, practice and comprehension activities	15 minutes
C'est à dire, practice and activities	25 minutes

DAY 2:

Administrative tasks, review	10 minutes
Regardons de plus près and activities	20 minutes
Notes culturelles, À vous or **La Langue écrite**	20 minutes

If the **Dialogue, À l'écoute,** or **Lecture** and the corresponding comprehension activities were assigned to be completed outside of class, a single *Tranche* can be completed in one class session, as follows:

Administrative tasks, **Au travail**	10 minutes
C'est à dire and selected activities	20 minutes
Regardons de plus près and selected activities	20 minutes

COMMENTS

We are interested in hearing your comments on and reactions to the *C'EST À DIRE* program. Comments on your experiences using this text in the classroom will be extremely helpful. Please address your thoughts to us in care of Heinle and Heinle Publishers, 20 Park Plaza, Boston, Massachusetts, 02116, or call our toll-free number at 1-800-237-0053.

ACKNOWLEDGMENTS

We would like to express our deep gratitude to Charles Heinle and Stan Galek, as well as to the entire Heinle and Heinle organization for their support of this project. We would especially like to thank Christopher Foley and Paula DiCamillo for their patience, encouragement, and unending commitment to both the concepts and the reality of *C'EST À DIRE*. Our thanks also go out to Patricia Jalbert and Petra Hausberger of Heinle and Heinle for their valuable assistance during the production of the text, copyeditor Jane Wall-Meinike for her rigorous edit of the manuscript, Cynthia Fostle, Lee Abbot and Jane Goodman for their proofreading, native readers Nicole Fandel, Sylvie Romanowski and Florence Boisse-Kilgo for ensuring the authenticity of the language in the dialogues and exercises, Judy Poe for her design of the text, and artists Katy Linnett and Randy Sorenson. We would also like to recognize the essential contribution of Joseph Morello of the University of Rhode Island, who read the entire manuscript and made many excellent suggestions.

Our deep appreciation also goes out to the following colleagues who reviewed early portions of the manuscript: Barbara Blackbourn, Georgia Institute of Technology; Gilberte Furstenberg, Massachusetts Institute of Technology; and Sophie Jeffries, Millbrook (NY) Academy. Our thanks also go out to Linda Harlow, The Ohio State University, who reviewed the initial functional and grammatical syllabus.

Many thanks to Katherine Kulick, College of William and Mary, for the writing activities workbook; to Lydie Meunier, University of Arizona, for the annotations to the Instructor's Edition; to Lydie Meunier and J. Sanford Dugan, Eastern Michigan University for field testing portions of the manuscript; to Jean-François Brière, State University of New York at Albany, who reviewed the cultural notes; to Patrice Kleff, Collège de Verberie, France, who provided valuable assistance with questions of linguistic and cultural accuracy; to Denise Ariew for the glossary and uncounted other tasks and to David, Robbie, and J.J. Nerenz for their patience, support and unshakable good-humor throughout this project.

Robert Ariew
Anne Nerenz

≡ À L'ÉCOUTE ◆ New Vocabulary and Tapescript

CHAPITRE 1   Bravo

NEW VOCABULARY

(1) Teach the following new vocabulary using the comic strip art. (a) Voici *l'animateur.* (b) Voici *le candidat.* (c) Voici *la candidate.* (2) Act out and explain the following new vocabulary: (a) *aussi:* point out the **animateur** and the male contestant and say: Il s'appelle Jean. Il s'appelle Jean *aussi.* (b) *gagné:* Draw a trophy on the board. Smile and say: J'ai *gagné.* Frown and say: Je n'ai pas *gagné.*

TAPESCRIPT

ANIMATEUR: Bravo, Mademoiselle, vous avez gagné!
CANDIDATE: Formidable!
ANIMATEUR: Bon, alors, comment vous appelez-vous?
CANDIDATE: Je m'appelle Marie-France Lefèvre et je suis de Lille.
ANIMATEUR: Et comment s'appelle votre partenaire?
CANDIDATE: C'est Jean Martineau; il est de Lille aussi.
ANIMATEUR: Vous avez gagné un voyage à Tahiti!
CANDIDATE: Oh, merci, Monsieur!
ANIMATEUR: Je vous en prie.
            (Applaudissements)
            Au revoir, Mademoiselle. Au revoir, Monsieur.
            (Ils se serrent la main.)
CANDIDATS: Au revoir.

CHAPITRE 2   Un Spot à la radio

NEW VOCABULARY

(1) Draw a cassette tape on the board with the price crossed out and replaced by a lower price, and say: Il y a *une promotion,* il y a *un rabais* de 10% sur les cassettes. (2) Write the date on the board and say: *Aujourd'hui c'est le …*

TAPESCRIPT

Mesdames et Messieurs, la FNAC a l'honneur d'annoncer une promotion sensationnelle d'équipement de haute fidélité. Profitez des rabais de 10 à 30 pour cent. Par exemple,
    un rabais de 30 pour cent sur les chaînes stéréo,
    un rabais de 15 pour cent sur les Walkman,
    un rabais de 10 pour cent sur les disques,
    un rabais de 10 pour cent sur les cassettes.
Visitez la FNAC aujourd'hui.

CHAPITRE 3 Un Avertissement

NEW VOCABULARY

(1) Point out the first panel of art and say: Voici *la gendarmerie.* C'est *un gendarme.* Il travaille à *la gendarmerie.* (2) Draw a portrait on the board and point out the following features: Il a les *cheveux longs* (courts / *noirs* / blonds), *une moustache, un tatouage.* Draw three stick figures of different heights on the board and say: Il est de *grande taille* (de petite taille / *de taille moyenne*). (3) You may also want to teach the following new words: accusé, récent, si, des renseignements.

TAPESCRIPT

Attention, Mesdames et Messieurs, la gendarmerie recherche un individu nommé Claude Ledur. Ledur a 36 ans; il est de taille moyenne; il a les cheveux noirs et longs, les yeux bruns et une moustache. Il a un tatouage sur le bras en forme de dragon. Ledur est accusé d'un vol récent à la Banque Nationale de Paris. Ledur est armé et dangereux. Si vous avez des renseignements sur Ledur, contactez la gendarmerie. Je répète, Ledur est armé et dangereux.

CHAPITRE 4 Au téléphone

NEW VOCABULARY

(1) Teach the following new vocabulary using the art: Voici deux personnes à *l'appareil.* (2) Write the title of a movie on the board with a performance at 8 P.M., and say: *La séance est à vingt heures.* (3) Act out and explain the following: Le week-end prochain j'ai beaucoup de *projets.* (4) You may also want to teach the following vocabulary: Quoi de neuf?

TAPESCRIPT

JEAN: Allô, Chantal? C'est Jean à l'appareil.
CHANTAL: Bonjour, Jean. Ça va?
JEAN: Très bien, et toi?
CHANTAL: Je vais bien. Quoi de neuf?
JEAN: Eh bien, voilà, nous organisons une petite soirée au cinéma ce soir. Il y a un film passionnant au Rex. Ça t'intéresse?
CHANTAL: En principe, oui. Mais ce soir, c'est impossible. Je vais au récital du Professeur Martins avec Pierre. C'est un programme de musique classique.
JEAN: Ah, oui, c'est un programme de Bach, n'est-ce pas?
CHANTAL: C'est ça.
JEAN: Moi, je vais assister à ce récital demain. Il y a une autre séance demain à vingt heures. J'ai une idée, téléphone à Pierre et change les projets. Allons au cinéma ce soir et au récital demain.
CHANTAL: Excellente idée!

CHAPITRE 5 Le Poste

NEW VOCABULARY

(1) Teach the following new vocabulary using the art: Voici des *produits de beauté.* *Voici un(e) représentant(e).* Voici des *produits pharmaceutiques.* (2) Explain: Revlon et Estée Lauder sont *des lignes de produits* célèbres. (3) You may also introduce the following: un lycée.

TAPESCRIPT

SPEAKER: L'agence de travail La Flèche Bleue annonce la disponibilité de plusieurs postes intéressants.

- Représentant/représentante de produits de beauté. Une grande société recherche un représentant ou une représentante pour leur ligne de produits de beauté. Grands bénéfices, amples commissions, excellentes conditions de travail.
- Secrétaire bilingue. Une société pharmaceutique recherche immédiatement une secrétaire bilingue français-anglais. Le poste est stable, avec congés payés.
- Professeur de Mathématiques. Un lycée privé de la région parisienne recherche un professeur de mathématiques qualifié. On demande une expérience minimum de deux ans. Bonne rémunération.

Téléphonez à La Flèche Bleue au 42-75-45-76 pour les détails.

CHAPITRE 6 Le Nouveau Centre commercial

NEW VOCABULARY

(1) Teach the following new vocabulary using the art: Voici le directeur du centre commercial. Il *offre des promotions.* Name several stores and say: Voici *plusieurs magasins: un magasin de vêtements, par exemple, où on achète un pull-over, des jeans, etc., un magasin de vins, une pâtisserie.* (2) Act out and explain the following: entendre: whisper a sentence and ask: Est-ce que vous entendez? Shout a sentence and ask the same question. (3) You may also want to teach the following vocabulary: l'auditeur, la banlieue, comme vous le savez, environ, le R.E.R. (Réseau Express Régional).

TAPESCRIPT

Chers auditeurs, ici Didier Grilot avec Henri Cadec, directeur de Rosmy—le nouveau centre commercial dans la banlieue Est de Paris.

GRILOT: Monsieur Cadec, comment allez-vous?
CADEC: Je vais très bien aujourd'hui. Comme vous le savez, c'est aujourd'hui le jour de l'ouverture.
GRILOT: Je vous entends mal.
M.C.: Je dis, c'est aujourd'hui l'ouverture de notre nouveau centre commercial Rosmy.
GRILOT: Très bien. Et où se trouve le centre Rosmy? Où sommes-nous en ce moment?
CADEC: C'est dans la banlieue Est de Paris, à Nogent-sur-Marne.
GRILOT: Décrivez un peu le centre, s'il vous plaît. Combien de magasins y a-t-il?
CADEC: Le centre Rosmy offre environ 100 magasins. Il y a un magasin pour hommes et deux magasins de vêtements pour dames. Il y a aussi un magasin de vins, une pâ-

tisserie, une banque, une pharmacie, un bureau de poste, des cinémas, une agence de voyages, plusieurs restaurants et beaucoup d'autres magasins.

GRILOT: Comment va-t-on au centre?

CADEC: Prenez le R.E.R. jusqu'à la station Nogent-sur-Marne. Le centre Rosmy est à deux minutes de la station.

GRILOT: Le centre Rosmy, quand est-il ouvert?

CADEC: Le centre est ouvert tous les jours du lundi au samedi de 9h30 à 18h30.

GRILOT: Alors, si j'ai bien compris, le centre Rosmy n'est pas ouvert le dimanche.

CADEC: C'est bien ça; il est ouvert du lundi au samedi.

GRILOT: Encore une fois les heures d'ouverture . . .

CADEC: Le centre Rosmy est ouvert tous les jours du lundi au samedi de 9h30 à 18h30. Et le parking est gratuit.

GRILOT: Voilà, mes chers auditeurs, visitez le centre commercial Rosmy et bénéficiez des promotions pendant l'ouverture. Ici Didier Grilot à l'ouverture du centre Rosmy. À bientôt.

CHAPITRE 7 Publicités

NEW VOCABULARY

(1) Draw on the board and name the following new vocabulary: Voici *le soleil*. Voici des oranges. Les oranges *juteuses* ont beaucoup de jus. Elles sont faciles à *éplucher*. Voici des *pots de crème*, des sortes de pudding. Voici des *oeufs*, du *lait* et du *sucre*. Voici des *biscuits*. Voici de *la glace*. Voici un citron, et le citron est *amer*. (2) Act out and explain: Le chocolat est difficile à *digérer*. Et, aussi, le chocolat *fait grossir*. *J'ai peur de* grossir. Par conséquent, *j'hésite* à manger du chocolat. (3) You may also want to teach the following words: disponible, partout, en vente.

TAPESCRIPT

Les oranges de Jaffa, les bonnes oranges juteuses, les oranges préférées de tout le monde. Elles sont faciles à éplucher, faciles à manger, faciles à digérer, et pleines du soleil des pays méditerranéens. Achetez des oranges de Jaffa aujourd'hui. Elles sont disponibles partout.

Vous aimez les petits pots de crème? Eh bien, n'hésitez pas, achetez les petits pots de crème Venise. Ils contiennent du lait, des oeufs, mais pas de sucre naturel. Mangez les petits pots de crème Venise sans avoir peur de grossir.

Les biscuits LU présentent une nouvelle génération de biscuits: les biscuits LU au chocolat. Ils sont pratiques et ils existent en deux versions, au chocolat au lait et au chocolat amer. Soyez moderne, mangez les biscuits LU au chocolat pour le dessert. Ils sont particulièrement bons avec de la glace. Ils sont en vente dans tous les magasins.

CHAPITRE 8 L'Evénement artistique

NEW VOCABULARY

(1) Teach the following new vocabulary, using the photographs: Voici le Pont Neuf à Paris. Voici *une toile colorée*. Le pont est *enveloppé* de la toile colorée. (2) Act out and explain the following vocabulary: frivole, fou, gigantesque, dépenser. Say:

Quand on dépense trop d'argent, c'est du *gaspillage*. (3) You may also want to teach the following new vocabulary: **venir de, qu'en pensez-vous?, tellement**.

TAPESCRIPT

—L'artiste Christo vient de terminer sa dernière création. Il a enveloppé le Pont Neuf à Paris. En effet, le Pont Neuf que nous connaissons bien est aujourd'hui enveloppé d'une toile colorée. Plusieurs assistants ont travaillé pendant plus d'une semaine pour compléter le projet. L'opinion du monde artistique varie sur l'importance de cet événement artistique. Qu'en pensez-vous? Est-ce que Christo est un des grands artistes d'aujourd'hui, ou bien est-ce que ses projets sont frivoles et sans intérêt? Nous voulons votre opinion à ce sujet.

RÉPONSE #1
—Allô, oui, je vous écoute.
—Allô. J'ai vu le projet de Christo. Le Pont Neuf enveloppé d'une toile colorée. Et c'est idiot. C'est bien ça, un projet idiot.
—Merci, Monsieur, de votre opinion.

RÉPONSE #2
—Allô, oui.
—Christo et le Pont Neuf, j'ai trouvé ça très bien.
—Pourquoi?
—J'ai beaucoup aimé, c'est du nouveau, c'est gigantesque et très intéressant.
—Merci, Madame.

RÉPONSE #3
—Allô, oui, je vous écoute.
—Allô. Je ne comprends pas pourquoi on permet à des artistes bourgeois de dépenser tellement d'argent. J'ai vu le Pont Neuf de Christo et j'ai pensé au gaspillage. C'est bien ça son projet: un gaspillage de temps et d'argent, sans raison sociale. C'est fou!
—Merci, Monsieur.

CHAPITRE 9 La Météo dans les Alpes

NEW VOCABULARY

(1) Teach the following new vocabulary using the art: Il y a du soleil, il fait très beau *temps*. Voici *des vacanciers*. Voici *des pistes* de ski dans les Alpes. Voilà *de la neige*. La neige peut être glacée ou *poudreuse*. Voici une *tempête*. *Le vent* est violent. Voici une route *bloquée* par la neige. Ici, la route est *dégagée*. (2) Using a calendar, point at the date of Easter and say: Voici *Pâques*. Use a weather report and say: Voici un *rapport météorologique*. (3) You may also want to teach the following words: en direct, abondant, bien entendu, ceci, reçu.

TAPESCRIPT

Rapport météorologique de notre correspondant dans les Alpes.

Ici Roger Lebrun au microphone. Je vous parle en direct de Chamonix pour rapporter la situation météorologique de la région. La semaine de Pâques a commencé avec un très beau temps. Il a fait beau les trois premiers jours de la semaine. La température était idéale, le vent était calme et les premiers skieurs sur les pistes avaient de bonnes conditions: la neige était poudreuse et abondante.

Jeudi la situation a changé radicalement. Ce jour-là il y a eu une tempête très forte. Il y a eu environ 50 cm de neige dans la région et un vent très fort. Bien entendu, ceci a bloqué toutes les routes. La situation était dangereuse, et nous avons parlé à plusieurs skieurs qui avaient très peur du danger d'avalanches. Heureusement, nous n'avons pas reçu de rapports d'accident.

Aujourd'hui, deux jours après la tempête, tout rentre dans l'ordre. Les routes sont dégagées et les vacanciers sont de nouveau sur les pistes. Si vous avez l'intention de faire un peu de ski pendant les vacances de Pâques, les conditions sont idéales. Ici Roger Lebrun de Chamonix.

CHAPITRE 10 Contre la grippe

NEW VOCABULARY

(1) Introduce and act out the following new vocabulary: Je *ne me sens pas bien.* J'ai *perdu* ma vitalité et ma *joie de vivre.* Mon *corps* est fatigué. J'ai mal aux muscles. J'ai attrapé *un microbe.* Je prends *ces remèdes* et *ces comprimés.* Ces remèdes ont une action *thérapeutique* active et *efficace.* Ces remèdes sont *en vente* à la pharmacie. (2) You may also want to teach the following new vocabulary: le bonheur, se nourrir.

TAPESCRIPT

Vous ne vous réveillez pas en pleine forme. Vous ne vous sentez pas bien. Vous avez mal aux muscles et vous ne vous portez pas bien. Vous avez besoin de vous reposer, mais vous n'avez pas le temps de vous occuper de votre santé. Vous avez perdu votre vitalité.

Prenez les comprimés du Docteur Lagarde, le remède miraculeux contre les maladies de la vie moderne. Son action thérapeutique active la circulation, vitalise le corps et combat les microbes.

Prenez deux comprimés du Docteur Lagarde par jour et vous allez retrouver la joie de vivre et le bonheur. Les comprimés du Docteur Lagarde sont plus efficaces si vous vous nourrissez de fruits, de légumes frais, et de céréales et si vous faites de la gymnastique régulièrement.

Les comprimés du Docteur Lagarde sont en vente chez tous les pharmaciens.

CHAPITRE 11 Votre émission préférée

NEW VOCABULARY

Teach the following new vocabulary, using the art: Les sports comme le football et le baseball sont des sports de *plein air.* Les informations à la télé sont des programmes très importants, c'est à dire que c'est *capital. Les Chiffres et les lettres* est un jeu télévisé populaire en France.

TAPESCRIPT

LUI: Allô, bonjour, Monsieur. Je représente TF1. Nous faisons un sondage. Nous voulons savoir quelle est votre émission préférée.

VOUS: Mon émission préférée? Attendez, je ne suis pas sûr. Je ne sais pas si j'en ai une.

LUI: Par exemple, est-ce que vous aimez les sports télévisés?

VOUS: Ah oui, les sports, je les apprécie, moi. J'aime . . . voyons, j'aime surtout le plein air, la compétition, le danger.

LUI: Et les informations?

VOUS: À mon avis, les informations sont très importantes: les nouvelles, la politique, l'economie, la diplomatie, c'est capital, tout ça.

LUI: Vous aimez les jeux télévisés, par exemple "Les Chiffres et les Lettres"?

VOUS: Ah, oui, je le trouve passionnant, ce jeu. Je l'aime beaucoup. C'est un vrai puzzle pour l'esprit, un travail important de linguistique et de mathématiques.

LUI: Bon, alors, quelle est votre émission préférée: les sports, les informations ou les jeux télévisés?

VOUS: Bof, moi, je pense que la télé, c'est la télé. Je la regarde, comme ça, pour passer le temps. Le reste n'a pas beaucoup d'importance.

CHAPITRE **12** Le Projet Martins

NEW VOCABULARY

(1) Write a paragraph on the board and say: Je commence ma lettre avec des *salutations*. Maintenant, je vais à *la ligne*. (2) Teach the following new vocabulary using the icons +, −, =, and say: Un candidat peut être *aussi qualifié* qu'un autre; quelquefois il peut être *plus intelligent qu'un* autre; quelquefois, il peut être *moins* qualifié mais plus intelligent qu'un autre candidat. (3) You may also want to teach the following new vocabulary: diriger, être du même avis, faire preuve, se rappeler.

TAPESCRIPT

Alors, la lettre est adressée à Madame Legrand, directrice des finances à New York. Vous faites les salutations comme d'habitude.

Ahem! Concernant le projet Martins, je suis d'accord avec vous qu'il demande toute notre attention. Je suis aussi de votre avis quand vous dites qu'il nous faut un chef de projet avec beaucoup de talent. Le projet risque d'être plus difficile à diriger que les autres.

A la ligne. Vous proposez Georges Bouchot comme chef de projet. D'après vous, il est doué pour ce genre de travail. En plus, il est plus consciencieux et plus intelligent que les autres candidats. Je suis du même avis.

A la ligne. Néanmoins, je voudrais vous proposer Denis Richardin comme candidat. Il est aussi qualifié que Bouchot et a déjà fait preuve de ses talents dans un projet similaire l'année dernière. Je le trouve aussi consciencieux que Bouchot et aussi plus calme et plus sérieux. Il est certainement plus discret que lui. Vous vous rappelez sans doute du contrat avec la société Idex. Prenez contact avec moi si vous avez des questions à ce sujet.

Vous terminez la lettre comme d'habitude.

CHAPITRE **13** Les Excuses

NEW VOCABULARY

Act out the following new vocabulary: *casser:* Break an old tape in class and say je *casse* cette cassette; *faire exprès:* Say: j'ai *fait exprès* de casser cette cassette; *être dé-*

solé: Show that you are sorry and say: Je suis *désolé(e), c'est de ma faute; renverser, la nappe:* spill a glass of water on a tablecloth and say: *Je renverse ce verre d'eau sur la nappe.* (2) You may also want to introduce the following new vocabulary: de ma part, auprès de, pardonner, s'arranger.

TAPESCRIPT

—Allô, Thérèse? C'est Pierre à l'appareil.

(pause)

—Non, laisse-moi parler . . . Je te demande pardon pour hier soir. Je sais maintenant qu'il ne fallait pas parler politique avec ton père. Je suis désolé de lui avoir parlé de mes idées pacifistes. Je ne savais surtout pas qu'il était colonel. Est-ce que tu peux lui dire quelques mots de ma part?

(pause)

—Une lettre? C'est une bonne idée. Je vais lui écrire une lettre tout de suite. Bon, et maintenant je veux aussi m'excuser auprès de ta mère.

(pause)

—Je sais que ce n'est pas vraiment de ma faute, mais je veux m'excuser quand même. Je ne savais pas que la chaise était fragile.

(pause)

—Oui, je sais bien que c'est une chaise ancienne du temps de Louis XVI. Mais je ne savais pas qu'elle allait se casser comme ça.

(pause)

—Mais non, je n'ai pas fait exprès de renverser mon verre de vin sur la nouvelle nappe. C'était un accident, je te le jure!

(pause)

—Je sais bien que la soirée était complètement désastreuse et que je n'ai pas fait une bonne impression . . . Il faudrait me pardonner, quand même! Je suis vraiment désolé.

(pause)

—D'accord. Moi aussi, j'espère que les choses vont s'arranger. Au revoir.

CHAPITRE **14** Un Changement de plans

NEW VOCABULARY

(1) Use the art to point out the following words: Voici la *voie ferrée.* Voici *le guichet.* Pour réserver une place dans le train, *nous sommes priés de nous rendre* au guichet, c'est-à-dire, il faut aller au guichet. (2) You may also want to introduce the following new vocabulary: tu rigoles, un malentendu.

TAPESCRIPT

(Announcement over a loudspeaker)

Attention, attention passagers à destination de Grenoble: le train express de 10h12 a été annulé à cause d'un accident qui bloque la voie. Les passagers sont priés de se rendre au guichet numéro 12 pour réserver des places dans le train de 13h27.

(Repeat announcement)

GUY: Tu as entendu? Notre train vient d'être annulé!

MARTINE: Comment? Je n'ai pas bien compris, qu'est-ce qui se passe?

GUY: Notre train vient d'être annulé, je te dis.

MARTINE: Ce n'est pas possible. Il y a sans doute un malentendu.

GUY: Non, non, c'est vrai, puisque je te le dis; on vient de l'annoncer. Il faut se rendre au guichet numéro 12 pour réserver des places dans le train suivant.

MARTINE: Tu rigoles! Et nos réservations? Est-ce qu'elles sont annulées aussi?

GUY: Je ne crois pas. Je vais leur en parler.

MARTINE: Ah, oui, ça, oui. Je veux leur en parler aussi, moi. Qu'est-ce que c'est que cette histoire?

GUY: Calme-toi. Je suis sûr que tout va s'arranger.

Au guichet.

GUY: Monsieur, pouvez-vous nous renseigner à propos du train pour Grenoble?

L'EMPLOYÉ: Oui, Monsieur. Il y a un accident sur la voie. Vous devez prendre le train de 13h27. Vos billets, s'il vous plaît. Voici vos réservations.

GUY: Merci . . . Tu vois, Martine, tout a été prévu. Il n'y a pas de problème. Nous allons passer une très belle semaine à Grenoble.

CHAPITRE **15** La Promotion de meubles à la maison Breguet

NEW VOCABULARY

(1) Teach the following new vocabulary using the art: Voici *un lit, un matelas, une table, des chaises*. Voici des *meubles neufs*, c'est-à-dire, ce sont de nouveaux meubles. Et voici des *meubles d'occasion*, c'est-à-dire pas nouveaux. (2) You may also want to teach the following new vocabulary: *fière, sans reproche*.

TAPESCRIPT

ANNONCE À LA RADIO

La Maison Breguet, la première maison du meuble, est fière d'annoncer sa grande promotion annuelle. Venez profiter de soldes monstres sur tout genre de meubles. Nous avons des meubles neufs et d'occasion, des soldes incroyables, et une qualité sans reproche. Nous vous invitons à notre magasin situé sur la route de la Reine à Boulogne. Venez tous!

DIDIER AU TÉLÉPHONE

—Allô, Anne-Claire? C'est Didier. Ecoute . . . tu veux venir avec moi choisir des meubles? Il y a une grande promotion chez Breguet.

(pause)

—Je voudrais bien que tu viennes.

(pause)

—Formidable. Je viens te chercher? J'y vais vers deux heures.

(pause)

—Non, je n'ai pas besoin de beaucoup de choses . . . Voyons . . . il faut que j'achète un lit, ou au moins un matelas, une table et des chaises. C'est tout.

(pause)

—Ah, non, pas de meubles neufs. C'est trop cher. Il vaut mieux que je les achète d'occasion.

(pause)

—Alors, àtout à l'heure.

CHAPITRE **16** La Maladie de Marthe

NEW VOCABULARY

Teach the following new vocabulary using the art: Voici une paire de *lunettes*. Ces deux femmes *célèbrent* une bonne nouvelle. Elles *fêtent* la bonne nouvelle au restaurant.

TAPESCRIPT

—Allô, c'est toi, Marthe?

(*pause*)

—Tu viens de rentrer de ta visite chez le médecin? Alors, qu'est-ce qu'il a dit?

(*pause*)

—Heureusement! Je suis très contente que tu n'aies rien de grave. Et dis-moi, d'où vient ton mal de tête?

(*pause*)

—Vraiment? Tu as besoin de lunettes? Ça alors! Je suis surprise que nous n'ayons pas pensé à ça. Avec tes examens et toute la lecture que tu fais, c'est bien possible que ce soit les lunettes!

(*pause*)

—Je suis d'accord. Le docteur Lagarde est mon médecin aussi, et je suis très heureuse que nous ayons quelqu'un de compétent. En plus il est si gentil!

(*pause*)

—Je suis d'accord. Il faut fêter des nouvelles comme celles-ci.

(*pause*)

—Entendu. Ce soir nous avons rendez-vous au Pied de Cochon. Nous allons prendre un bon dîner.

(*pause*)

—D'accord. Nous allons prendre un *très bon* dîner. À ce soir!

CHAPITRE **17** La Super Turbo

NEW VOCABULARY

(1) Teach the following new vocabulary using the art: Voici *un bolide*. Un bolide est une voiture très rapide. Elle *consomme* beaucoup d'*essence*. L'essence est l'énergie de base d'une voiture. Voici *des sièges en cuir*. (2) Act out and explain the following words: *J'ai les moyens*, c'est-à-dire assez d'argent, de m'acheter une petite Ford, mais *je n'ai pas les moyens* de m'acheter une Jaguar. Bien que la Jaguar soit la voiture de mes *rêves*, ce n'est pas une réalité, ça coûte trop cher, c'est *au dessus* de mes moyens. (3) You may also want to introduce the following new words: lancer, se torturer.

TAPESCRIPT

(*Publicité au salon d'auto*)
Mesdames et Messieurs. Nous avons l'honneur de lancer le nouveau modèle Lotus, la Super Turbo. Remarquez ses lignes pures, son style et son élégance. La Lotus Super Turbo, bien que

confortable et luxueuse, est une voiture de grand sport, avec une performance qui intéressera tous les amateurs de la vitesse. La Lotus Super Turbo, grand luxe et grand sport.

MARIE: Alors, qu'est-ce que tu en penses?
CHARLES: Oh, oui. Elle est formidable!
MARIE: Oui, c'est vraiment la voiture de mes rêves. Mais tu as vu le prix?
CHARLES: Cent quatre vingt mille Francs! Ce n'est pas possible. C'est cher!
MARIE: C'est le prix. En tous cas, elle est bien au dessus de mes moyens. Quand j'aurai 35 ans, je serai plus riche et je pourrai peut-être acheter cette voiture. Maintenant, je ferais mieux de regarder un modèle plus modeste.
CHARLES: Mais tu as vu le moteur? Il est de trois litres! C'est un bolide.
MARIE: Un moteur comme ça consommera énormément d'essence.
CHARLES: Tu as vu les sièges? Ils sont en cuir.
MARIE: Ils seront très inconfortables en été quand il fera chaud.
CHARLES: Tu es tellement négative.
MARIE: Non, je suis réaliste. Je ne pourrai pas acheter cette voiture et je ne me torturerai pas.

CHAPITRE **18**   La Conférence du Docteur Minois

NEW VOCABULARY

(1) Teach the following new vocabulary using the art: Voici *une grève,* c'est-à-dire que les travailleurs ne travaillent pas. Pendant les grèves, les Français organisent souvent des manifestations dans la rue. (2) Draw items on the board. Write one price for each item, cross out the price, write a higher price, and say: Il y a quelques années, un disque coûtait $3, maintenant un disque coûte $12. C'est le phénomène de *la hausse des prix.*

TAPESCRIPT

Le Docteur Minois parle du présent et de l'avenir de notre société. Il est d'habitude très intéressant parce qu'il a des idées assez bizarres. Nous le rejoignons au milieu de sa conférence.

Alors, Mesdames et Messieurs. Quelle est la source de notre insatisfaction dans la vie moderne? Qu'est-ce qui nous inquiète et nous rend malheureux? Et bien, voyons ce que disent les sociologues. Dans une enquête récente, on a posé des questions à des Français. Et savez-vous ce qui les inquiète? Et bien, c'est le chômage, l'insécurité, les grèves, l'instabilité politique et la hausse des prix, entre autres. Remarquez que notre insatisfaction vient de situations abstraites, de concepts économiques et d'un certain malaise général.

Dans un autre sondage, on a interrogé des personnes pour leur demander la source de leur bonheur. Les Français qui sont heureux attribuent leur bonheur principalement à leurs amis et leur optimisme. Ils ont aussi mentionné qu'ils ont trouvé un sens à leur vie, et qu'ils ont atteint certains de leurs objectifs. Ces Français-là ne sont pas susceptibles à la terreur ni à l'instabilité. Ils ont trouvé leur équilibre mental et physique. Ils sont heureux. Remarquez que notre satisfaction vient de situations pratiques, de concepts personnels et de choses que l'on peut contrôler.

Une seule conclusion est possible. Si vous voulez être heureux, il ne faudrait pas changer le monde extérieur, mais soi-même. Le bonheur se trouve en nous-mêmes.

(Applaudissements)

Chapitre préliminaire

LEARNING FRENCH

What does it mean to learn a language? What will you be expected to do to achieve that goal? How long will it be before you feel you can really say something interesting? The following exercises address these questions and introduce you to several perspectives on language learning. In addition, they will help you to get acquainted with your classmates.

ACTIVITY 1 **An Invitation.** Suppose your instructor were to say, "Let's all go see a French film this Friday afternoon." How would you respond? In thirty seconds, jot down as many possible responses to the invitation as you can. Remember to include a variety of acceptances (*yes* answers), refusals (*no* answers), and expressions of uncertainty (*maybe* answers).

Now turn to a person sitting near you. Introduce yourself and, in one minute, compare your lists. In the next minute, add as many new responses to your list as you can.

When time is up, combine your work with that of all your classmates into a master list of acceptances, refusals, and expressions of uncertainty. Write the responses in columns on the board. How many different answers are there? Can you think of still other possibilities?

- **Conclusion:** When speaking one's native language, it is easy to think of many expressions that are appropriate in any given situation. A speaker selects a particular expression from among all the options in one's personal catalogue of expressions to best convey one's ideas, style, and point of view. For every situation or question, there are many different answers from which to choose and rarely do two people respond in exactly the same way.

- **Application:** In this book, you will learn related sets of expressions in French. Each set of expressions focuses on a language function that enables you to carry out a specific task, such as greeting someone, introducing oneself, telling exact and approximate time, or giving addresses and directions. Because there are a number of different ways to carry out these tasks, we provide you with many appropriate alternatives from which to choose. Your instructor will help you learn and practice the expressions in each set and will give you many opportunities to use them. In this way, you will be able to express your own ideas. Remember, your goal is to be able to use French to say what *you* want to say.

ACTIVITY **2** **Comparisons.**   Compare the list of expressions you generated alone with the list you created with your partner and with the master list on the board. Which list is the longest? Which offers the greatest variety of responses?

- **Conclusion:** The adage, "two heads are better than one," applies very well when dealing with language. While you can give many correct and useful answers by yourself, working with a partner will generally yield even more interesting results. Pair and small-group work also allow more time for oral practice, talking things over, and thinking out loud.

- **Application:** In this book, you will work in pairs and small groups frequently. Take advantage of these practice sessions. You and your classmates can build on each other's ideas and you can learn from your peers.

ACTIVITY **3** **Greetings.**   Find a new partner. Introduce yourself and take two minutes to work together on a list of ways to greet someone, to introduce someone, and to say good-bye.

When time is up, join another group of two. Introduce yourselves and compare your lists.

In this group of four, sort out your expressions. List together all of the expressions you might say to a close friend. Make a separate list of expressions you might use in a more formal setting, such as a professional meeting. Organize your lists as shown in this chart.

	FRIENDLY / INFORMAL	FORMAL
Greetings		
Introductions		
Good-byes		

When time is up, create a master chart on the board.

- **Conclusion:** In any language, certain expressions are more appropriate in particular situations and less appropriate in others.
- **Application:** When using French, you will need to consider the situation as well as your relationship with the people with whom you are speaking. Learning a language is more than learning correct pronunciation and spelling. It concerns being able to say what you want to say in a socially acceptable way.

ACTIVITY 4 Read It!   Read the following sentence.

That year there was a dearth of good quality shellfish. Most of it was tainted by a bacterial infestation, and there was very little to be had at any price.

Before reading the sentence, did you know what the word "dearth" means? Could you have given a dictionary definition of the word? When you read the word, did you immediately look it up in the dictionary? Having read the sentence, do you now know what it means? Do you have any idea, based on the context?

- **Conclusion:** When most people read, they do not always look up words in a dictionary. They rely on the context of what they are reading to understand the words they do not know. Not knowing the definition of a single word usually does not keep one from understanding the meaning of the whole paragraph.

- **Application:** The most important thing to do when listening to or reading new material is to try to understand the general idea, the gist of the passage. It is not important to understand every word, nor is it important to get every detail.

ACTIVITY 5 Read It in French. Read the following French ads.

Elle

Which words look familiar to you? Which ads can you read in their entirety? Which ones can you basically understand even though you cannot read every word?

- **Conclusion:** Many French words can be "decoded" because they look like English words. These words are called *cognates.* There is a significant percentage of French words in our English vocabulary, and we can use these words to our advantage—we can better guess the meanings of individual French words as they appear in context.

- **Application:** You can already understand much more French than you might think. You can recognize, understand, and react to more language than you can produce. Many activities in this book take advantage of this fact. In every section of each chapter, you will find two kinds of materials: materials at your level of comprehension and materials slightly beyond your level of comprehension. By extending yourself beyond your present level of skill, by reaching, guessing, and taking chances with language, you can learn the French language at a faster pace.

☰ USING THIS BOOK

C'EST À DIRE has many features that will help you learn French more easily. Let's look at some of these.

ACTIVITY 1 **Main Features.** With a partner, look at the Table of Contents and answer these questions. Answers are found at the very bottom of the page.

1. How many units are there?
2. How many chapters are there?
3. How many **Tranches** ("slices" or steps) are there in each chapter?
4. Where are the inter-unit review (**Révision**) sections? How many review sections are there?
5. Where is the French-English glossary?
6. Where is the English-French glossary?

ACTIVITY 2 **Chapter Features.** With a partner, thumb through Chapter 4 and answer the following questions.

1. How does each **Tranche** begin?
2. In which **Tranche** is the section titled **Dialogue?** In which **Tranche** is a section titled **À l'écoute? Lecture?**
3. Where are the sections titled **C'est à dire?**
4. Which section immediately follows **C'est à dire** in each **Tranche?** What does it focus on?
5. The four **Tranches** in a chapter end with different concluding activities. In which **Tranche** can you find cultural notes **(Notes culturelles)?** In which **Tranches** can you find more lengthy conversation activities (**À vous)?** In which can you find composition topics (**La Langue écrite)?**
6. At the end of each chapter is a section called **Vocabulaire et expressions.** How is this section organized? What kind of information can you find there?

ANSWERS

1. Each **Tranche** begins with a section called **Au travail,** "Let's Get to Work." This section reviews material already learned and applies that material to new and different situations.
2. The **Dialogue** is located in the first **Tranche** of every chapter. Your in-

---

Answers, Activity 1: 1. There are four units. 2. There are eighteen chapters. 3. There are four **Tranches** per chapter. 4. The inter-unit reviews appear in the last **Tranche** of each unit. 5. and 6. The French-English and English-French glossaries are at the end of the book.

structor will help you understand and act out the scene. The **Dialogue** is recorded on your student tape.

The **À l'écoute** ("Listening In") section of each chapter is located in the second **Tranche.** It consists of talk shows, news, and announcements. The text of the listening passage is not printed in your book. Your instructor will teach you the essential vocabulary and help you preview the passage using the comic-strip scenes representing the action. This listening passage is also recorded on your student tape.

The **Lecture** ("Reading") is located in the third **Tranche** of each chapter and contains written material drawn from ads, brochures, invitations, notes, and letters.

3. A section titled **C'est à dire** is included in every **Tranche.** It follows the **Dialogue, À l'écoute,** or **Lecture** and presents the sets of expressions you will need to accomplish the communication task in that **Tranche.** It is followed by **Activités** that help you practice the new expressions and allow you to express your own ideas.

4. The section **Regardons de plus près** immediately follows **C'est à dire.** It focuses on the structure, or grammar, of the French language. It is followed by several activities designed to help you improve your grammatical accuracy and further practice a language task.

5. **Notes culturelles** are included at the end of the first **Tranche** of each chapter. **À Vous** ("Your Turn") is located at the end of **Tranches 2** and **3. La Langue écrite** is at the end of the fourth **Tranche.**

6. In the section **Vocabulaire et expressions,** materials are grouped according to language task. The listings include new vocabulary, sets of expressions, examples of grammatical structures, and complete conjugations of selected irregular verbs.

Now let's go back to our first three questions.

1. What does it mean to learn a language?

   It means to become more and more proficient at understanding others and to express oneself through guided interaction, practice, and study.

2. What will you be expected to do to achieve that goal?

   You will be expected to participate in all aspects of class activities, work with and learn from your classmates, and be willing to express your own ideas.

3. How long will it be before you feel you can say something interesting?

   You'll be participating in communicative give-and-take beginning with the very first **Activité.**

Now, **Au travail!** Let's get to work!

SALUT!

In this first chapter, you will learn how to greet friends, introduce yourself and others, and talk about leisure activities.

CHAPITRE 1

Comment ça va?

Be sure to call students' attention to the functions and contexts in each **Tranche** before beginning the chapter.

☰ AU TRAVAIL° (PREVIEW)

LET'S GET TO WORK

ACTIVITÉ 1

Cultural note: You may want to mention the handshake commonly used for both greeting and leave-taking in France. For more information, refer to **Notes Culturelles** at the end of this **Tranche**.

Approach: (1) Set the scene—Let's meet each other! (2) Model the dialogues and act them out, shaking the hands of several students. (3) Have students complete the activity with different partners.

hello

how are things / fine / and you

not bad

good-bye

hi

see you in a little while / see you later

what's your name / my name is

Bonjour!   Practice the following greetings and good-byes. Then greet and say good-bye to three students sitting around you. Be sure to shake hands when greeting each other.

SCÈNE 1
— Bonjour.° ⟶ — Bonjour.
— Ça va?° — Ça va très bien.° Et toi?°
— Pas mal.° . . .
— Au revoir.° — Au revoir.

SCÈNE 2
— Salut.° ⟶ — Salut.
— Comment ça va? — Ça va. Et toi?
— Bien. . . .
— À tout à l'heure.° — À bientôt.°

SCÈNE 3
— Bonjour. ⟶ — Bonjour.
— Comment t'appelles-tu?° — Je m'appelle° Jean-Marc. Et toi?
— Je m'appelle Anne-Marie. . . .
— Au revoir! — À bientôt!

ACTIVITÉ 2

Suggestion, Act. 2:
(1) Have students ask you **Comment ça va?** several times. Give different responses (**très bien, bien, pas mal, mal, très mal**), and use appropriate facial expressions and body language. (2) Act out several responses and have students give the corresponding language.

Ça va?   Greet four or five other people sitting near you and ask how they are. Several responses, from *very good* to *very bad*, are listed here.

Très bien.   Bien.   Pas mal.   Ça va.   Mal.   Très mal.

MODÈLE: — *Salut!* ⟶ — *Bonjour!*
— *Ça va?* — *Ça va bien. Et toi?*
— *Pas mal!* . . .
— *À bientôt!* — *À tout à l'heure!*

Faisons connaissance. Write your name on a slip of paper and give it to your instructor. Your instructor will give you a slip with someone else's name. Your task is to find that other person. Move among your classmates, greeting them, finding out how they are, and asking their names. When you find your partner, get his or her signature on the slip and return to your seat. Remember that while you are looking for your partner, someone else will be looking for you!

DIALOGUE ◆ Enchanté

In this dialogue, Pierre meets Carole and a friend of hers. Think about these questions as you go over the dialogue.

A. How do these young people greet each other?

B. How does Carole introduce her friend?

meets Pierre rencontre° Carole et Françoise.

PIERRE: Salut, Carole. Comment ça va?

CAROLE: Ça va très bien. Et toi?

PIERRE: Bien.

here is / f. my friend / she is CAROLE: Pierre, voici° mon amie° Françoise. Elle est° de Montréal.
m. neighbor Françoise, c'est Pierre, mon voisin.°

pleased to meet you PIERRE: Enchanté.°

FRANÇOISE: Enchantée.

time / to have (food) / something PIERRE: Vous avez le temps° de prendre° quelque chose?°
with pleasure FRANÇOISE: Avec plaisir.°

let's go CAROLE: Voici un café. Allons-y!°

COMPRÉHENSION

ACTIVITÉ 4

Comment dit-on...?   Find the following expressions in the dialogue.

1. a greeting
2. an invitation
3. two different ways to say how you are
4. two introductions
5. one way to accept an invitation
6. one way to respond to an introduction

ACTIVITÉ 5

C'est Marc?   For each question or sentence on the left, find at least two possible responses.

1. Bonjour, François!
2. C'est Marc?
3. Comment ça va?
4. Vous avez le temps de prendre quelque chose?

a. Oui, c'est mon voisin Marc.
b. Avec plaisir.
c. Pas mal.
d. Salut, Anne!
e. Oui. Il est de Paris.

f. Oui. Voici un café.
g. Très bien!
h. Bonjour, Anne!
i. Allons-y!
j. Non, c'est Jean-Luc.

C'EST À DIRE° ◆ Présenter un ami

THAT IS TO SAY

Your instructor will model several introductions. You should then follow these steps.

A. Practice the introductions.
B. Role-play them with a partner.
C. Be prepared to introduce someone sitting near you to the rest of the class.

one at a time for the
class, and have students
repeat and practice the
dialogues in pairs or
small groups, first as
written and then
substituting their own
names.

Suggestion: Ask students
to find different ways
to introduce someone and
different ways to
respond. List these in
columns on the board
and ask students to
choose different
expressions to create and
practice as many
variations as possible.
Use students' names in
these introductions.

Follow-up: Direct
students to work in
groups of three or four,
introducing each other
and responding. Have
them present their group
work to the class.

SCÈNE 1

— Voici Marie-Louise. Marie-Louise, c'est Anne, Carole et Marie-Claire.
— Enchantée!
— Enchantée!
— Enchantée!

SCÈNE 2

— Salut Christophe! C'est mon amie Chantal. Chantal, voici mon ami Christophe
    Fanot.
— Enchantée!
— Enchanté!

ACTIVITÉ 6

Suggestion, Act. 6: This
activity could be done
individually, in pairs, or
in small groups, in class
or for homework. If done
→

C'est mon amie ...   Develop dialogues for the following scenes and
be prepared to present them to the class.

1. Two young women greet a young man.

   Scene A: One of the young women and the young man kiss on the cheeks.

   Scene B: The other young woman shakes hands with the young man.

   Scene C: All three head for a café.

2. Two young men meet a third young man.

   Scene A: Two of the young men shake hands.

   Scene B: One young man introduces a third young man.

   Scene C: Each goes his separate way.

REGARDONS DE PLUS PRÈS °♦Les Questions

LET'S TAKE A CLOSER LOOK

Approach, Regardons de plus près: (1) Preview the text using the introductory material. (2) Read the models several times. (3) Encourage students to look for patterns, to hypothesize about the way language works, and to discuss their answers to the introductory questions. You may want to encourage students to answer these questions before looking at the grammatical explanation that follows. (4) Present the grammatical explanation as a means of confirming students' hypotheses.

Think about the following as you study the questions in French below.

A. In which questions is the speaker trying to verify a guess? How are verifying questions formed?

B. How can a statement be transformed into a question?

Tu t'appelles Jean?	*Is your name Jean?*
Tu t'appelles Jean, n'est-ce pas?	*Your name is Jean, isn't it?*
Ça va bien?	*How are things?*
Ça va bien, n'est-ce pas?	*Things are fine, aren't they?*
C'est Marie?	*Is that Marie?*
C'est Marie, n'est-ce pas?	*That's Marie, isn't it?*

There are two basic types of questions.

■ Questions to which the responses are information (information questions). You will be introduced to information questions in Chapter 4.

   Comment t'appelles-tu?

■ Questions to which the responses are yes or no (yes/no questions).

   Ça va?

There are several different ways to ask yes/no questions. The simplest way is to raise the voice at the end of a statement (intonation).

Elle est de Montréal.	*She is from Montreal.*
Elle est de Montréal?	*Is she from Montreal?*

To verify that something is true, one can raise the voice and add **n'est-ce pas?** at the end of the statement.

Elle est de Montréal.   *She is from Montreal.*

Elle est de Montréal, n'est-ce pas?   *She is from Montreal, isn't she?*

ACTIVITÉ 7

Expansion, Act. 7: Repeat each item as a declarative sentence/interrogative using intonation. Ask students to indicate whether the item was a statement or a question. Continue the activity by having students model and identify statements and questions first with a partner, then for the entire class.

Vous êtes certain(e)?   Transform the following statements into questions first by using intonation and then by using *n'est-ce pas.* Be sure to use a rising voice in both cases.

MODÈLE: C'est Robert.
C'est Robert?
C'est Robert, n'est-ce pas?

1. C'est Christine.   2. Elle est de Paris.   3. C'est Marc Dupont.   4. Il est de Québec.   5. C'est Annette.   6. Elle est de Dijon.

ACTIVITÉ 8

Suggestion, Act. 8: Model the **Vérifiez** section for students, then have them practice with several different partners. Students may also circulate among their classmates, meeting as many people as your time limit allows. Model the **Présentez** section before having students introduce each other. You may want to take part in the activity.

C'est certain?   Verify the name of a person sitting near you. Then introduce that person to another classmate.

MODÈLES: **Vérifiez**
MARIE: *Salut!*
LUCIE: *Salut!*
MARIE: *Tu t'appelles Lucie, n'est-ce pas?*
LUCIE: *Oui, je m'appelle Lucie. (Non, je m'appelle Susanne.)*

Présentez
MARIE: *Marc, voici mon amie Lucie. Lucie, c'est mon ami Marc.*
LUCIE: *Enchantée.*
MARC: *Enchanté!*

ACTIVITÉ 9

Follow-up, Act. 9: Have students quiz you and each other. Ask them to introduce classmates with correct names or with incorrect names. Your task is to correct errors.

Vous avez une bonne mémoire?   By now you have met many of the members of your class. Work with a partner and identify as many of your new classmates as you can.

MODÈLES: You are certain of a person's name.
Voici _____!   *Voici mon ami(e) _____!*
C'est _____!   *C'est mon ami(e) _____!*

You are unsure.
Voici _____, n'est-ce pas?
C'est _____, n'est-ce pas?

In which photograph are the people friends? In which are they acquaintances? How can you tell? What might they be saying?

≡ NOTES CULTURELLES

Tutoyer et vouvoyer

Expansion, **Notes culturelles:** The words **Monsieur, Madame** and **Mademoiselle** are presented here for the first time, as is the distinction between **tu** and **vous.** You may add that the French do distinguish between a friend and an acquaintance, whereas in the United States everybody may be considered a friend. You may advise students not to use the **tu** form unless they are requested to do so. Point out that one may sometimes hesitate between **Madame** and **Mademoiselle.** Mention that it is less risky to call a woman **Madame** in such cases.
Suggestion: You may want to have students compare customs for greeting and leave-taking in their native culture and the French culture.

French people greet each other in several different ways, depending on whether they are close friends or just acquaintances. Good friends or relatives usually kiss on each cheek, while acquaintances or people who have just met shake hands. This is a general rule that, while true for the most part, does not describe all circumstances. Here are more details on French greetings.

- Acquaintances meeting daily: Males and females shake hands when meeting and when leaving each other.
- Customer and businessperson or employer and employee: The customer or the employer may simply say Bonjour, Madame or Au revoir, Monsieur. A greeting is usually accompanied by a handshake, except that customers generally do not shake hands with merchants and bosses do not shake hands with their lowest-paid employees.
- Close friends: Males and females kiss on both cheeks. Depending on traditions, they may kiss two, three, or more times. Females also greet each other by kissing, but males do not.
- Family members: Males and females kiss on both cheeks, as do two females or two males. This is usually the only time one sees two males kissing.

There is also a difference in how people address each other. Close friends and family members use their first names and the pronoun tu. Acquaintances, on the other hand, are addressed with the words Monsieur, Madame, or Mademoiselle. The pronoun vous is always used when addressing acquaintances, and it is considered a faux pas to kiss an acquaintance.

TRANCHE 2

Présentations

Approach, Act. 1: List students' answers in columns on the board. Have students create dialogues using lines from different columns.

Answers: 1. Bonjour. Salut. 2. Je m'appelle . . .,

AU TRAVAIL (REVIEW/ PREVIEW)

ACTIVITÉ 1

Comment t'appelles-tu? 3. Comment ça va? Ca va? 4. Très bien, bien, ça va bien, pas mal, mal, très mal. 5. Voici mon ami Pierre. C'est Pierre, mon voisin. Voici Pierre. C'est Pierre. 6. Au revoir, à tout à l'heure, à bientôt.

Comment dit-on . . . ?   With a partner, find:

1. two ways to greet people.
2. one way to give your name and one way to ask someone else's name.
3. two ways to ask how someone is doing.
4. six ways to say how you are.
5. four ways to introduce a friend.
6. three ways to say good-bye.

ACTIVITÉ 2

En groupe.   In the time allotted by your instructor, talk with your classmates.

1. Greet each other.
2. Verify a classmate's name or inquire about his or her name if you are unsure: *Tu t'appelles _____, n'est-ce pas?* or *Comment t'appelles-tu?*
3. Ask how he or she is: *Comment ça va?*
4. Say good-bye: *Au revoir.*
5. Be prepared to introduce the people you have met at the end of the activity: *Voici Jean-Luc Martin. C'est mon amie Linda Metelle.*

À L'ÉCOUTE° ◆ Bravo!

LISTENING IN

Approach, À l'écoute: (1) Preview the conversation by focusing on the art. (2) Preteach new vocabulary. Sentences including new vocabulary are found with the **À l'écoute** tapescript in the front of this Teacher's Edition. →

Listen to this conversation and refer to the illustrations on the following page. Then complete the comprehension activities.

A. Is the contestant alone or does she have a partner?
B. Did she win a prize?
C. Based on the conversation, how do you think the contestant feels?

15   TRANCHE 2 · Présentations

(3) Read introductory line and questions. Remind students to listen for the

answers to these questions the first time they listen to the conversation. Students will need to listen to the material several times and should focus on different types of information and details each time.

COMPRÉHENSION_____

ACTIVITÉ 3 Faisons des précisions!

Answers, Act. 3: 1. c. 2. b.

1. Which of these descriptions most correctly represents the participants in the game show?

    a. female host with two female contestants

    b. male host with two male contestants

    c. male host with a male and a female contestant

2. Which sentence best summarizes the main idea of the conversation?

    the show host

    has won

    a. L'animateur° s'appelle Jean Martineau.

    b. La candidate a gagné° un voyage à Tahiti.

    c. L'animateur est de Lille.

ACTIVITÉ 4 Selon la conversation.

Answers, Act. 4:
1. — Comment s'appelle votre partenaire?
— C'est Jean Martineau.
who are you
— Qui êtes-vous? — Je m'appelle Marie-France Lefèvre. 2. Je m'appelle . . . / de Lille / un voyage à Tahiti /Jean Martineau / Au revoir!

1. Rearrange these sentences to form a sensible dialogue.

    — Comment s'appelle votre partenaire?

    — Qui êtes-vous?°

    — Je m'appelle Marie-France Lefèvre.

    — C'est Jean Martineau.

2. Complete this dialogue based on the conversation you heard.

— Comment vous appelez-vous?

— _____ Marie-France Lefèvre et je suis _____.

— Vous avez gagné _____.

— Sensationnel!

— Comment s'appelle votre partenaire?

— C'est _____.

— Au revoir!

— _____.

3. Replace the names in the dialogue in question 2 with your name and a partner's name and role-play the scene with your partner.

C'EST À DIRE ◆ Présenter quelqu'un°

TO INTRODUCE SOMEONE

Approach, C'est à dire: (1) Preview the material, calling attention to the art. Where does the scene take place? What may be the purpose of the exchange? Is it a formal or an informal situation? (2) Go over the introductory line and lettered steps. (3) Role-play the mini-dialogues for the class; have students repeat and practice the lines with you. (4) Have students practice the mini-dialogues in pairs or small groups, first as written and then substituting their own names.

Your instructor will model the following introductions. You should then follow these steps.

A. Practice the introductions.

B. Role-play them with a partner using your own names.

C. Be prepared to introduce someone sitting near you to the rest of the class.

sir

how are you / well enough

SCÈNE 1

— Bonjour, Monsieur.° Bonjour, Madame.

— Comment allez-vous?°

— Ça va bien.

— Bonjour.

— Au revoir, Messieurs. Au revoir, Madame.

— Bonjour, Georges.

— Assez bien,° merci. Et vous?

— Georges, voici mon associée, Élise Brindeau, et mon partenaire, Philippe LeDoux. C'est Georges Gouyon.

— Bonjour.

SCÈNE 2

everybody
let me introduce to you

— Bonjour, tout le monde!°
— Je vous présente° mon ami, Jean Dupont.
— C'est mon associée. Elle s'appelle Martine Pascale.
— Voici mon partenaire. Il s'appelle Patrice Gronot.
— Voici Denise Duvette.
— C'est mon associé, Paul Henri.
— Voici ma partenaire, Odile St-Pierre.
— Et Lucien Carifelle, mon associé.

ACTIVITÉ 5

On se présente.   Imagine that you work with the following people. Introduce them to a classmate.

MODÈLE: Diane Dufour
         Voici mon associée, Diane Dufour.

1. Philippe Manet   2. Madeleine Culbot   3. Robert Damiens
4. Christine Letour   5. Marie Ennet   6. Maurice Robert
7. Jean-Pierre Losinet   8. Gustave Confort

ACTIVITÉ 6

Ensemble.   You have taken a companion with you to several different places. Prepare a mini-dialogue of greetings and introductions among three people.

MODÈLE: At the dentist's office, you are greeted by the dentist. Introduce yourself and your companion.

        VOUS: *Bonjour, Madame.*
LA DENTISTE: *Bonjour, Mademoiselle. Comment allez-vous?*
        VOUS: *Très bien, merci. C'est mon ami. Il s'appelle Henri Manet.*
LA DENTISTE: *Bonjour, Monsieur. Comment allez-vous?*
LE COMPAGNON: *Pas très bien.*

18

1. Introduce a classmate to the dentist.
2. Introduce your companion to your favorite waiter or waitress at a restaurant.
3. Introduce a friend to your younger brother *(mon frère)* or sister *(ma sœur).*

C'EST À DIRE ◆ Présentez-vous°

INTRODUCE YOURSELF
Approach, C'est à dire:
(1) Preview the dialogues, having students look at the art. Where are the people? What is everyone doing? What do you think they are speaking about? (2) Go over the introductory line and lettered steps. (3) Present the alphabet and have students repeat with and after you. (4) Present the mini-dialogues; have students repeat and practice with you, then play the different parts. (5) Have students practice the dialogues in pairs as written. (6) Have students present the dialogues substituting their own names.
Suggestion: Have students find how to ask for someone's name; give one's name; ask for spelling; and spell (have students give you the alphabet and tell you how to express double letters). List the answers in columns on the board and have students practice mixing and matching to create and practice as many variations as possible. Direct students to work in pairs and then present their work to the class.

m. tickets / thank you

Your instructor will model the following situations. Follow these steps.

A. Practice spelling your name.
B. Role-play the situations with a partner, then re-play them using your own names.
C. Be prepared to present a scene to the rest of the class.

L'ALPHABET

A B C D E F G H I J K L M N O
P Q R S T U V W X Y Z

SCÈNE 1

— Bonsoir, Mademoiselle.   ⟶
— Comment vous appelez-vous?
— C'est comment?
— Ah, voilà. C'est ça. Voici les billets.°
— Au revoir, Mademoiselle.

— Bonsoir, Monsieur.
— Je m'appelle Marie-Claire Letoff.
— Letoff, L-E-T-O-deux F.
— Merci,° Monsieur.

SCÈNE 2

— Bonjour, Monsieur.	— Bonjour, Madame.
may I help you? — Je peux vous aider?°	— Je m'appelle Henri Farmenne.
— C'est comment?	— Farmenne, F-A-R-M-E-deux N-E. Je suis de Grenoble et je suis le collègue de Jean-Pierre Manou.
— Ah, oui, passez.	— Au revoir, Madame.
— Au revoir, Monsieur.	

An arrow points from the left column to the right column.

ACTIVITÉ 7

Act. 7: Encourage students to interact with as many classmates as possible in the time allotted.

Présentez-vous.   Introduce yourself to a person seated near you. Pretend your name is difficult to pronounce and must be spelled. Then introduce yourself to another person seated near you.

REGARDONS DE PLUS PRÈS ♦ Les Pronoms personnels

Approach, Regardons de plus près: (1) Review what students know about tu and vous. (2) Preview the dialogue by reading the introductory line and questions. (3) Model the

Notice the pronouns used in the conversation below.

A. What pronouns are used to designate one person?

B. How does gender affect the choice of pronouns?

— Comment vous appelez-**vous?**
— **Je** m'appelle Henri Legrand.

— Et Mademoiselle?
— **Elle** s'appelle Chantal Nouvelle.

— Et Monsieur?
— **Il** s'appelle Pierre Touchet.

The following personal pronouns are used to designate people in French.

■ designating one person

je   Je m'appelle Robert.
Je m'appelle Anne.

tu   Comment t'appelles-tu?

to a child:
Tu t'appelles Dédé, n'est-ce pas?

to a fellow student:
Salut! Comment t'appelles-tu?

vous   Madame, comment vous appelez-vous?

il   Il s'appelle David.

elle   Elle s'appelle Martine.

■ designating more than one person

nous   Nous nous appelons Lemer.

vous   *to a group:*
Comment allez-vous?

ils   Ils s'appellent Marc et Paul Gros.
Ils s'appellent Marc et Marie Lemer.

elles Elles s'appellent Christine et Louise Moulet.

ACTIVITÉ **8**

Qui est-ce?   Provide the missing subject pronouns based on the descriptions given.

MODÈLE: *(talking to a child)* Comment t'appelles- _tu_?

1. *(talking about oneself)* _____ m'appelle Jean-Luc.
2. *(talking to a young person)* Comment t'appelles-_____?
3. *(talking about a friend)* Voici mon amie. _____ s'appelle Anne-Marie.

4. *(talking about two other people)* Voici mon partenaire et mon associé. _____ s'appellent Gustave Monnette et Georges Leduc.
5. *(talking to a classmate)* _____ t'appelles Edmond, n'est-ce pas?
6. *(talking to a group of people)* Comment allez-_____?
7. *(talking about a third person)* _____ s'appelle Marc.
8. *(talking about two young women)* _____ s'appellent Dupont.
9. *(talking about yourself and two other people)* _____ avons gagné un voyage à Tahiti.

ACTIVITÉ 9

Act. 9: Remind students to review the **Notes Culturelles** in **Tranche 1** before answering these questions.
Answers: 1. shake hands / use vous / use Madame 2. just greet / use vous / use Monsieur 3. kiss on the cheeks / use tu / use Mademoiselle or first name 4. shake hands / or greet / use vous / use Messieurs 5. shake hands / use vous / use Monsieur and Madame 6. kiss on the cheeks / use tu when speaking to one of them, use vous when speaking to both / use their first names

Bonjour!   Decide how to greet the following people. (a) Will you greet and / or shake hands or kiss on the cheeks? (b) Should you use *tu* or *vous*? (c) Will you use *Monsieur, Madame,* or *Mademoiselle (Messieurs, Mesdames, Mesdemoiselles)*?

MODÈLE: Jean Dupont, your employer, an older man

  a. shake hands   **b.** use *vous*   **c.** use *Monsieur*

1. Madame Rochefort, an elegant, elderly widow
2. Marcel Dupré, your local butcher, at his butcher shop
3. Marianne Martin, the twelve-year-old daughter of a friend
4. Scholars who have come to hear a lecture
5. Annie and Frank Lambert, a young married couple, friends of a friend
6. Sabine and Grégoire Leclerc, your aunt and uncle

À VOUS!° ◆ Salut!

IT'S YOUR TURN

Approach, À vous!: Give students a limited amount of time to complete the work, then have them perform their scenes for the class. You may want to grade the presentations. Encourage students to integrate as many expressions from their repertoire as possible.

Select one of the situations below and act it out. Include greetings, introductions, small talk, and good-byes. Be careful to use either informal *(tu)* or formal *(vous)* language, as appropriate, throughout your conversation.

1. Work in groups of two. Greet a receptionist; introduce yourself, tell where you are from, and give a list of your acquaintances as a way of justifying your presence at the office.
2. Work in groups of two to four. Greet and get acquainted with the student(s) in the apartment next door.
3. Work in groups of three. Greet a friend; find out how he or she is and then introduce another companion. Be sure to respond appropriately to the introductions.

TRANCHE 3

Qu'est-ce que vous aimez?

☰ AU TRAVAIL (REVIEW/ PREVIEW)

ACTIVITÉ **1**   **Bonjour et au revoir.**   Review each set of expressions and complete the mini-conversations that follow. Compare your responses with those of two other classmates. How many possible responses are there?

GREETINGS

good evening   Salut!   Bonjour!   Bonsoir,° Mademoiselle (Monsieur / Madame).

1. Two friends meet in a cafe.

   — Salut, *(name)*.

   — _____, _____.

2. An employer arrives at the office and speaks to the secretary.

   — _____, Madame.

   — _____, _____.

SMALL TALK

Ça va?	Comment ça va?	Comment vas-tu?	Comment allez-vous?
Très bien, merci.	Bien.	Assez bien.	Pas très bien. Mal.
Ça va?		Pas mal.	Très mal.
Et toi?	Et vous?	Comme ci, comme ça.	

3. Two friends are having lunch together.

   — Ça va?

   — _____. Et toi?

   — _____.

4. A woman with notification of a prize in her hand telephones her husband. He asks how she is.

— _____ ?

— Moi? _____ !

5. An office worker with an overloaded desk talks with a co-worker.

— _____ ?

— _____ .

INTRODUCTIONS

Comment t'appelles-tu?   Comment vous appelez-vous?

Je m'appelle _____ .   C'est G-O-U-Y-O-N .

Enchanté(e).

Je suis de _(town)_.

Je suis l'ami(e), l'associé(e), le (la) partenaire, le (la) collègue de

_____ .

6. A hotel guest spells his or her name at registration.

— Comment vous appelez-vous, Monsieur?

— _____ .

7. Three people are at a luncheon table; one introduces Annie-Claude.

— Voici mon amie Annie-Claude.

— _____ !

LEAVE-TAKING

Au revoir.   À tout à l'heure.   À bientôt.   Bonsoir.

8. Several friends leave a café.

— _____ .

— _____ .

9. Several employees are at the time clock at the end of the day.

— _____ .

— _____ .

Approach, Act. 2: Have students circulate among their classmates. Remind students of the different phases they have to go through: (1) greetings (2) small talk (3) introductions (4) leave-taking.

ACTIVITÉ **2** Comment vous appelez-vous?   Find a classmate with whom you are not yet acquainted and take a few minutes to get to know him or her.

MODÈLE: — _Salut._
— _Bonjour._
— _Tu t'appelles _____ , n'est-ce pas? . . ._

≡LECTURE °◆Les Vedettes de la semaine

READING

Pre-reading, Lecture:
Read the introductory
lines and guide
questions. Remind
students to read only for
the answers to these
questions the first time

f. stars / week

22 years old / student / lives

now / likes

m. enthusiast

is playing

play / above all

often

m. winter

through. Stress to
students that they will
need to read the text
several times and should
focus on different types
of information and
details each time.

This reading discusses two "stars" of the week. Think about these questions as you read.

A. Who are this week's "stars"?

B. What are their interests?

Les vedettes° de la semaine° sont Yves Maréchal et Sylvie Dubrin. Yves a 22 ans° et il est étudiant.° Il est de Nice, mais il habite° à Paris à présent.° Il aime° le jazz (il adore le jazz de la Nouvelle Orléans) et les sports. Il est amateur° de football et il aime le tennis.

Sylvie est de Paris. Elle est actrice et en ce moment elle joue° dans une pièce° de théâtre. Elle aime la danse, surtout° la danse moderne, mais elle apprécie aussi le ballet classique. Comme sport, elle fait souvent° du jogging et du ski en hiver.°

COMPRÉHENSION_____

ACTIVITÉ 3

Answers, Act. 3: 1. Yves
2. Sylvie 3. Sylvie 4. Yves
5. Sylvie 6. Yves 7. Sylvie
8. Sylvie

Qui est-ce?   Is it Sylvie or Yves? Give the name of the appropriate person.

1. _____ est amateur de jazz.
2. _____ aime bien le jogging.
3. _____ apprécie le théâtre.
4. _____ aime le football.
5. _____ apprécie la danse moderne.
6. _____ fait du tennis.
7. _____ apprécie le ballet classique.
8. _____ adore le ski en hiver.

ACTIVITÉ 4

I don't know

Answers, Act. 4: 1. Je ne
sais pas. 2. vrai 3. vrai
4. vrai 5. Je ne sais pas
6. faux 7. vrai 8. faux

Vrai ou faux?   Tell if the statement is true *(vrai)* or false *(faux)*. If you cannot tell based on the information in the text, say *Je ne sais pas.*°

1. Sylvie habite à Paris à présent.
2. Yves aime le jazz.
3. Sylvie adore le théâtre.
4. Sylvie apprécie la danse classique.
5. Yves aime le jogging.
6. Yves habite à Nice à présent.
7. Yves est de Nice.
8. Yves joue dans une pièce de théâtre.

C'EST À DIRE ♦ Dire ce que j'aime°

TELLING WHAT I LIKE

C'est à dire: In order to call students' attention to the functions introduced in the **Tranche,** ask them to list expressions they would use in their native language when speaking about their likes and dislikes.

Approach: (1) Go over the introductory lines and lettered guidelines. (2) Model the expressions using your thumb to show meaning. Have students repeat with you. (3) Say one verb at a time and have students show (with their thumbs) whether it is

very positive, positive, negative, or very negative. (4) Role-play the scenes for the class; have students repeat and practice them. (5) Ask students to practice in pairs, first as written and then stating their own preference.

a lot

I don't like

You can express your likes and dislikes with a wide range of expressions, from very positive to very negative. Your instructor will model the expressions below. You should follow these steps.

A. Practice the expressions.
B. Work with a partner. One person should pronounce the expressions and the other should signal "thumbs up," "double-thumbs up," or "thumbs down" to indicate just how positive or negative the expression is.
C. Practice the mini-dialogues with a partner.
D. Be prepared to give your opinions on several leisure activities.

très positif	J'adore
	J'aime beaucoup°
	J'aime bien
positif	J'aime
	J'apprécie
négatif	Je n'aime pas°
très négatif	Je déteste

SCÈNE 1

— Tu aimes le football?
— Oh, oui, j'adore le football. Et toi?
— Je n'aime pas les sports.

SCÈNE 2

— Tu détestes New York?
— Non, j'apprécie New York, mais j'aime beaucoup Paris.

ACTIVITÉ 5 Vous aimez quelles villes? Give your opinion of the following cities.

Suggestion, Act. 5: Encourage students to add cities they personally like or dislike.

MODÈLE: San Francisco
   — *Tu aimes San Francisco?*
   — *Oh, oui, j'aime bien San Francisco!*

1. Paris 2. Los Angeles 3. Montréal 4. Nice 5. Londres
6. Rome 7. Chicago 8. New York

ACTIVITÉ 6 — Je déteste les sports!

Suggestion, Act. 6: You may want to allow students to request vocabulary they need to describe additional activities of particular personal interest.

Je déteste les sports! What do you like to do in your free time? Give your opinion of each of the activities listed below.

MODÈLE: les sports
— *Tu aimes les sports?*
— *Non. Je déteste les sports!*

1. le football 2. le tennis 3. le jogging 4. le ski 5. les pièces de théâtre 6. la musique classique 7. le jazz 8. le rock 9. la danse moderne 10. le ballet classique

REGARDONS DE PLUS PRÈS ◆ Les Verbes en -er

Approach, Regardons de plus près: (1) Review the personal pronouns introduced in **Tranche 2.** (2) Preview the text using the introductory material. (3) Read the text several times. Encourage students to look for patterns and to hypothesize about the way language works. (4) Have students discuss their answers to the guide questions. (5) Elicit observations and encourage students to confirm, extend, or challenge statements given to the class. (6) Present the grammatical explanation as a means of confirming students' hypotheses.

Think about these questions as you study the description of people's preferences.

A. What do Yves and Sylvie prefer?
B. How do the verb forms that refer to only one of them differ from those that refer to both of them?

Yves et Sylvie **habitent** à Paris à présent. Ils **adorent** Paris, mais ils aiment aussi Nice. Ils **aiment** la musique. Yves est amateur de jazz, et Sylvie **aime bien** la musique classique. Sylvie **joue** souvent au tennis; Yves **aime** aussi le football.

Ils jouent à la pétanque. Quels *(which)* sports est-ce que vous aimez?

Most French verbs are said to be regular; that is, they behave in a regular and predictable way when used with various pronouns. Regular verbs whose infinitives end in **-er**, for example, **adorer** *(to love)*, **aimer** *(to like)*, **apprécier** *(to appreciate)*, **détester** *(to hate)*, **habiter** *(to live)*, and **jouer** *(to play)* have forms like the following.

J'appréci**e** le théâtre.
Tu apprécie**s** le tennis.
Elle apprécie le ballet.
Il apprécie la musique classique.
On apprécie la musique populaire.

Je détest**e** le football.
Tu détest**es** la danse moderne.
Elle détest**e** le jazz.
Il détest**e** le jogging.
On détest**e** le ballet classique.

Nous apprécie**ons** le jazz.
Vous appréci**ez** le ski.
Elles apprécie**ent** le jogging.
Ils apprécie**ent** le football.

Nous détest**ons** le tennis.
Vous détest**ez** le théâtre.
Elles détest**ent** le football.
Ils détest**ent** le rock.

J'habit**e** à Paris.
Tu habit**es** à Nantes.
Sophie habit**e** à Bordeaux.
Robert habit**e** à Nice.
On habit**e** à Lyon.

Nous habit**ons** à Cannes.
Vous habit**ez** à Dijon.
Anne et Louise habit**ent** à Strasbourg.
Jean et Pierre habit**ent** à Rouen.

- Note that the **-er** ending is dropped and other endings are added, depending on the pronoun used.
- The pronoun **on**, used here for the first time, designates no one in particular. It is used quite frequently in colloquial conversation. It usually means "we" or "people" in general.
- Note also that, when spoken, there are only three different-sounding forms for regular **-er** verbs. The forms for **je, tu, il/elle/on**, and **ils/elles** all sound the same.
- Note that when a verb begins with a vowel sound the **s** on **nous, vous, ils** and **elles** is pronounced **z.**

Il aime la musique classique.

Ils aiment le jazz.
-z-

ACTIVITÉ 7 Le championnat de tennis.

Look at the lineup for the next round of the club championship in tennis. Tell who is playing against whom, using a form of the verb *jouer* in each sentence.

CLUB ST-MARTIN: CHAMPIONNAT DE TENNIS

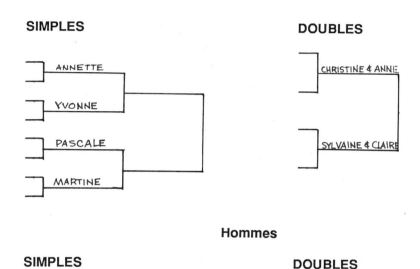

1. Je m'appelle Georges et je _____ contre _____.
2. Toi, Annette, tu _____ contre _____.
3. Yves et moi, nous _____ contre _____.
4. Pascale, elle _____ contre _____.
5. Christine et Anne! Vous _____ contre _____.
6. Jean-Pierre et Alphonse, ils _____ contre _____.

ACTIVITÉ 8

Quelle est votre opinion? What do your friends think of the following activities? Select from the list the activities you like. Interview several classmates; keep track of the likes you have in common. Be prepared to report back to the class.

MODÈLE: VOUS: Christine, tu aimes le ski?
CHRISTINE: Oh, oui, j'adore le ski.
VOUS: Christine et moi, nous aimons le ski.

1. le ski 2. le football 3. le tennis 4. le jogging 5. la danse moderne 6. le ballet classique 7. le jazz 8. la musique populaire 9. la musique classique

ACTIVITÉ 9

Moi, j'adore...! Moi, je déteste...! Two students have indicated their likes and dislikes using the following scale.

| ++ = J'adore | + = J'aime | - = Je n'aime pas | — = Je déteste |

Give each person's opinion of each activity and find all of the likes and dislikes they have in common.

MODÈLES: *Anne-Marie et Catherine aiment le jazz.*
Anne-Marie adore l'aérobic.

	Anne-Marie Bouquet	Catherine Callier
le tennis	++	++
le football	—	++
le jazz	+	+
le jogging	-	—
le théâtre	—	—
la musique classique	++	++
le ballet classique	-	-
la musique populaire	++	+
le ski	+	-
les sports	+	+
l'art moderne	—	—
l'aérobic	++	+

À VOUS! ◆ Ma Carte d'identité

Approach, À vous!:
Assign as homework or allow a certain amount of time for individual students to complete, then discuss their work. Have some students present their work to the class. You may want to assign oral grades.

State your own preferences by completing the following phrases. Be prepared to compare your tastes with those of a partner to determine your areas of common interest.

Je m'appelle . . .
À présent, j'habite à . . .
J'adore . . .
J'aime . . .
Je n'aime pas . . .
Je déteste . . .

TRANCHE 4

Appréciations

═══ **AU TRAVAIL** (REVIEW/ PREVIEW)

ACTIVITÉ **1**

Faisons connaissance. Get acquainted with a classmate and find out what he or she likes. Some suggestions for conversation are listed below.

Approach, Act. 1: Have pairs of students report their likes and dislikes to the class. On the board, keep track of how many people like or take part in each activity.

1. Bonjour. Salut.
2. Tu t'appelles _____, n'est-ce pas? Comment t'appelles-tu?
3. Comment ça va? Ça va?
4. Tu es l'ami(e) de _____, n'est-ce pas?
5. Tu es de _____?
6. Tu habites à _____?
7. Tu aimes la musique?

listen to 8. Tu écoutes° souvent le rock?
9. Tu apprécies l'art?
10. Tu aimes la danse?
11. Tu aimes le théâtre, le cinéma?
12. Tu joues dans une pièce de théâtre?
13. Tu aimes les sports?
14. Tu joues au tennis?

watch 15. Tu regardes° les matchs de football à la télé?
parties 16. Tu aimes les fêtes?°
17. Tu aimes les voyages?
18. Tu dînes souvent au restaurant?
work 19. Tu travailles?°
20. Au revoir. À bientôt!

Est-ce un concert de rock, de musique classique, ou de musique folklorique?

C'EST À DIRE◆ Les Préférences

Approach, C'est à dire:
(1) Go over the introductory material.
(2) Model the questions, and have students repeat and practice them.
(3) Direct students to work in pairs, interviewing each other about their own leisure activities. (4) Have some groups perform mini-interviews for the class.

m. museums

biking / swimming

racing / soccer

What other leisure activities do you enjoy? Listen as your instructor models the questions and answers. Then follow these steps.

A. Practice each question.

B. Be prepared to interview a classmate and to be interviewed.

Tu aimes la musique moderne, la musique classique, la musique populaire, le jazz, le rock?

Tu apprécies l'art impressionniste, l'art moderne, la sculpture?

Tu aimes la danse moderne, l'aérobic, le ballet classique?

Tu aimes le théâtre, le cinéma, les concerts, les expositions d'art, l'opéra, les musées?°

Tu aimes les sports—le ski, le tennis, le cyclisme,° la natation,° le basketball, la course° automobile, le football?°

ACTIVITÉ 2 Donnez votre opinion. Give your opinion using one of the expressions below.

POSITIF

J'adore . . .
J'aime beaucoup . . .
J'aime bien . . .
J'apprécie . . .

NÉGATIF

Je n'aime pas . . .
Je déteste . . .

MODÈLES: *Je déteste les matchs de sport à la télé!*
J'adore les voyages!

m. leisure activities

LES ARTS

l'art impressionniste
l'art moderne
la sculpture

LA MUSIQUE

le rock
le jazz
la musique classique
la musique populaire

LA DANSE

le ballet classique
la danse moderne
l'aérobic

LES LOISIRS°

le théâtre
le cinéma
les concerts
les voyages
les fêtes

LES SPORTS

le tennis
la course automobile
le ski
le cyclisme
le basketball
les matchs de sport à la télé

REGARDONS DE PLUS PRÈS ◆L'Article défini

Approach, **Regardons de plus près:** (1) Preview the text by calling attention to the introductory lines and questions. (2) Read the text several times. (3) Have students look for patterns. Have them hypothesize about the different ways to express one's preferences.

Two friends have distinctly different preferences in music and sports. Think about the following questions as you study their comments.

A. What two types of diversions do they both enjoy?

B. How are their preferences expressed?

34 CHAPITRE 1

f. team

— J'adore **la** musique, surtout **le** rock, et j'aime beaucoup **le** foot—
j'apprécie **l'**effort d'équipe.°
— Moi aussi, j'adore **les** sports, mais je n'aime pas **les** sports d'équipe.
J'apprécie **les** sports individuels, par exemple **le** tennis et **la** natation. Pour **la** musique, j'aime **le** jazz—**l'**improvisation, c'est fantastique.

Whether it refers to a person, a place, or a thing, every noun in French
is considered to be either masculine or feminine. The appropriate definite
article (**le, la, les**) is used based on the gender of the noun.

- A masculine noun may be accompanied by **le** or **l'**. **L'** is used when the
  noun begins with a vowel sound.

  Il aime **l'**effort d'équipe.   *He likes team effort.*
  J'aime **le** jazz.   *I like jazz.*

- A feminine noun may be accompanied by **la** or **l'**.

  J'apprécie **l'**improvisation.   *I appreciate improvisation.*
  Je n'aime pas **la** musique classique.   *I don't like classical music.*

- In the plural, both feminine and masculine nouns use **les**.

  Il aime **les** concerts et **les** exposi-   *He likes concerts and art exhibits.*
  tions d'art.

One should learn a noun along with its article. For example, "music"
should be learned as **la musique**, "tennis" as **le tennis**, and "arts" as **les arts**.
Note that most French nouns add **s** in the plural.

Note that the definite articles **le, la, l'**, and **les** are used when the noun
is either specifically identified or when one speaks about general preferences.

Il aime **la** classe de danse mo-   *He likes the modern dance class.*
derne. (*specific*)

Jean apprécie **le** théâtre mo-   *Jean appreciates modern theater.*
derne. (*general*)

ACTIVITÉ 3 Qu'est-ce qu'on aime?   Tell which sport each person prefers.

MODÈLE: Georges / tennis
Il aime le tennis.

1. Élise / jogging
2. Christian / basketball
3. Sylvaine et moi, nous / ski
4. Les amis / course automobile
5. Philippe / cyclisme
6. Sophie / matchs de sport à la télé

ACTIVITÉ 4

Follow-up, Act. 4: You may want to have students report their partners' likes and dislikes to the class, using the **elle/il** form.

Et vous?   Complete each sentence with at least three responses. Then compare your responses with at least three people sitting near you.

MODÈLE: J'apprécie_____.
— *J'apprécie l'aérobic, le jogging et le tennis. Toi aussi?*
— *Non! Moi, j'apprécie la danse moderne, le ballet classique et le jazz.*

1. J'aime beaucoup_____.
2. J'apprécie_____.
3. Je déteste_____.

ACTIVITÉ 5

Suggestion, Act. 5: Set a time limit for this activity. Have the winners report to the class the results of their surveys.

Le Sondage.   Circulate around the classroom asking your classmates questions about their likes and dislikes. When you find a person who likes one of the following things, record his or her name. The first students with a name for each item are the winners.

MODÈLE: aimer l'opéra
Marcia, est-ce que tu aimes l'opéra? Oui? Formidable!

1. détester le jazz   _____
2. aimer le football   _____
3. apprécier la musique classique   _____
4. aimer beaucoup l'aérobic   _____
5. adorer l'art moderne   _____
6. détester le ski   _____
7. aimer beaucoup le cinéma   _____
8. apprécier le cyclisme   _____

LA LANGUE ÉCRITE

Pre-writing, La langue écrite: Have students review how to give one's name and how to say where one is from. Review a selection of activities. Have students return to the texts introduced in **Tranche 3** and find examples of ways to coordinate expressions using **et** and **mais**.

Suggestion: Announce that the authors of the best and most creative articles will be **les vedettes de la classe de français.**

La Vedette de la semaine.   You have been voted *Vedette de la semaine.* Write a short article telling:

1. your name.
2. where (what city) you are from.
3. your interests—things you really like, appreciate, and dislike. Mention sports, music, and other leisure activities.

VOCABULAIRE ET EXPRESSIONS

■ **GREETINGS**

Salut!   Bonjour!   Bonsoir, Mademoiselle (Monsieur, Madame).

■ **SMALL TALK**

Ça va?   Comment ça va?   Comment vas-tu?   Comment allez-vous?   Et toi?   Et vous?

Très bien, merci.   Assez bien.   Bien.   Pas très bien.   Mal.   Très mal.
Pas mal.
Comme ci, comme ça.
Ça va.

■ **INTRODUCTIONS**

Comment t'appelles-tu?   Comment vous appelez-vous?
Je m'appelle _____.
Enchanté(e).
C'est comment? C'est F-A-R-M-E-deux N-E.
A-B-C-D-E-F-G-H-I-J-K-L-M-N-O-P-Q-R-S-T-U-V-W-X-Y-Z

■ **INTRODUCING A FRIEND**

Voici Marie-Louise.   C'est Pierre.
C'est mon voisin, Jean-Luc.
Voici mon ami Marc.   C'est mon amie Chantal.
C'est mon associé, Paul.   C'est mon associée, Martine.
Voici mon partenaire, Henri.   Voici ma partenaire, Odile.
Il s'appelle _____.   Elle s'appelle _____.

■ **INTRODUCING YOURSELF**

Je suis de (town).
Je suis l'ami(e) (l'associé[e] / le [la]) partenaire / le [la] collègue) de _____.

■ **LEAVE-TAKING**

Au revoir.   À tout à l'heure.   À bientôt.   Bonsoir.

▶

■ INDICATING PREFERENCES

J'aime	la musique:	la musique populaire, le rock, la musique moderne, la musique classique,
J'adore		les concerts, l'opéra, le jazz
J'apprécie	l'art:	l'art impressionniste, l'art moderne, la sculpture
Je déteste	les sports:	le cyclisme, le basketball, la course automobile, le football, la natation,
		le jogging, le tennis, le ski
	la danse:	la danse moderne, le ballet classique, l'aérobic
	les loisirs:	le cinéma, le théâtre, les fêtes, les concerts, les expositions d'art,
		les musées

UN ACHAT

In this chapter, you will learn how to talk about
your possessions, express your preferences, and
make purchases.

CHAPITRE 2

L'Inventaire des possessions

Be sure to call students' attention to the contexts and functions in each **Tranche** before beginning the chapter.

AU TRAVAIL (REVIEW/ PREVIEW)

ACTIVITÉ 1

Approach: Have students practice playing both roles or have them prepare their dialogues as homework before working with this activity in class. Have several groups present their scenes to the class. This will present an opportunity to evaluate progress in oral work.

Comment allez-vous?   You are moving into a friend's apartment and are meeting the resident manager of the building *(la concierge)* for the first time. Complete the conversation.

LA CONCIERGE: Bonjour, Monsieur (Madame / Mademoiselle).
VOUS: _____
LA CONCIERGE: Comment vous appelez-vous?
VOUS: _____
LA CONCIERGE: Ah oui! Vous êtes le (la) camarade de Jean (Jeanne), n'est-ce pas?
VOUS: Oui, _____
LA CONCIERGE: Très bien. Vous avez l'appartement numéro six.
Bon, alors, au revoir, Monsieur (Madame / Mademoiselle).
VOUS: _____

ACTIVITÉ 2

Follow-up, Act. 2: Have different groups perform their dialogues for the class.

Ça va?   Greet and get acquainted with a potential roommate. Be sure to find out what interests you have in common. Develop a conversation as outlined below.

1. Greet the person and ask how he or she is.
2. Introduce yourself and confirm the other person's name.
3. Refer to friends you have in common.
4. Talk about common interests in arts, sports, and leisure activities.
5. Say good-bye.

DIALOGUE ◆ Où est mon Walkman?

Approach: (1) Go over questions A and B with students. (2) Play the dialogue on the Student Audio Cassette (or role-play it yourself). (3) Ask students to

In this dialogue, Marcel wants Denise to tell him where his Walkman is. Think about these questions as you go over the dialogue.

A. Is he an independent person?

B. What kinds of questions does Marcel ask?

	MARCEL: Denise!
what's the matter?	DENISE: Oui. Qu'est-ce qu'il y a?°
do you have / my	MARCEL: Tu as° mon° Walkman?
what?	DENISE: Quoi?°
am going	MARCEL: Mon Walkman. Tu as mon Walkman? Je vais° faire du jogging.
	DENISE: Il est sur la table.
which?	MARCEL: Quelle° table?
kitchen	DENISE: Dans la cuisine.°
	MARCEL: Ah bon.
later	*Quelques minutes plus tard.°*
	MARCEL: Denise!
I am / busy	DENISE: Oui. Quoi? Qu'est-ce qu'il y a? Je suis° occupée.°
my	MARCEL: Tu as mes° cassettes?
look / drawer	DENISE: Oh, là, là! Cherche° dans le tiroir.°

answer questions A and B. (4) Play the dialogue again. Then have students act it out twice, the second time using their own names.

COMPRÉHENSION

ACTIVITÉ 3

Answers, Act. 3: 1. c, d, f 2. b, e, g 3. a, e 4. e, g

Follow-up: Have students give a summary of the dialogue, using the different sentence elements from this activity.

another room

Où sont les cassettes? Complete each sentence with as many appropriate phrases as you can.

1. Denise est _____.
2. Marcel cherche _____.
3. Le Walkman est _____.
4. Les cassettes sont _____.

a. sur la table
b. son Walkman et ses cassettes
c. l'amie de Marcel
d. occupée et impatiente
e. dans la cuisine
f. dans une autre chambre°
g. dans le tiroir

☰ C'EST À DIRE ♦ Parler des objets

Approach, C'est à dire:
(1) Preview the material by focusing on the title and introduction.
(2) Introduce the vocabulary: **C'est une radio; c'est une voiture;**

Your instructor will model several scenes. You should follow these steps.

A. Role-play the scenes with a partner.
B. Be prepared to tell which items you have.

une chaîne stéréo

une voiture

un magnétoscope

un vélo

une radio

une calculatrice

un (micro-)ordinateur

une machine à écrire

un téléviseur (une télé)

une mobylette

un Walkman

des cassettes

des cassettes vidéo

des disques

des compact discs

un lecteur laser

42   CHAPITRE 2

etc. Have students repeat after you. Then point at an item and ask:

me too

Qu'est-ce que c'est?
(3) Role-play the mini-dialogues. Have students repeat and practice, first with you, then in pairs as written, then in pairs substituting items of their choice.

me neither
we need

SCÈNE 1

— Tu as un téléviseur?
— Oui, j'ai un téléviseur.

SCÈNE 2

— Tu as un magnétoscope?
— Non, mais j'ai une télé couleur.

SCÈNE 3

— Vous avez un micro-ordinateur?
— Non. Pas moi. Vous avez un micro-ordinateur?
— Non. Moi non plus.°
— Il nous faut° un micro-ordinateur.

SCÈNE 4

— Nous avons une chaîne stéréo.
— Oui? Moi aussi!°

SCÈNE 5

— Tu as mon vélo?
— Non, mais demande à Jean.

SCÈNE 6

— Tu as ma cassette de Mozart?.
— Non, mais j'ai tes compact discs.

ACTIVITÉ 4

Answers, Act. 4: Nous avons des disques (une radio / une chaîne stéréo / un lecteur laser / des discs / des compact discs / un magnétoscope / des cassettes vidéo / un Walkman / une téléviseur / un micro-ordinateur / une machine à écrire / des skis / des livres / un vélo

Qu'est-ce que nous avons?   It's moving day. Three friends have simply dropped their possessions in the middle of the living room. Identify the items.

MODÈLE: *Nous avons des disques.*

Approach, Act. 5:
(1) Give students a
minute or two to prepare
a list of their possessions,
and thirty seconds to find
a partner. (2) Give the
pairs of students three
minutes to figure out
what they have in
common and what they
need. (3) As a follow-up,
ask several groups to tell
the class about what they
need.

Qu'est-ce qu'il nous faut?   You and a partner are planning to become roommates. First make a list of your possessions. Then compare your list with that of your partner to determine the items you both have, the items only one of you has, and the items neither of you have but would like to have.

MODÈLES: — *Tu as une mobylette?*
              — *Oui. J'ai une mobylette. Et toi?*
              — *Oui, moi aussi.*
   ou — *Tu as une mobylette?*
              — *Non. Pas moi. Et toi?*
              — *Non. Moi non plus. Il*
                nous faut une mobylette!

ACTIVITÉ 6   **Les Décisions.**   You and your friend are moving into a new apartment in which space will be limited. Discuss your possessions and decide which items to keep.

black and white   MODÈLE: ma télé couleur, ta télé noir et blanc°
          — *J'ai ma télé couleur et tu as ta télé noir et blanc.*
          — *Gardons ma télé couleur.*
      ou — *Gardons ta télé noir et blanc.*
      ou — *Gardons ma télé couleur et ta télé noir et blanc.*

1. ma chaîne stéréo, ton lecteur laser
2. mes cassettes de rock, tes disques de musique classique
3. mon Walkman, ta radio
4. ma mobylette, ton vélo
5. mon magnétoscope, ta télé couleur
6. mes disques de jazz, tes disques de musique populaire
7. ma machine à écrire, ton micro-ordinateur
8. mes cassettes vidéo, tes compact discs

C'EST À DIRE ◆ Compter de 1 à 20

Approach, C'est à dire:
(1) Set the scene—
Announce that you are
going to talk about your
own possessions: **J'ai un
micro-ordinateur et une
chaîne stéréo; j'ai deux
magnétoscopes,** etc.

Your instructor will present the inventory checklist. You should then follow these steps:

A. Reread the list with a partner.
B. Then substitute other numbers for each item.

zero			
1/un	micro-ordinateur	**11/onze**	romans policiers°
une	chaîne stéréo		
2/deux	magnétoscopes	**12/douze**	disques de jazz
3/trois	machines à écrire	**13/treize**	romans d'aventure
4/quatre	Walkman	**14/quatorze**	cassettes vidéo
5/cinq	programmes pour le micro-ordinateur	**15/quinze**	romans de science fiction
6/six	disques de Mozart	**16/seize**	disques de rock
7/sept	disques de musique populaire	**17/dix-sept**	cartons de livres
8/huit	disques de reggae	**18/dix-huit**	compact discs
9/neuf	cassettes	**19/dix-neuf**	affiches°
10/dix	disques de danse	**20/vingt**	mini-cassettes

detective novel

posters

(2) Have students repeat and practice with you.
(3) Have students pair up and practice the material as written, then have them tell how many of each item they have.

Cultural note: Point out that when counting in French, count *one* on the thumb, *two* on the index finger, and so on.

The final consonants in **deux** and **trois** are not pronounced. The letter *p* in **sept** and the letters *gt* in **vingt** are silent.

In counting, the final consonants in **cinq, six, huit,** and **dix** are pronounced. When the numbers **cinq, six, huit, dix** are used in context before a consonant sound, the final consonant is not pronounced.

J'ai **six (six)** disques de jazz.
Il nous faut **cinq (cinq)** disques de musique classique.

ACTIVITÉ 7

La liste. A friend who is moving has prepared a checklist of items to be packed. You are reading over the list. If an item seems normal, indicate this with an emphatic tone of voice. If an item is somewhat unusual, question it with your voice rising.

Approach, Act. 7: Stress the different tones of voice when role-playing the model answers. Point out that intonation carries meaning.

MODÈLES: 15 cassettes vidéo
        Quinze cassettes vidéo!
        10 affiches de Benny Goodman
        Dix affiches de Benny Goodman?

1. 17 compact discs
2. 5 cassettes d'opéra
3. 13 cartons de disques
4. 4 affiches de Napoléon
5. 2 micro-ordinateurs
6. 19 disques de musique folklorique
7. 12 cassettes vidéo des films de François Truffaut
8. 14 cartons de disques de musique classique

REGARDONS DE PLUS PRÈS ◆ Le Verbe *avoir*

Approach, Regardons de plus près: (1) Preview the text, going over the introductory material. (2) Role-play the dialogue several times. (3) Have students look for patterns and hypothesize about the way language works. Encourage students to discuss their answers to

why
tire / flat
in the shop
ask
anyway

the guide questions. (4) Discuss the students' observations, and conclude by going over the conjugation of **avoir.** Have students repeat and practice the forms, first with you, then in pairs as written, and finally in pairs substituting other vocabulary items.

Think about the following questions as you study the conversation below.

A. What types of vehicles does the speaker consider borrowing?

B. In this exchange, ownership is expressed using the verb **avoir.** What forms of the verb are used?

C. Based on what you already know about verbs, does **avoir** appear to be a regular verb?

— Hé, Marcel! **Tu as** une moto, n'est-ce pas?
— Oui, pourquoi?°
— **Ma mob a** un pneu° crevé° et **j'ai** un rendez-vous.
— Je regrette, mais ma moto est en réparation.°
   Demande° à Luc; **il a** un vélo.
— D'accord, merci tout de même.°

The verb **avoir** *(to have)* is an irregular verb because its forms do not follow a pattern, as do regular verbs. Note that there are five different spoken forms for this verb. Only the forms for **tu** and **il (elle, on)** are pronounced the same.

J'ai un téléviseur.	*I have a television set.*
Tu as un micro-ordinateur?	*Do you have a microcomputer?*
Elle a une chaîne stéréo.	*She has a stereo.*
Nous avons un magnétoscope.	*We have a videotape player.*
Vous avez une radio?	*Do you have a radio?*
Élise et Anne-Marie, elles ont des cassettes vidéo.	*Élise and Anne-Marie have video-cassettes.*

ACTIVITÉ 8

Variation, Act. 8: This activity could be personalized by using students' names. As a follow-up, you could play the role of the **concierge** and have students claim the articles they want to pick up.

Answers: 1. . . . avons une machine à écrire. 2. . . . a un téléviseur, des cassettes et un Walkman. 3. . . . a un vélo et un micro-ordinateur. 4. . . . avez un téléviseur, une calculatrice, une

C'est à qui?   Several students have left possessions with the concierge of their building. Tell to whom they belong.

S.R.—téléviseur, cassettes, Walkman
E.L.—télé, calculatrice, mobylette
C.L.—magnétoscope, chaîne stéréo
A-M. N.—ordinateur, livres

L.D.—vélo, micro-ordinateur
R.S.— vélo, disques
J-M. C. et C.L.—machine à écrire

MODÈLE: *Christophe Lajoie, il a un magnétoscope et une chaîne stéréo.*

1. Jean-Marc et moi (Christophe), nous . . .
2. Je suis l'ami de Sylviane Robert. Elle . . .

mobylette, un vélo et des disques. 5. . . . as un ordinateur et des livres. 6. . . . avez un magnétoscope et une chaine stéréo.

3. Mon camarade de chambre s'appelle Luc Dupont. Il . . .
4. Élise et Rachelle, vous . . .
5. Anne-Marie, tu . . .
6. Christophe, vous . . .

ACTIVITÉ **9** Chez nous.   With a partner tell who has what on these shelves.

Variation, Act. 9: You may want to have students change the given first names to those of some of their classmates.

MODÈLES: Luc / une radio
— *Luc a une radio?*
— *Oui, il a une radio.*

Jean, tu / des disques
— *Jean, tu as des disques?*
— *Non, mais Luc a des disques.*

1. Jean, il / un magnétoscope
2. Luc, tu / une chaîne stéréo
3. Jean, tu / des cassettes vidéo
4. Michel, tu / une télé

5. Luc et Jean, vous / des compact discs
6. Jean, il / des livres
7. Michel et Jean, vous / un micro-ordinateur

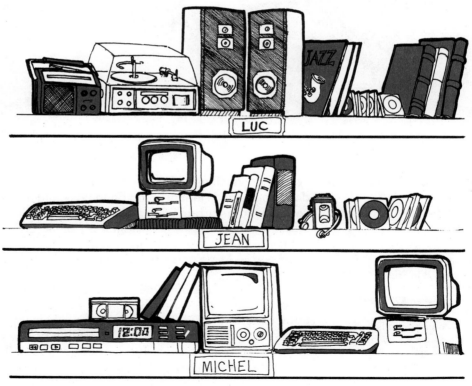

NOTES CULTURELLES

What three types of vehicles are shown here? Which is the most economical? Which would you prefer?

Les Possessions

Notes culturelles:
Students may be interested in knowing that the process of going through the driver's examination in France is expensive; costs may range between $200 and $500 and sometimes more if a person fails more than once. Driving examiners are known to be very demanding, and

Typical universities in France do not have elaborate campus settings with dormitories and student union buildings. Students usually live at home and commute to an urban university, which is usually made up of a few buildings. This creates a transportation problem for many students. Some students use public transportation, such as the subway or bus system, to get to classes. A large percentage of students use bicycles, mopeds, or motorcycles.

These vehicles have become the preferred means of transportation because they are inexpensive to buy, run, and maintain. Perhaps the most popular form of student transportation is la **mobylette**. This cross between a bicycle and a motorcycle has a small motor, which must sometimes be assisted by pedal power. The moped (colloquially, la **bécane** or la **mob**) has many devoted users in France.

people rarely pass the driver's test the first time. Unless money is provided by the parents, young people often have to wait until they have some savings to get a driver's license, hence the popularity of the **mobylette.**

Young people in France today are likely to have many possessions, as do their North American counterparts. For instance, most have electronic gadgets such as tape recorders, record players, radios, stereo systems, and televisions. There are, however, some differences. A French young person is not very likely to own a car, for example. Not only are automobiles very expensive to own and operate (it is not unusual for gas prices to be four or five times what they are in North America), but the minimum age to drive a car without a parent is eighteen. Also, because of the availability of inexpensive and reliable public transportation, most young people will use the subway or bus systems or a mobylette to get around.

Electronics ownership—France, 1983

Color television	58%
Radio	99%
Stereo	20%
Tape recorder	31%
Musical instrument	37%

Institut National de la Statistique et des Études Économiques

Une Promotion

AU TRAVAIL (REVIEW/ PREVIEW)

ACTIVITÉ 1

Approach, Act. 1: (1) Preview the activity by focusing on the title and realia. (2) Present the new vocabulary product features used in the realia. (3) Role-play the mini-dialogues for students. (4) After students have completed the activity, have several groups present dialogues to the class.

C'est un Walkman stéréo? You have just entered a large electronics store and are met by a salesperson. With a partner, role-play at least three different scenes. In each scene, be sure to: (1) exchange greetings (2) tell what you are looking for (3) inquire about specific features, using the sales flyer shown below.

MODÈLES: — *Bonjour, Mademoiselle.*
— *Bonjour, Monsieur. Vous avez des machines à écrire?*
— *Non, mais nous avons des micro-ordinateurs.*
— *Merci, je cherche une machine à écrire. Au revoir.*
— *Au revoir.*

ou — *Bonjour, Mademoiselle.*
— *Bonjour, Monsieur. Vous avez des machines à écrire?*
— *Oui, des machines à écrire électriques et portatives. Vous cherchez une machine portative?*
— *Non, il me faut une machine électrique.*
— *Voilà.*

Approach, À l'écoute, p. 51: (1) Preview the conversation by focusing on the artwork. What is happening? What items are featured? What are the prices of these items? (2) Preteach new vocabulary. Sentences including the new vocabulary are found with the **À l'écoute** tapescript in the front of this Teacher's Edition. (3) Go over the introductory question. Remind students that they should focus on this question the first time

Équipement de Haute Fidelité à la FNAC

DES MACHINES À ÉCRIRE
une machine à écrire **électrique**
une machine à écrire **portative**

DES MICRO-ORDINATEURS

DES CALCULATRICES
une calculatrice **programmable**
une calculatrice **solaire**

DES TÉLÉVISEURS
un téléviseur **noir et blanc**
un téléviseur **couleur**

DES DISQUES
de jazz de rock de musique classique
des cassettes **de haute fidélité°**

DES WALKMAN
un Walkman **stéréo**
un Walkman **avec mini-casque°**

hi-fi

m. headphones

À L'ÉCOUTE ◆ Un Spot à la radio

they listen to the conversation. Stress that they will need to listen to the material several times and should focus on different types of

Fédération Nationale d'Achat des Cadres, *a hi-fi store*

information and details each time. The **À l'écoute** may be done outside of class.

Listen to the tape and refer to the art above. Then complete the comprehension activities. If you were interested in purchasing a Walkman, would this be a good time to stop in at **la FNAC?°**

COMPRÉHENSION

ACTIVITÉ 2

Note, Act. 2: This activity focuses on listening for main ideas.

Answers, Act. 2:
1. promotion 2. 10 à 30
3. l'équipement de hi fi (de haute fidélité) 4. 15 pour cent

Qu'est-ce qu'on annonce?   Complete the sentences with the information provided in the radio advertisements.

1. La FNAC annonce une _promotion_
2. Les rabais sont de _10 à 30_ pour cent.
3. On profite des rabais sensationnels sur _____.
4. Le rabais sur les Walkman est de _15_.

ACTIVITÉ 3

Answers, Act. 3: une promotion (sensationnelle), haute fidélité or hi fi, rabais or réductions, 10 à, les disques et les cassettes, rabais, pour cent or %

Répétez, s'il vous plaît.   Repeat what you just heard in the radio advertisement to a friend.

Bonjour, Marie-Claire! Il y a _____ d'équipement de _____ à la FNAC. On annonce des _____ de _____ 30 pour cent. Par exemple, il y a une réduction de 10 pour cent sur _____ et _____. Il y a aussi un _____ de 30 _____ sur les chaînes stéréo! C'est une promotion formidable!

C'EST À DIRE ♦ Employer les Pourcentages; Compter de 21 à 100

Approach, C'est à dire:
(1) Review the numbers 1 through 20. (2) Announce one promotion at a time from the realia (**il y a un rabais de 22%**) and have students guess which item it is. (3) Have students repeat and practice percentages. (4) Have students tell what conclusions they drew about how numbers from 21 through 100 are expressed.

Suggestion: Have students work in small groups and dictate different percentages off for various items.

Your instructor will dictate some percentages of price reductions at a sale. You should write the numbers and then follow these steps.

A. Practice saying the percentages.
B. Prepare to announce the percentage off for at least five different items to a partner, to a small group, and to the whole class.

On annonce un rabais de 22 pour cent sur les Walkman.

20	vingt	25	vingt-cinq
21	vingt et un	26	vingt-six
22	vingt-deux	27	vingt-sept
23	vingt-trois	28	vingt-huit
24	vingt-quatre	29	vingt-neuf

30	trente
31	trente et un
32	trente-deux

40	quarante
50	cinquante
60	soixante

70	soixante-dix
71	soixante et onze
72	soixante-douze

80	quatre-vingts
81	quatre-vingt-un
82	quatre-vingt-deux

90	quatre-vingt-dix
91	quatre-vingt-onze

100	cent

RABAIS

22%— WALKMAN

36%— CHAÎNES STÉRÉOS

28%— MICRO-ORDINATEURS

50%— COMPACT DISCS

65%— DISQUES

45%— TÉLÉVISEURS

70%— CASSETTES

20%— MAGNÉTOSCOPES

30%— CASSETTES VIDÉO

Note that 81 (**quatre-vingt-un**) and 91 (**quatre-vingt-onze**) require hyphens.

Note also that 80 (**quatre-vingts**) has a final letter **s,** while the others in the series (**quatre-vingt-trois, quatre-vingt-treize**) do not.

Quelles promotions
est-ce qu'Empire
Electronic annonce?

ACTIVITÉ **4** Qu'est-ce qu'il y a?   A sale is starting today at the electronics store
where you work. Use this product information sheet to tell about the sale.

m. department   MODÈLE: ordinateurs—25, rayon° 37
Nous avons vingt-cinq ordinateurs au rayon numéro trente-sept.

ÉQUIPEMENT	Quantité	Rayon
1. cassettes de musique rock	96	41
2. radios portatives à mini-casque	58	82
3. chaînes stéréos	73	55
4. téléviseurs – noir et blanc	31	69
5. téléviseurs – couleur	85	38
6. magnétoscopes	62	27
7. machines à écrire	24	76
8. calculatrices	81	93

société LESIEUR	41, rue de L'oiseau jaune 75009 PARIS 41-55-55-55	
MODÈLE		**RABAIS**
73-10 la radio portative		35%
85-62 la radio portative avec mini-casque		20%
17-56 la radio portative stéréo		15%
47-73 la machine à écrire manuelle		40%
68-96 la machine à écrire électrique		25%
94-48 le téléviseur noir et blanc		60%
85-57 le téléviseur couleur		20%
39-62 la calculatrice solaire		30%
51-98 la calculatrice programmable		15%

ACTIVITÉ **5**   **Aux soldes.**   Now confirm the model number and the percent off for each item described in the above product list.

MODÈLE: la radio portative
> *On annonce un rabais de trente-cinq pour cent sur la radio portative, modèle soixante-treize dix.*

ACTIVITÉ **6**   **Vous désirez?**   Work with a partner. Use the product list from *Activité 5* to place your order with a salesperson.

MODÈLE: — *Vous désirez?*
I am looking for
> — *Je cherche° une radio portative.*
> — *Quel modèle?*
> — *La radio portative avec mini-casque, modèle quatre-vingt-cinq soixante-deux.*
> — *Très bien. Il y a un rabais de 20% sur le modèle quatre-vingt-cinq soixante-deux.*

Follow-up, Act. 6: Have several groups present their dialogues to the class.

REGARDONS DE PLUS PRÈS ◆ L' Article indéfini

Approach, **Regardons de plus près:** (1) Review what students know about gender and the definite article.
(2) Preview the dialogue.

Does this person have a lot of electronic equipment?

what luck!

— Tu as **un** Walkman?
— Bien sûr! Et des cassettes!
— Et tu as aussi **une** radio?
— Ah oui, et **un** magnétoscope et **un** lecteur laser.
— Quelle chance!°

Ask: What determines the use of **un** or **une**? Why do you think **un** and **une** are used instead of **le** and **la**? (3) Model the dialogue and have students practice it.
(4) Have students discuss their conclusions about the use of **un** and **une.**
(5) Go over the explanations as a means of confirming and extending their conclusions.

The definite articles **le, la, l',** and **les** correspond to the word "the" and are used to point out specific items or very general categories.

— Tu aimes **l'**opéra?   — *Do you like opera?*
— Non, mais j'aime **le** disque de   — *No, but I like the Luciano Pava-*
   Luciano Pavarotti.   *rotti record.*

The indefinite articles **un, une,** and **des** are used when the noun is not specifically identified ("a," "an," or "some"). **Un** is used with masculine nouns, **une** with feminine nouns, and **des** with both masculine and feminine nouns in the plural.

— Tu as **un** vélo?   — *Do you have a bike?*
— Non, j'ai **une** mobylette.   — *No, I have a motorbike.*

— Tu aimes le jazz?   — *Do you like jazz?*
— Oui, beaucoup.   — *Yes, a lot.*
— Tu as **des** disques de jazz?   — *Do you have (any) jazz records?*
— Non, mais j'ai **des** cassettes.   — *No, but I have (some) cassettes.*

ACTIVITÉ **7**   **Faites l'inventaire.**   Make a list of the electronic equipment you have and another of the things you would like to have.

Follow-up, Act. 7: Have students discuss their lists with a partner, a small group, or the class.

MODÈLE: *J'ai un téléviseur noir et blanc.*   *Il me faut un téléviseur couleur.*

un téléviseur noir et blanc	un téléviseur couleur
des cassettes vidéo	un lecteur laser
des cassettes	des disques
une chaîne stéréo	un Walkman
un magnétoscope	des compact discs

≡ À VOUS! ◆Les Promotions

Approach, À vous!: Set a time limit for completing this activity. Encourage students to raise specific questions, but allow them to complete their work independently. Have some groups present their scenes to the class. This will present another opportunity to evaluate progress in oral work.

Suggestion for homework: Ask each student to find a picture of an electronics item for which they know the French vocabulary and put it in a package (an envelope). Explain that

this will be used in **Activité 1** of **Tranche 3**. Encourage students to practice that activity at home.

With a partner, act out several scenes in an electronics store. Study the advertisements below and decide which of the items you would like. Then approach a salesperson (your partner) with a model number. The salesperson will confirm the price reduction.

MODÈLE: — *Je voudrais la radio-cassette stéréo modèle 37-92.*
          — *Très bien. Il y a un rabais de 10% sur le modèle 37-92.*

1.

RADIOS

L'AUTO RADIO – 43-19
lecteur° de cassettes,
radio FM

RABAIS 15%

m. player

LA RADIO-CASSETTE – 66-52
lecteur-enregistreur° de cassettes,
antenne FM téléscopique

RABAIS 20%

m. recorder

**LA RADIO-CASSETTE
STÉRÉO 37-92**
FM stéréo,
antenne téléscopique,
lecteur-enregistreur stéréo de cassettes,
2 micros,° 4 haut-parleurs°

RABAIS 10%

m. microphone / m. speakers

m. remote control

2.

MAGNÉTOSCOPES

MAGNÉTOSCOPE–71-19
programmable, système couleur,
à cassettes

RABAIS 30%

MAGNÉTOSCOPE–26-54
programmable, système couleur,
à mémoire, à cassettes

RABAIS 35%

MAGNÉTOSCOPE–18-93
programmable, système couleur,
à mémoire, à cassettes,
avec télécommande°

RABAIS 40%

3.

MACHINES À ÉCRIRE

MACHINE À ÉCRIRE–42-92
mécanique

RABAIS 15%

MACHINE À ÉCRIRE–75-16
électronique,
à mémoire

RABAIS 30%

MACHINE À ÉCRIRE–98-14
électronique, à mémoire,
correction automatique,
programmable,
avec calculatrice

RABAIS 10%

TRANCHE 3

▮▮ faut choisir

▤ AU TRAVAIL (REVIEW/ PREVIEW)

ACTIVITÉ **1** **Qu'est-ce qu'il y a dans les paquets?** You and a partner have been on separate shopping expeditions and are carrying packages of various sizes. Decide what is inside your packages; your partner should guess. Some possible purchases are listed below.

MODÈLE: — *Bonjour, Brigitte!*
— *Bonjour, Pierre!*
— *Comment ça va?*
— *Très bien.*
what is there? — *Qu'est-ce qu'il y a° dans les paquets?*
guess! — *Devine!°*
— *Il y a un(e) _____?*

un micro-ordinateur	une calculatrice programmable
un téléviseur	une mini-cassette
un vélo	une machine à écrire
camera un appareil-photo°	une chaîne stéréo
watch un téléphone	une montre°
un transistor	une guitare
backpack un sac à dos°	une radio portative

▤ LECTURE ◆ Les Vacances spéciales

Pre-reading, Lecture:
Focus on the title and have students hypothesize about the content of the text.

Reading: Stress to students that they will need to read the text several times and should focus on different types

This reading discusses different types of vacations. Which vacation package is for you?

Vous n'aimez pas le ski, la course automobile? Vous détestez le tennis et le jogging? Vous ne jouez pas au basketball ou au football? Vous

nor
peace

beach / m. noises
m. skies / m. sand / m. palm trees

n'appréciez pas les sports d'équipe ni° les sports individuels? Si vous préférez le calme, la tranquillité, la paix,° nous avons des vacances spéciales pour vous.

Dix jours sur la plage° à Tahiti. Pas de sports, pas de bruits,° beaucoup de calme, de tranquillité, de ciels° bleus, de sable° et de palmiers.° Tahiti est l'île idéale pour vous. Profitez de notre promotion et de notre rabais de 10%. Contactez l'agence Eurotours.

Vous n'appréciez pas les concerts, l'opéra, les arts? Vous n'êtes pas amateur de bibliothèques,° de monuments ni de musées? Vous aimez la danse, les cabarets, les discothèques et la musique populaire? Nous avons des vacances spéciales pour vous.

Huit jours dans les cabarets de Paris. Pas de musées, pas de monuments, mais beaucoup de danse, et beaucoup de musique. Les participants dorment° le jour et s'amusent° la nuit.° Profitez de 15% de rabais. Contactez l'agence Eurotours.

of information and
details each time. The
selection should be
reread at least once

f. libraries

before completing
Activités 2 and **3.** The
reading may also be
done out of class.

sleep / have fun / at night

Post-reading: Have
students compare their
answers to the
introductory question
with partners.

COMPRÉHENSION

ACTIVITÉ **2** **C'est magnifique!**   Based on each person's preferences, decide if the Tahiti package, the Paris vacation, or both would be appropriate. If you cannot tell, put a check under the question mark.

Answers, Act. 2:
1. ? 2. Tahiti et Paris
3. Tahiti et Paris 4. ?
5. Tahiti 6. ? 7. Paris 8. ?
9. Tahiti 10. Paris

Follow-up: You may have
students select a vacation
package, first stating
what they do not like,
then telling what they
like. Then have them
conclude, **Donc je
choisis . . .**

	TAHITI	PARIS	TAHITI ET PARIS	?
1. Raoul adore les sports d'équipe.	___	___	___	_
2. Anne aime dormir le jour.	___	___	___	_
3. Sylvie cherche un rabais sur des vacances spectaculaires.	___	___	___	_
4. Georges n'aime pas la danse.	___	___	___	_
5. Christine préfère la tranquillité.	___	___	___	_
6. Philippe aime le ski.	___	___	___	_
7. Monique adore danser.	___	___	___	_
8. Pierre apprécie les monuments.	___	___	___	_
9. Robert n'aime pas jouer au tennis.	___	___	___	_
10. Luc aime la musique populaire.	___	___	___	_

C'EST À DIRE ◆ Dire oui ou non

Cultural note, C'est à dire: Explain that the French have five weeks of paid vacation time per year, as well as many legal holidays. As such, the French have made vacation time an important part of French life.

Approach: (1) Ask students about their vacation activities: **Est-ce que vous jouez au tennis pendant les vacances? Est-ce que vous regardez la télé pendant les vacances?**, etc. (2) Model the mini-dialogues. (3) Have students repeat and practice with you. (4) Have students practice the material in pairs, first as written and then substituting activities of their choice.

Your instructor will ask about different vacation activities. You should follow these steps.

A. Practice the expressions in a small group and then with a partner.

B. Be prepared to report on your preferred vacation activities.

En vacances, tu joues souvent au tennis?

| Oui, je | joue | | souvent | au tennis. |
| Non, je ne | joue | pas | souvent | au tennis. |

En vacances, tu regardes la télé?

| Oui, je | regarde | | la télé. |
| Non, je ne | regarde | pas | la télé. |

En vacances, tu écoutes la radio?

| Oui, j' | écoute | | la radio. |
| Non, je n' | écoute | pas | la radio. |

Sur la plage, tu apportes un appareil-photo?

Oui, j'	apporte		un appareil-photo, mais
je n'	apporte	pas	de disques de rock.
			de cassettes de musique classique.
			de cassettes vidéo.
			de micro-ordinateur.
			de machine à écrire.

Sur la plage, tu as une radio portative?

Oui, j'	ai		une radio portative, mais
je n'	ai	pas	de voiture.
			de chaîne stéréo.
			de magnétoscope.
			de téléphone.

ACTIVITÉ **3**   **À l'agence de voyage.**   You are a travel agent. Your partner is a client who has just won a travel bonus. Determine which of the prize-winning vacation specials would be most appropriate for the client, given his or her interests. Ask the following questions; then suggest a vacation package from the three listed on the following page.

Vacances 1 pour les amateurs de sports: sports individuels et sports d'équipe—tennis, jogging, cyclisme et football.

Vacances 2 pour les amateurs d'art: leçons de sculpture et de danse moderne, concerts, opéras et ballet classique.

Vacances 3 pour les amateurs de divertissements variés: cinéma, cabarets, visites de monuments et excursions.

MODÈLE: L'AGENT: *Vous aimez les sports?*
LE (LA) CLIENT(E): *Oui, j'aime bien les sports.*
ou *Non, je n'aime pas les sports.*
. . .
L'AGENT: *Alors, je suggère les vacances numéro _____. Voici le programme: . . .*

1. Vous aimez le jogging, le tennis ou le cyclisme?
2. Vous appréciez les arts?
3. Vous aimez bien le tennis et le cyclisme?
4. Vous appréciez les excursions?
5. Vous détestez les sports d'équipe?
6. Vous aimez bien les concerts et l'opéra?
7. Vous aimez les cabarets?
8. Vous appréciez la sculpture et la danse?

≡ REGARDONS DE PLUS PRÈS ◆ La Négation

Approach, Regardons de plus près: (1) Preview the dialogue using the introductory material. (2) Model the dialogue and have students practice it. (3) Divide the class into small groups

Think about these questions as you study the conversation below.

A. Summarize the speakers' tastes in sports.

B. What words are used to signal the negative?

so / either

— Alors, tu **n'**aimes **pas** le football!
— Non, je **n'**aime **pas** les sports d'équipe. Je préfère les sports individuels.
— Donc,° tu **n'**aimes **pas** le basketball non plus.°
— Oui, c'est ça.
— C'est bizarre!

and have students discuss the guide questions. (4) Ask one group to report its findings, and ask the others to confirm, extend, or challenge the first group's conclusions. (5) Go over the explanation as a means of confirming students' conclusions.

■ In French, to make a negative statement, one uses **ne** before the verb and **pas** after it. **Ne** becomes **n'** before a vowel sound.

Moi, j'apprécie le rock.	*I appreciate rock.*
Moi, je **n'**apprécie **pas** le rock.	*I don't appreciate rock.*
Gilles joue au tennis.	*Gilles plays tennis.*
Mais Jean, il **ne** joue **pas** au tennis.	*But Jean doesn't play tennis.*

■ **Un, une,** and **des** usually become **de** when they follow a verb in the negative.

— Tu as **un** disque de jazz?	*Do you have a jazz record?*
— Non je n'ai pas **de** disque de jazz; je n'aime pas le jazz. Et puis je n'ai pas **de** disques, j'ai des cassettes.	*No, I don't have a jazz record; I don't like jazz. And then I don't have records; I have cassettes.*

ACTIVITÉ 4

Suggestion, Act. 4: You may want to have students take notes about their partner's likes and dislikes. As a follow-up, ask some students to tell about their partner's preferences.

Et vous?   Find out about a classmate's vacation preferences using the following questions. Then change roles.

MODÈLE: — *Tu aimes les sports?*
         — *Oui, j'aime les sports.*
     ou — *Non, je n'aime pas les sports.*

LES SPORTS

1. Tu aimes les sports? les sports individuels? les sports d'équipe?
2. Tu apprécies le football? le tennis? le cyclisme? le basketball? le ski? le jogging? la course automobile?
3. Tu joues au football? au basketball? au tennis?

LES ARTS

4. Tu aimes l'art? la sculpture? la peinture?
5. Tu aimes la danse? le ballet classique? la danse moderne? l'aérobic?
6. Tu aimes le théâtre? Tu joues dans une pièce de théâtre?
7. Tu apprécies la musique? la musique classique? le rock? le jazz? la musique populaire?

LES DIVERTISSEMENTS

8. Tu aimes les voyages?
often 9. Tu dînes souvent° au restaurant?
10. Tu regardes souvent la télé?

Moi, j'ai un Walkman.
J'aime le rock, mais je
n'aime pas le jazz. Et
vous?

ACTIVITÉ 5 Le (la) Gagnant(e).

Extension, Act. 5: You
may want to include
additional prizes.

You have correctly answered a radio call-in
question and have won either a *grand prix* or a *prix de consolation*. The show
host or hostess (one of your classmates) will tell you to choose a prize from
one of the categories. List all of the items you do not have; then select the
prize of your choice.

GRANDS PRIX	PRIX DE CONSOLATION
des sculptures	un ballon de football
une voiture	un vélo
un appareil-photo	des disques de jazz
un micro-ordinateur	des billets d'opéra
une mobylette	un Walkman

MODÈLE: L'ANIMATEUR
(L'ANIMATRICE): *Vous avez gagné un grand prix! C'est à vous de choisir!*
VOUS: *Je n'ai pas de micro-ordinateur, je n'ai pas de sculptures*

I would like

*et je n'ai pas de voiture. Je voudrais° la voiture, s'il vous
plaît.*

TRANCHE 4

Faites un achat

ACTIVITÉ **1**   **J'aime beaucoup . . .**   Point out items in a catalogue that catch your interest. Your partner will agree with your choice or express a different preference. Use the expressions listed below.

OUI,   NON,

j'aime bien . . .   je préfère[1] . . .

j'adore . . .   je n'aime pas . . .

I like . . . better   j'aime mieux° . . .

MODÈLES: — *Oh! J'aime bien la mobylette Vespa!*
           — *Ah, oui, moi aussi!*
        ou — *Euh, je n'aime pas la mobylette Vespa.*
        ou — *Moi, j'aime mieux la Honda!*
        ou — *Je préfère la Honda.*

ELECTRONIQUE	SPORTS	TRANSPORTS
l'ordinateur (IBM, Apple, Commodore)	la planche à voile° (Leclerc, Sailfish)	la mobylette (Vespa, Honda)
le mini-cassette (Sony, Thomson)	la raquette de tennis (Le Coq Sportif, Wilson)	le vélo (la bicyclette) (Peugeot, Motobécane)
la radio portative (Panasonic, Thomson)	le ballon de football (Wilson, Head)	
la télé (Philips, Thomson)	*windsurfer*	

---

1. The complete conjugation of the verb **préférer** *(to prefer)* is given in the section **Vocabulaire et expressions** at the end of the chapter. Note that **préférer** has accent changes.

C'EST À DIRE ◆ Parler des prix

Cultural notes, C'est à dire: Find out about the exchange rate of the day, so that students can evaluate prices given in francs.

Approach: (1) Go over the introductory guidelines. (2) Role-play the scenes, and have students repeat and practice one scene at a time with you. (3) Have students practice in pairs, first with the material as written, then substituting their own items and prices.

Suggestion: Ask students to find the different ways to ask about prices, the different ways to answer, and the various ways to comment about prices.

Your instructor will inquire about prices on some items. You should follow these steps.

A. Practice asking for and giving the prices.

B. Be prepared to receive different price information on the same objects from your partner or another member of the class.

SCÈNE 1

— Combien° coûte° la cassette vidéo?
— La cassette vidéo coûte 98 F.
— C'est trop cher!°

SCÈNE 2

— Combien coûtent les disques de musique folklorique?
— Ils coûtent 72 F.
— C'est assez° cher, n'est-ce pas?

SCÈNE 3

— Ça coûte combien?
— Le tee-shirt? Ça fait° 65 F.
— C'est cher.

SCÈNE 4

— C'est combien, la montre?
— C'est 74 F.
— C'est bon marché!°

how much is / (costs)

too expensive

fairly

it is

inexpensive

ACTIVITÉ 2

Les Occasions. The following items are for sale in a secondhand store. Ask a partner how much each costs. He or she should tell the prices. You should then categorize each one as *bon marché, assez cher, cher,* or *trop cher*. Do you know how much the French franc is worth today?

MODÈLE: — *Combien coûte le vélo?*
— *Ça coûte 78 F.*
— *Ça coûte 78 F? C'est très bon marché, n'est-ce pas?*

≡ REGARDONS DE PLUS PRÈS ◆ Les Nombres de 101 à 1.000.000

Read the following mini-dialogue about prices. Note how large numbers are expressed in French.

A. What is the discussion about?

B. Does the price of the *mobylette* change?

C. In what two ways does one separate numbers of more than three digits?

— C'est combien la mobylette?
— 200 F.
— Deux cents francs! C'est bon marché.
— Bon, alors c'est 400 F.

100	cent	200	deux cents
101	cent un	201	deux cent un

1.000	mille	2 000	deux mille
1.001	mille un		

1.000.000	un million

- **Cent** ends in **s** when it is not followed by another number.

  trois cents, but **trois cent deux**

- **Mille** never ends in **s**. For example:

  quatre mille

- One uses periods or spaces instead of commas to separate digits:

  2.356 = 2 356 = deux mille trois cent cinquante-six

ACTIVITÉ 3

Suggestion, Act. 3: Have students work in pairs and substitute their own first name for those in the exercise.

Il nous faut 900 F!   Two roommates want to pool funds to purchase a used *mobylette* for 900 F. Tell how much each one has individually, what their combined assets are, and if they have enough money.

MODÈLES: Jean a 230 F. Pierre a 185 F.
　　　　　　Ça fait 415 F. Il nous faut 485 F!

　　　　　　Jean a 630 F. Pierre a 430 F.
　　　　　　Ça fait 1.060 F. C'est suffisant!

1. Marie-Claire a 795 F. Anne a 323 F.
2. Luc a 412 F. Jean-Claude a 289 F.
3. Pierre a 157 F. Marc a 681 F.
4. Suzanne a 534 F. Lucie a 779 F.
5. Robert a 843 F. André a 265 F.

ACTIVITÉ 4

C'est combien?   Ask a partner for the prices of the following items. He or she will give you the prices. Comment on them.

MODÈLES: — *Le mini-téléviseur modèle 642?*
　　　　　　— *Ça coûte 1645 F!*
　　　　　　— *C'est très cher.*

　　　　　　— *Ça coûte combien, la calculatrice solaire, modèle 258?*
　　　　　　— *C'est 885 F.*
　　　　　　— *Comment? C'est trop cher!*

le mini-téléviseur	**modèle 642**	1645 F	**modèle138**	970 F
la calculatrice solaire programmable	**modèle 391**	550 F	**modèle 258**	885 F
la radio portative avec mini-casque	**modèle 756**	990 F	**modèle 556**	635 F
l'ordinateur	**modèle 127**	2950 F	**modèle 547**	5850 F
le micro-ordinateur	**modèle 381**	1875 F	**modèle 881**	3995 F

LA LANGUE ÉCRITE

La Promotion   Design a sales flyer for a product of your choice. Include an introductory remark; a description of the type of item and its special features; and price, percent reduction, and final sale price.

MODÈLE: *Vous aimez les_____? Vous jouez au_____?*
        Nous avons des_____.
        Il y a un rabais de_____. pour cent sur les_____.

VOCABULAIRE   ET   EXPRESSIONS

▬ POSSESSIONS

J'ai	une guitare	un (micro-) ordinateur
Tu as	une machine à écrire	un téléviseur
Luc / Louise / on a	une télé	un Walkman
Nous avons	une calculatrice	un vélo
Vous avez	une mobylette	un ballon de football
Ils / elles ont	une bicyclette	un sac à dos
Il me faut	une chaîne stéréo	un appartement
Il nous faut	une raquette de tennis	un magnétoscope
	une voiture	un appareil-photo
	une radio	un transistor
	une montre	un mini-cassette
	une bicyclette	des skis
	une planche à voile	des billets
	des casettes	des romans policiers
	des cassettes vidéo	des disques de jazz (de rock / de musique classique / de musique pop)
	des affiches	

J'ai mon vélo, ma télé, mes compact discs.
Tu as ton Walkman, ta voiture, tes romans policiers.

Je n'ai pas de . . .   Et toi?   Moi aussi.
                                                       Moi non plus.

J'ai un . . . mais j'aime mieux les . . . et je préfère les . . .

■ PURCHASES

un (1) à un million (1.000.000)

Combien coûte . . .   Le (la) . . . coûte . . .
Combien coûtent . . .   Ça fait 565 F.
Ça coûte combien?
C'est combien, les . . . ?   Les . . . coûtent . . .
C'est bon marché!   C'est cher (assez cher / trop cher)!

■ SAYING NO

Je ne	joue	pas	au tennis.
Je n'	apprécie	pas	le ballet classique.
Je n'	ai	pas de	micro-ordinateur.
		pas d'	appareil-photo.

■ IRREGULAR VERB

préférer

je préfère	nous préférons
tu préfères	vous préférez
il (elle) préfère	ils (elles) préfèrent

VOUS ÊTES FRANÇAIS?

In this chapter, you will learn how to describe your physical characteristics, temperament, and nationality.

CHAPITRE 3

Qui êtes-vous?

≡ **AU TRAVAIL** (REVIEW/ PREVIEW)

ACTIVITÉ **1** **Faites l'auto-portrait.**   Have a brief conversation with several class-mates. An outline is included below.

NOM

Je m'appelle _____.

Je suis _____.

DOMICILE

Je suis de (ville), mais à présent j'habite à _____.

pal Je suis l'ami(e) / l'associé(e) / le (la) camarade / le (la) collègue / le voisin (la voisine) / le copain° (la copine) de _____.

PRÉFÉRENCES

to swim J'aime . . .	nager°
J'aime bien . . .	voyager à Paris (à Tahiti)
J'adore . . .	organiser des voyages (des excursions / des fêtes)
Je n'aime pas . . .	jouer au tennis
to walk / beach / forest Je n'aime pas beaucoup . . .	marcher° sur la plage°(dans la forêt°)
	regarder les sports à la télé
to study Je déteste . . .	étudier°
to work	travailler°

DIALOGUE ◆ Les Nouveaux

Approach, Dialogue:
(1) To introduce students to the functions of this **Tranche,** ask them for several ways to identify nationalities and professions in English. (2) Go over questions A and B with students. (3) Play the dialogue on the Student Audio Cassette (or role-play it yourself). (4) Ask students to answer questions A and B. (5) Play the

everybody / m. new members
first of all

dialogue again. Then have students act it out twice, the second time using their own names. (6) Ask students to practice the dialogue in pairs or small groups, first as written and then substituting their own names.

f. belt
black

welcome!

then
m. banker
above all
among

originally / company
former

surroundings / friendly

m. applause

In this dialogue, the director of a sporting club, Pierre Lebrun, is introducing the new members. Think about these questions as you go over the dialogue.

A. How many new members are there? How many women? How many men?

B. What are the new members' nationalities? In spite of their different nationalities, what native language do they have in common?

PIERRE LEBRUN: Bonjour tout le monde.° Voici les nouveaux.° Je vous présente d'abord° Chantal Ouellette. Elle est canadienne, de Québec, et elle est journaliste. Elle est experte en karaté; elle a le grade de ceinture° noire.° Elle désire perfectionner son karaté, jouer au tennis et aussi faire du jogging avec des amis. Soyez la bienvenue!°

CHANTAL OUELLETTE: Merci, Monsieur Lebrun.

PIERRE LEBRUN: Ensuite,° voici Marc Varda. Il est français, de Nice. Marc est banquier,° récemment transféré à Paris. Marc aime le ski et le cyclisme et il est surtout° amateur de tennis. Marc, soyez le bienvenu parmi° nous.

MARC VARDA: Merci. Il y a des amateurs de tennis ici?

PIERRE LEBRUN: Finalement, voici Ali Mamoud. Ali est algérien, originaire° d'Alger. Il est chef de section d'une société° électronique. Il est l'ami et l'associé de notre ancien° membre Jean-Pierre Renauld. Ali aime le jogging et la natation. Il apprécie les sports d'équipe et il aime bien jouer au basket. Ali cherche un milieu° amical° pour pratiquer les sports. Soyez le bienvenu!

ALI MAMOUD: Merci beaucoup, Monsieur le directeur.

PIERRE LEBRUN: Alors, Chantal, Marc et Ali, je vous présente notre association sportive! *Applaudissements.°*

COMPRÉHENSION

ACTIVITÉ 2

C'est à qui? Based on what you learned about the three new members, decide to whom each of these things might belong: Chantal, Marc, or Ali.

MODÈLE: la ceinture noire de karaté
Chantal

1. les shorts pour le jogging
2. la raquette de tennis
3. la machine à écrire portative
4. les lunettes de natation°
5. la calculatrice programmable

6. les skis
7. le vélo
8. l'appareil-photo
9. le ballon de basketball

f. swimming goggles

ACTIVITÉ 3

Soyez les bienvenus. For each of the new members, find words or expressions that show: (1) nationality; (2) profession; (3) preferences.

C'EST À DIRE ◆ Décrire sa nationalité

Your instructor will model several situations. You should then follow these steps.

A. Practice talking about nationalities.
B. Be prepared to provide information about your national identity.

mini-dialogues for the
class; have students
repeat and practice them
with you. (3) Ask students
to practice the material in
pairs, first as written,
then substituting their
own nationality.

SCÈNE 1

AGENT: Vous êtes d'origine américaine?

VOUS:	Je suis américain.	Je suis américaine.
	Je suis sud-américain.	Je suis sud-américaine.
	mexicain.	mexicaine.
	canadien.	canadienne.

SCÈNE 2

AGENT: Vous êtes d'Europe? Euh, d'origine européenne?

English VOUS: Je suis anglais.° Je suis anglaise.
German Je suis allemand.° Je suis allemande.
Spanish espagnol.° espagnole.
italien. italienne.
suisse. suisse.
français. française.

SCÈNE 3

AGENT: Vous êtes d'origine orientale?

VOUS: Je suis japonais. Je suis japonaise.
Moi, je suis chinois. Je suis chinoise.

SCÈNE 4

AGENT: Vous êtes d'origine africaine?

VOUS: Oui, je suis africain. Je suis africaine.
marocain. marocaine.
tunisien. tunisienne.
sénégalais. sénégalaise.

ACTIVITÉ 4 De quelle nationalité êtes-vous? Give the general region of origin, the nationality, and the current city of residence for each person.

Extension, Act. 4: You
might extend this activity
for listening practice. You
could mention a person's
city of residence and ask
students to give the
nationality. For example,
**Hans est de Munich. De
quelle nationalité est-il?**

MODÈLE: Friedrich / Allemagne / Munich
Friedrich est allemand et à présent il habite à Munich.

1. Gilles / Canada / Montréal
2. Élise / France / Lyon
3. Luciana / Italie / Venise
4. Susan / États-Unis / La Nouvelle-Orléans
5. Marie-Claire / Canada / Québec
6. Asuri / Japon / Tokyo
7. Jerôme / Algérie / Algers
8. José / Mexique / Cuernavaca

C'EST À DIRE ◆ Décrire sa profession

worker / factory

company

salesperson

department head / store

boss / office

Your instructor will model several scenes. You should follow these steps.

A. Practice telling what you do and where.

B. Be prepared to tell real or imaginary information about a profession of your choice.

SCÈNE 1
— Vous travaillez?
— Oui, je suis assistant dans une usine.

SCÈNE 2
— Vous avez un poste° à Paris, n'est-ce pas?
— Non, je suis secrétaire dans un bureau à Lyon.

SCÈNE 3
— Vous êtes vendeuse?
— Non, je suis chef de section dans une société.

SCÈNE 4
— Votre profession?
— Je suis employé dans une banque.

Je suis . . .		**dans . . .**
ouvrier° (spécialisé)	ouvrière (spécialisée)	une usine°
assistant	assistante	une société°
employé	employée	une banque
vendeur°	vendeuse	une boutique
directeur	directrice	une agence
chef de section°	chef de section	un magasin°
patron°	patronne	un bureau°

ACTIVITÉ 5 Quel poste? Say that you have each of the following jobs.

MODÈLE: vendeur / magasin
    Je suis vendeur dans un magasin.

1. vendeur / société d'assurances
2. patronne / boutique
3. ouvrier spécialisé / usine
4. vendeuse / magasin
5. assistante / société
6. directrice / banque
7. chef de section / agence de voyages
8. employée / bureau

74 CHAPITRE 3

Approach, Act. 6: Give
students a minute to
create new identities and
select partners. Set a
time limit for the
exchange. Have students
take notes while listening
to their partners'
answers.

Follow-up: Have some
students introduce their
partners to the class.

La carte d'identité.   Create a new identity, including a new nationality, city of residence, profession, and interests. Interview a classmate using the questions below as a guide; then introduce him or her to the class.

NATIONALITÉ
Comment t'appelles-tu?
Tu es d'origine française?
Tu parles français? ☐ allemand? ☐ espagnol? ☐ japonais? ☐

VILLE
À présent, tu habites à Paris?

PROFESSION
Tu travailles?
Tu es employé(e) dans une société?

INTÉRÊTS
Tu aimes les sports? ☐ les sports d'équipe? ☐
les sports individuels? ☐ Par exemple…
Tu apprécies les arts? ☐ Par exemple…

≡ REGARDONS DE PLUS PRÈS ◆ Le Verbe *être*

**Approach, Regardons de
plus près:** (1) Review
what students know
about **-er** verbs and
avoir. (2) Read the
introduction line and the
guide questions.
(3) Model the dialogue
and have students
practice with you.
(4) Direct students to
work in groups to answer
the guide questions.
(5) Go over the forms of
the verb **être,** and read
through the explanation

Think about the following questions as you study the conversation below.

A. What is the nationality and profession of this person?

B. What are the **je** and **vous** forms of the verb used to express nationality and profession? Do they appear to be forms of a regular verb?

— Vous **êtes** français?
— Non! Pas du tout! Je **suis** italien!
— Mais vous **êtes** directeur d'une société musicale, n'est-ce pas?
— Oui, c'est ça, et je **suis** chanteur.
— Vous chantez des chansons populaires?
— Non, je **suis** chanteur d'opéra.
— Chanteur d'opéra? Vous n'**êtes** pas Luciano Pavarotti, par hasard?°

by any chance

as a means of confirming
and extending students'
conclusions.

Study the forms of the verb **être.**

Nationalité	**Profession**	**Ville**
Je **suis** français.	Je **suis** employé.	Je **suis** de Paris.
Tu **es** française.	Tu **es** chef de section.	Tu **es** de Lyon.
Il **est** français.	Il **est** ouvrier.	Il **est** de Nantes.
Elle **est** française.	Elle **est** vendeuse.	Elle **est** de Marseille.
Nous **sommes** canadiens.	Nous **sommes** employés.	Nous **sommes** de Nice.
Vous **êtes** canadiennes.	Vous **êtes** patronnes.	Vous **êtes** de Grenoble.
Ils **sont** canadiens.	Ils **sont** assistants.	Ils **sont** de Dijon.
Elles **sont** canadiennes.	Elles **sont** assistantes.	Elles **sont** de Rouen.

- There are five different spoken forms of the verb **être;** even though they are not written the same, the forms **es** and **est** are pronounced the same. The final consonant is silent in all forms.

- Before **êtes,** the s of **vous** is pronounced with a **z** sound.

  Vous[z] êtes français?

- Note how the forms of the nationalities and professions change to correspond with the subject. This is further explained in **Tranche 3.**

- Note that with a nationality, profession, or religion, there is usually no article.

Elle est espagnole.	*She is Spanish.*
Il est médecin.	*He is a doctor.*
Ils sont chrétiens?	*Are they Christians?*

- With a proper noun, **c'est** is used without an article.

C'est Chantal.	*That's Chantal.*

- With a common noun, **c'est** is used with an article.

C'est une amie.	*That's a friend.*

ACTIVITÉ 7 Vous êtes de Paris?

Answers, Act. 7:
1. Michel Ledoux est de Marseille. 2. Moi, je suis de Nantes. 3. Ève et Luc Lebeau sont de Lille. 4. Nous sommes de Bordeaux. 5. Élise et Marie Mornou sont de Lyon. 6. Vous êtes de Strasbourg. 7. Toi, Stéphane, tu es de Rouen. 8. Christine Kleffe, elle est de Cannes.

The representatives of the branch offices of a company are attending a meeting in Paris. Tell where each representative is from, using a form of **être.**

MODÈLE: Gilles Bousquet / Aix-en-Provence
Gilles Bousquet est d'Aix-en-Provence.

1. Michel Ledoux / Marseille
2. Moi, je / Nantes
3. Eve et Luc Lebeau / Lille
4. Nous / Bordeaux
5. Élise et Marie Mornou / Lyon
6. Vous / Strasbourg
7. Toi, Stéphane, tu / Rouen
8. Christine Kleff, elle / Cannes

ACTIVITÉ 8 — Qui est-ce?

Act. 8: Set a time limit. Remind students that they are not allowed to ask **C'est Monsieur _____?** Circulate among students.

Qui est-ce?   Select either a male or a female employee from the personnel information below. Your partner will try to determine who it is by guessing nationality, profession, and city of residence. Then, switch roles, select another male or female employee, and repeat the activity.

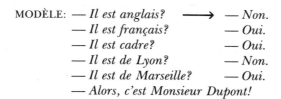

MODÈLE: — *Il est anglais?*   ⟶   — *Non.*
— *Il est français?*   — *Oui.*
— *Il est cadre?*   — *Oui.*
— *Il est de Lyon?*   — *Non.*
— *Il est de Marseille?*   — *Oui.*
— *Alors, c'est Monsieur Dupont!*

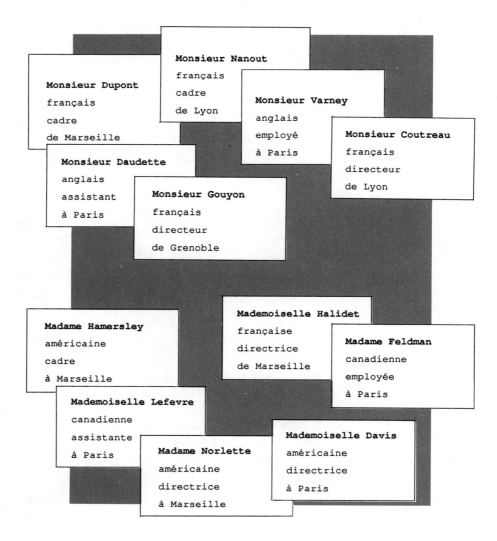

Monsieur Nanout
français
cadre
de Lyon

Monsieur Dupont
français
cadre
de Marseille

Monsieur Varney
anglais
employé
à Paris

Monsieur Coutreau
français
directeur
de Lyon

Monsieur Daudette
anglais
assistant
à Paris

Monsieur Gouyon
français
directeur
de Grenoble

Madame Hamersley
américaine
cadre
à Marseille

Mademoiselle Halidet
française
directrice
de Marseille

Madame Feldman
canadienne
employée
à Paris

Mademoiselle Lefevre
canadienne
assistante
à Paris

Madame Norlette
américaine
directrice
à Marseille

Mademoiselle Davis
américaine
directrice
à Paris

NOTES CULTURELLES

L'Allure des Français

***Suggestions*, Notes culturelles:** (1) As homework, you might ask students to make a comparative study of body language. (2) For practice, ask students to adopt French body language for a few minutes.

Can you point out a French person from the way he or she walks, gestures, or sits down? L. Wylie in *Français, qui êtes-vous?* proposes that French people can be identified by their demeanor and gestures. For instance, he points out that French people are more tense than Americans; that is, they seem to hold their bodies in a tighter control when standing. He also mentions that French people have a different sense of space: it is normal, for example, for a French person to stand very close when talking with someone.

In addition, French people are very expressive with their arms and hands; they use them to punctuate their speech. Thus, the French rarely stand with hands in pockets because such a position would restrict the movement of their arms. More characteristic is for them to put their hands or fists on their hips, or to hold their arms crossed.

When they are seated, French people like to cross their legs, keeping them parallel. Americans, on the other hand, generally place a foot on the opposite knee, a position that most French would consider impolite. French people generally do not put their feet on a table or on a chair. Nor do they put their hands on their heads as Americans commonly do. They sometimes cross their arms, or else use one hand to touch their mouth or hair or to hold their chin.

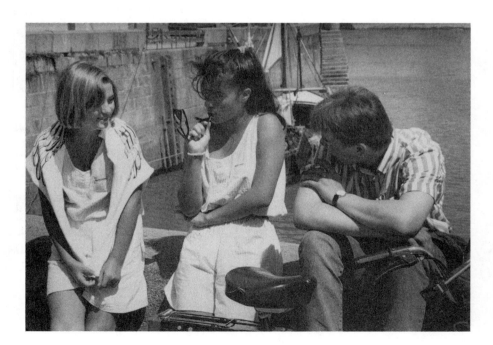

Which gestures seem particularly French?

▮dentifier et décrire quelqu'un

☰ AU TRAVAIL (REVIEW/ PREVIEW)

ACTIVITÉ 1

Act. 1: This section reviews **être.** Note that the adjectives introduced here are cognates and end in **-e.** Model the example sentences, then have students repeat and practice with you. Direct students to work in

funny

not at all

groups, identifying and describing some of their classmates, then have them present their group work to the class.

who is it?

who is it?

a little

Il est très...   Practice these descriptions with your instructor; then identify and describe some of your classmates.

C'est un ami (une amie) / un collègue (une collègue) / un copain (une copine).

Il (elle) est	très	agréable	pessimiste
	souvent	idéaliste	honnête
		sympathique	drôle°
Il (elle) n'est	pas très	énergique	individualiste
	pas du tout°	optimiste	snob
		matérialiste	romantique
		calme	timide

MODÈLE: — *Qui est-ce?°*
— *C'est Christine Nelson.*
— *C'est qui?°*
— *C'est une amie. Elle est sympathique mais un peu° timide. Je te présente?*
— *Mais oui!*

Approach, À l'écoute:
(1) Preview the conversation by focusing on the drawings. Have students hypothesize about what they might hear. (2) Preteach new vocabulary. Sentences including the new vocabulary are found with the **À l'écoute** tapescript in the front of

CLAUDE LEDUR
73410 0II53 2608

À L'ÉCOUTE ✦ Un avertissement

this Teacher's Edition. (3) Read the introductory question and elicit the answer from students. Stress to students that they will need to listen to the material several times focusing on different types of information. The **À l'écoute** may be done outside of class.

Listen to the tape and refer to the art above. Then complete the comprehension activities. What type of a radio announcement is this?

A. A report on an international event?

B. A political advertisement?

C. A police report?

COMPRÉHENSION_____

ACTIVITÉ 2

Faites la description. Make a file card for this criminal. Include all the details mentioned below.

Act. 2: These items focus on listening for details.

last name	Nom°
first name	Prénom°
	Âge
eye color	Yeux°
hair color	Cheveux°
	Signes particuliers
	Crime
	Notes

Answers: Ledur, Claude, 36 ans, bruns, noirs et longs, un tatouage sur le bras en forme de dragon, vol à la Banque Nationale de Paris, Ledur est armé et dangereux.

C'EST À DIRE ◆ Faire un portrait

Your instructor will describe several people. You should then follow these steps.

A. Practice describing physical traits.

B. Be prepared to describe yourself or a fellow student.

SCÈNE 1

Âge:	Il a environ° 20 ans.° Il a 22 ans. Il est assez jeune.°
Yeux:	Il a les yeux bleus.
Nez:°	Il a le nez pointu.°
Menton:°	Il a le menton carré.°
Cheveux:	Il a les cheveux bruns.
Signes:	Il a la moustache, mais il n'a pas de barbe.°

SCÈNE 2

Âge:	Elle a la trentaine.° Elle a 35 ans.
Yeux:	Elle a les yeux bruns.
Nez:	Elle a le nez rond.
Menton:	Elle a le menton rond.
Cheveux:	Elle a les cheveux blonds et raides.°
Signes:	Elle porte des lunettes.°

SCÈNE 3

Âge:	Elle a la cinquantaine. Elle a 59 ans. Elle est assez âgée.
Yeux:	Elle a les yeux verts.°
Menton:	Elle a le menton rond.
Cheveux:	Elle a les cheveux roux° et frisés.°
Signes:	Elle ne porte pas de lunettes.

SCÈNE 4

Âge:	Il a la quarantaine. Il a 47 ans.
Yeux:	Il a les yeux bleus.
Menton:	Il a le menton pointu.
Cheveux:	Il n'a pas de cheveux. Il est chauve.°
Signes:	Il a la barbe et la moustache.

ACTIVITÉ 3   C'est à vous de décrire!

About how old are these people? State their ages in three different ways. Tell their "generation" and give approximate and exact ages.

MODÈLE: Philippe / 36
Il a la trentaine; il a environ 35 ans; il a 36 ans.

1. Pierre / 43
2. Jean-Luc / 19
3. Marie-Claire / 52
4. Robert / 31
5. Élise / 27
6. Christiane / 64

Décrivez les personnes dans les photographies.

Décrivez la figure. You are a police artist. Practice identifying the following types of eyes, noses, chins, and hair in preparation for your work on composite pictures of criminals.

Answers, Act. 4: 1. le nez pointu 2. le menton carré 3. le nez rond 4. les yeux verts 5. les cheveux blonds 6. les cheveux frisés 7. le menton pointu 8. les yeux bleus 9. une moustache 10. les cheveux lisses 11. les yeux bruns 12. le nez carré 13. la barbe et une moustache 14. chauve 15. il (elle) porte des lunettes

MODÈLE: round eyes
Il a les yeux ronds.

1. pointed nose   2. square chin   3. round nose   4. green eyes
5. blond hair   6. frizzy hair   7. pointed chin   8. blue eyes
9. mustache   10. straight hair   11. brown eyes   12. square nose
13. beard and mustache   14. bald   15. wearing glasses

ACTIVITÉ **5**   **Et vous?**   Now describe yourself!

Follow-up, Act. 5: Have some students present themselves to the class or describe classmates.

MODÈLE: *J'ai 19 ans. J'ai les cheveux bruns et frisés; j'ai les yeux verts, le nez pointu et le menton rond. J'ai la moustache. Je n'ai pas de barbe! Je porte des lunettes.*

C'EST À DIRE ◆ Faire le portrait physique

Approach, C'est à dire:
(1) Preview the material focusing on the visuals. (2) While modeling descriptions, point at corresponding features on pictures. (3) Have students repeat and practice the descriptions with you, then in pairs. (4) Have students describe body shapes and have their partners identify the corresponding drawings. (5) Announce a body-building contest. Have uninhibited students come in front of the class. Have other students vote by writing the candidate's name on a slip of paper; announce that the ballot will be void if it fails to mention at least two physical descriptions explaining the reason for the choice.

Your instructor will describe these people. You should then follow these steps.

   A. Practice the following expressions with a partner.

   B. Be prepared to describe a person that you admire.

size

Il est de grande taille.°

Elle est de taille moyenne.°   Il est de petite taille.

average

	Il est	Elle est		Il est	Elle est
	grand	grande		petit	petite
strong	énorme	énorme		fort°	forte
weak	faible°	faible		musclé	musclée
skinny	solide	solide		maigre°	maigre
big / thin	robuste°	robuste		mince°	mince
very handsome	ravissant°	ravissante		laid	laide
pretty (cute)	élégant	élégante		joli°	jolie
handsome (beautiful)	beau°	belle			

ACTIVITÉ 6   Mon héros, mon héroïne.

Follow-up, Act. 6: Have some students describe their hero or heroine to the class. Ask students if they can name common French heros and heroines.

Describe an actor, actress, musician, politician, cartoon or film character, or television personality that you admire. Other students in the class can guess who it is.

MODÈLE: — *Il n'est pas très jeune, mais il n'est pas très âgé. Il a la trentaine. Il est de grande taille. Il a les yeux verts et les cheveux bruns. Il a le nez pointu et le menton carré. Clark Kent porte des lunettes, mais le héros ne porte pas de lunettes. Il est grand, solide, musclé et fort.*
       — *Ton héros est Superman.*

REGARDONS DE PLUS PRÈS ◆ L'Interrogation avec *est-ce que*

Think about the following questions as you study the conversation below.

A. To what extent does Philippe's description match the description of Jean-Hughes?

B. You have already learned two ways to form questions. What are they? How are questions formed in the conversation below?

know

PHILIPPE: Tu connais° Jean-Hughes?
DIDIER: **Est-ce qu'**il est fort et musclé?
PHILIPPE: Pas du tout.
DIDIER: **Est-ce qu'**il a une moustache?
PHILIPPE: Mais non.
DIDIER: Alors, je ne connais pas Jean-Hughes.

You have already learned that questions may be formed using intonation (raising your voice at the end of the sentence) and by adding **n'est-ce pas?** to the end of the sentence. Another way to form a question is to add **est-ce que (qu')** before a statement.

Tu es assistante dans une société française.	*You are an assistant in a French company.*
Est-ce que tu es assistante dans une société française?	*Are you an assistant in a French company?*
Elle est de Madrid.	*She is from Madrid.*
Est-ce qu'elle est de Madrid?	*Is she from Madrid?*

ACTIVITÉ 7 À vous de choisir!

The police artist has drawn three versions of the criminal described in the **À l'écoute** section. Work with a partner. One of you should select a picture of a criminal from this set. The other should ask enough questions to make the identification.

MODÈLE: — *Est-ce qu'il a les cheveux noirs?*
— *Oui, il a les cheveux noirs.*
— *Est-ce qu'il a une moustache?*
. . .
— *C'est numéro un!*

ACTIVITÉ 8

Follow-up, Act. 8: Have some students present their drawings and descriptions to the class.

Faites le portrait.   Work with a partner. One of you has witnessed a crime and is helping a police artist with a sketch. The police artist asks questions concerning the suspect's physical traits. One of you should actually draw the portrait of the criminal. Some traits to consider are listed below.

MODÈLE: les cheveux
    — *Est-ce qu'il a les cheveux bruns ou les cheveux blonds?*
    — *Il a les cheveux blonds.*

face   1. la taille   2. l'âge   3. le visage°   4. les cheveux   5. les yeux
    6. le nez   7. le menton   8. la barbe / la moustache   9. les lunettes

≡À VOUS! ◆Mon (ma) camarade

Variation, À vous!: This activity could be redone with a list of names or pictures of famous people.

Write a description of one of your classmates. Be sure to include information on physical characteristics, nationality, and any preferences or interests that you think might be helpful in making the identification. Present your description aloud to the class so that students may ask clarification questions and make an identification.

Comment êtes-vous?

≡ AU TRAVAIL (REVIEW/ PREVIEW)

ACTIVITÉ 1

Les Portraits.   Create a character. Describe his or her physical characteristics, personality, nationality, and profession.

MODÈLE: *Voici ma collègue Yvonne Duteuil. Elle est canadienne. Elle a 20 ans. Elle est chef de section. Elle est de grande taille; elle a les cheveux bruns et les yeux bleus. Elle est mince mais très forte. Elle est individualiste, honnête et agréable.*

≡ LECTURE ◆ Le Tempérament—un test

This reading describes different personalities and lifestyles.

A. Which description most closely matches your temperament, personality, and lifestyle?

B. Which one matches least well?

life
economical
native land

1. Vous êtes positif dans la vie,° organisé, déterminé et loyal. Vous êtes économe° mais généreux avec les amis et vous avez un tempérament magnétique. Vous aimez la patrie,° la famille et les bons amis.

2. Vous êtes sentimental et nostalgique. Vous appréciez les amis et vous êtes aimable, sympathique et très populaire. Vous n'aimez pas les secrets. Vous appréciez l'harmonie, le luxe et la sensualité.

hardworking / everything
because / keep
show

3. Vous êtes actif, travailleur° et souvent sérieux. Tout° est possible pour vous parce que° vous êtes persistant. Vous préférez garder° vos distances et vous ne montrez° pas votre affection.

4. Vous êtes individualiste, solitaire de tempérament, mais vous êtes tolérant et juste avec les amis. Vous n'appréciez pas les choses superficielles. Vous êtes décisif, mais vous avez tendance à être égoïste ou vaniteux.°

vain

Post-reading: Have students answer questions A and B. Have them compare their answers with those of a partner. Elicit some reports for the class.

5. Vous êtes dynamique, impulsif et sociable. Vous appréciez la variété et l'exotique. Vous avez de l'intuition et vous êtes très imaginatif. Vous aimez les fêtes et les amusements. Vous avez le tempérament aventurier.

serve
sensitive

6. Vous cherchez l'équilibre social et politique. Vous aimez beaucoup servir° le public et vous êtes souvent idéaliste. Vous avez des idées progressives et vous êtes sensible° aux idées des autres.

COMPRÉHENSION

ACTIVITÉ 2

Act. 2: Have students read the text for more details, prepare their answers, and share their conclusions with a partner, then with the class. Encourage students to call you for assistance.

Moi, j'aime . . .   Select the description that most closely matches your character. Tell which description it is. Which aspects of the description are particularly true? Which aspects of the description are not entirely appropriate?

MODÈLE: *J'ai le tempérament numéro _____. C'est vrai. J'aime . . . J'apprécie . . . Je préfère . . . Mais moi, je n'ai pas . . . Je n'apprécie pas . . .*

C'EST À DIRE ◆ Décrire le tempérament

Cultural note, C'est à dire: Explain that although it is dangerous to generalize about the temperament of a nation, many people describe the French as having the following characteristics: The French are very →

Your instructor will present the descriptions of personality styles found on page 88. You should follow these steps.

A. Practice describing different moods and temperaments.
B. Be prepared to describe yourself and your friends as well as your favorite entertainment and political personalities.

private people. They do not let many people into their circle of close friends. Once in, however, a person is treated as a member of the family. The French are also known for their

f. student

from time to time / nor

neither

acceptance of very liberal political ideas, and are very aggressive behind the wheel.

Approach: (1) Preview the material by focusing on the visuals. (2) Go over the introduction. (3) Have students focus on one picture at a time

people / lazy

never

while you read the corresponding description. (4) Have students repeat and practice, first with you and then in small groups.

lawyer / always / happy

SCÈNE 1

Moi, je suis étudiante.° Je suis généralement sérieuse, mais de temps en temps° je suis impulsive. Je ne suis pas courageuse, ni° agressive, mais je ne suis pas naïve, non plus.°

SCÈNE 2

Je suis directeur d'une société. Je suis ambitieux et actif. Je n'aime pas les gens° paresseux.° J'apprécie les gens vigoureux. Je suis souvent nerveux, mais jamais° négatif.

SCÈNE 3

Moi, je suis avocate.° J'aime mon travail et je suis toujours° heureuse.° Je suis très active, mais de temps en temps je suis paresseuse. J'aime les gens directs et généreux. Je déteste les gens vaniteux.

SCÈNE 4

Je n'aime pas le travail. J'aime les fêtes et les sports. J'apprécie les gens sportifs et impulsifs. Je n'ai pas beaucoup d'ambition, mais je suis heureux.

Variation, Act. 3: You may also have students give a description of famous people such as John Wayne, **le président des États Unis,** **l'inspecteur** Columbo, Albert Schweitzer, . . . Have students present two or three characters to the class.

ACTIVITÉ **3**

Mon copain, ma copine. Describe the temperament, character, and personality of one of your good friends using at least eight of the character traits below.

MODÈLE: *Mon ami s'appelle David. Il est toujours très heureux et sympathique. Il n'est pas paresseux ni vaniteux . . .*

Il est . . .	Elle est . . .	Il est . . .	Elle est . . .
sérieux	sérieuse	impulsif	impulsive
courageux	courageuse	actif	active
nerveux	nerveuse	naïf	naïve
ambitieux	ambitieuse	négatif	négative
paresseux	paresseuse	imaginatif	imaginative
vaniteux	vaniteuse	agressif	agressive
heureux	heureuse	sportif	sportive
malheureux	malheureuse		
généreux	généreuse		

ACTIVITÉ **4**

Suggestion, Act. 4: Have students prepare the activity with a partner. Have some groups present the picture of the ideal presidential candidate to the class.

Le Président idéal. Select the six most important traits of temperament, personality, and character that a presidential candidate should exemplify. List another six that he or she should not demonstrate.

MODÈLE: *Le candidat idéal est sérieux . . .*
   La candidate idéale n'est pas paresseuse, ni . . .

≡ REGARDONS DE PLUS PRÈS ◆ Les Adjectifs

Approach, Regardons de plus près: (1) Go over the introductory line and the guide questions. (2) Read the text several times and encourage students to look for answers to the guide questions. (3) Have students answer the guide questions in groups. (4) Present the grammatical explanation, and model examples as a means of confirming students' conclusions.

Think about these questions as you study the descriptions of Jean-Luc.

A. How does Jean-Luc describe himself and his friends?

B. What spelling differences are there between singular adjectives and plural adjectives?

— Jean-Luc! Est-ce que vous êtes **paresseux?°**   *lazy*
— Non! Pas du tout! Je ne suis pas **paresseux.** Il est vrai que mes amis et moi, nous sommes **sociables** et **aimables** mais aussi très **agressifs** et **sérieux!** Nous ne sommes pas **paresseux.** C'est comme° Simone;   *like* elle semble° **naïve** et **idéaliste,** mais c'est une impression. La vérité°   *seems / truth* est que Simone est **ambitieuse** et très **dynamique.**
— Mais si vous êtes **sérieux,** alors pourquoi° n'êtes-vous pas en   *why* classe?

Note the relationship between the adjective and the noun or pronoun to which it refers. The gender (masculine or feminine) and number (singular or plural) affect the spelling and sometimes the pronunciation of the adjective.

- For an adjective ending in -e, all four forms sound the same. Note that an -s is added in the plural. The final -s is not pronounced.

SINGULIER		PLURIEL	
Masculin	Féminin	Masculin	Féminin
sociable	sociable	sociables	sociables
aimable	aimable	aimables	aimables

- For an adjective ending in a consonant, the added -e in the feminine form causes the final consonant to be pronounced, so that the masculine and feminine forms sound different.

intelligent	intelligente	intelligents	intelligentes
patient	patiente	patients	patientes

- For an adjective ending in -en, the final consonant is doubled in the feminine and is pronounced, so that the masculine and feminine forms sound different.

canadien	canadienne	canadiens	canadiennes
parisien	parisienne	parisiens	parisiennes

- For an adjective ending in -eux, the final consonant changes to -se in the feminine and is pronounced as [z]. The masculine and feminine forms sound different.

généreux	généreuse	généreux	généreuses
sérieux	sérieuse	sérieux	sérieuses

- For an adjective ending in -if, the final consonant changes to -ve in the feminine. The masculine and feminine forms sound different.

actif	active	actifs	actives
sportif	sportive	sportifs	sportives

ACTIVITÉ 5

Suggestion, Act. 5: Before beginning the activity, you may want to do a listening comprehension exercise where you say an adjective and students determine the gender.

Faites la description. Describe the people listed at the top of page 91 using the adjectives in the forms provided. Pay particular attention to the agreement of gender (masculine/feminine) and number (singular/plural) when you assign an adjective to a person. Several adjectives may correspond to more than one individual or group.

1. **Annie-Claude est . . .**	2. **Jean-Marc est . . .**	3. **Sylvie et Élise sont . . .**	4. **André et David sont . . .**
sociable	intelligentes	courageuse	paresseux
actifs	jolie	grand	imaginatif
vaniteuses	timides	forte	ravissantes
agressive	élégantes	laids	négatives
généreux	petits	heureuse	robuste
dynamiques	énergique	nerveux	sérieuses

ACTIVITÉ 6 La Promotion.

Assess the relative talents of the following employees by filling in the chart with the appropriate forms of the adjectives listed on the left.

Suggestion, Act. 6: This activity could be done with students' first names, using only adjectives that are complimentary.

MODÈLE:

Société Roberger

section du personnel

CANDIDAT	Luc et Denis	Chantal	Lucie et Marie	Thomas
intelligent	très intelligents	assez intelligente	très intelligentes	pas intelligent
actif	pas	très	assez	assez
ambitieux	assez	très	pas	assez
sympathique	très	assez	très	très
patient	pas	assez	pas	très
sérieux	très	très	très	très
négatif	pas	assez	pas	pas
intéressant	assez	pas	très	assez

ACTIVITÉ **7** **Dans le journal.** Newspaper advertisements contain many abbreviations. Give the complete, nonabbreviated message conveyed in each of these.

> JEU HOMME ital, sympa,
> amb, act cherche jeu fille
> aim, sport.
> Tél : 42-34-90-86

MODÈLE: *Un jeune homme italien, sympathique, ambitieux et actif cherche une jeune fille aimable et sportive. Téléphone: 42-34-90-86.*

1.
> JEU HOMME fran, amus,
> intell, indiv cherche jeu
> fille sympa, amus, idéal.
> Tél: 42-98-45-65.

2.
> 4 JEU HOMMES canad,
> spor, ambit, soc cherch-
> ent des membres
> d'équipe de hockey vig,
> for, ag, aim.
> Tél: 49-46-37-82.

3.
> DIRECTRICE de société
> cherche filles, fran, optim,
> énerg, agres, ambit.
> Tél: 43-57-69-02.

4.
> FEMME sér, imag, dyn,
> cherche ami europ, gén,
> spor, parle fr./ ang.
> Tél: 48-41-26-74.

À VOUS!♦L'annonce

Write a personal advertisement describing yourself and listing the important traits of personality and temperament you are seeking in a partner. Use your imagination. After you finish your ad, exchange it with others in the class. See if someone is looking for a person like you.

Qui est-ce?

≡ AU TRAVAIL (REVIEW/ PREVIEW)

ACTIVITÉ 1

Act. 1: This activity reviews how to introduce oneself, how to give one's origin and nationality, how to express likes and dislikes, and how to describe one's temperament.

Follow-up: Have some groups perform dialogues for the class.

Choisissons un(e) candidat(e).   You are a professor selecting students to represent you at administrative meetings. Working in groups of four to six people, pick two or three to be the interviewers and two or three to be the candidates. Each of the candidates should create an identity and convey his or her new image in an opening statement. The interviewers should prepare a list of questions for the candidates. Based on the opening statements and the information gathered during the question/answer period, interviewers should select the candidate who will best represent them.

CANDIDATE'S STATEMENT

Nom (Je m'appelle _____.)
Ville (J'habite à _____. Je suis de _____. Je suis originaire de _____.)
Nationalité (Je suis _____.)
Personnalité (Je suis _____.)
Activités préférées (J'aime le ski. Je n'aime pas danser.)

INTERVIEWER'S QUESTIONS

Comment vous appelez-vous?
Comment allez-vous aujourd'hui?
Est-ce que vous aimez les arts?
Est-ce que vous aimez les sports d'équipe ou les sports individuels?
Est-ce que vous êtes optimiste?
Est-ce que vous êtes agressif(ve) ou calme?
. . .

C'EST À DIRE ◆ Indiquer quelqu'un

Your instructor will describe the following individuals. You should follow these steps.

A. Practice the expressions.

B. Substitute the description of one person for that of another to create a different description.

C. Be prepared to point out people in your class.

SCÈNE 1

La voilà! C'est la jeune fille avec les cheveux frisés.

new   Le voilà! C'est le nouveau°[1] directeur avec le jeune homme.

SCÈNE 2

old / dog   Regarde! C'est le vieil°[2] homme avec le grand chien.°

Regardez! C'est la jeune fille avec les cheveux longs.

SCÈNE 3

him / handsome   C'est lui!° Le beau°[3] garçon avec la belle moustache.

her   C'est elle!° La petite fille avec sa grand-mère!

SCÈNE 4

them   Ce sont eux,° les jeunes hommes en uniforme.

them / f. dresses / red   Ce sont elles,° les vieilles dames en robes° rouges.°

ACTIVITÉ 2   Qui est-ce?   Point out each of the people on page 95 using an expression from each column.

MODÈLE: *C'est lui. Le vieux monsieur avec le nez pointu.*

---

1. The adjectives **beau, vieux,** and **nouveau** are irregular. Their forms are given in the section **Vocabulaire et expressions** at the end of the chapter. Be sure to refer to the **Vocabulaire et expressions** for the correct spellings of these adjectives.
2. See above footnote.
3. See above footnote.

	Regarde.	Le beau	monsieur	avec les cheveux frisés / longs
gray	Regardez.	petit	garçon	blonds / gris°
white	C'est lui.	jeune	type	bruns / blancs°
	Le voilà.	vieux	directeur	avec les lunettes / la barbe
		nouveau		avec le nez pointu / long / rond
	La voilà.	La belle	dame	avec le Walkman / le sac à dos
	C'est elle.	petite	fille	avec le grand / petit chien
		jeune	associée	avec la petite fille
		vieille	amie	le petit garçon
		jolie		la vieille dame
		nouvelle		le vieux monsieur
				avec le grand / petit / joli chapeau
				en uniforme

ACTIVITÉ 3 Mon camarade, ma camarade.

You are at the train station with your roommate, waiting for an old friend. Suddenly, you see your friend coming. Point him or her out to your roommate.

MODÈLE: jeune homme / cheveux frisés
Le voilà! C'est le jeune homme avec les cheveux frisés.

1. jeune fille / grand chien
2. jeune garçon / jeune fille
3. vieille dame / petit chien
4. belle dame / jeune homme
5. jolie fille / cheveux blonds
6. jeune homme / cheveux roux
7. jeune femme / robe rouge
8. beau garçon / cheveux frisés

Sample Answers, Act. 3:
1. La voilà! C'est la jeune fille avec le grand chien. 2. Le voilà! C'est le jeune garçon avec la jeune fille. 3. La voilà! C'est la vieille dame avec le petit chien.

REGARDONS DE PLUS PRÈS ◆ La Place de l'adjectif

Think about these questions as you study the description below.

A. How would someone describe you?

B. Where are adjectives generally placed in French? Are there exceptions?

Vous êtes une personne **patiente** et **généreuse.** Vous préférez les amis **énergiques, actifs** et **courageux.** Vous aimez les **grands** problèmes et vous avez un **bon** coeur.° *heart*

■ Most adjectives in French follow the noun.

C'est **une femme individualiste.** *She is an individualistic woman.*

Jeanne est **une fille indépendante.** *Jeanne is an independant girl.*

■ A certain number of more common adjectives, however, are normally placed before the noun.

C'est **un petit problème.**	*small*
autre	*other*
bon(ne)	*good*
grand(e)	*big, tall*
C'est **ta bonne amie?**	*good*
nouvelle (nouveau)	*new*
vieille (vieux)	*old, former*
C'est **un joli garçon.**	*pretty, cute*
jeune	*young*
mauvais(e)	*bad*

ACTIVITÉ 4 Voilà les vedettes.

You are at a premiere and are able to point out several celebrities to your friends. Use the words below to describe them. Be especially careful to place the adjectives in their proper positions.

MODÈLE: Holly Hunter / actrice / petite / américaine
C'est Holly Hunter, la petite actrice américaine.

1. Harrison Ford / acteur / grand / américain
2. Renaud / chanteur / français / grand
3. Jeremy Irons / acteur / nouveau / anglais
4. Liv Ullman / actrice / suédoise° / grande *Swedish*
5. Mel Gibson / acteur / australien / beau
6. Luciano Pavarotti / chanteur / italien / grand
7. Yves Montand / acteur / vieux° / français *old*
8. Isabelle Adjani / actrice / française / belle

NOM	BON	SÉRIEUX	AGRÉABLE	NOUVEAU	HONNÊTE	MAUVAIS	TIMIDE	JEUNE
GEORGES FAUTIN	x				x			
EMMANUEL HOLI			x	x				
ÉLISE LENOU		x						x
ANNE-MARIE BIJON				x			x	
CLAUDINE MOUNETTE						x	x	
FRANÇOIS BLACEL	x				x			
ROBERT COURTEAU			x					x
DANIELLE LAGRANDE		x		x				

ACTIVITÉ 5

Follow-up, Act. 5: Have some groups tell the class which salesperson they would recommend and why.

Le Vendeur parfait. The personnel director of a large electronics store has compiled the data on the salespeople above. Point out and describe each one. Which salesperson would you recommend?

MODÈLES: Georges Fautin
C'est lui! C'est un bon représentant honnête.

Élise Lenou
C'est elle! C'est une jeune représentante sérieuse.

LA LANGUE ÉCRITE

Follow-up, La langue écrite: Announce that you are looking for several people to be on the board of directors of the French class. Students should describe themselves in writing. The decision will be made by analysing everyone's written reports.

Description. Describe someone you know—a friend, an associate, a new colleague—in an in-house press release. Some points to include are:

1. nom
2. nationalité
3. adresse
4. apparence physique
5. tempérament et caractère
6. activités préférées, intérêts

VOCABULAIRE ET EXPRESSIONS

■ DESCRIBING PEOPLE

Name, Residence, Nationality and Profession

Je m'appelle . . . , Je suis de *(ville)*, J'habite à *(ville)*.

Je suis américain(e), canadien(ne), mexicain(e), français(e), italien(ne), allemand(e), suisse, anglais(e), espagnol(e), irlandais(e), chinois(e), japonais(e), tunisien(ne), algérien(ne).

Je suis ouvrier(ère), assistant(e), employé(e), vendeur(se), chef de section, patron(ne), directeur(trice).

Description

Il (elle) a (environ) . . . ans, la trentaine (quarantaine, cinquantaine, soixantaine).

Il (elle) a les yeux bleus (bruns, verts), le nez rond (carré), les cheveux frisés (raides, blonds, bruns, roux). Il a la barbe (la moustache). Il n'a pas de barbe (de moustache, de cheveux). (Il est chauve). Il (elle) porte des lunettes (ne porte pas de lunettes).

Il (elle) est de taille moyenne (de petite taille, de grande taille).

Il (elle) est petit(e), grand(e), maigre, solide, mince, robuste, faible, énorme, musclé(e), fort(e), ravissant(e), laid(e), élégant(e), joli(e).

Temperament

Il (elle) est sérieux(se), courageux(se), nerveux(se), ambitieux(se), vigoureux(se), paresseux(se), vaniteux(se), heureux(se), malheureux(se), généreux(se), jaloux(se).

Il (elle) est impulsif(ve), actif(ve), naïf(ve), imaginatif(ve), agressif(ve).

■ POINTING OUT SOMEONE

Regarde! La voilà! C'est elle! C'est la jeune fille élégante!
Regardez! Le voilà! C'est lui! C'est le grand garçon français.
Ce sont eux. Ce sont elles.

■ IRREGULAR ADJECTIVES

C'est un beau	(nouveau, vieux)	chanteur.
C'est un bel	(nouvel, vieil)	homme.
C'est une belle	(nouvelle, vieille)	fille.
Ce sont de beaux	(nouveaux, vieux)	joueurs de football.
Ce sont de belles	(nouvelles, vieilles)	dames.

VOUS VENEZ?

In this chapter, you will learn a number of ways to make plans, accept and refuse invitations, and agree on times and places to meet.

CHAPITRE 4

On sort ce soir?

Be sure to call students' attention to the contexts and functions in each **Tranche** before beginning the chapter.

☰ AU TRAVAIL (REVIEW/PREVIEW)

ACTIVITÉ 1

Act. 1: This activity reviews how to express likes, dislikes, and preferences.

Follow-up: Have partners present to the class their common likes and dislikes, using the **nous** form.

parties

Vous aimez les soirées?   Some expressions indicating preference are listed below, followed by several different leisure activities. Exchange opinions about each one with a partner. Make a list of those you both like.

MODÈLE: — Tu aimes les soirées?°
            — *Oh, oui, j'adore les soirées.*

OUI	PEUT-ÊTRE	NON
J'adore . . .	J'aime mieux . . .	Je n'aime pas beaucoup . . .
J'aime beaucoup . . .		Non, moi, je préfère . . .
J'aime bien . . .		Je n'aime pas du tout . . .
		Je déteste . . .

Cultural note, Dialogue:
Unlike many American parties where people tend to simply eat, drink, and talk, French parties often include dancing, even if they are held in a small apartment.

les films, les expositions d'art, l'opéra, la danse, le ballet, les concerts de musique classique (de musique folklorique / de rock / de jazz)

les voyages, les soirées, les conférences, les matchs de football (de basketball / de tennis), les courses cyclistes

DIALOGUE ◆ Une Invitation

Approach: (1) Preview the dialogue, focusing on the title and the introductory line. (2) Go over questions A and B with students. (3) Play the dialogue on the Student Audio Cassette (or role-play it yourself). (4) Ask students to answer questions A and B. (5) Play the dialogue again. Then have

In this conversation Marc invites a couple of people to go with him to a party. Think about these questions as you go over the dialogue.

  A. How are invitations extended, accepted, and refused?

  B. Look for the use of informal **(tu)** or formal **(vous)** language. Which type of language is used? What does this tell you about the people's relationship?

Elle invite le jeune homme à une soirée. Est-ce qu'il accepte?

at Paul's house	MARC: Il y a une fête chez° Paul ce soir. Tu viens?[1]
I don't know / free	DENISE: Je ne sais pas° si je suis libre.°
	MARC: Viens, on va danser.
	DENISE: Oh, je ne suis pas sûre.
are going to come	MARC: Pierre et Henri vont venir.°
m. lots / of things to do	DENISE: Je regrette, mais c'est non. J'ai des tas° de choses à faire.°
too bad	MARC: Dommage!°
Do you want to go there?	MARC: Hélène! Il y a une fête chez Paul ce soir. Tu veux y aller?°
	HÉLÈNE: Oui, je suis libre. Qui vient?
many others	MARC: Pierre, Henri, Martine et beaucoup d'autres.°
	HÉLÈNE: Formidable!

COMPRÉHENSION

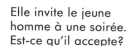

Je ne sais pas.   Classify the following lines as invitations, acceptances, maybes, and regrets.

1. Tu viens? 2. J'ai des tas de choses à faire. 3. Oui! 4. Je ne sais pas. 5. Je regrette, mais c'est non. 6. Tu veux y aller? 7. Je suis libre. 8. Je ne suis pas sûre. 9. Formidable! 10. Il y a une fête ce soir!

---

1. The complete conjugation of the irregular verb **venir** *(to come)* is given in the section entitled **Vocabulaire et expressions** at the end of the chapter.

C'EST À DIRE ◆ Accepter et refuser les invitations

Approach: (1) Ask students to think about expressions in English used to accept or refuse invitations. (2) Go over the introduction. (3) Tell students to underline the expressions dealing with invitations and replies that are not yet on the chart while you model

are going

the dialogue. Ask them to complete the table on the board. (4) Role-play the

this afternoon

mini-dialogues for the class; have students repeat and practice with you. (5) Ask students to

tomorrow / night

practice in pairs. (6) Have them proceed to the analysis of the mini-dialogues and complete the table on the board. (7) Model and practice various dialogues using lines from each slot. (8) Direct

after classes
agreed!

students to practice their own dialogues in pairs. (9) Have some groups present their work to the class.

Do you want to go there?

Your instructor will model several invitations and responses. You should follow these steps.

A. Practice the mini-dialogues with a partner.
B. Keep the invitations the same but change the responses.
C. Be prepared to invite someone to go somewhere.

SCÈNE 1

— Nous allons° à une fête chez Christine. Tu es libre?
— Pas possible. J'ai un rendez-vous avec Luc.

SCÈNE 2

— Il y a un concert de jazz cet après-midi.° Tu viens?
— Formidable! J'aime le jazz!

SCÈNE 3

— On va au théâtre avec Jean et Martine demain° soir.° Ça t'intéresse?
— Pourquoi pas! C'est une bonne idée!

SCÈNE 4

— Je vous invite à la discothèque demain.
— Je regrette, mais ce n'est pas possible; j'ai du travail.

SCÈNE 5

— Georges, nous allons au café après les cours.° Vous venez?
— D'accord!°

SCÈNE 6

— Nous allons au restaurant ce soir avec des amis.
— Je ne suis pas libre ce soir. Je suis libre demain soir.

SCÈNE 7

— Martine, je t'invite à l'exposition de Picasso. Tu veux y aller?°
— Bien sûr, j'adore l'art moderne.

SCÈNE 8

— Cet après-midi, on va à la conférence à l'université.
— Je regrette, mais ça ne va pas pour cet après-midi.

Other places to go include:

On va . . . au cinéma

m. stadium Nous allons . . . au stade°

au bureau

meeting à la réunion°

à la fête

à l'exposition

Other ways to respond include:

OUI	INDÉCIS	NON
Mais oui!	Peut-être.	Merci, mais je ne suis pas libre.
Bien sûr!	Je ne sais pas.	Ça ne va pas pour ce soir (ce week-end).
Avec plaisir!	Je ne sais pas si je suis libre.	Je regrette, mais c'est non.
Volontiers!		

ACTIVITÉ 3 Il y a un film ce soir. Practice responding to the following invitations. Be sure to vary your responses.

Act. 3: Go over the instructions and model the mini-dialogues. Have students work in pairs. Stress to students that various responses are possible. If necessary, they can use the table on the board. Encourage students to add personal invitations.

MODÈLES: — Il y a un film ce soir. Tu veux y aller?
— *Formidable! J'aime bien le cinéma.*

— Nous allons au concert demain soir. Tu es libre?
— *Pas possible. J'ai un rendez-vous avec Christine.*

1. Nous allons au concert de jazz ce soir. Tu veux y aller?
2. Il y a un film policier demain soir. Tu es libre?
3. On va à la fête chez Christine ce week-end?
4. Tu viens à l'exposition d'art cet après-midi?
5. Je t'invite à une conférence ce week-end. Tu es libre?
6. Tu viens au match de basket ce soir?
7. On va au musée ce soir?
8. Il y a une course cycliste ce week-end. Tu veux y aller?

ACTIVITÉ 4 On va au cinéma ce soir? Work with a partner. Select an activity on the following page and practice making invitations, accepting, and refusing. Use each type of invitation at least twice and vary your answers.

Act. 4: Stress to students that these are real documents that the French use to decide →

films

P **FREQUENCE MEURTRE.** — Franç., coul. (87). Thriller, de Elisabeth Rappeneau : Une voix mystérieuse, menaçante, réapparaît dans l'existence d'une femme qui, 25 ans auparavant, a vécu un atroce drame criminel. D'après « When the dark man calls » de S. Kaminsky. Avec Catherine Deneuve, André Dussollier, Martin Lamotte, Etienne Chicot, Inès Claye, Madeleine Marie, Philippe Lehembre. **Forum Orient Express 1ᵉʳ, Pathé Impérial 2ᵉ, Pathé Marignan 8ᵉ, Miramar 14ᵉ, Gaumont Convention 15ᵉ.**

FOOTBALL

8 juin, 20 h :
« Finale de la Coupe de France de Football » au Parc des Princes Porte Saint-Cloud, XVIᵉ, et à la télévision.

jazz · rock

Aquarius, Hôtel Royal Monceau, 39, avenue Hoche, 42 25 01 11. *T.l.s. de 18h à 2h du mat. Du mer. au sam. : Onzy Matthews. Dim., lun. et mar. : Gerry King.

Baiser Salé, 58, rue des Lombards, 42 33 37 71. *A partir de 23h. Du mer. au dim. : Ultramarine. Lun. : Sally Station. A partir de dim. (jusqu'au 1ᵉʳ) : Didier Makaga. Du mer. au sam. à 20h : rock.

ballets · danse

Bastille, 76, rue de la Roquette, 43 57 42 14. *Jusqu'au 30 avril inclus à 20h : « Circumvesuviana » chorég. de Paco DECINA avec A. Battaglia, P. Decina, D. D'Urso, S. Lessard, C. Rousier, C. Diaconale, C. Le Prince.

TENNIS

Jusqu'au 9 juin :
« Internationaux de France » au stade Roland-Garros, 2 avenue Gordon-Bennet, XVIᵉ. De 10 h à 20 h et tous les après-midis à la télévision. Finale le dimanche 9 juin à 15 h et sur la 1ʳᵉ chaîne de télévision. Voir page 107.

about activities. See how many pieces of information they can find in each document. Focus first on the five events advertised: **un film, un match de football, un match de tennis, un concert de jazz, un ballet.**

MODÈLE : — Il y a un ballet ce soir. Tu viens?
— *Avec plaisir! J'adore le ballet.*

Il y a un _____ ce soir. Tu veux y aller?
Nous allons à un _____ demain soir. Tu es libre?
Tu viens au_____?
On va au _____. Tu viens?
Je t'invite au _____.

ACTIVITÉ 5

Act. 5: Tell students to vary their invitations and responses using the table on the board. Set a time limit.

Follow-up: Have some students report to the class the results of their invitations: **Ce soir, Susan et moi, nous allons à un film d'aventure.**

Qu'est-ce qu'on fait? Look at the chart to see what events are scheduled for the next few days. Find at least three that interest you and circulate among your classmates to find someone else who would like to go.

MODÈLES : — Il y a une comédie demain soir. Tu viens?
— *Non, ce n'est pas possible. J'ai un rendez-vous avec Philippe.*

— On va à une comédie demain soir. Tu es libre?
— *D'accord! J'adore les comédies!*

	CET APRÈS-MIDI	CE SOIR	DEMAIN SOIR	CE WEEK-END
un film policier		XX		
un ballet			XX	XX
un concert de jazz	XX			
un match de tennis		XX		
un match de football				XX

REGARDONS DE PLUS PRÈS ◆ Les Prépositions à et de avec l'article défini

Approach, Regardons de plus près: (1) Review what students already know about definite articles. (2) Read the introductory line and questions. Tell students to look for the answers to

these questions while the dialogue is being presented. (3) Model the dialogue and have students practice with you. (4) Direct students to answer the guide questions. (5) Elicit answers. Encourage the whole class to build on others' observations and to challenge or extend explanations. (6) Proceed to the explanation as a means of confirming students' observations.

Think about the following questions as you study the conversation below.

A. Why will Georges be angry?

B. How does the preposition **à** change, and what prompts the change?

where — Marie, où° est Georges?

why — Il est **au** café. Pourquoi°?

university / to find (get) him — Henri est **à la** fac° et il faut aller le chercher.°

instead — Demande **aux** voisins s'ils sont libres. Non, plutôt,° téléphone à Georges **au** café.

— D'accord, mais Georges ne va pas être content! Tu as le numéro du café?

■ Note the following contractions.

à + le → au

Il est **au** café. Allons **au** café.   *He is at the café. Let's go to the café.*

à + les → aux

Il va souvent **aux** expositions.   *He often goes to the expositions.*

de + le → du

Il rentre **du** café pour aller chercher Henri.   *He is coming back from the café to go get Henri.*

de + les → des

Il revient **des** expositions.   *He is coming back from the expositions.*

■ But **à + la** and **à + l'** and **de + la** and **de + l'** do not change.

Nous allons **à la** conférence et ensuite **à l'**exposition.   *We are going to the lecture and then to the exposition.*

Il vient **de la** conférence.   *He is coming back from the lecture.*

■ No article is used before the name of a person or place.

Il parle **à** Marianne et **à** Robert.   *He is speaking to Marianne and to Robert.*

about — Il parle **de**° Paris et **de** Rouen.   *He is speaking about Paris and Rouen.*

ACTIVITÉ 6

Allons au concert. Suggest to a partner that you go to each of these places and events.

MODÈLE: le concert
Allons au concert.

1. le concert de rock   2. le restaurant   3. l'opéra   4. la manifestation°
5. la fête   6. l'exposition d'art   7. le musée   8. le théâtre   9. le cinéma   10. la conférence

ACTIVITÉ 7

On est libre. Imagine that you have an afternoon free; propose three fun things to do and let your partner choose one. Switch roles several times. Don't repeat yourself.

MODÈLE: — *Tu veux aller à la fête, au café ou au concert?*
— *Je veux aller au concert.*

le cinéma	le théâtre	le parc
l'exposition d'art	le restaurant	l'université
le musée	l'opéra	le concert
le café	la fête	le récital
la réunion	le match de football	la conférence

ACTIVITÉ 8

La Discussion. People are coming back from various events. Tell where they are coming from and what they are talking about.

MODÈLE: le restaurant / les spécialités italiennes
Ils reviennent[2] du restaurant et ils parlent des spécialités italiennes.

1. le cinéma / le film
2. le stade / le match de foot
3. le théâtre / la pièce
4. la fête / les amis
5. le concert / le chef d'orchestre
6. la discothèque / la musique
7. l'exposition / l'art moderne
8. le restaurant / la cuisine chinoise

2. The complete conjugation of the irregular verb **revenir** *(to return)* is given in the section **Vocabulaire et expressions** at the end of the chapter.

≡ NOTES CULTURELLES

Les Divertissements préférés

Suggestion, **Notes culturelles:** Students may be curious about French actors and actresses. Tell them that in 1986, the most popular French male actor was Gérard Depardieu; the most popular female actress was Isabelle Adjani. Try to update the information for the 90s.

Homework: Have students read the cultural note at home. Ask them to make a comparative analysis about leisure activities between the American culture, other *musical* cultures they may know, and the French culture. Reserve some time for a discussion about the subject during one of the next sessions.

Among the industrial nations (with the exception of the United States, which has a much larger population), France is the country with the greatest number of moviegoers. Ever since film was invented in 1895 (by the Lumière brothers), the French have had a deep and unbroken interest in the cinema. There are many movie theaters in France that show many new film releases every year. In an average year, theaters might show new films from France, the United States, Hong Kong, Italy, and India. However, many theaters, especially those on the Left Bank in Paris, keep showing classic and artistic films twenty or forty years after their initial release. It is not unusual, for instance, to see *Casablanca* or *Jules et Jim* on any given weekend.

Even though the cinema is a popular activity among French people, they participate in a wide variety of other activities. A poll conducted by the Ministry of Culture shows that sporting events, variety shows, plays, and concerts are among those leisure activities that the French prefer. The following are the results of the poll, showing where French people went at least once in the previous twelve months.

Cinéma	49,6%	Cirque	9,7%
Spectacle sportif	20,3%	Concert de musique classique	7,5%
Music-hall, variétés	10,5%	Festival	7,2%
Pièce de théâtre	10,3%	Ballet	5,0%
Concert de musique pop,		Opérette°	2,4%
jazz, rock, folk	10,1%	Opéra	2,0%

Ministère de la Culture

Quels films sont au Ciné Beaubourg?

Où allez-vous?

Suggestion, Act. 1: You may want to add the following questions: **Vous voulez aller au cinéma ce soir? Vous voulez aller au restaurant ce week-end? Vous venez à la conférence cet après-midi? Il y a un film de science fiction ce soir. Ça vous intéresse? Nous allons au concert de jazz ce soir. Vous voulez y aller?**

AU TRAVAIL (REVIEW/ PREVIEW)

ACTIVITÉ 1

Approach: (1) Go over the example, and model the possible answers. (2) If you organized the table on a transparency during the presentation of the first **Tranche,** have students complete it. (3) Have students practice mix-and-match dialogues. (4) Have students circulate among their classmates and write down the names of those who accept the invitations.

Tu veux sortir ce soir?   There are showings or performances of each event shown here this afternoon (*cet après-midi*), tonight (*ce soir*), tomorrow afternoon (*demain après-midi*) and tomorrow night (*demain soir*). Make plans to attend several different events, working with several different partners. Be sure to use a variety of invitations. Some possible responses are listed below.

MODÈLES: — Il y a une tragédie à la Cartoucherie ce soir. Tu viens?
— Avec plaisir! J'adore les tragédies.

OUI	INDÉCIS	NON
Mais oui!	Peut-être.	Merci, mais . . . je ne suis pas libre.
Bien sûr!	Je ne sais pas.	
Avec plaisir!	Je ne sais pas si je suis libre.	Ça ne va pas pour ce soir (ce week-end).
Volontiers!	Ça dépend.	
Bien sûr que oui.		Je regrette, mais c'est non.
Oui, je veux° bien!		Malheureusement,° je ne suis pas libre.
		C'est gentil mais je ne peux° pas.

want to
unfortunately

cannot

une comédie: la Comédie Caumartin
une tragédie: La Cartoucherie
une exposition de poteries: le Musée du Grand Orient
un film d'aventure: le cinéma Contrescarpe

un match de foot: le stade centre ville
un récital de piano: la salle d'exposition #2
un match de tennis: le club de tennis St Germain

À L'ÉCOUTE ◆ Au téléphone

Pre-listening, À l'écoute:
(1) Preview, focusing on the drawings and the guide questions. Have students hypothesize about the dialogue they will hear. (2) Preteach new vocabulary. Sentences including the new vocabulary are found with the **À l'écoute** tapescript in the front of this Teacher's Edition. (3) Tell students that their first task is to listen for answers to the guide questions.

Post-listening: (1) Divide the class into small groups, and have students share their answers to the guide questions. (2) Remind students that they may need to listen to the passage several times. The **À l'écoute** may also be done outside of class.

Cultural Note: Explain to students that Chantal is not being rude to Pierre by changing the plans. Rather, French young people do not date exclusively one person. They more often do go out with groups of friends and make plans allowing everyone to participate.

Listen to the conversation on tape and refer to the art below. Then complete the comprehension activities. What is the problem? What solution does Jean propose?

COMPRÉHENSION

ACTIVITÉ **2** Précisons.

Answers, Act. 2: 1. b 2. a, d 3. d, c, e, b, a

1. Which sentence most closely reflects the main idea of the conversation?

   a. Chantal n'aime pas la musique classique.

   b. Chantal est occupée ce soir, mais Jean propose une solution.

   c. Jean invite Chantal au cinéma, mais elle préfère le concert.

2. Select the events that are planned.

    a. Il y a un récital de Bach ce soir.

    b. Il y a une soirée chez Marc.

    c. On organise une soirée au théâtre.

    d. Il y a un film excellent au Rex ce soir.

3. Arrange the sentences in order based on the conversation.

    a. Tout le monde va au cinéma ce soir et au récital demain.

    b. Jean propose une solution.

    c. Jean invite Chantal à une petite soirée au cinéma.

    d. Jean téléphone à Chantal.

    e. Chantal refuse parce qu'elle a un rendez-vous avec Pierre.

≡ C'EST À DIRE ◆ Suggérer un endroit

Approach, C'est à dire:
(1) Go over the title and the guide questions.
(2) Model the three scenes. (3) Have students repeat and practice with you, then in pairs as written, and finally with substitutions.

Suggestion: Ask students to find an invitation that can be answered by *yes* or *no*; find another way to say **oui**; report the answer to the second part of question C; and list the questions that require a piece of information. List these answers in columns on the board, and practice mixing and matching to illustrate how to create with the language. Direct students to work in pairs and then present mini-dialogues to the class.

Your instructor will model the following dialogues. You should then follow these steps.

  A. Practice each mini-dialogue with a partner.

  B. Change the responses to each invitation and practice them again with a new partner.

  C. In the first mini-dialogue, the speaker expects a yes/no response. What is expected in the other mini-dialogues?

SCÈNE 1

— Tu viens au cinéma ce soir?
— D'accord.

SCÈNE 2

— Où est-ce qu'on va?
— Je ne sais pas. Il y a un récital de Bach ce soir. Ça t'intéresse?

SCÈNE 3

— Où est-ce que vous voulez (tu veux) aller ce week-end?
— Je veux aller au match de foot.

ACTIVITÉ 3   **Où est-ce qu'on va?**   Respond to these invitations. Be careful! Some invitations require a yes/no response and others require a piece of information!

MODÈLES: — Où est-ce que tu veux aller?
— *Allons au cinéma.*

— On va au cinéma. Tu viens?
— *Ce n'est pas possible. J'ai déjà un rendez-vous.*

1. Où est-ce qu'on va?
2. Nous allons à une conférence demain soir. Tu es libre?
classes 3. Où est-ce que tu veux aller après les cours?°
4. Où est-ce qu'on va ce week-end?
5. Il y a un bon match de foot ce week-end. Tu viens?

ACTIVITÉ 4

Invitations.   You have two days to spend in Paris. You and your friend (your partner) should schedule each day so that you can take in all of the events listed below by the end of your visit. The plays and films are available only in the afternoon and evening; the other events are open in the morning, afternoon and evening.

Follow-up, Act. 4:
Preview the realia first.
Explain that *TH.* =
Théâtre and that *Action Rive Gauche* is the name of a *cinéma.* Also encourage students to find as many details in the documents as they can. Have some students

first MODÈLE: — *Le premier° (deuxième) jour, où est-ce qu'on va le matin?*
— *Allons au . . .*

TH. DES CHAMPS-ELYSEES.   15, av. Montagne, 723-47-77, M° Fr.-Roosevelt.

Les 4 et 5 avril à 20h30 Pl. : 50 F à 180 F :

THE ROYAL SHAKESPEARE COMPANY avec Derek JACOBI et Sinead CUSACK, dans une comédie de W. Shakespeare, mise en scène de T. Hands. En langue ANGLAISE :

MUCH ADO ABOUT NOTHING
Beaucoup de bruit pour rien.

Marché aux fleurs, place Louis-Lépine et quai de Corse. M° Cité. T.l.j. (sauf dim.) de 8h à 19h.

Marché aux timbres, cours Marigny, M° Champs-Elysées-Clemenceau. Jeu., sam., dim. et fêtes, de 10h à la tombée de la nuit.

ACTION RIVE GAUCHE. (ex. Jean Cocteau), 5, r. des Ecoles, M° Cardinal-Lemoine. 325-65-04. Pl. : 28 F. — de 20 ans, étud. t.l.j. + de 65 ans du mar. au ven. de 14h à 19h : 19 F. Lun. TU : 19 F.

A 20h30 et 22h15 :
FESTIVAL HITCHCOCK
Mer., jeu. : **L'inconnu du Nord-Express.** — Ven., sam. : **Le faux coupable.** — Dim., lun., mar. : **La loi du silence.**

Musée de l'Homme (Museum National d'Histoire Naturelle), Palais de Chaillot, Place du Trocadéro, 553-70-60. Ouvert t.l.j. sauf mardi de 9h45 à 17h15. Anthropologie - Préhistoire - Ethnologie. Entrée : 13 F Tarif réduit : 7 F. Groupes scolaires : 2,50 F. Billet groupés galeries + exposition : 19 - 12 F.

report to the class what they will do during their stay in Paris.

ACTIVITÉ 5

Et vous?   Your instructor will put the dates of the upcoming weekend on the board. Plan a three-day calendar with a partner that includes at least six events of local interest—films, plays, parties, concerts. Be sure to schedule your mornings, afternoons, and evenings.

Follow-up, Act. 5: Have some students report to the class what their schedule for the following weekend will be like.

MODÈLE: — *Le 20 octobre, où est-ce qu'on va le matin?*
— *Le matin, allons à l'exposition d'art moderne.*

REGARDONS DE PLUS PRÈS ◆ Le Verbe *aller*

Approach, Regardons de plus près: (1) Go over the introductory material. (2) Role-play the dialogue several times. (3) Encourage students to look for patterns and to

Think about the following questions as you study the conversation below.

A. What have different members of the group planned?

B. When and where will they all get together?

C. What verb forms are used?

what shall we do

— Qu'est-ce qu'on fait° aujourd'hui?

— Moi, **je vais** au stade. Et toi, **tu vas** faire quelque chose ce matin?

eleven-thirty

— Euh, non . . . mais j'ai un match de tennis avec Mathilde à onze heures et demie.°

— Bon, alors, **nous allons** au café à une heure, après ton rendez-vous?

doing

— D'accord. Et Pierre et Chantal, qu'est-ce qu'ils font?°

make guesses. Have students compare their answers with those of a partner. (4) Elicit answers to the guide questions. (5) Go over the explanation as a means of confirming students' answers.

— Euh . . . ils sont occupés; **ils vont** chez Henri cet après-midi.

— Alors, **allons** chez Henri après le déjeuner.

The following are the forms of the verb **aller** in the present tense.

Je **vais** chez Jeanne cet après-midi.	*I am going to Jeanne's house this afternoon.*
Tu **vas** au café avec Monsieur Bidoud?	*Are you going to the café with Mr. Bidoud?*
Monsieur Arletti **va** au restaurant après le cinéma.	*Mr. Arletti is going to the restaurant after the movies.*
Nous **allons** au récital avec Martine.	*We are going to the recital with Martine.*
Vous **allez** au restaurant après le cours?	*Are you going to the restaurant after class?*
Ils **vont** au match de foot.	*They are going to the soccer game.*

Answers, Act. 6: 1. Moi, je vais au concert.

ACTIVITÉ 6

2. Suzanne et Élise vont à la conférence. 3. Nous allons au parc.
4. Philippe va au musée. 5. Annie-Claude va à l'exposition. 6. Vous allez au cinéma. 7. Luc et Didier vont au théâtre.
8. Toi, tu vas à la soirée.

Les Projets du week-end. Where is each person going this weekend? Use the correct form of the verb *aller*.

MODÈLE: Jean / le récital
Jean va au récital.

1. moi, je / le concert   2. Suzanne et Élise / à la conférence   3. nous / le parc   4. Philippe / le musée   5. Annie-Claude / l'exposition   6. vous / le cinéma   7. Luc et Didier / le théâtre   8. toi, tu / la soirée

ACTIVITÉ 7

Answers, Act. 7: 1. . . . va au restaurant élégant.
2. . . . vont au restaurant universitaire or . . . au café.

Allons au restaurant. Choose an appropriate restaurant for each person or group using the correct form of the verb *aller*.

MODÈLE: L'après-midi, Madame et Monsieur Ammonet . . .
L'après-midi, Madame et Monsieur Ammonet vont au salon de thé.

le café   le bistro°   le restaurant élégant   le salon de thé°   le restaurant universitaire   le bar

1. Pour un dîner élégant, le président de la société . . .
2. Le matin, les étudiants . . .
3. Mes amis et moi, nous . . .
4. Le soir, moi, je . . .
5. Après les cours, les étudiants . . .
6. Et toi? Où est-ce que tu vas le matin? l'après-midi? le soir?

ACTIVITÉ 8   Et vous?

In the time allotted by your teacher, circulate among your classmates asking about their weekend plans. When you locate someone who has planned a certain activity, record his or her name.

MODÈLES: la discothèque _____
— *Est-ce que tu vas à la discothèque ce week-end?*
— *Non, je ne vais pas à la discothèque ce week-end.*

— *Est-ce que tu vas à la discothèque ce week-end?*
— *Oui, je vais à la discothèque ce week-end.*
— *Tu t'appelles Marie-Claire, n'est-ce pas?*

1. la discothèque _____
2. le musée d'art _____
3. le théâtre _____
4. le restaurant chinois ou japonais _____
5. le concert _____
6. le cinéma _____
7. le café _____
8. la soirée _____
9. le bar _____
10. le match de foot (basket, tennis, baseball) _____

≡ À VOUS ◆Des projets

With a partner, identify at least five places you would really like to go to together this weekend.

MODÈLE: — *Où est-ce qu'on va ce week-end?*
— *Je vais à la conférence demain. Tu viens?*
ou — *Il y a un match de tennis ce soir. Ça t'intéresse?*
ou — *Allons au cinéma.*

C'est à quelle heure le rendez-vous?

AU TRAVAIL (REVIEW/ PREVIEW)

ACTIVITÉ 1

Faites un sondage. Circulate among your classmates and find out about their plans for Saturday. Some activities are listed below. Note the activities and the general time of day for each one. Fill out a chart with data from ten classmates. Be ready to report your findings to the class.

MODÈLE:	Activité	Quand
Marie	*cinéma*	*le soir*
Jean	*film avec des amis*	*l'après-midi*

Marie va au cinéma le soir.
Jean regarde un film l'après-midi.

aller au cinéma	jouer au tennis
aller au concert	jouer au foot
regarder un film	regarder la télé
écouter de la musique	acheter des disques (cassettes, compact discs)
dîner au restaurant	travailler
dîner chez des amis	parler avec des amis
m. homework étudier	préparer les devoirs°

114 CHAPITRE 4

LECTURE ◆ Invitations

Pre-reading, Lecture:
(1) Have students tell you the precise information needed for an invitation: time, date, location (mention **à . . ., chez . . ., avoir lieu**) (2) Have students hypothesize about the kinds of invitation they will read.

beg of you

f. prints

will take place

Reading: The reading may be done out of class.

Post-reading: Have students answer the preliminary questions in small groups. Elicit answers to share with the class.

Follow-up: You might allow students to prepare invitations like these for an event of their choice.

counting on

bring (a thing)

bring along (a person)

kisses

gift

As you read the following invitations, note the expressions used to indicate the date and time.

LA GALERIE SAGOT-LE GARREC

VOUS PRIE° D'HONORER DE VOTRE PRÉSENCE

L'INAUGURATION DE L'EXPOSITION

HAROLD ALTMAN

ESTAMPES° RÉCENTES

QUI AURA LIEU°

LE MERCREDI 16 NOVEMBRE 1992, DE 17 À 21 HEURES

24, RUE DU FOUR – VIᴱ – 43-26-43-38 43-29-56-85

JUSQU'AU 14 DÉCEMBRE

Chère Clotilde,

A l'occasion de mon 19ᵉ anniversaire mes parents vont organiser une grande fête. La fête aura lieu le 20 décembre à partir de 21 h. au 36, boulevard du Temple, 3ᵉ étage. Je compte sur° toi pour apporter° des disques. Et m'oublie pas d'amener° Jean!

Grosses bises°,

Chantal

P.S. Comme cadeau°, mes parents vont quitter l'appartement à 20 h!

Answers, Act. 2: l'inauguration d'une exposition, un anniversaire; le mercredi 16 novembre 1992, le 20 décembre; 24, rue du

COMPRÉHENSION

ACTIVITÉ 2

Four, 36, boulevard du Temple, 3ᵉ étage; estampes récentes, apporter des disques, amener Jean

ACTIVITÉ 2

Précisons. Provide the essential details of each invitation. Tell about the event, the date, the place, and give any other important information.

C'EST À DIRE ◆ Dire la date

Your instructor will read the dates on several invitations. You should follow these steps.

A. Practice saying the dates with a partner.
B. Practice changing the day and the month.
C. Be prepared to dictate some important dates in your life.

> *On vous prie d'honorer
> la fête de notre anniversaire de marriage,
> lundi, le 25 juin 1990.*

> L'inauguration de l'exposition
> aura lieu mardi, le 1er mai
> au salon des expositions.

> *La première° de la pièce
> aura lieu samedi le 3 février 1990
> au Théâtre Caumartin.*

> *La fête aura lieu le 13 octobre.*

> *Il y aura une soirée chez moi le 18 janvier.*

> *Viens chez nous le 31 décembre pour fêter le nouvel an.*

Les mois de l'année et les saisons

l'hiver	le printemps	l'été	l'automne
décembre	mars	juin	septembre
janvier	avril	juillet	octobre
février	mai	août	novembre

le 15/2 = le 15 février   le 21/7 = le 21 juillet   le 1/3 = le premier mars

ACTIVITÉ 3

ACTIVITÉ 4

J'ai une fête le 15 septembre.   You have engagements on the following dates. Read them to a partner.

MODÈLE: la fête 15/9
J'ai une fête le 15 septembre.

1. un rendez-vous chez le dentiste 25/11
2. des conférences 3/5 et 17/5
3. des réunions avec les employées 13/8 et 30/8
4. un match de tennis 6/6
5. une entrevue avec le président de la compagnie 4/9
6. une pièce de théâtre 22/12
7. un rendez-vous avec Marie 1/1
8. des expositions d'art moderne 28/2, 21/4 et 16/7

Et vous?   Give the date of at least five commitments—appointments, meetings, presentations, quizzes (*f. interrogation*), exams (*m. examen*), dates with friends, birthday celebrations—that you have in the next several months.

MODÈLE: *J'ai une fête d'anniversaire le 13 octobre.*
J'ai un examen le 5 novembre.

≡ C'EST À DIRE ◆ Dire l'heure

Your instructor will model the following mini-dialogues. Note that exact times and approximate times are expressed. You should then follow these steps.

A. Practice each mini-dialogue with a partner.
B. Change the day and time in each mini-dialogue.
C. Be prepared to arrange a rendez-vous on your own.

SCÈNE 1

— À quelle heure° est-ce qu'on se voit?°
— Je suis libre lundi° à midi.°

SCÈNE 2

— Quand° est-ce que tu es (vous êtes) libre?
— Je suis libre jeudi° après° deux heures.

SCÈNE 3

— Tu es libre jeudi après-midi?
— Oui.
— Alors, rendez-vous jeudi vers° trois heures et demie?°
— D'accord.

SCÈNE 4

— Le rendez-vous, c'est pour demain matin, avant° midi?
— C'est ça.

Les jours de la semaine

lundi, mardi, mercredi, jeudi, vendredi, samedi, dimanche

le lundi = *every Monday;* le vendredi soir = *every Friday night*

ACTIVITÉ 5

Quand est-ce que vous êtes libre? Your appointments are indicated on the schedule below. Each appointment lasts one hour. Tell when you are free each day using expressions of exact and approximate times.

MODÈLE: *Lundi, je suis libre à huit heures, vers midi . . .*

	LUNDI	MARDI	MERCREDI	JEUDI	VENDREDI
8 h.		XXX	XXX		XXX
9 h.	XXX		XXX	XXX	
10 h.	XXX		XXX	XXX	
11 h.	XXX	XXX	XXX		XXX
12 h.		XXX		XXX	XXX
1 h.		XXX		XXX	
2 h.	XXX		XXX	XXX	
3 h.	XXX		XXX	XXX	
4 h.	XXX		XXX		XXX
5 h.					

Un rendez-vous.   In order to plan an outing, you need very specific information about the events, locations, and times. Read the advertisements below and answer the following questions.

AU THÉÂTRE

Comment s'appelle le théâtre?

Où est le théâtre?

Qu'est-ce qu'on présente le 5, 6, 11 et 12 avril?

Qu'est-ce qu'on présente le 7, 8, 13, 14 et 15 avril?

À quelle heure commence la pièce le vendredi? le dimanche? le jeudi?

close Quand est-ce qu'on ferme° les portes?

À L'EXPOSITION

Comment s'appelle l'exposition?

Qu'est-ce qu'on présente à l'exposition?

Où est la salle d'exposition?

À quelle heure est-ce que l'exposition ferme le dimanche?

open Quand est-ce que l'exposition ouvre?°

AU MUSÉE CLAUDE MONET

Où est le musée Claude Monet?

Quand est-ce que la maison° ouvre?

house Quand est-ce que les jardins° ouvrent?

m. gardens Est-ce que les jardins ouvrent le lundi?

Combien coûte la visite complète?

THEATRES

CARTOUCHERIE, avenue de la Pyramide. Mº Château-de-Vincennes puis autobus 112. I. - Th. du Soleil, 374-24-08. Pl. : 65 F. Loc. de 11h à 18h.
Les portes sont fermées dès le début du spectacle :
Les mer., jeu., ven., sam. à 18h30, le dim à 15h30 :

LES SHAKESPEARE
Les 5, 6, 11, 12 avril :
John ARNOLD, M. AZENCOT, Georges BI-GOT, Philippe BLANCHER, Cyrille BOSC, Hélène CINQUE, Odile COINTEPAS, Marc DUMETIER, Maurice DUROZIER, Guy FREIXE, F. GARGIULO, Philippe HOTTIER, J.-Pierre MARRY, Julien MAUREL, S. PONCELET, Eric REY, dans une pièce de W. Shakespeare, mise en scène d'A. Mnouchkine.
RICHARD II
L'Angleterre à la veille de la Renaissance. Sur une île encore presque déserte, la chronique tumultueuse d'une tribu guerrière.
Les 7, 8, 13, 14, 15 avril :
BOSC, H. CINQUE, O. COINTEPAS, M. DU-METIER, M. DUROZIER, J.-F. DUSIGNE, G. FREIXE, F. GARGIULO, R. GROUP, Ph. HOT-TIER, J.-P. MARRY, J. MAUREL, A. PEREZ, S. PONCELET, E. REY et J.-J. LEMETRE, L. MORO MARENGONE musiciens, dans une pièce de W. Shakespeare, traduction et mise en scène d'A. Mnouchkine :
HENRY IV (1re partie)
L'Angleterre à la veille de la Renaissance, sur une île encore presque déserte, la chronique d'une tribu tumultueuse dans un monde qui se peuple et où, sans cesse auprès du Roi, trône la « déesse de la guerre fumante ».

EXPOSITIONS

MAISON DU DANEMARK, 142, Champs-Elysées · Mº Etoile
MIRAGES DE LA DECADENCE
œuvres du scénographe
JEAN VOIGT
Tous les jours de 13h à 19h - Dimanches et fêtes de 15h à 19h
Jusqu'au 20 mai — Entrée libre

MUSEE CLAUDE MONET A GIVERNY
LA MAISON - LES JARDINS DE CLAUDE MONET
L'ETANG AUX NYMPHEAS
de 10h à 18h tous les jours (sf lundi)
de 10h à 12h et de 14h à 18h pour la maison
25 F pour la visite complète, 15 F pour les jardins
autoroute de l'Ouest, dir. Rouen, sortie Bonnières, Giverny par Vernon (Eure)

des oeuvres du scénographe Jean Voigt. La salle est au 142, Champs-Elysées. Le dimanche, l'exposition ferme à 19h. L'exposition ouvre tous les jours à 13h. Le dimanche elle ouvre à 15h. **Au musée Claude Monet:** Le musée Claude Monet est à Giverny. La maison ouvre à 10h du matin et à 14h. Les jardins ouvrent à 10h. Les jardins n'ouvrent pas le lundi. La visite complète coûte 25F.

to see

ET VOUS?

1. Est-ce que vous aimez les expositions, les musées, les jardins ou les pièces de théâtre?
2. Est-ce que vous êtes libre quand l'exposition est ouverte? le musée? les jardins? le théâtre?
3. Invitez un(e) camarade à aller voir° la pièce de théâtre, les jardins, le musée, la maison ou l'exposition avec vous.

REGARDONS DE PLUS PRÈS ◆ L'heure

Approach, Regardons de plus près: (1) Go over the introductory material. (2) Model the dialogue, then have students repeat, first with you, then in pairs. (3) Have students look at Madame

business woman / questions

Lacaze's timetable. Read her timetable, and have students repeat and practice with you, then in pairs. (4) Divide the class into small groups and have students answer the

children

guide questions. (5) Elicit observations and encourage students to confirm, extend, or challenge statements given to the class. (6) Present the explanation as a means of confirming students' hypotheses.

In the following conversation, Madame Lacaze asks about her appointments. Think about these questions as you study her schedule.

A. Does she divide her time equally between her work and her social life?
B. How is exact time expressed in French?

Madame Lacaze, une femme d'affaires,° interroge° sa secrétaire.

— J'ai un rendez-vous **à huit heures** aujourd'hui?
— **À huit heures?** Oui, c'est avec M. Smith.
— Et à midi?
— **A midi vingt-cinq** vous avez rendez-vous avec Henri au café.

8h00	M. Smith	**2h10**	les enfants°
9h15	Messieurs Dupont et Martin	**3h30**	Mme Legrand, par téléphone
10h30	M. Princet	**3h45**	chez le coiffeur
12h25	au café avec Henri	**4h50**	chez Mme Mouaque pour le thé

■ Note that a small **h** is used when writing time in numerals.

Il est 10**h**00. Nous arrivons à 3**h**15.

It is 10 o'clock. We are arriving at 3:15.

- Use **du matin, du soir,** and **de l'après-midi** when there is a need to differentiate between A.M. and P.M.

Tu as un rendez-vous **à six heures du matin!**	*You have a meeting at six A.M.!*
Elle arrive **à huit heures du soir.**	*She is arriving at 8 P.M.*

- The quarter hours are expressed as follows:

Elle a un rendez-vous avec Messieurs Dupont et Dutertre **à neuf heures et quart.** Ensuite, **à dix heures et demie,** elle a une conférence. Finalement, **à quatre heures moins le quart,** elle va chez le coiffeur.	*She has a meeting with Mr. Dupont and Mr. Dutertre at nine fifteen. Then, at ten thirty, she has a conference. Finally, at a quarter to four, she's going to the hairdresser.*

- For time before the half hour:

Elle a un rendez-vous **à deux heures dix.**	*She has a meeting at ten minutes after two.*

- For time after the half hour, use **moins.**

À cinq heures moins dix, elle va chez Mme Mouaque pour le thé.	*At ten to five, she's going to Mrs. Mouaque's for tea.*

- Official time (on a 24-hour clock) is commonly used for train schedules, store hours, and other written information. Conversational time (on a 12-hour clock), on the other hand, is used most commonly when making informal appointments and describing daily events.

Train schedule—Departures

Horaire des trains—Départs°

Paris 17 02   Limoges 20 23

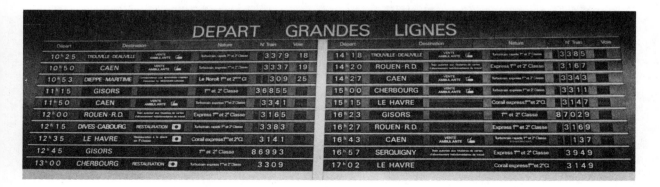

ACTIVITÉ **7** **L'emploi du temps.** Here is Martine Dupré's schedule for today. Tell when she has planned each activity, expressing either an exact or an approximate time.

chemistry MODÈLE: *Martine a un cours de chimie° vers 8 heures.*
Martine a un cours de chimie à 8 heures et quart.
Martine a un cours de chimie avant 10 heures.

8h15	un cours de chimie	**2h20**	un rendez-vous avec le professeur Brunet
9h30	un cours d'anglais		
10h45	un cours de maths	**4h10**	un rendez-vous avec Jean
12h00	une heure libre		
1h30	un laboratoire de langues	**9h00**	une fête chez Suzette

ACTIVITÉ **8** **On est libre?** Work with a partner. One person should cover schedule A and work from schedule B, and the other should cover schedule B and work from schedule A. Ask your partner what activity he or she has planned at a certain time. Determine when you will be together.

MODÈLE: — *Tu es libre à huit heures?*
— *Non, j'ai un cours de français à huit heures. Et toi?*

ÉTUDIANT A

8h00	*cours de français*
9h10	*rendez-vous avec Luc*
10h45	*rendez-vous avec Luc et Jean*
12h00	*invitation à déjeuner avec Hervé*
2h00	*heure libre*
3h50	*match de tennis*
5h15	*conférence d'histoire*
6h45	*heure libre*
8h00	*dîner avec Jean, Luc et Christine Gouyon*

ÉTUDIANT B

8h00	*cours de français*
9h10	*heure libre*
10h45	*leçon de tennis*
12h00	*invitation à déjeuner avec Hervé*
2h00	*cours de karaté*
3h50	*cours d'aérobic*
5h15	*réunion*
6h45	*heure libre*
8h00	*dîner chez les Gouyon*

Horaire DU 02 Juin AU 28 Sept.

Paris-Montparnasse	08 34
Le Mans	10 17
Rennes	11 44
St Malo	12 58
Brest	14 55

Tous les trains offrent des places assises en 1ʳᵉ et 2ᵉ classe, s

Notes :
1. Circule:tous les jours sauf les dim et fêtes.
2. Circule:tous les jours.
3. Circule:jusqu'au 5 juil 85 : tous les jours sauf le tous les jours sauf les sam, dim et fêtes;les
4. Circule:tous les jours sauf les sam, dim et f
5. Circule:les dim et fêtes.
6. Circulation périodique,renseignez-vous.A suppl L'Albatros.
7. Circule:tous les jours sauf les dim et 'Renseignez-vous'. ☏. Le Noroit.
8. Circule:les dim et fêtes. ☏. Le Noroit.
9. Circule:les sam.

Horaire DU 02 Ju AU 28 Se

Paris-Austerlitz	10 00
Chatgellerault	12 46
Poitiers	13 06
Niort	14 24
La Rochelle	15 17

Tous les trains offrent des places assises en 1ʳᵉ et 2ᵉ classe, sauf indication

Notes :
1. Circule:tous les jours sauf les dim et fêtes.
2. Circule:tous les jours.

Horaire DU 02 Juin AU 28 Sept.

Paris-Gare de Lyon	22 57
Dijon	02 25
Lyon	04 11
Valence	05 11
Avignon	06 20
Marseille	07 48
Toulon	08 40
Nice	10 33

ACTIVITÉ 9 C'est à quelle heure?

Use official time listed above to tell when the trains leave and arrive.

MODÈLE: Paris–Nice
Le train quitte Paris à vingt-deux heures cinquante-sept et arrive à Nice à dix heures cinquante-sept.

1. Paris–Toulon   2. Paris–Rennes   3. Paris–St-Malô
4. Avignon–Nice   5. Dijon–Avignon   6. Paris–Poitiers
7. Valence–Nice   8. Niort–La Rochelle

À VOUS•L'agenda

Write out your schedule for the next week. Be sure to give the day, the date, and the exact time of each activity. Compare your schedule with those of members of your group to determine when you all are free and can plan an activity together.

Qu'est-ce qu'on va faire?

AU TRAVAIL (REVIEW/ PREVIEW)

ACTIVITÉ 1

Follow-up, Act. 1: Have students work in groups and report their results. You may want to assign oral grades.

Vous n'êtes pas libre? Schedule a series of activities on different days of the week and at different times. Next, prepare a list of refusals. Review the material in **Tranche 1** of this chapter.

Then suggest your activities to a partner. He or she will refuse each one for a different reason. See how many activities you can suggest before your partner runs out of refusals.

MODÈLE: — *Il y a un match de tennis ce soir. Tu es libre?*
— *Non, nous allons à une réunion à 8 heures.*
— *Alors, demain soir, vers 9 heures et demie, on va à la fête chez Anne?*
— *Je regrette, mais je ne suis pas libre. J'ai du travail.*

C'EST À DIRE ◆ Dire *non*

Approach, **C'est à dire:**
(1) Preview the material, having students think about the different ways they can refuse an invitation in English.
(2) Pre-record this mini-dialogue with another instructor, or role-play it for the class.
(3) Have students practice the dialogue *anyway* with you, then in pairs as written.
Suggestion: Have students note the progression of the dialogue.

Your instructor will model the following mini-dialogue. You should follow these steps.

A. Practice the mini-dialogue with a partner.

B. Be prepared to refuse an invitation made by another partner.

— Tu vas faire quelque chose ce soir?
— Oui, j'ai un rendez-vous avec mes amis.
— Viens au cinéma avec moi quand même.°
— Je regrette, mais ce n'est pas possible.

I can't
I assure you
sorry

— Tu vas aimer le film, c'est un film d'amour.
— Non, n'insiste pas. Je ne peux pas.°
— Je te jure que° c'est un bon film.
— Je suis vraiment désolé(e),° mais c'est non.

ACTIVITÉ 2 · C'est impossible!

With a partner, role-play the following invitations and refusals.

MODÈLE: un concert / un concert de jazz / un concert extraordinaire
— *Viens au concert avec moi ce soir.*
— *Je regrette, mais ce n'est pas possible.*
— *Tu vas aimer le concert, c'est un concert de jazz.*
— *Non, n'insiste pas. Je ne peux pas.*
— *Je te jure que c'est un concert extraordinaire.*
— *Je suis désolé(e), mais c'est non.*

1. une pièce de théâtre / une pièce de Shakespeare / très intéressante
2. un film / un film de Truffaut / fantastique
3. une exposition / une exposition de Chagall / sensationnelle
4. un concert / un concert de Bach / superbe
5. une conférence / une conférence scientifique / très intéressante
6. un concert / un concert de jazz / magnifique

ACTIVITÉ 3 · Jeanne ne travaille pas cette semaine.

Look at Jeanne's appointment book and answer the following questions about her plans.

1. Quand est-ce que Jeanne va dîner au restaurant? danser?
2. Qu'est-ce qu'elle va faire mardi après-midi? lundi matin?
3. Où est-ce qu'elle va avec Georges?
4. Qu'est-ce qu'elle va faire lundi matin? vendredi? samedi?
5. Quand est-ce qu'elle va jouer au tennis? aller au concert?
6. Est-ce qu'elle va voir Michèle? Quand?

Suggestions, Act. 3:
(1) Have students compare their answers with those of a partner.
(2) As a follow-up, have groups report their answers to the class.

semaine du 20/2 au 27/2		lundi	mardi	mercredi	jeudi	vendredi	samedi	dimanche
	matin	cours de chinois		réunion des danseurs		entrevue avec Mathilde	cinéma en matinée	
	après-midi	match de tennis	réunion avec Luc		match de tennis			rendez-vous avec Michèle
	soir	restaurant avec les Dupont	concert	leçon de danse		opéra avec Henri	fête	exposition avec Georges

REGARDONS DE PLUS PRÈS ◆ Le Futur immédiat

Two friends are planning their evening. Think about these questions as you study their conversation.

A. Do they have a lot on the agenda?

B. How are plans for the future expressed?

— Qu'est-ce que tu **vas faire** ce soir?
— Une seconde, je **vais vérifier**. Rien° de spécial.
— Alors, tu **vas venir** au cinéma avec moi.
— D'accord.
— Nous **allons voir** un film policier.

nothing

■ The verb **aller** is used to express the immediate future. Note the use of the present tense form of **aller** followed by an infinitive.

Je vais sortir avec des amis.	*I am going to go out with friends.*
Tu ne vas pas étudier?	*Aren't you going to study?*
Jean-Hughes va étudier.	*Jean-Hughes is going to study.*
Nous, **nous allons assister** au concert.	*We are going to attend the concert.*
Alors **vous n'allez pas regarder** le match?	*Then you're not going to watch the game?*
Non, les joueurs ne sont pas forts. **Ils vont perdre** le match.	*No, the players aren't good. They're going to lose the game.*

■ Similarly, other verbs may be used with infinitives.

J'aime voyager.	*I like to travel.*
Elle **adore dîner** avec des amis.	*She adores having dinner with friends.*
Georges **déteste être** en retard à un rendez-vous important.	*Georges detests being late to an important meeting.*
Je **voudrais aller** à Paris.	*I would like to go to Paris.*

ACTIVITÉ 4 Qu'est-ce que vous allez faire?

What do *you* intend to do tonight? Working with a partner, ask and answer each question.

go out

MODÈLE: — *Tu vas sortir° ce soir?*
— *Oui je vais sortir ce soir.*
ou — *Non, je ne vais pas sortir ce soir.*

1. Tu vas aller à la discothèque ce soir?
2. Tu vas dîner au restaurant ce soir?
3. Tu vas regarder un film ce soir?
4. Tu vas étudier ce soir?
5. Tu vas sortir avec des amis ce soir?
6. Tu vas regarder un match de foot ou de basket ce soir?
7. Tu vas écouter de la musique ce soir?
8. Tu vas aller à une fête ce soir?

ACTIVITÉ 5

Pendant le congé. Everyone has vacation plans. Tell what they are going to do.

MODÈLE: moi, je / aller en France
Moi, je vais aller en France.

1. moi, je / voyager au Canada
2. nous / visiter New York
3. Suzette et Marie / rester sur le campus
4. Pierre / regarder les matchs de basketball tout le temps
5. vous / inviter des amis à dîner
6. Jean-Marc et Philippe / faire du ski
7. toi, tu / regarder des cassettes vidéo
8. Martine / acheter un nouveau lecteur laser

LA LANGUE ÉCRITE

Invitations. Invite a friend or friends to two different events. Write out two informal invitations to the events of your choosing. Make sure that they are different and that they include the time, date, and place.

VOCABULAIRE ET EXPRESSIONS

■ INVITING, ACCEPTING, OR REFUSING INVITATIONS

Nous allons à (au) _____ (chez _____). Tu es libre?

Tu viens à (au) _____ ce soir?

On va à la (au) _____ avec _____ demain. Ça t'intéresse?

Je t'invite à la (au) _____.

Oui   Allons-y! Mais oui! Bien sûr! D'accord! Pourquoi pas!

Indécis   Peut-être (demain, un autre jour). Je ne sais pas (si je suis libre).

Non   Ça ne va pas. Merci (Je regrette) mais . . . j'ai du travail, ce n'est pas possible, je ne suis pas libre, j'ai déjà un rendez-vous avec _____.

Insisting on a NO answer   Je suis vraiment désolé(e). N'insiste pas.

■ PROPOSING A PLACE

Allons au théâtre (au cinéma, au café, au stade, au bureau, au concert, au musée, à la réunion, à la fête, à la discothèque, à la conférence, à l'exposition).

■ AGREEING ON A TIME

Quand est-ce que tu es (vous êtes) libre?

Je suis libre ce matin (cet après-midi, ce soir, demain matin, demain après-midi, demain soir, ce week-end, le week-end prochain, la semaine prochaine).

Je suis libre lundi (mardi, mercredi, jeudi, vendredi, samedi, dimanche, lundi prochain, le lundi).

Je suis libre à 8 heures (vers 8 heures, avant 8 heures, après 8 heures, à 8 heures et quart, à 8 heures et demie, à 9 heures moins le quart).

Quelle heure est-il?   Il est une heure (midi, midi et demi, minuit).

■ TELLING THE DATE

J'ai des rendez-vous le 8 janvier et le premier février (mars, avril, mai, juin, juillet, août, septembre, octobre, novembre, décembre).

■ MAKING FUTURE PLANS

On va faire quelque chose ce week-end?   Qu'est-ce que tu vas (vous allez) faire demain?

Je vais regarder le match.	Nous allons voyager à New York.
Tu vas jouer au tennis.	Vous allez sortir avec des amis.
Robert va étudier.	Ils vont aller au café.
Anne va aller à l'exposition.	Elles vont dîner au restaurant.

■ IRREGULAR VERBS

venir		**revenir**	
je viens	nous venons	je reviens	nous revenons
tu viens	vous venez	tu reviens	vous revenez
il (elle) vient	ils (elles) viennent	il (elle) revient	ils (elles) reviennent

JE CHERCHE DU TRAVAIL

In this chapter, you will learn how to talk about
your preferences, your talents and abilities, and
your career intentions.

CHAPITRE 5

Je voudrais un poste

Be sure to call students' attention to the contexts and functions in each **Tranche** before beginning the chapter.

AU TRAVAIL (REVIEW/ PREVIEW)

ACTIVITÉ 1

Act. 1: This activity reviews greetings; expressing likes, dislikes, and preferences; speaking about possessions; and describing temperament.

Follow-up: Have students work with new partners to present and practice one or two of the questions and answers.

Préparez-vous.   You are going to be interviewed at a career placement agency. Prepare responses to the questions below. Then, with a partner, role-play the interview.

PRÉFÉRENCES

alone Vous préférez travailler avec les autres ou seul(e)?°

under sous° la direction d'un patron ou indépendamment?

sick Vous êtes souvent malade?° absent(e)?

friendly Vous êtes ambitieux(euse)? calme? amical(e)?° nerveux(euse)? conformiste? honnête? souvent malheureux(euse)? sociable?

smoke Vous fumez?°

Vous avez une voiture? un ordinateur? une machine à écrire? un téléphone? un appareil-photo?

to read Vous aimez lire?° regarder la télé? faire du sport? aller au théâtre? au cinéma?

which Quels° sports préférez-vous?

Quels divertissements préférez-vous?

TALENTS

Vous parlez français? anglais? allemand? chinois? japonais?

type Vous tapez à la machine?°

You are a candidate for a job. Greet the person behind the desk and introduce yourself. Then make small talk.

DIALOGUE ◆ Je veux une carrière

Approach, Dialogue:
(1) Have students tell what their job aspirations are. What expressions do we use in English? (2) Go over questions A and B with students. (3) Play the dialogue on the Student Audio Cassette (or role-play it yourself). (4) Ask students to answer questions A and B.
(5) Play the dialogue again. Then have students act it out twice, the second time using their own names.

In this dialogue, Joël and Marianne are talking about his job. Think about these questions as you go over the conversation.

A. How is Joël currently employed? To what extent is he satisfied?

B. What is the difference between *du travail* and *une carrière?*

MARIANNE:	Alors, ça ne va pas?
JOËL:	Non. Il me faut une carrière.
MARIANNE:	Mais tu travailles toujours au bistro,° n'est-ce pas?
JOËL:	Oui, mais ce n'est pas la même chose.° J'ai du travail, mais je veux° une carrière!
MARIANNE:	Oh, c'est sérieux, ça! Bon, je vais t'aider.° On va trouver quelque chose.° Qu'est-ce que tu aimes faire?
JOËL:	Voyons° un peu . . . J'aime bien parler aux gens° et j'aime voyager.
MARIANNE:	Maintenant, décris° tes talents. Qu'est-ce que tu sais faire?°
JOËL:	Je suis doué pour° les sciences et pour les maths.
MARIANNE:	Quelles conditions de travail veux-tu?
JOËL:	D'abord, je ne veux pas avoir un patron sur le dos.° Ensuite, je veux voyager. Et finalement, je veux être bien payé.
MARIANNE:	Tu es difficile! J'ai une idée . . . Ça y est:° représentant° pour une société pharmaceutique. Il n'y a pas de patron; on fait des voyages; on parle avec des gens et, si on vend° bien, on est bien payé!
JOËL:	Formidable! Tu es un génie! Tu as un journal?°

m. coffee house
the same thing
I want

to help you
something
let's see / people

describe / know how to do
I am good in

on my back

I've got it / salesperson

sells

newspaper

COMPRÉHENSION_____

ACTIVITÉ 2

Les Talents de Joël. Describe Joël's likes, talents, and preferred working conditions.

what

1. ce qu'°il aime dans une carrière
2. ses talents
3. ses préférences

ACTIVITÉ 3

Répondez! For each of Marianne's questions, find two answers for Joël.

MARIANNE

1. Tu as un travail, n'est-ce pas?
2. Qu'est-ce que tu sais faire?
3. Qu'est-ce que tu aimes faire?
4. Les conditions de travail sont importantes?

JOËL

a. J'adore voyager.
b. Je suis doué pour les maths.
c. Oui, je travaille au bistro.
d. Bien sûr, le salaire est important.
e. Je préfère travailler indépendamment.
f. Mais ce n'est pas une carrière, ça!
g. J'aime beaucoup parler aux gens.
h. Je suis fort en sciences.

C'EST À DIRE ◆ Discuter les professions

Your instructor will model several discussions about future careers. You should follow these steps.

A. Practice the mini-dialogues with a partner.
B. Substitute different professions for the ones mentioned.
C. Be prepared to express your career intentions.

SCÈNE 1

want
— Qu'est-ce que tu veux (vous voulez)° devenir?[1]

painter
— Je veux devenir artiste: peintre° ou acteur (actrice).

SCÈNE 2

— Tu aimes la musique?
— Oui, je vais devenir professeur de musique.

Suggestion: Have students analyze the mini-dialogues. Ask them to find the ways to ask questions; to express professional plans; to express preferences; and to speak about talents.

SCÈNE 3

would like / nurse
fire fighter / police officer

— Tu veux travailler dans un hôpital?
— Non, je ne voudrais° pas devenir infirmier(ière).° Je veux devenir pompier° ou agent de police.°

SCÈNE 4

full time
— Vous voulez un poste à plein temps° ou à temps partiel?
— Je voudrais un poste à temps partiel. Je veux du temps libre pour étudier.

List these answers in columns on the board and model dialogues, mixing and matching expressions.

SCÈNE 5

writer
expect
— Tu veux devenir écrivain?°
— Oh, oui, je voudrais bien devenir écrivain. Je compte° écrire un roman policier.

SCÈNE 6

m. doctor
would like
— Vous voulez devenir médecin?°
— Oui! J'aimerais° aider les gens.

AUTRES PROFESSIONS

business
Je veux devenir homme (femme) d'affaires:° banquier(ière) ou bien agent de voyages.

accountant
Je veux travailler dans une compagnie comme secrétaire, sténodactylo ou bien comptable.°

Je veux travailler comme artiste, musicien(ienne) ou, danseur(euse).

buyer
Je veux travailler dans un magasin comme acheteur(euse)° ou vendeur(euse).

lawyer
elementary-school teacher
Je veux rentrer dans une profession: avocat(e),° professeur, instituteur (institutrice),° ingénieur, dentiste ou bien pharmacien(ienne).

---

1. **Devenir** *(to become)* is conjugated like **venir** and **revenir**. The complete conjugation of the verb **devenir** is given in the section **Vocabulaire et expressions** at the end of **Tranche 3.**

ACTIVITÉ **4** Identifiez. Identify the following professions.

MODÈLE: *Elle est avocate ou bien professeur.*

1.

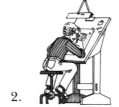

2.

3.

8.

5.

4.

6.

7.

ACTIVITÉ **5** Qu'est-ce que vous voulez devenir? Ask a partner about his or her interest in each of the professions mentioned in this chapter. He or she should react using one of the following responses.

MODÈLES: — *Tu veux devenir artiste?*
— *Non, je ne veux pas devenir artiste.*
ou — *C'est une carrière assez intéressante.*
ou — *Je veux bien devenir artiste.*

ACTIVITÉ **6** Carrières et emplois. Look over the job announcements shown on the following page and answer the questions.

MODÈLE: Quelles sortes de personnes recherchent les Galeries Lafayette?
Les Galeries Lafayette recherchent des sténodactylos et des dactylos confirmées.

CARRIÈRES ET EMPLOIS

seek Quelles sortes de personnes recherchent:°

1. la société LERS?
2. le groupe Hill and Knowlton?
3. la Clinique Geoffroy-St-Hilaire?
4. le Laboratoire US Clichy?
5. la Centrale d'Achats Paris?
6. Sunlight?

French high school 7. le lycée° de la région parisienne?

REGARDONS DE PLUS PRÈS ◆ Le Verbe *vouloir*

Approach, Regardons de plus près: (1) Go over the introductory material. (2) Read the dialogue several times. Encourage students to look for the answers to the guide questions. (3) Divide the class into small groups and have them discuss and compare their answers to the guide questions. (4) Elicit students' observations and hypotheses about language patterns. Encourage students to build on others' analyses. (5) Present the explanations as a means of confirming and extending students' hypotheses.

Think about these questions as you go over the conversation below.

A. One person is skeptical about the other's career choice. Why?
B. How do the forms of the verb *vouloir* change from the singular to the plural?

— Tu **veux** devenir astronaute?
— Oui, c'est ça, je **veux** devenir astronaute.
— Tu parles sérieusement?
— Bien sûr! Il y a beaucoup de gens qui **veulent** devenir astronautes. L'aéronautique est une carrière très intéressante.

■ The verb **vouloir**[2] is irregular. Note the changes in the stem:

— Tu **veux** un poste en France?	*Do you want a job in France?*
— Oui, je **veux** devenir chef; j'adore la cuisine.	*Yes, I want to be a chef. I love cooking.*
— Vous **voulez** changer de profession?	*Do you want to change professions?*
— Nous ne **voulons** pas changer de carrière. Mais nous **voulons** changer de patron. Ce patron **veut** la perfection.	*We don't want to change careers. But we want to change bosses. This boss wants perfection.*
Joël et Marianne **veulent** continuer la discussion.	*Joël and Marianne want to continue the discussion.*

■ To make a polite request, use a different form (the conditional tense) of the verb **vouloir: je voudrais . . .**

Je voudrais un poste à plein temps.	*I would like a full-time job.*

■ **Vouloir** may be used with a noun or with an infinitive.

Elle **veut** un poste à plein temps.	*She wants a full-time job.*
Joël et Marianne **veulent** un poste intéressant.	*Joël and Marianne want an interesting job.*
Il **veut** être riche.	*He wants to be rich.*
Je ne **voudrais** pas devenir mécanicien.	*I don't want to become a mechanic.*

---

2. The complete conjugation of the verb **vouloir** (*to want to*) is also given in the section **Vocabulaire et expressions** at the end of **Tranche 3**.

ACTIVITÉ 7 — Les Rêves des enfants.

Suggestion, Act. 7: Encourage students to talk about their own childhood dreams.

What does each child dream of becoming? Use the appropriate form of the verb *vouloir* and a profession.

Answers: 1. Philippe veut devenir agent de police. 2. Christine et moi, nous voulons devenir banquiers. 3. Toi, tu veux devenir musicien(ne). 4. Marc et Robert veulent devenir ingénieurs. 5. Moi, je veux devenir professeur. 6. Claudette et Nadine, elles veulent devenir infirmières. 7. Vous voulez devenir astronaute. 8. Yvonne veut devenir danseuse.

MODÈLE: Émilie / médecin
Émilie veut devenir médecin.

1. Philippe / agent de police
2. Christine et moi, nous / banquiers(ières)
3. toi, tu / musicien(ne)
4. Marc et Robert / ingénieurs
5. moi, je / professeur
6. Claudette et Nadine, elles / infirmières
7. vous / astronaute
8. Yvonne / danseuse

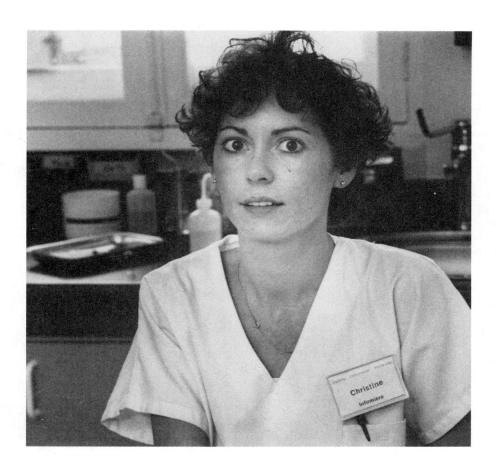

Quelle est sa profession? Où est-ce qu'elle travaille?

AGENCE LEFÈBRE

Postes disponibles et entrevues:

coiffeur (euse)	danseur (euse)	vendeur (euse)	avocat (e)	secrétaire	journaliste
Jean-Marc	Christine	Denise	Philippe	Christine	Hervé
Hervé	Martine	Claire	Jean-Marc	Claire	Jean-Marc
Robert	Rose	Philippe	Christine	Denise	Robert

Variation, Act. 8: You might repeat the activity on the board or on a transparency. Prepare a chart with 6–8 professions and have 10–12 students ''sign up'' under the professions.

Answers: 1. Rose veut un poste de danseuse. 2. Et vous, Martine, vous voulez un poste de danseuse. 3. Jean-Marc et Robert veulent un poste de journaliste ou de coiffeur. 4. Je m'appelle Christine et je veux un poste de danseuse ou d'avocate ou de secrétaire. 5. Toi, Philippe, tu veux un poste de vendeur. 6. Je m'appelle Claire; Denise et moi, nous voulons un poste de vendeuse ou de secrétaire.

ACTIVITÉ 8   Quelle profession?   Look at the preceding interview sheet from the employment agency LeFèbre and determine the professional interests of each candidate.

MODÈLE: Hervé
> *Hervé veut un poste de coiffeur ou de journaliste.*

1. Rose . . .
2. Et vous, Martine?
3. Jean-Marc et Robert . . .
4. Je m'appelle Christine et je . . .

5. Toi, Philippe, tu . . .
6. Je m'appelle Claire. Denise et moi, nous . . .

NOTES CULTURELLES

Le Travail en France

Suggestions, Notes culturelles: Ask students to consider the following questions: Do the French work more than North Americans? How can you explain such a

The following are average monthly salaries in francs for selected professions in France. To convert into dollars, divide by five or six, according to the foreign exchange rate (which changes daily).

Président-directeur général (PDG)	99 930
Directeur(trice) de division	53 900
Directeur(trice) du personnel	42 750
Secrétaire général(e)	41 950
Chef comptable	27 500
Consultant	26 200

difference? What do the French consider to be most important in their life? Reorganize the third table as you think it is in North America. Compare the two tables (the one given in the book for the French, and the one you will design for North Americans) and make a comparative study. Students could prepare a cross-cultural analysis to be handed in.

f. sales

Chef de vente°	22 200
Statisticien(ienne)	17 800
Steward, hôtesse de l'air	15 850
Chef de bureau	11 650
Sténodactylo bilingue	11 250
Infirmier(ière)	10 300

L'Argus des salaires

When compared with other workers in industrialized nations, French workers are among those who work the least number of hours per week. This is due to the large number of paid vacations and legal holidays in France.

Weekly hours in the industrial sector

United Kingdom

Netherlands

Royaume-Uni°	41,7	États-Unis	40,1
Luxembourg	41,1	Canada	38,5
Japon	41,0	France	38,9
Irlande	40,8	Italie	37,5
Allemagne (RFA)	40,8	Belgique	34,5
Pays-Bas°	40,3		

Eurostat

In a recent poll, French people were asked what they thought symbolized the notion of success. The answers are as surprising as they are telling about the French attitude toward work.

life

to feel / oneself

to succeed / job

to earn

power

to know

don't know

1. avoir une vie° de famille heureuse	50%
2. se sentir° bien avec soi-même°	21%
3. réussir° dans son métier°	15%
4. être aimé	6%
5. gagner° beaucoup d'argent	3%
6. avoir d'importantes responsabilités, du pouvoir°	1%
7. savoir° beaucoup de choses	1%
8. être célèbre	1%
9. autres	1%
10. ne sait pas°	1%

France-Soir Magazine/Louis Harris poll

Je sais faire . . .
je peux faire . . .

≡ AU TRAVAIL (REVIEW/ PREVIEW)

ACTIVITÉ **1** **Suggérez une profession.** Review the professions taught in *Tranche 1* of this chapter, and practice them with a partner. Then suggest a profession for each person described below.

money MODÈLE: J'aime l'argent.°
La profession de banquier est parfaite!

1. Je suis énergique, actif et aventureux.
2. J'aime le voyage.
3. J'aime l'art et j'ai beaucoup de talent.
4. Je suis étudiant et je cherche un poste temporaire. J'aime mieux aller au café avec les amis et je ne veux pas travailler le week-end.
5. J'aime les maths et les finances. Je cherche une profession respectable, prestigieuse et bien payée.
6. Je suis spécialiste en hygiène orale.
7. J'aime aider les gens.
8. Je cherche un poste temporaire. Je suis étudiante et j'aime parler avec les gens.

À L'ÉCOUTE ◆ Le Poste

Pre-listening, À l'écoute:
(1) Preview the material, focusing on the title and on the art. Have students hypothesize about what they will hear. What is the conversation about? What kind of announcements will there be? How many announcements are you going to listen to?
(2) Preteach new vocabulary. Sentences including the new vocabulary are found with the **À l'écoute** tapescript in the front of this Teacher's Edition.

Listening: The listening part itself may be done outside of class. Tell students to look for the answers to the introductory questions while listening to the tape the first time. Stress to students that they will need to listen to the material several times and should focus on different types of information and details each time while doing the post-listening activities.

Listen to the radio announcement on tape, which describes several job openings, and refer to the art below. Then complete the comprehension activities. How many jobs are there? What are they?

COMPRÉHENSION

ACTIVITÉ 2 **Résumé.** Make a card for each of the advertised positions.

describe
1. Décrivez° le poste.
2. Décrivez la société.
3. Décrivez les conditions de travail.

Qualifications des candidats. Based on the following personnel files, decide if each candidate has the qualifications needed for one of the proposed positions.

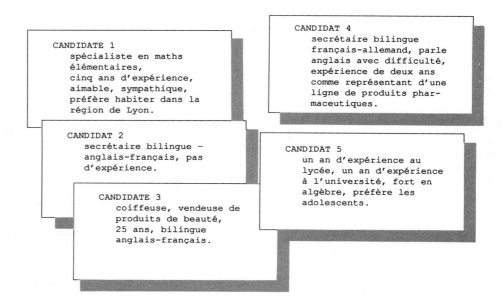

CANDIDATE 1
spécialiste en maths élémentaires, cinq ans d'expérience, aimable, sympathique, préfère habiter dans la région de Lyon.

CANDIDAT 2
secrétaire bilingue – anglais-français, pas d'expérience.

CANDIDATE 3
coiffeuse, vendeuse de produits de beauté, 25 ans, bilingue anglais-français.

CANDIDAT 4
secrétaire bilingue français-allemand, parle anglais avec difficulté, expérience de deux ans comme représentant d'une ligne de produits pharmaceutiques.

CANDIDAT 5
un an d'expérience au lycée, un an d'expérience à l'université, fort en algèbre, préfère les adolescents.

C'EST À DIRE ◆ Parler de talents

Your instructor will model several conversations. You should follow these steps.

A. Practice the mini-dialogues with a partner.
B. Practice them again substituting *yes* answers for *no* answers and vice versa.
C. Be prepared to answer the same questions truthfully about yourself.

SCÈNE 1

— Vous pouvez° traduire° ce paragraphe en anglais?
— Oui, bien sûr, je peux traduire le paragraphe. Je suis doué pour les langues et l'anglais est ma spécialité.

SCÈNE 2

— Vous êtes capable de taper à la machine?
— Non, je regrette, je suis incapable de taper à la machine.

SCÈNE 3

— Est-ce que vous savez interpréter les statistiques?
— Parfaitement, je suis fort en statistiques et en maths.

ACTIVITÉ 4

C'est un bon candidat? C'est une bonne candidate?   You are interviewing a job candidate. Ask a classmate, the prospective employee, questions about his or her qualifications. Note that there are several possible ways to respond.

MODÈLE: parler allemand
— *Vous pouvez parler allemand?*
— *Oui, je peux parler allemand.*

OUI	NON
Je peux parler allemand.	Je ne peux pas parler allemand.
Je suis capable de parler allemand.	Je suis incapable de parler allemand.

1. programmer un ordinateur
2. interpréter des statistiques
3. interviewer des clients par téléphone
4. préparer des commandes°   *f. orders*
5. donner des renseignements° aux clients   *m. information*
6. expliquer des rapports financiers
7. préparer des documents publicitaires
8. interpréter les documents financiers
9. parler espagnol
10. taper à la machine

ACTIVITÉ 5

Vous êtes bien préparé(e) pour la vie?   From this list of life-survival skills, which have you actually mastered? With a partner, ask and answer these questions.

MODÈLE: préparer une omelette
— *Tu sais préparer une omelette?*
— *Oui, je suis capable de préparer une omelette!*
ou — *Je ne sais pas préparer une omelette.*

1. parler espagnol	5. jouer au tennis
2. réparer une voiture *cooking*	6. faire la cuisine°
3. installer une chaîne stéréo	7. amuser des enfants
4. programmer un ordinateur *do housework*	8. faire le ménage°

REGARDONS DE PLUS PRÈS ♦ Les Verbes *pouvoir* et *savoir*

Think about these questions as you study the following mini-dialogue.

A. What does Paul want Didier to do? Can Didier be of help?

B. How do the forms of the verb *pouvoir* and *savoir* vary?

— Alors, Didier, tu **peux** ou tu ne **peux** pas m'aider?
— Je ne suis pas sûr . . .
— Est-ce que tu **sais** réparer une moto?
— C'est à dire que . . . c'est une moto italienne . . . et . . .

the same / rely on
nothing

— Didier est toujours le même.° Nous ne **pouvons** pas compter° sur lui. Il ne **sait** rien° faire.

■ The verbs **pouvoir** (*to be able to*) and **savoir** (*to know, to know how to*) are irregular. Note the changes in the stem. Both verbs are often used with an infinitive.

POUVOIR

Je **peux** réparer la moto?	*Can I repair the motorcycle?*
Tu **peux** essayer de réparer la moto.	*You can try to repair the motorcycle.*
Jean est expert. Il **peut** réparer la moto.	*Jean is an expert. He can repair the motorcycle.*
Alors, nous **pouvons** demander à Jean.	*Then we can ask Jean.*
Vous **pouvez** trouver Jean et ses amis au café.	*You can find Jean and his friends at the cafe.*
Fantastique. Ils **peuvent** nous aider.	*Great. They can help us.*

SAVOIR

Je **sais** jouer de[3] la guitare.	*I know how to play the guitar.*
Tu **sais** jouer du saxophone?	*Do you know how to play the saxophone?*
Non, mais Robert **sait** jouer du saxophone.	*No, but Robert knows how to play the saxophone.*
Mireille et moi, nous **savons** chanter.	*Mireille and I know how to sing.*

3. **Jouer de** = *to play an instrument;* **jouer à** = *to play sports and games.*

Vous **savez** chanter?	*You know how to sing?*
Oui. Et Élise et Christiane **sa-vent** jouer de la contrebasse et du piano.	*Yes. And Élise and Christiane know how to play bass and piano.*
Fantastique! Nous pouvons for-mer un groupe.	*Great! We can form a group.*

ACTIVITÉ 6

Act. 6: Have students take notes on their classmates' comments. As a follow-up, have some students report about their partner: **Elle peut devenir hôtesse dans un bar. Elle a deux ans d'expérience.** *waitress / waiter*

C'est possible? Previous related work experience is required of applicants for the following positions. Do you already have enough work experience to qualify?

MODÈLE: hôtesse dans un bar
  Oui, je peux devenir hôtesse dans un bar. J'ai deux ans d'expérience.
  ou *Non, je ne peux pas devenir hôtesse dans un bar. Je n'ai pas d'expé-rience.*

1. chef dans un petit restaurant 2. pilote 3. serveuse° / garçon°
4. médecin 5. professeur 6. vendeur(euse) 7. secrétaire
8. réceptionniste 9. ouvrier(ière) 10. mécanicien(ienne)

Où sont-elles? Imaginez une conversation entre les deux jeunes femmes.

ACTIVITÉ 7

Suggestion, Act. 7: Encourage students to add their own talents and to create a master list on the board. Discuss possible jobs they could get with such talents.

Je peux devenir...   Based on each person's talents and interests, select the most appropriate profession from those listed below. Use a form of the verb *pouvoir* in your answers.

MODÈLE: J'ai du talent pour la poésie; je *peux devenir poète.*

| pharmacien(ienne) | acteur(trice) | infirmier(ière) |
| musicien(ienne) | banquier(ière) | danseur(euse) |

1. Il a un talent musical; il . . .
2. Tu as de l'expérience sur scène;° tu . . . *stage*
3. Elles sont douées pour le ballet; elles . . .
4. Je suis forte en biologie; je . . .
5. Vous êtes doué pour les finances; vous . . .
6. Nous aimons aider les malades;° nous . . . *sick people*

ACTIVITÉ 8

Ils ont du talent.   Tell what interesting things the following people know how to do. Use the appropriate form of the verb *savoir*.

MODÈLE: Nicole / piloter un avion° *airplane*
Nicole sait piloter un avion.

1. Pauline et Louise / réparer un ordinateur
2. Christophe / préparer des spécialités chinoises
3. nous / jouer au tennis
4. Laurent et Mathieu / parler français
5. vous / chanter
6. moi, je / skier
7. Françoise / jouer du piano
8. toi, tu / danser le rock

ACTIVITÉ 9

Follow-up, Act. 9: Ask students: **Qui est qualifié pour le poste de secrétaire bilingue? Qui n'est pas qualifié pour le poste de secrétaire bilingue? Pourquoi?**

La bonne décision.   Look over the notes taken by a personnel manager, and tell what each candidate can and cannot do. Then decide which of them is qualified for one of several positions for bilingual secretaries.

MODÈLE: Jean-Luc? Il . . .
Il sait parler anglais et allemand, il sait taper à la machine et il sait traduire.

	anglais	allemand	taper	traduire
Simon Dugras	oui	non	non	non
Nicole Bonterre	oui	oui	non	oui
Jean-Luc Martin	oui	oui	oui	oui
Annie-Claude Lasovey	oui	oui	oui	oui
Claire Gouyon	oui	oui	non	oui
Sophie Robert	non	non	oui	oui
Yves Dubonnet	non	non	oui	non

1. Simon Dugras? Il . . .
2. Et toi, Annie-Claude, tu . . .
3. Monsieur Dubonnet, vous . . . , n'est-ce pas?
4. Claire Gouyon et Nicole Bonterre, elles . . .
5. Sophie Robert, elle . . .
6. Jean-Luc Martin et Annie-Claude Lasovey, ils . . .

À VOUS! ◆ Le Poste idéal

Approach, À vous!: Go over the situation and the guidelines with your students. Read the model. Have students work with a partner, and set a time limit. Have everyone take notes. As a follow-up, have students report about their partner. You may want to assign oral grades. Circulate among students.

Describe what you consider to be the ideal job, giving the following details about it.

1. qualifications and talents needed
2. where the job will be performed
3. what you would like to earn

MODÈLE: *Je veux devenir médecin. Je suis doué(e) pour les sciences. Je voudrais travailler dans un laboratoire et je voudrais gagner vingt mille francs par mois.*

Je compte faire . . .

☰ AU TRAVAIL (REVIEW/ PREVIEW)

ACTIVITÉ **1** **Le Conseiller.** Select a position and try to convince a job counselor (a partner) to obtain an interview appointment for you. Use the following outline to help you describe your qualifications.

1. vos qualifications

J'ai _____ ans d'expérience comme_____ avec la société_____.
J'ai un diplôme de_____.

2. vos talents

Je suis toujours très_____.
Je ne suis pas_____.
Je suis capable de_____.
Je ne suis pas capable de_____.
Je sais_____.

3. vos intérêts

Je voudrais être_____.
J'ai l'intention d'être_____.
Je compte devenir_____.

≡LECTURE ◆ L'annonce

Pre-reading, Lecture:
(1) Focus on the title and have students hypothesize about the content of the text.
(2) Read the introductory line and guide questions. Remind students to read only for the answers to these questions the first time through. Stress to students that they will need to read the text several times and should focus on different types of information and details each time.

Reading: Set a time limit. Have students read the text silently. The **Lecture** can also be done out of class.

Read the following advertisement. What type of position is being advertised? Is this a good job for you?

 TRANSPORTS PUBLICS LYONNAIS

ADRESSE: Case postale 243, 112 avenue du Maréchal Foch, Lyon

La Direction de Personnel des Transports publics lyonnais recherche des candidats pour postes de **conducteur/conductrice.**

- Vous aimez conduire.° _drive_
- Vous voulez un poste à horaires° irréguliers et le contact avec la clientèle.
- Vous préférez les postes stables avec d'excellents avantages sociaux.
- Vous êtes sèrieux(se) et vous voulez une solide expérience dans les services publics.

ECRIVEZ-NOUS — — — — — — — — — — — — — —

Un poste de **conducteur/conductrice** m'intéresse, prière de m'envoyer la documentation.

Nom _____
Adresse _____
_____

COMPRÉHENSION_____

ACTIVITÉ 2   Donner les détails.   Give the following information concerning this job opening.

Answers, Act. 2: 1. La société s'appelle Transports publics lyonnais. 2. Elle est à Lyon. 3. Case postale 243, 112 avenue du Maréchal Foch, Lyon. 4. conducteur / conductrice, irréguliers, le contact avec la clientèle, stable, excellents, une solide expérience, publics. 5. stable, conduire, la clientèle.

1. Comment s'appelle la société?
2. Elle est dans quelle ville?
3. Donnez le numéro de la case postale et l'adresse de la société.
4. Décrivez le poste:
   C'est un poste de _____ à horaires _____ pour une personne qui aime _____. Le poste est _____ et les avantages sociaux sont _____. Ce poste offre _____ dans les services _____.
5. Décrivez le (la) candidat(e) idéal(e):
   Le (la) candidat(e) idéal(e) est une personne _____ qui aime _____et qui aime bien le contact avec _____.

C'est un bon poste pour toi!   Read the following short autobiographies. Decide if the job is very appropriate, appropriate or not particularly appropriate for each candidate.

1. Je m'appelle Pierre Dupont et je cherche un poste dans les services publics. J'aime bien la clientèle et je cherche un poste stable. J'adore conduire.
2. Je m'appelle Jean-Philippe Fédoux et je m'intéresse au poste de conducteur. J'aime bien conduire mais je veux un poste à horaires réguliers et je n'aime pas particulièrement parler avec la clientèle.
3. Je m'appelle Susanne Martin. Je suis une personne sérieuse et responsable et j'ai trois ans d'expérience dans les services publics. J'aime bien conduire et je cherche un poste stable. J'aimerais mieux avoir un poste à horaires réguliers mais ce poste de conductrice m'intéresse beaucoup.
4. Je m'appelle Roger LeBrun et je veux un poste de conducteur. Je cherche un poste à horaires réguliers. J'aime mieux les postes de chauffeur mais ce poste m'intéresse parce qu'il offre de bons avantages sociaux.
5. Je m'appelle Danielle LaGarde. Je cherche un poste à horaires irréguliers et je suis une personne aimable qui aime le contact avec la clientèle. Je suis réaliste et sérieuse et j'aime bien conduire.

C'EST À DIRE ◆ Parler des carrières et des intentions

to do

I don't care for

Your instructor will model the mini-dialogues. You should follow these steps.

A. Role-play the mini-dialogues with a partner.
B. Role-play them again, changing the last line to an affirmative answer.

SCÈNE 1

— Qu'est-ce que tu veux faire° dans la vie?
— Je pense à[4] une carrière dans l'aérospatiale.
— Tu veux devenir astronaute?
— Non, je ne tiens pas à° cette profession; j'espère[5] devenir ingénieur.

---

4. **Penser à** = *to think about;* **penser de** = *to have an opinion on.*
5. The complete conjugation of the verb **espérer** *(to hope)* is given in the section **Vocabulaire et expressions.** Note that **espérer** has accent changes.

SCÈNE 2

interests you
— Quelle carrière t'intéresse?°
— J'ai l'intention de devenir professeur.
— Tu veux travailler dans une université?

to teach / I want to
— Non, je n'ai pas l'intention d'enseigner° à l'université; je tiens° à enseigner dans un lycée.

ACTIVITÉ 4

Follow-up, Act. 4: Ask if anyone in the class found people who want to pursue these professions. If yes, ask the people why.

Quelle profession bizarre!   Certain people are interested in pursuing less common professions. Ask a partner how he or she feels about these choices.

MODÈLE: astronaute
    — *Tu veux sérieusement devenir astronaute?*
    — *Oui, j'espère devenir astronaute.*
ou — *Non, je ne tiens pas du tout à devenir astronaute.*

surgeon
stuntperson / moviemaker

1. détective   2. Président de la République   3. chirurgien° (chirurgienne)   4. cascadeur°   5. cinéaste°   6. archéologue   7. missionnaire   8. sculpteur

Voici Laurent Bande. Il est sculpteur; il a un studio sur le Quai de la Loire dans le Bassin de la Villette. Sa profession vous intéresse?

Qui êtes-vous? Make a list of famous people. Then, assume the role of one of these people before he or she became famous. Tell about your career intentions and give one or two important details about them. Let others guess who you are.

MODÈLE: — *Qu'est-ce que vous voulez faire dans la vie?*
— *J'ai l'intention de faire du sport. J'aime le tennis.*
— *Vous êtes Yannick Noah.*

REGARDONS DE PLUS PRÈS ◆ La Construction infinitive

Approach, Regardons de plus près: (1) Go over the introductory guidelines. (2) Role-play the dialogue. (3) Have students answer questions A and B. (4) Have students

going to choose

like what

think

compare their answers with those of several classmates. (5) Elicit answers and observations, and encourage the whole class to build on others' ideas. (6) Go over the explanations that follow the dialogue.

Think about these questions as you study the following conversation in which two people argue about careers.

A. Do you think either career is particularly realistic?

B. How are intentions expressed?

— Alors, tu **veux devenir** astronaute?
— Mais non, c'est de la fantaisie, ça. Je **vais choisir**° une carrière plus réaliste.
— Comme quoi,° par exemple?
— Je ne sais pas . . . Voyons, je **voudrais devenir** président d'une société.
— Tu trouves° que c'est réaliste?
— Bien sûr, j'**ai l'intention de devenir** très riche.
— Ça, c'est de la fantaisie.

■ A very common French sentence structure includes an infinitive and results in the following word order:

subject + (ne) + verb + (pas) + infinitive + . . .
        aimer
        apprécier
        préférer
        aller
        adorer
        espérer
        compter
        vouloir
        pouvoir

Je **déteste travailler** avec des collègues difficiles.

I detest working with difficult colleagues.

Vous **voulez devenir** médecin? *You want to become a doctor?*

Vous **préférez avoir** un poste stable. *You prefer to have a stable job.*

■ Note that some expressions require the preposition **à** or **de** before the infinitive:

subject + (ne) + verb + (pas) + expression + infinitive + . . .
J' **ai** **l'intention de**

Je **tiens à travailler** dans une compagnie d'assurances. *I hope to work for an insurance company.*

Elle **a l'intention de voyager** beaucoup dans sa carrière. *She intends to travel a lot in her career.*

ACTIVITÉ 6 Un choix de carrière.   Which of these job attributes would you like in your job? Which would you not care for?

Act. 6: Have students work in pairs. Encourage them to add their preferred job attributes to the list in this activity. Have them call you for

on commission

specific requests. As a follow-up, have students report on their partner's

earn

intentions: **Il (elle) (n') a (pas) l'intention de travailler le week-end.**

MODÈLE: travailler le week-end
Je ne voudrais pas travailler le week-end.
ou *J'ai l'intention de travailler le week-end.*

1. voyager beaucoup
2. travailler le soir
3. gagner° beaucoup d'argent
4. avoir un poste dangereux

5. travailler pour des commissions°
6. travailler dans un bureau
7. avoir un poste monotone
8. travailler avec des artistes

ACTIVITÉ 7 Pourquoi travailler?   Why plan for a career at all? Give the following reasons for working, using one of the expressions listed below with each reason.

MODÈLE: *Je travaille parce que j'adore aller en vacances.*
j'espère
j'aimerais
je voudrais
je compte

famous

life

pocket money

1. payer mon éducation
2. voyager en Europe
3. acheter une nouvelle voiture
4. être indépendant(e)
5. avoir de l'argent de poche°

6. passer du temps avec des ami(e)s
7. devenir célèbre°
8. avoir une vie° heureuse
9. gagner beaucoup d'argent
10. avoir des responsabilités

LA LANGUE ÉCRITE_____

La langue écrite: This activity can be prepared outside of class.

Le Poste.   Write a short advertisement for an employment opportunity. Give as many job details as you can, including full-time or part-time status, hours, quality of benefits, commissions, availability of paid vacation, and salary. Be sure to specify where to write or call. Then prepare a list of questions to ask a potential candidate during an interview. Be sure to include information on job preferences and professional aspirations, special talents and interests, prior experience, and specific skills.

MODÈLE: *Nous cherchons un(e) secrétaire bilingue anglais-français. Poste intéressant à temps partiel, plusieurs bénéfices, excellentes conditions de travail. Salaire: 13 000 Fr par mois. Tél: 47.66.04.55.*

PRÉFÉRENCES

Vous préférez travailler indépendamment?
Vous voulez des heures régulières?
Vous cherchez un poste à plein temps?

TALENTS

Vous êtes doué(e) pour les sciences?
Vous êtes fort(e) en maths?
Vous savez parler français?

À VOUS! ◆ Je cherche un poste

Approach, À vous!:
(1) Have half the students post their ads on the board. Have the other half look for a job and pick up the ad of their choice. (2) Have the first students call out the names of their companies and interview the candidate. Interviewers may take notes. (3) Have students switch roles.

Post the job announcement described in the *modèle* above and interview several candidates. Be prepared to discuss the positive and negative aspects of the position. Keep notes about each candidate's responses and offer the position to the best-qualified person.

■ TALKING ABOUT PROFESSIONS

Qu'est-ce que tu veux (vous voulez) devenir (être)?

Je voudrais devenir artiste: peintre, écrivain, acteur(trice), musicien(ienne), ou danseur(euse).

Je voudrais devenir homme (femme) d'affaires: banquier(ière) ou agent de voyages.

Je voudrais travailler dans une société comme secrétaire, sténo-dactylo ou comptable.

Je voudrais travailler dans un magasin comme acheteur(euse) ou vendeur(euse).

Je voudrais rentrer dans une profession. Je voudrais être avocat(e), professeur, instituteur(trice), ingénieur, dentiste, infirmier(ière), médecin ou pharmacien(ienne).

Je voudrais devenir (être) pompier ou agent de police.

■ EXPRESSING INTENTIONS

Qu'est-ce que vous voulez (tu veux) devenir (être)?

Je veux (voudrais, voudrais bien, compte, aimerais, espère) devenir . . .

Est-ce que vous avez (tu as) l'intention de devenir (être) . . . ?

J'ai l'intention de devenir . . .   Je tiens à (pense à) devenir . . .

■ TALKING ABOUT CAPABILITIES

Est-ce que vous pouvez (tu peux) . . .

Je peux (Je suis capable de) . . .

Je ne peux pas (Je ne suis pas capable de, Je suis incapable de) . . .

Est-ce que vous savez (tu sais) . . .

Je sais (Je ne sais pas) . . .

■ DISCUSSING JOB ATTRIBUTES

Vous voulez un poste à plein temps (à temps partiel)?

Vous voulez avoir de bonnes conditions de travail (des collègues intéressants, un(e) patron(ne) dynamique, un travail manuel, un travail de bureau, un travail intellectuel)?

Vous préférez travailler indépendamment (le matin, l'après-midi, le soir, le week-end)?

Vous voulez gagner un bon salaire (être bien payé(e), voyager)?

■ IRREGULAR VERBS

devenir

		savoir	
je deviens	nous devenons	je sais	nous savons
tu deviens	vous devenez	tu sais	vous savez
il (elle) devient	ils (elles) deviennent	il (elle) sait	ils (elles) savent

espérer

		vouloir	
j'espère	nous espérons	je veux	nous voulons
tu espères	vous espérez	tu veux	vous voulez
il (elle) espère	ils (elles) espèrent	il (elle) veut	ils (elles) veulent

RÉVISION
Qui êtes-vous?

Note: Each one of the following activities is meant to develop communication and interaction skills. For each one, direct students to work in pairs or in small groups. Go over the situations with students. Always set a time limit. Encourage the exclusive use of French. For each activity you may want to organize a follow-up.

ACTIVITÉ 1

Act. 1: This activity reviews: Identifying oneself, describing physical traits, describing temperament, stating dates and exact and approximate times, and identifying objects.

La Fête. You are planning a surprise party for one of your friends. Make an appointment to meet your friend's roommate to make arrangements for the party. You have never met the person, so you will have to give him or her a detailed description of your physical traits. Arrange the time and place of the meeting and give a physical description of yourself. During the meeting, discuss your friend. Talk about the personality traits you like about him or her. Discuss also an appropriate gift to give to your friend.

ACTIVITÉ 2

Act. 2: This offers a review of the first three **Tranches** of Chapter 5.

Le Poste. You have just heard about a fantastic job opportunity for two people with a new company. The positions, however, are only available for two people who know each other. Approach a friend with this opportunity. Describe the positions and the benefits. Your friend should be skeptical.

ACTIVITÉ 3

Act. 3: This reviews identifying and counting objects.

Le Cambriolage. Your apartment has been burglarized and you have lost many of your possessions. The insurance adjuster is inquiring about your losses. Help him or her compile a list of your possessions so that they may be identified if they are recovered.

ACTIVITÉ 4

Act. 4: You may want to organize a list of professions to be taken into consideration if students have some difficulty thinking of questions to ask.

Quelle est ma profession? Play *Quelle est ma profession?* with your classmates. One student is chosen to be interrogated. He or she chooses a profession that the other students must guess. Each participant in turn asks a *oui/non* question about the profession. A *oui* answer allows the questioner to ask another question. The first person to guess the correct profession is the winner.

ACTIVITÉ 5

Act. 5: This is a review of expressing likes and dislikes, describing temperament, expressing intentions, and describing talents and abilities. You may want to list these functions on the board as a guide for students.

L'interview. Pretend you are a famous movie star. A reporter (one of your classmates) for a popular tabloid is interviewing you. For publicity purposes, it is to your advantage to exaggerate your exploits, likes, and dislikes. Tell about your hopes and your intentions in life. Give the readers something really enjoyable to read about.

Act. 6: Have students
create the sketch at
home. You could select

the best sketches and
create a mini-newspaper.

ACTIVITÉ 6   C'est moi!   Write a short sketch like the one in *Activité 5*. Include only those characteristics that you find relevant and revealing about yourself.

ACTIVITÉ 7   Des portraits.   Read the following short autobiographies.

A. What do you have in common with these people?
B. Which of them would you most like to meet?

GENEVIÈVE

law

Je suis étudiante en droit;° j'habite à Paris. Je voudrais devenir avocate. À présent, ma vie est difficile; je n'ai pas beaucoup d'argent et je ne peux pas acheter les choses que je veux. Mais je suis optimiste et à l'avenir, je suis sûre que les choses vont changer.

ROGER

leisure / gliding
each / airport
glider

Je suis chef de section dans une grande société de produits chimiques. Ma vie est assez confortable. J'aime bien mon poste, mais j'aime aussi mes heures de loisir.° J'ai une grande passion: c'est le vol à voile.° Chaque° week-end, quand il fait beau, je vais sur le terrain d'aviation° pour faire quelques heures de planeur.° Je trouve le calme et la tranquillité dans l'air.

FRANÇOIS

section head / union / f. raises
house / f. factory
bigger than / subsidized housing
will be / shorter

J'ai un bon poste chez Renault. Je suis bien considéré par le chef d'équipe.° Le syndicat° va bientôt obtenir des augmentations° importantes pour nous. Et alors, je vais acheter un petit pavillon° près de l'usine.° Ça va être plus grand que° le HLM° et les distances seront° plus courtes.°

ANNE-CLAIRE

my husband
to help

Je suis médecin dans une clinique à Rouen. J'ai un poste très intéressant. Nous avons une vie confortable, mon mari° et moi. Nous avons beaucoup d'amis. Je travaille aussi à l'hôpital. J'aime bien aider° les gens.

JACQUES

people say

hard, tough
m. office boy

Je suis grand et fort. J'aime beaucoup le football. On dit que° je suis athlétique. À présent, je joue au football avec l'équipe de l'association sportive. Je compte devenir joueur professionnel, mais la compétition entre joueurs est dure,° et il me faut beaucoup d'expérience. J'ai un poste à temps partiel comme commis° dans un bureau.

MAHMOUD

Je m'appelle Mahmoud et j'habite à Alger. Je parle français et arabe. Je suis étudiant à l'université. J'étudie le journalisme. Je compte trouver un poste intéressant dans un journal. J'espère devenir reporter. J'ai toutes les qualités qu'il faut pour devenir un bon reporter: je suis ambitieux, curieux et surtout° j'aime le travail.

above all

COMPRÉHENSION

Donner les détails.   Read all six biographies again, one at a time, stopping to fill in as many of the details as you can. Note that all the details are not given for each person. Then create an autobiography, like one of these, for yourself.

	GENEVIÈVE	ROGER	FRANÇOIS	ANNE-CLAIRE	JACQUES	MAHMOUD
city of residence profession character/ personality interests/dreams quality of life						

DES RENSEIGNEMENTS

In this chapter, you will learn how to ask for and give information about location, ask someone to repeat, and give detailed instructions.

T R A N C H E 1
OÙ EST LA RUE RICHER, S'IL VOUS PLAÎT?
Function: Giving Addresses and Locations
Structure: L'impératif

T R A N C H E 2
DONNEZ-MOI LES DÉTAILS
Function: Asking Someone to Repeat
Structure: Les Questions d'information

T R A N C H E 3
COMMENT FAIRE QUELQUE CHOSE
Function: Sequencing Instructions
Structure: Les Verbes réguliers en -re
Culture: Le Métro

T R A N C H E 4
ON FAIT UN SONDAGE
Function: Emphasizing a Fact
Structure: Les Adjectifs interrogatifs et
démonstratifs

CHAPITRE 6

Où est la rue Richer, s'il vous plaît?

Be sure to call attention to the functions and contexts in each **Tranche** before beginning the chapter.

☰ AU TRAVAIL

ACTIVITÉ **1**

Approach, Act. 1:
(1) Draw a line on the board with a rising sun on the left, a noonday

m. tickets

sun in the middle, and a setting sun on the right.
(2) Model different sentences with **ce matin . . ., cet après-midi . . ., ce soir . . .** while pointing to the proper points on the line. (3) Draw another horizon to the right, date both time lines and model examples with **demain. . . .** You may also want to introduce and model the following combinations: **demain matin . . ., demain après-midi . . ., demain soir. . . .**

Follow-up: Have some students report to the class the places they can go together using the **nous** form.

Des courses à faire.   Make a list of at least five errands you might plan to do this week. Some suggestions are provided below. Compare your list with that of a partner and see how many places you could go together.

MODÈLE: *Cet après-midi, je veux aller au bureau de poste et je compte acheter des billets° pour le concert. Je voudrais aussi acheter un nouveau disque et je vais parler avec la directrice de l'agence de voyages.*

Ce matin	je vais	aller	en ville
Cet après-midi	j'aimerais		au bureau de poste
Ce soir	je voudrais		à la banque
Demain	je compte		à la boutique . . .
	je veux		à l'agence de voyage
			à l'exposition
			au magasin
		acheter	des billets pour le concert
			le nouveau disque de . . .
			la nouvelle cassette de . . .
			des livres
	j'ai	un rendez vous chez	le (la) dentiste
			le médecin
		une consul-tation avec	mon avocat(e)
			le (la) directeur(trice) de . . .
			le (la) patron(ne) de . . .

La Vie de tous les jours

■ The French greet by shaking hands or by kissing on the cheeks. Under what circumstances do people shake hands or kiss in America? Imagine you are in these situations. What would you say?

■ Spending time in a café is a normal part of French daily life. Name five different activities shown in the photograph.

■ It is market day. While supermarkets are gaining in popularity, local shops still cater to a large clientele. Can you name three shops in the photograph? How do people carry their purchases?

■ The *métro* is the most popular method of transportation in Paris. What is the full name for which the word *métro* is an abbreviation? At which station are the young people? What do you think the name means?

■ The French have a reputation for dressing in a stylish manner. What would you consider to be stylish about this young couple?

DIALOGUE ◆ Pardon, Madame

Approach, Dialogue:
(1) Go over the
introductory questions A
and B with the students,
and remind them that the
first time through they
should listen primarily for
this information. (2) Play
the dialogue on the
student's audio cassette
(or role-play it yourself).
(3) Ask students to
answer the guide
questions. (4) Play the
dialogue again. (5) Have
students repeat and
practice with you and
with each other, taking
different roles.
Encourage them to
personalize the dialogue
by changing words or
expressions. (6) They will
have to review the
material several times to
complete the other
comprehension activities.

street

where is

let's see

be

right / straight ahead / to the intersection / left

information

almost

in any case / he didn't understand anything

In this dialogue, Didier is going to an interview at a firm in Paris. He asks two elderly women walking a dog for directions.

A. How does Didier ask for directions?

B. How do the women respond?

DIDIER: Excusez-moi, Mesdames, où est la rue° Richer, s'il vous plaît?
MATHILDE: Comment? Qu'est-ce que c'est?
DIDIER: La rue Richer, s'il vous plaît. Où se trouve° la rue Richer?
ÉLÉONOR: La rue Richer? Mathilde, il cherche la rue Richer. Tu sais où c'est?
MATHILDE: La rue Richer? Voyons.°
ÉLÉONOR: Fais attention, Mathilde, sois° précise!
MATHILDE: Euh . . . voilà. Suivez[1] cette rue, puis prenez la première rue à droite,° ensuite continuez tout droit° jusqu'au carrefour° et la rue Richer est sur la gauche.°
DIDIER: Alors, je prends la première rue à droite, je continue jusqu'au carrefour et la rue Richer est à gauche?
MATHILDE: C'est ça.
DIDIER: Merci, Madame.
ÉLÉONOR: Tu es sûre de ces renseignements?°
MATHILDE: Mais oui, c'est bien ça. Enfin, je suis presque° sûre. Euh alors, je ne sais pas . . . mais de toute façon° il n'a rien compris.° Allons, continuons notre promenade.

COMPRÉHENSION

ACTIVITÉ 2

Approach, Act. 2:
(1) Have students work
in small groups. They
should analyze the
dialogue and answer the
questions. (2) Elicit
answers and list them in
columns on the board.
(3) Model dialogues,
mixing and matching to
create and practice
different variations.
(4) Direct students to
work in groups creating
new dialogues. (5) Have
some groups present
their work to the class.

Comment dit-on . . . ?   Cherchez les expressions suivantes dans le dialogue.

1. a polite way to get attention or to interrupt a conversation
2. three ways to ask where something is located
3. three "fillers" that mark time while one is preparing a response
4. two words that show the sequence of several actions
5. three expressions that tell direction

---

1. The complete conjugation of the irregular verb **suivre** (*to follow, to take a course*) is given in the section **Vocabulaire et expressions** at the end of the chapter.

ACTIVITÉ 3

Approach, Act. 3:
(1) Role-play the dialogue, and have students follow Didier's route on the transparency.

Extension: You may want to extend this activity as a listening exercise. Have students follow two or three additional sets of directions that you create.

Il n'a rien compris! Indiquez la route de Didier sur la carte.° Le **x** indique où se trouvent Didier et les dames.

map

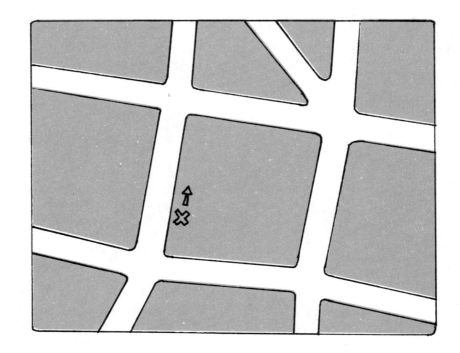

C'EST À DIRE ◆ Donner les adresses et les directions

Cultural note, C'est à dire: Note that French addresses tend to contain small numbers. It is unusual to find a four-digit address in France. This occurs because streets tend to be shorter (many streets are only one block long) and street names tend to change at every intersection. The same

next to / behind

number can be repeated twice by adding **bis** (½) or **ter** (¾).

Your instructor will give some locations and some directions for finding places. You should follow these steps.

A. Practice telling locations and giving directions.
B. Note the different ways to interrupt, ask for and state location, give directions, and give thanks.
C. Be prepared to give directions to different locations.

SCÈNE 1

— Excusez-moi, Madame. Je cherche le bureau de la Société Rochambeau, 271 rue du Prince.
— 271 rue du Prince? C'est à côté de° ce petit restaurant, derrière° la banque.
— Merci, Madame.

SCÈNE 2

— Pardon. Où se trouve le café des Sports d'Hiver?
— Euh, voilà. Ce café est en face de° la poste, entre° la rue Bleue et l'avenue Desharnais devant° la mairie.°
— Merci beaucoup.

across from / between
in front of / city hall

SCÈNE 3

— Monsieur, s'il vous plaît, où est le cinéma Rex?
— Désolé,° je ne sais pas. Je ne suis pas d'ici.
— Merci tout de même.

sorry

SCÈNE 4

— Pouvez-vous me dire où se trouve l'hôtel de ville?°
— L'hôtel de ville? C'est sur la droite, pas très loin° d'ici.
— Où, au juste?°
— C'est là-bas,° près du° parc St-Martin.
— Ah, merci beaucoup.

municipal building
far
exactly
over there / near

SCÈNE 5

— Excusez-moi, Monsieur. Où se trouve la rue Ste-Sophie?
— Ce n'est pas très loin d'ici. Suivez cette rue jusqu'au parc. Traversez le parc et tournez à gauche sur l'avenue Ste-Cécile. La rue Ste-Sophie est la première rue à droite.
— Merci, Monsieur.

▶

Approach: (1) Preview the material using the introductory guidelines. (2) Role-play the mini-dialogues and have students repeat and practice the material with you, with a partner and finally incorporating personal variations.

(3) Have students find different ways to interrupt; to ask for location; to state a location; to give directions; to admit that one does not know the answer; and to give thanks. List their answers in columns on the board. Then direct students to work in pairs, creating original mini-dialogues.

Est-ce qu'il y a des différences entre l'uniforme de l'agent de police et l'uniforme d'un agent de police aux États-Unis? En quelle saison sommes-nous?

SCÈNE 6

— Pouvez-vous m'indiquer où est le boulevard St-Martin?
— Continuez tout droit. C'est tout près.
— Merci beaucoup.

SCÈNE 7

— Pardon, Madame. Où se trouve le Centre Pompidou?
— Tournez à droite au carrefour. Suivez ce boulevard et continuez tout droit jusqu'au coin. Le Centre Pompidou est sur votre gauche.
— Merci, Madame.

ACTIVITÉ 4

Follow-up, Act. 4: Have students report to the class their own or their partners' address.

L'adresse, s'il vous plaît?   With a partner, ask about and give the addresses of the buildings listed below. Note that sometimes the cue given is a question, but in some cases it is an answer.

MODÈLE: Où se trouve la Société Kulpert?
— *La Société Kulpert est au 78, boulevard de la Seine.*
— *Merci, Madame.*

1. Le Bureau de Tourisme, s'il vous plaît?
2. C'est au 26, avenue DuClos.
3. Où se trouve l'Hôtel St-Saens?
4. C'est au 19, rue Flambeau.
5. Et vous? Votre adresse, s'il vous plaît?
   J'habite . . .

Société Kulpert
○ 78, boulevard de la Seine
l'Hôtel St-Saens
151, rue de la Chapelle
la Banque Nationale de Paris
26, avenue DuClos
le Bureau de Tourisme
39, boulevard d'Isère
la Pâtisserie Fourneau
19, rue Flambeau
○

ACTIVITÉ 5

Follow-up, Act. 5: You may want to create a table similar to this using places familiar to students, e.g., places on campus or familiar places off-campus. You may want to encourage students to add other places of their choice. Have students work in groups and have some of them present their material to the class.

C'est où?   Your partner will interrupt you using *pardon, excusez-moi,* or *s'il vous plaît* and then ask you where to find the places listed below. Make up a location for each place.

MODÈLE: — *Pardon. Où est le restaurant Figi?*
          — *Le restaurant Figi est en face des Galeries Lafayette.*
          — *Merci.*

POSER LA QUESTION

C'est où,	la banque?
Où est	le café Roleau?
Où se trouve	le bureau Corti?
	la Société Manou?
	l'hôtel de ville?
	le restaurant Figi?

DONNER DES RENSEIGNEMENTS

C'est tout près.
  là-bas.
  sur la droite.
  sur la gauche.
  entre l'avenue de l'Opéra et
    la rue Molière.
  près d'ici.
  loin d'ici.
  à côté de la banque.
  en face des Galeries Lafayette.
  derrière la Société Lefèvre.
  devant le grand magasin.
Ce   n'est pas très loin d'ici.

DIRE MERCI

Merci.
Merci beaucoup.

ACTIVITÉ 6

Follow-up, Act. 6: Have students repeat the activity using a list of stores around the campus.

Follow-up, Act. 6: Have some students present their dialogues to the class.

Pouvez-vous m'indiquer où est le centre commercial?   Ask a partner about the locations of the stores listed below. He or she will make up directions. Select your questions from the lists below and your answers from the list on the following page.

MODÈLE: — *Pouvez-vous me dire où se trouve la boutique Gervais?*
          — *Tournez à droite au carrefour et continuez tout droit jusqu'à l'avenue de la Paix.*
          — *Merci beaucoup!*

POSER LA QUESTION

Où est	la boutique Gervais?
Où se trouve	la boutique Dior?
Pouvez-vous me dire où se trouve	le centre commercial?
Pouvez-vous m'indiquer où est	la boutique St-Laurent?
	le magasin La Fête?

DONNER DES RENSEIGNEMENTS

Suivez	cette rue, ce boulevard, cette avenue
Continuez	tout droit, jusqu'au parc Ste-Anne, jusqu'au boulevard Jean-Jacques Rousseau, jusqu'à la place St-Martin, jusqu'à la rue Grenot, jusqu'à l'avenue de la Paix
Traversez	le parc, le jardin, la place
Tournez	à droite, à gauche au carrefour

REGARDONS DE PLUS PRÈS ◆ L'impératif

Think about these questions as you study the conversation below.

A. Where is the Centre d'Industrie et de Commerce located?

B. What verb forms are used to give directions?

— Excusez-moi, Monsieur l'agent,° où est le Centre d'Industrie et de Commerce?
— Ce n'est pas loin d'ici. **Allez** tout droit jusqu'au coin de la rue. **Tournez** à droite. **Continuez** tout droit jusqu'à la rue Berger. Le Centre se trouve dans la rue Berger entre la rue Ste-Anne et le boulevard Rousseau.

■ One way to give directions in French is to use the imperative mood. The forms of the imperative are essentially the same as the present tense, without the personal pronouns. Note that there are only three verb forms in the imperative: **tu, nous,** and **vous.**

Présent	Impératif	Impératif Négatif
Tu cherches le bureau. *You're looking for the office.*	**Cherche** le bureau. *Look for the office.*	**Ne cherche pas** le bureau. *Don't look for the office.*
Nous continuons notre promenade. *We are continuing our walk.*	**Continuons** notre promenade. *Let's continue our walk.*	**Ne continuons pas** notre promenade. *Let's not continue our walk.*
Vous allez tout droit. *You're going straight ahead.*	**Allez** tout droit. *Go straight ahead.*	**N'allez pas** tout droit. *Don't go straight ahead.*

■ Note that the **tu** form of an **-er** verb does not retain the final **-s** of the present in the imperative. The **-s** is also dropped with **aller: tu vas →
va!** The **nous** and **vous** forms do not change in the imperative.

police officer

Cultural note, Regardons de plus près: You may want to explain that directions such as "go north for three blocks" or "go south for half a mile" are not used by French speakers. Because streets in France tend to be short and intersected at various angles, people must give very detailed directions.

Approach: (1) Review what students know about giving directions, and preview the material focusing on the introductory questions. (2) Model the mini-dialogue several times. (3) Encourage students to look for patterns and direct them to answer the guide questions with a partner. (4) Elicit their observations. (5) Present the grammatical explanations as a means of confirming and extending students' hypotheses.

■ There are a few irregular forms in the imperative:

être	**Sois** précis.	**Soyons** généreux.	**Soyez** à l'heure.
	Be precise.	*Let's be generous.*	*Be on time.*
avoir	**Aie** de la patience.	**Ayons** pitié.	**Ayez** du courage.
	Be patient.	*Let's have pity.*	*Have courage.*

ACTIVITÉ 7

Follow-up, Act. 7: Have some students role-play their dialogues in front of the class.

Dans le taxi.   You are in a taxi. You and the taxi driver get a little tense as the traffic congestion worsens, and you each try suggesting alternative routes. Use the imperative mood to convey your ideas. The passenger should say the lines labeled *a*; the taxi driver should say the lines labeled *b*.

don't be afraid

MODÈLES: a. aller à droite   *Allez à droite là-bas!*
           b. être plus patient   *Soyez plus patient(e)!*
           a. ne pas avoir peur   *N'ayez pas peur!°*

1. a. être plus patient(e)   b. ne pas être bête
2. a. ne pas être si timide   b. être plus réaliste
3. a. tourner là-bas   b. ne pas avoir peur
4. a. ne pas tourner ici   b. avoir de la patience
5. a. ne pas continuer tout droit   b. ne pas être si négatif(ve)

ACTIVITÉ 8

Tu n'es pas de bonne humeur ce soir!   Redo the preceding activity with a friend (using the *tu* forms of the commands).

MODÈLES: a. aller à droite   *Va à droite là-bas!*
           b. être plus patient(e)   *Sois plus patient(e)!*
           a. ne pas avoir peur   *N'aie pas peur!*

ACTIVITÉ 9

Act. 9: Have students give expressions used to accept or refuse suggestions.

Suggestion: You may want to direct students to prepare the **Au travail** section in the following **Tranche** as homework for the next class session.

Où est-ce que nous allons ce soir?   Work with a partner suggesting places where you can go. Be sure to use appropriate expressions of acceptance and refusal from Chapter 4.

MODÈLE: aller au cinéma
       — *Allons au cinéma ce soir!*
       — *D'accord! Bonne idée!*
   ou — *Je ne sais pas si je suis libre.*
   ou — *Impossible. Je déteste les films.*

1. aller au théâtre   5. inviter Georges à dîner
2. regarder le match de foot   6. aller au centre commercial
3. assister au concert avant-garde   7. étudier
4. téléphoner aux amis   8. écouter de la musique

Donnez-moi les détails

≡ AU TRAVAIL

ACTIVITÉ **1**   **Le Chef des renseignements.**   Paris is divided into 20 *arrondissements,* or districts. Using the detailed map of one of them, give the directions for finding the places listed below. Start at the métro station, indicated by an arrow.

MODÈLE: *Vous cherchez L'École Nationale des Ponts et Chaussées? Eh bien, allez tout droit sur le boulevard St-Germain jusqu'à la Rue des Saints Pères. Tournez à droite. L'École est sur la gauche.*

1. La Brasserie Lipp
2. La Rue du Dragon
3. L'Institut de France
4. L'Université Paris V
5. Le Café de Flore
6. L'École des beaux arts
7. L'Église St Vladimir Le Grand
8. La Rue Visconti

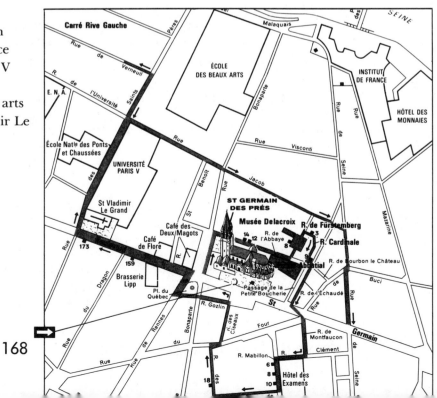

À L'ÉCOUTE♦ Le Nouveau Centre commercial

Approach, À l'écoute:
Focus on the art and preteach new vocabulary. Sentences introducing this vocabulary are found with the **À l'écoute** tapescript in this Teacher's Edition.

Listen to the radio promotion, taped at the grand opening of a new shopping center and refer to the art above. Then complete the comprehension activities. Gather important information such as location, hours, and shopping facilities. Note the ways in which the interviewer asks his interviewee to repeat essential details.

COMPRÉHENSION

Answers, Act. 2: 1. Il est dans la banlieue est de

ACTIVITÉ 2

Paris, à Nogent-sur-Marne. 2. Prenez le R.E.R. jusqu'à la station Nogent-sur-Marne. 3. Il est à deux minutes de la station. 4. Il ouvre à 9h30. 5. Il ferme à 18h30. 6. Non, le centre n'est pas ouvert le dimanche.

Vous êtes certain(e)?   Répondez aux questions suivantes.

1. Où est le centre commercial Rosmy?
2. Comment est-ce qu'on peut aller au centre commercial Rosmy?
3. Est-ce que Rosmy est loin de la station Nogent-sur-Marne?
4. Quand est-ce que le centre commercial ouvre le matin?
5. À quelle heure est-ce que le centre ferme le soir?
6. Est-ce qu'on peut y° aller le dimanche?

there

ACTIVITÉ 3

establishments / described

Answers, Act. 3: 1, 2, 4, 6

Quels magasins? Quels services?   Choisissez de la liste suivante les établissements° décrits° dans l'entrevue.

1. des magasins pour dames
2. un magasin de vins
3. un théâtre
4. des restaurants
5. une discothèque
6. une pâtisserie
7. un magasin de disques
8. une agence d'assurances

C'EST À DIRE ◆ Demander de répéter

Approach, C'est à dire:
(1) Preview the material using the introductory guidelines. (2) Role-play the mini-dialogues and have students repeat and practice the material with you, with a partner and finally incorporating personal variations. (3) Have students find different ways to give and request information, and to ask for clarification. List their

what / I didn't understand

Your instructor will model different ways to ask for clarification. You should follow these steps.

A. Practice the mini-dialogues with a partner.

B. Substitute alternative ways of asking someone to repeat for you.

C. Be prepared to ask a classmate to repeat information and to repeat your information for others.

SCÈNE 1

— Le centre est fermé le dimanche.
— Quoi?° Excusez-moi, je n'ai pas compris.°

SCÈNE 2

could you / slowly

— Ça fait 197 francs.
— Pardon. C'est combien? Vous pourriez° parler plus lentement?°

answers in columns on the board. Then direct students to work in pairs, creating original mini-dialogues.

say

SCÈNE 3

— Alors, vous suivez la rue Richelieu, ensuite vous . . .
— Répétez, s'il vous plaît. Qu'est-ce que vous dites?°
— Je dis, vous suivez la rue Richelieu, ensuite vous . . .
— Vous pouvez répéter, s'il vous plaît?

SCÈNE 4

— Rendez-vous à six heures . . .
— Quand ça?
— À six heures au café.
— Où ça?

ACTIVITÉ **4**   **Au Bureau de renseignements.**   Demandez à l'agent (votre camarade) quand le train de Lyon arrive. Demandez-lui de répéter les détails. Ensuite employez d'autres villes.

MODÈLE: — *Le train de Lyon, il arrive à quelle heure?*
         — *Le train de Lyon arrive à 17h22.*
         — *Pardon. Je n'ai pas compris. Quand?*
         — *À 17h22.*
         — *Merci.*

Paris→			
Bordeaux	20h51	Nantes	6h53
Cannes	8h47	Nice	19h10
Lille	11h13	Orléans	9h06
Lyon	17h22	Strasbourg	23h44
Marseille	22h04	Versailles	5h35

ACTIVITÉ 5 Votre adresse?

Follow-up, Act. 5: Have some groups present their dialogues to the class.

Votre adresse?   Your partner will ask for your address, telephone number, and driver's license number. Be prepared to repeat the information several times.

MODÈLE: — *Votre adresse, s'il vous plaît?*
— *J'habite au 272, rue d'Isère, à Grenoble.*
— *Où ça? Je n'ai pas compris.*
— *J'habite au 272, rue d'Isère, à Grenoble.*

— *Et votre numéro de téléphone?*
— *66-80-09-73.*
— *Comment ça? Plus lentement, s'il vous plaît.*
— *66-80-09-73.*

— *Et le numéro de votre permis de conduire?*
— *C'est 223465134762.*
— *Répétez, s'il vous plaît.*
— *C'est 223465134762.*

REGARDONS DE PLUS PRÈS ◆ Les Questions d'information

Approach, Regardons de plus près: (1) Review what students know about asking questions, and preview the material focusing on the introductory guidelines. (2) Model the mini-dialogue several times. (3) Encourage students to look for patterns and direct them to answer the guide questions with a partner. (4) Elicit their →

Think about these questions as you study the conversation below.

A. What do the two friends intend to do today? What questions do they ask?

B. How are information questions formed?

— **Où** vas-tu?
— Faire du shopping au centre Rosmy.

observations. (5) Present
the grammatical
explanations as a means
of confirming and
extending students'
hypotheses.

— **À quelle heure** est-ce que tu rentres?
— Vers cinq heures.
— **Comment** est-ce que tu vas au centre Rosmy?
— Je vais prendre le métro. Mais **pourquoi** est-ce que tu poses toutes ces questions?
— Je voudrais bien aller au centre Rosmy aussi.

■ To ask questions that request specific information, use an interrogative expression such as **où, combien de, quand, à quelle heure, avec qui, pour qui, pourquoi.**

■ In more formal situations, inversion (inverting the subject and the verb) may be used to ask information questions.

Où est-ce que vous habitez?
Où habitez-vous?

Where do you live?

Combien de courses **est-ce que** vous avez à faire?
Combien de courses avez-vous à faire?

How many errands do you have to do?

Comment est-ce que vous allez en ville?
Comment allez-vous en ville?

How are you going to town?

À quelle heure est-ce que vous avez un rendez-vous?
À quelle heure avez-vous un rendez-vous?

At what time do you have an appointment?

Quand est-ce que vous prenez le métro?
Quand prenez-vous le métro?

When are you taking the métro?

Avec qui est-ce que vous faites les courses aujourd'hui?
Avec qui faites-vous les courses aujourd'hui?

With whom are you shopping today?

Pour qui est-ce que vous achetez ce blue-jean?
Pour qui achetez-vous ce blue-jean?

For whom are you buying these jeans?

Pourquoi est-ce que vous posez tant de questions?
Pourquoi posez-vous tant de questions?

Why do you ask so many questions?

■ Note the use of a **-t-** when using inversion with **il, elle,** and **on.** The **-t-** is used whenever the verb ends in a vowel and the following subject pronoun begins with a vowel.

Où **va-t-il?**	*Where is he going?*
Quand **arrive-t-elle?**	*When is she arriving?*
Où **attend-il?**	*Where is he waiting?*

ACTIVITÉ 6 **Le Sondage.**   Work with a partner asking and answering the questions in the *Regardons de plus près* on page 172 using the *tu* form and inversion.

MODÈLE: — *Où habites-tu?*
   — *J'habite en ville.*

ACTIVITÉ 7 **Répétez les détails.**   You are asking a salesperson for information. The salesperson has difficulty understanding you. Repeat your questions using inversion.

Answers Act. 7: 1. Cette boutique, quand ouvre-t-elle le week-end? 2. Ces cassettes, combien coûtent-elles? 3. Ce compact disc, combien coûte-t-il? 4. Cette vendeuse, où va-t-elle? 5. Le magasin de vin, où est-il? 6. Pour des pâtisseries, où va-t-on?

MODÈLE: Ce magasin, quand est-ce qu'il ouvre le matin?
   Qu'est-ce que vous dites?
   Ce magasin, quand ouvre-t-il le matin?

1. Cette boutique, quand est-ce qu'elle ouvre le week-end?
2. Ces cassettes, combien est-ce qu'elles coûtent?
3. Ce compact disc, il coûte combien?
4. Cette vendeuse, où est-ce qu'elle va?
5. Le magasin de vin, il est où?
6. Pour des pâtisseries, où est-ce qu'on va?

À VOUS! ◆ Le Jeu de mots

Variation, À vous!:
Provide each team with a different series of suggested answers. Teams should alternate giving and asking questions.

Suggestion: Direct students to prepare the **Au travail** section in the following **Tranche** as homework for the next class session.

The class should divide into two teams to play this game. Given an answer, one of the teams must come up with a properly worded question in French. For example, for the answer *à la bibliothèque*, the question *Où allez-vous pour étudier?* would earn one of the teams ten points.

Suggested answers:

on foot à 7 heures du matin / le matin / le soir / au cinéma / à pied° / en métro /parce que je veux danser / avec cinq ou six amis / le patron . . .

Comment faire quelque chose

≡ AU TRAVAIL

ACTIVITÉ 1

Approach, Act. 1: Work together to familiarize students with the train schedule.

Comment lire l'horaire. You are vacationing in France and plan to travel by train. Look at the train schedule to determine how to read it. Then work with a partner answering these questions. Be sure to verify your answers.

	✗✗	✗	✗	✗		✗	✗
PARIS-Gare de Lyon	6 38	7 17	12 08	12 47	14 30	17 00	19 35
DIJON	8 57	10 02	14 18	15 29	16 54	19 25	21 45
BESANÇON	10 08	11 32	...	16 52	17 59	20 37	22 37

	✗	✗	✗	✗	✗	✗	✗
PARIS-Gare de Lyon	7 10	9 07	9 43	10 55	12 46	14 30	16 47
DIJON			12 07			16 54	19 09
LYON-Perrache			13 54			18 39	
VALENCE	10 48	12 41	15 03	14 36	16 18	19 42	21 39
AVIGNON	11 49	13 45	16 05	15 37		20 43	22 43
MARSEILLE	12 55	14 47	17 14	16 39	18 18	21 51	23 51
TOULON	14 03	15 43	18 07	17 28	19 17	22 40	1 28
NICE	16 03	17 30	20 09	19 04	20 58	0 20	...

	22		23	24	25	26	27
PARIS-Gare de Lyon	20 36	20 48	21 46	21 49	22 17	22 27	22 57
DIJON	23 48					1 40	2 25
LYON-Perrache							4 11
VALENCE							5 11
AVIGNON				4 54		6 10	6 20
MARSEILLE	5 08			6 09		7 45	7 48
TOULON	6 15	6 00		7 26	6 59	...	8 40
NICE	8 23	8 00	7 55	9 35	9 10	...	10 33

				✗			✗
MARSEILLE	6 00	6 28	8 00	10 48	13 22	15 17	16 49
TOULON	6 44	7 18	8 40	11 35	14 03	16 08	17 28
NICE	8 47	9 27	10 33	13 30	16 03	18 12	19 04

	✗		✗	✗			
MARSEILLE	17 25	18 34	19 25	20 17	22 00	0 25	...
TOULON	18 07	19 17	20 05	20 58	22 40	1 28	...
NICE	20 09	20 58	22 18	22 38	0 20	...	...

(A) *Sauf samedis, dimanches et fêtes.*
(a) *Paris-Bercy.*

1. Trouvez les deux villes de départ.
2. Trouvez les deux destinations finales.
3. Trouvez les heures de départ de Paris, de Marseille.
4. Trouvez les heures d'arrivée à Nice.
5. Dites quand

   leave
   a. Les trains pour Besançon, quand quittent°-ils Paris?
   b. Vous quittez Paris à 12h45. Quand est-ce que vous arrivez à Marseille? à Nice?
   c. On veut arriver à Avignon à 6h20. Quand quitte-t-on Paris?

   to depart
   d. On veut aller à Dijon. Quand peut-on partir?°
6. Dites où

   a. Les trains Paris-Nice, passent-ils par Grenoble?
   b. Par où passent les trains Marseille-Nice?
7. Dites combien

   stops
   a. Combien d'arrêts° y a-t-il entre Paris et Nice si on quitte Paris à 20h36? à 21h46? à 22h57?
   b. Combien de trains vont à Lyon? A quelles heures?

   lasts / trip
   c. Combien d'heures dure° le trajet° Dijon-Toulon si vous quittez Dijon à 16h54? à 23h48?

≡ L E C T U R E ◆ Comment utiliser une cabine téléphonique

Pre-reading, Lecture:
(1) Preview the material and have students hypothesize about the

These directions tell how to use a pay phone in France. Do you know what steps to follow?

first of all
person you are calling
telephone book

1. Tout d'abord,° trouvez le numéro de téléphone du correspondant (de la correspondante).° C'est dans l'annuaire des abonnés°—le bottin.

then / pick up / receiver
f. slots

content. (2) Remind students to read primarily for this information the first time through. Stress that students will need to read the text several times and should focus on different types of information and details each time. *finally / hang up / end*
Reading: The reading and comprehension activities may be done out of class.

2. Puis,° décrochez° l'appareil,° attendez la tonalité et insérez des pièces de monnaie dans les fentes.°

next

3. Ensuite,° composez le numéro.

4. Et voilà! Le téléphone va sonner chez votre correspondant(e).

5. Parlez avec votre correspondant(e).

6. Enfin,° raccrochez° l'appareil à la fin° de la conversation.

ACTIVITÉ 2

Comment dit-on . . . ?   Looking back at the instructions, locate the *four* adverbs of sequence that indicate in which order the steps should be followed.

ACTIVITÉ 3

Qu'est-ce que je dois faire?   Mettez les phrases suivantes en ordre pour expliquer comment employer un téléphone public.

Composez le numéro.	Finalement, raccrochez l'appareil.	Puis, décrochez l'appareil.	Ensuite, insérez les pièces de monnaie dans les fentes.
Alors, parlez avec votre ami(e).	Ensuite, attendez la tonalité.	Tout d'abord, cherchez le numéro dans le bottin.	Attendez que le téléphone sonne.

C'EST À DIRE♦Indiquer l'ordre des instructions

Your instructor will tell how to use a pay phone and how to use an elevator. You should follow these steps.

A. Pay attention to the adverbs of sequence that are used to clarify steps in a process. Which are used at the beginning of a sequence? in the middle? at the end?

B. Practice these instructions with a partner and be prepared to give them to someone else.

Comment employer la cabine téléphonique

to know

Pour employer le téléphone, il faut d'abord connaître° le numéro du correspondant. Ensuite, il faut insérer des pièces de monnaie dans les fentes. Il faut alors décrocher et composer le numéro. Finalement, quand la communication est établie, on peut parler.

Comment employer l'ascenseur

open
push / m. floor
first floor / at the end of

Ouvrez° tout d'abord la porte de l'ascenseur et entrez. Ensuite appuyez° sur le bouton de l'étage° que vous voulez. Attention, en France, le rez-de-chaussée désigne le premier étage° aux États-Unis. Au bout° d'un moment vous allez arriver à votre étage. Ouvrez la porte et sortez. À la fin, n'oubliez pas de refermer la porte si elle n'est pas automatique.

Résumé

le début	la suite	la fin
d'abord	et puis	finalement
au début	alors	à la fin
tout d'abord	ensuite	enfin
	après	

ACTIVITÉ 4

Pour aller chez Jean. Pierre needs to get to Jean's house. He telephones for directions. His side of the conversation is in the correct order. Tell him step by step how to get to Jean's house by correctly sequencing the responses in the second column.

Cultural note, Act. 4: You may want to give a brief summary of the **métro** system in Paris and discuss the **Notes Culturelles** at the end of the **Tranche.** You may want to mention that Lyon and Marseilles also have **métro** systems based on that of Paris. Mention, however, that their networks are not as developed as the one in Paris, since they are more recent.

Follow-up: Have some groups role-play the dialogue for the class.

métro line

slowly
to write / connection

PIERRE

— Allô, Jean? C'est Pierre à l'appareil.

— Ça va bien, et toi?

— Écoute, j'ai un problème. Je ne sais pas comment venir chez toi.

— La station Pont Marie est près d'ici. Quelle station se trouve près de chez toi?

— Porte de Bagnolet? C'est sur quelle ligne?°

— Galliéni, c'est bien ça? Alors, comment faire?

— Attends, lentement.° Je vais écrire° les renseignements. Alors, je prends la direction Porte d'Aubervilliers et je descends à la station Opéra. Et ensuite?

— Je prends la correspondance direction Galliéni et je descends à Porte de Bagnolet. C'est facile. Alors à ce soir!

JEAN

— Près de chez moi? La station Porte de Bagnolet n'est pas loin d'ici.

— C'est sur la ligne Galliéni.

— Bonjour, Pierre. Ça va?

— D'accord! À ce soir vers 7h30!

— D'abord, prends la direction Porte d'Aubervilliers et puis descends à la station Opéra.

— Comment venir chez moi? C'est facile. Tu as une station de métro près de chez toi?

— Ensuite prends la correspondance° direction Galliéni. Enfin, descends à la station Porte de Bagnolet.

— Ça va.

Cette jeune femme se trouve dans une cabine téléphonique à Paris. La France modernise beaucoup le système national de télécommunications depuis quinze ans.

ACTIVITÉ 5   Comment utiliser un magnétoscope.

Use the information below to prepare step-by-step directions on the use of a VCR.

Cultural note, Act. 5: Point out that the electrical system in Europe is different from that of North America; in order to use North American appliances in France, an adapter must be used. Also mention that videocassettes in France are of a different format than those used here.

MODÈLE: brancher le magnétoscope
Tout d'abord, il faut brancher le magnétoscope.

    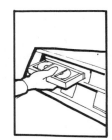

connect

turn on

rewind

brancher° le magnétoscope

brancher le téléviseur

mettre le magnétoscope en marche°

mettre le téléviseur en marche

insérer la vidéocassette dans le magnétoscope

ajuster le téléviseur

appuyer sur le bouton «marche»

rembobiner° la cassette à la fin

ACTIVITÉ 6 Comment utiliser une télé.

Mettez les phrases suivantes en ordre. Expliquez comment employer un téléviseur.

MODÈLE: *D'abord, branchez la télé.*

	branchez la télé	cherchez un programme dans le journal	ajustez la luminosité° de l'écran
brightness			
	sélectionnez une chaîne		
sit down		asseyez-vous° et regardez le programme	ajustez l'antenne
	mettez la télé en marche		

☰ REGARDONS DE PLUS PRÈS ♦ Les Verbes réguliers en *-re*

Think about the following questions as you study the conversation below.

A. How do you get to the centre Parly?

B. How are the **il** and **tu** forms of regular **-re** verbs spelled?

answers   Pierre **répond**° au téléphone.

get off — Pierre, comment est-ce qu'on va au centre Parly?
— Prends le métro et **descends**° à la station Mairie de Montreuil.
— Comment?
wait — **Attends**° un peu, je viens avec toi.

■ Regular verbs that end in **-re** like **attendre** *(to wait for)*, **descendre** *(to descend, to get off)*, and **répondre** *(to answer)* are conjugated according to the following pattern.

— Qu'est-ce que tu fais?	*What are you doing?*
— J'**attends** le métro.	*I am waiting for the métro.*
— Tu **attends** le métro?	*You're waiting for the métro?*
— Hé, vous entendez? Il **attend** le métro!	*Hey, do you hear this? He's waiting for the métro!*
— Et alors, nous **attendons** tous le métro.	*So what, we're all waiting for the métro.*
— Mais non! Vous **attendez** le métro, mais le métro est en grève. Eux, ils **attendent** la fin de la grève!	*No, you are waiting for the métro, but the métro is on strike. They are waiting for the end of the strike!*

- The **-re** ending is removed from the infinitive, and the following endings are substituted: **-s, -s, —, -ons, -ez, -ent.**

- The letter **d** is silent in the **je, tu,** and **il (elle)** forms, but it is pronounced in the plural forms.

- Other regular **-re** verbs include **entendre** *(to hear)*, **rendre** *(to give back, to return)*, **rendre visite à** *(to visit someone)*, **perdre** *(to lose)*, and **vendre** *(to sell).*

Note that the verb **prendre** is not regular, even though its infinitive ends in **-re.** (See Chapter 7 for more details.)

ACTIVITÉ 7

Comment est-ce que j'utilise cet ordinateur?   You ask several friends how to use a computer. Complete their answers using the correct forms of the verb *répondre*. When you have finished, tell a friend how to set up the machine.

MODÈLE: Albert _____: Branchez la machine!
         Albert répond: Branchez la machine!

screen

1. Charles _____: Branchez l'écran.°
2. Caroline et moi, nous _____: Mettez la machine en marche.
3. Joël et Roger _____: Mettez l'écran en marche.
4. Vous _____: Insérez la diskette.
5. Nicole _____: Sélectionnez un programme.
6. Moi, je _____: Sélectionnez un devoir.
7. Ève et Diane _____: Commencez à travailler.
8. Toi, tu _____: Merci beaucoup! Maintenant ça marche!

ACTIVITÉ 8

platform

Comment aller au rendez-vous?   Look at the map of the métro system and tell how each person will get to a rendez-vous with a friend who lives in another part of town. Follow the model.

MODÈLE: George habite près de la station Porte Maillot et Christine habite pas loin de la Bastille.
         Georges rend visite à Christine. Il descend sur le quai° à la station Porte Maillot. Ensuite, il attend le métro direction Château de Vincennes.

1. Lucie habite à côté de la station Cambronne et Sylvie habite près de la station Porte d'Orléans.
2. Nous habitons derrière la station Rambuteau et les amis habitent en face de la station Porte de Bagnolet.
3. Vous habitez pas loin de la station St-Philippe-du-Roule et les collègues habitent près de la station Robespierre.

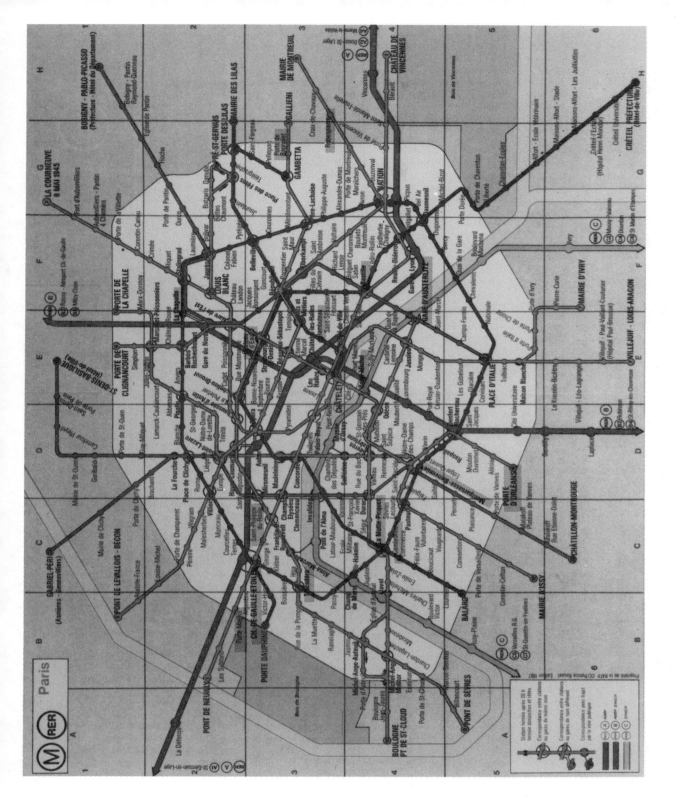

M RER Paris

4. Tu habites en face de la station Trocadéro et ton ami Robert habite pas loin de la station la Chapelle.
5. J'habite derrière la station La Motte-Picquet et Suzanne habite en face de la station Austerlitz.
6. Anne-Marie et Jean-Luc habitent à côté de la station Château d'Eau et Marc habite près de la station Montparnasse-Bienvenüe.

À VOUS! ◆ Comment employer le métro

Approach, À vous!: Set a time limit. Have students find the proper locations and directions on the map using expressions given in the model dialogue. Encourage the exclusive use of French. Have students perform their work for the class.

Using the metro map on page 181, give step-by-step directions to a friend who wants to go to *Charles de Gaulle Étoile* from *Blvd St-Michel*, but is uncertain about exactly what to do.

NOTES CULTURELLES

Le Métro

The Paris métro is a large urban transportation system. There are sixteen train lines and more than 300 stations in the system. It is part of the RATP (Régie Autonome des Transports Parisiens), which administers all Paris transportation, including the métro, the buses, and the new regional express system, the R.E.R. (Réseau Express Régional).

The Paris métro is the preferred means of transportation for millions of riders daily. It is relatively fast, comfortable (except during the rush hour), and relatively quiet (new cars have rubber tires on the wheels). It is possible to get anywhere in Paris by using the métro. Recently, with the addition of the R.E.R., many suburban areas are accessible.

To use the métro, go to the nearest underground station. Find your destination on one of the maps. Also find the name of the train line on which your destination lies. This will be your direction. If your destination is not directly accessible, it might be necessary to change trains at some point. This is called la correspondance.

The cost of a métro ticket is very low because the system is subsidized by the French government. There are special rates for students, the elderly, and handicapped persons. There are also special rates for workers who use the trains regularly, for people who buy ten tickets at a time (un carnet), and for buyers of weekly, monthly and yearly passes.

TRANCHE 4

On fait un sondage

AU TRAVAIL

ACTIVITÉ 1

Approach, Act. 1: Have students record their data in a table with three columns: **très important, assez important, pas important.**

Le Sondage. What influences your decision to purchase an item? Select one item from the list and interview at least half of your class concerning the importance of different features. Summarize your findings and report back to the class.

une voiture	des cassettes	une guitare
une moto	une mobylette	un appareil-photo
une chaîne stéréo	des disques	des lunettes de soleil°
un lecteur laser	un Walkman	un micro-ordinateur

sunglasses

l'origine (importé ou domestique)   le prix

la marque°	la qualité	la couleur
la taille°	la garantie	le (la) vendeur(euse)
le (la) concessionnaire°		

brand
size
dealer

MODÈLE: — *Vous voulez acheter une voiture. Est-ce que l'origine est importante?*
         — *C'est très important.*
   ou — *C'est assez important.*
   ou — *Ce n'est pas important.*
         — *Est-ce que le prix est important?*
         . . .

the most important

Pour les personnes qui vont acheter une voiture, les facteurs les plus importants° sont _____, _____ et _____. _____ et _____ sont aussi très important(e)s. _____, _____ et _____ ne sont pas important(e)s.

Comme les Américains, les Français aiment beaucoup la haute fidélité et la télévision. Regardez les prix des téléviseurs et des chaînes stéréo et donnez l'équivalent en dollars. Est-ce que les prix sont chers ou bon marché?

C'EST À DIRE ◆ Souligner un fait

Approach, C'est à dire:
(1) Preview the material using the introductory guidelines. (2) Role-play the mini-dialogues and have students repeat and practice the material with you, with a partner and finally incorporating personal variations.
(3) Have students find different ways to ask for, express and stress one's opinion. List their answers in columns on the board. Then direct students to work in pairs, creating original mini-dialogues.

Your instructor will model these opinion polls. You should follow these steps.

A. Practice the mini-dialogues.

B. How do the respondents stress their opinions? How do they stress the objects under consideration?

C. Be prepared to discuss other products and to provide different reactions.

SCÈNE 1

these

— Qu'est-ce que vous pensez de ces° pâtisseries?
— Moi, je pense qu'elles sont délicieuses, ces pâtisseries.

SCÈNE 2

— Et vous, Monsieur? Vous aimez ces gadgets, vous?
— . . . MMRRMMMM EUHF.
— Lui, il n'aime pas les gadgets.

SCÈNE 3

— Et vous, Mesdemoiselles? Vous aimez ce pâté?
— Moi, non pas du tout. Toi, Michèle, tu aimes ça, le pâté?
— Moi, oui. J'aime bien le pâté.

SCÈNE 4

— Qu'est-ce que vous pensez de ces fleurs?
— Ma camarade, elle, elle pense que ces fleurs sont jolies, mais moi, je préfère ces autres fleurs.

ACTIVITÉ 2 **Qu'est-ce que vous pensez de ça?** Complete each mini-dialogue.
Then practice the conversations with at least four people sitting near you.
Note that sometimes the cue given is a question, but in some cases it is an
answer.

MODÈLE: — Qu'est-ce que vous pensez de ce disque?
— *Moi, je pense qu'il est formidable, ce disque.*

1. —Et vous, Monsieur, qu'est-ce que vous pensez de ce roman?
2. —Moi, j'adore ce tableau impressionniste.
3. —Qu'est-ce que tu penses de cette voiture?
4. —Moi, je pense qu'elle est sensationnelle, cette mobylette.
5. —Vous aimez cet ordinateur, vous?
6. —Je préfère ce lecteur laser.

ACTIVITÉ 3 **Nous, on n'est pas d'accord!** Complete the following responses.
Be sure to stress both the person and the object in each sentence.

Suggestion, Act. 3: Have
students work in pairs.
Circulate and encourage
the faster groups to add
questions and answers
on their own.

MODÈLE: Qu'est-ce que vous pensez du nouveau film de Bertolucci?
Moi, je pense qu'il est très bon, *le nouveau film.*
Lui, il pense qu'il n'est pas très bon, *le nouveau film.*

1. Qu'est-ce que vous pensez de l'opéra Carmen de Bizet?
_____, je pense qu'il est sans intérêt, _____.
_____, elle pense qu'il est merveilleux, _____.

video 2. Est-ce que vous aimez le clip° de Mick Jagger?
_____, nous pensons qu'il est fantastique, _____.
_____, il pense qu'il est ordinaire, _____.

3. Qu'est-ce que vous pensez du nouveau film de Louis Malle?
_____, je pense qu'il est intéressant, _____.
_____, vous pensez qu'il est assez bien, _____.

4. Qu'est-ce que vous pensez des lunettes de soleil de Vuarnet?
_____, nous pensons qu'elles sont à la mode, _____.
_____, elles pensent qu'elles sont très bien, _____.

REGARDONS DE PLUS PRÈS ◆ Les Adjectifs interrogatifs et démonstratifs

Think about these questions as you study the conversation below.

A. What is the misunderstanding about? How is it resolved?

B. How are questions asked and things pointed out?

— **Quel** genre de magasin préférez-vous?
— Moi, je préfère **ce** genre-**là.**
— **Quel** genre?
— **Ce** magasin-**là,** avec les chariots.°
— **Quels** chariots? Ah, vous voulez dire le supermarché!

carts

■ The demonstrative adjective **ce** is used to point out a specific object or location. It has four forms:

Qu'est-ce que vous pensez de . . .

Masculin	Masculin avec voyelle	Féminin	Pluriel, masculin et féminin
ce disque?	cet artiste?	cette cassette?	ces clips?
Ce disque? Il est très bon.	**Cet** artiste? Ah, il est magnifique!	Je trouve **cette** cassette admirable.	**Ces** clips? Je pense qu'ils sont affreux!
This record? It is very good.	*This artist? Ah, he is magnificent!*	*I find this cassette admirable.*	*These videos? I think they are awful.*

■ The words **-ci** and **-là** may be used to specify how far away the object or place is.

C'est **ce** magasin-**ci!**   *It's this store here.*
Ce n'est pas **ce** magasin-**là!**   *It's not that store there.*

■ The interrogative **quel** is used to ask questions *(which, what)*. Note that it has four written forms that are all pronounced the same.

SINGULIER		PLURIEL	
Masculin	Féminin	Masculin	Féminin
Quel magasin préférez-vous?	À **quelle** heure allez-vous en ville?	**Quels** magasins sont chers?	**Quelles** marques achetez-vous?
Which store do you prefer?	*At what time are you going to town?*	*Which stores are expensive?*	*Which brands do you buy?*

ACTIVITÉ 4

Follow-up, Act. 4: Have students report the most common answers using the following pattern: **La marque favorite de voiture est la Jaguar.**

Quelle marque?   Ask several of your classmates about their preferences. Make a list as you go along. What are the most common answers?

MODÈLE: marque de blue-jeans
— *Quelle marque de blue-jeans préférez-vous?*
— *Je préfère la marque Oui.*

beverage

1. groupe de rock   2. marque de boisson°   3. marque de voiture
4. genre de magasin   5. ville   6. artistes

ACTIVITÉ 5

Suggestion, Act. 5: Encourage students to add items of their choosing.

Mes préférences.   You are about to check out of the *hypermarché* when a person taking a poll (your partner) asks you about your purchases. Play the role of the customer and enumerate the things you are buying.

MODÈLE: des disques
— *Qu'est-ce que vous allez acheter?*
— *Je vais acheter ces disques.*
— *Quels disques?*
— *Ces disques-ci.*

1. des cassettes   2. un Walkman   3. un roman policier   4. un appareil-photo   5. une centaine d'enveloppes   6. le nouvel album de Renaud   7. une affiche   8. des tartes aux pommes

LA LANGUE ÉCRITE

Cultural note, La langue écrite: Explain that **les hypermarchés** are giant stores where many kinds of things are sold—food, clothes, furniture, and in some cases automobiles. Such stores have become favorite shopping stops because the French have less time to devote to shopping; they want to save money; they are attracted by the large range of choices available; and they like the convenience of everything being concentrated in the same area.

Un nouvel hypermarché.   A new *hypermarché* is about to open in your neighborhood. Write a short note to the manager, asking on what date it will open, what the hours of business will be, how many articles (*les articles*) the store will carry, what brands (*la marque*) it will have, etc.

VOCABULAIRE ET EXPRESSIONS

■ ASKING ABOUT LOCATION

Excusez-moi (Pardon, S'il vous plaît), Madame (Mademoiselle, Monsieur).
Où est (Où se trouve, C'est où) la rue Richer?
Pouvez-vous me dire où est la rue Bleue? Pourriez-vous m'indiquer où se trouve la rue Bleue?

■ GIVING ADDRESSES, LOCATIONS AND DIRECTIONS

C'est au 28 boulevard (rue, avenue) de la Seine.
C'est près d'ici (tout près, loin, loin d'ici, là-bas, sur votre gauche, sur votre droite, pas très loin d'ici).
La rue Richer est à droite (à gauche, tout droit, entre la rue Bleue et l'avenue Ste-Cécile, à côté de la poste, en face de la banque, près de l'hôtel de ville, devant le café, derrière le petit restaurant).
Je ne sais pas (je ne suis pas sûr/e, certain/e; je ne suis pas d'ici).
Suivez (suis, suivons) cette rue (ce boulevard, cette avenue).
Traversez (traverse, traversons) la place (le jardin, le parc).
Continuez (continue, continuons) tout droit (à droite, à gauche) jusqu'au carrefour (au parc, au jardin, à la place, à l'avenue Bleue)
Ayez (aie, ayons) de la patience. Soyez (sois, soyons) précis/e/es.

■ ASKING SOMEONE TO REPEAT

Pardon? Excusez-moi? Comment? Quoi? Je n'ai pas compris.
Répétez s'il vous plaît. Vous pouvez (pourriez) répéter s'il vous plaît?
Qu'est-ce que vous dites? Où (quand, comment) ça?

■ ASKING INFORMATION QUESTIONS

Où est-ce que tu vas (elle va, il va)? Où vas-tu (va-t-elle, va-t-il)?
Quand (à quelle heure, comment, avec qui, pourquoi) est-ce que tu vas (est-ce qu'il va, est-ce qu'elle va) au centre Rosmy?
Quand (à quelle heure, comment, avec qui, pourquoi) vas-tu (va-t-il, va-t-elle) au centre Rosmy?
Combien de courses est-ce que tu as (vous avez) à faire? Combien de courses as-tu (avez-vous) à faire?
Pour qui est-ce que tu achètes (vous achetez) ce blue-jean? Pour qui achètes-tu (achetez-vous) ce blue-jean?

■ SEQUENCING INFORMATION

D'abord (Au début, Tout d'abord) Et puis (Ensuite, Alors, Après)
Finalement (À la fin, Enfin)

■ STRESSING A FACT

Moi, je (Toi, tu / Lui, il / Elle, elle / Nous, nous / Vous, vous / Eux, ils / Elles, elles)
Moi, je pense qu'il est formidable, ce disque-ci. Lui, il trouve qu'ils sont idiots, ces gadgets-là.
Quel (quelle, quels, quelles) . . . Ce (cet, cette, ces) . . .

■ IRREGULAR VERB

suivre: je suis, tu suis, il (elle) suit, nous suivons, vous suivez, ils (elles) suivent

VOUS DÉSIREZ?

In this chapter, you will learn how to order and purchase food and beverages.

CHAPITRE 7

Qu'est-ce que je vous sers?

Be sure to call students' attention to the functions and contexts in each **Tranche** before beginning the chapter.

≡ AU TRAVAIL

ACTIVITÉ 1

Cultural note, Act. 1: You may want to explain that when school is over (at around five o'clock), young people from high schools and universities often go to **un café** to relax and have fun together. They order drinks, play some electronic games, or have animated conversations.

Approach: Have students find the ways to initiate, to respond to, and to extend an invitation. Write students' answers on the board in columns and add as many review expressions as possible.

Fixez un rendez-vous.   Review the following ways to extend and respond to an invitation; then make your own arrangements with at least three different classmates to meet for coffee sometime this week.

— Tu veux aller au café vers cinq heures?
— Non, j'ai un rendez-vous chez le dentiste à quatre heures et quart.
— Dommage! Peut-être un autre jour!

— À quelle heure es-tu libre cet après-midi?
— Moi, je suis libre après trois heures. Pourquoi?
— Allons au café.
— Excellente idée!

— On peut se voir° demain soir après huit heures et demie?
— D'accord! On va au café?
— Parfait!

— Tu fais quelque chose de spécial mercredi matin?
— Je ne sais pas si je suis libre . . .
— Tu veux prendre un café ensemble?
— D'accord! Vers dix heures au café du coin?°

see each other

corner

DIALOGUE ◆ Au café

Approach, Dialogue:
(1) Go over the introductory questions.
(2) Play the dialogue on the students' audio cassette (or role-play it yourself).
(3) Ask students to answer the guide questions. After students identify the characters, you may add the following **True/False** questions orally: 1. **Les clients boivent beaucoup de vin.** 2. **Dans un café, il n'y a pas beaucoup de caisse.** 3. **Monsieur Dutertre paie la facture immédiatement.** (4) Play the dialogue again.
(5) Have students repeat and practice with you and with each other, taking different roles. Encourage them to personalize the dialogue by changing words or expressions.

This dialogue takes place in a café. Identify each character by his profession.

1. Ernest   a. le patron du café
2. Monsieur Dutertre b. le chef de service
3. Jean   c. le vendeur de boissons°

drinks

order

bottles

didn't sell well

wine

water

I need

— Bonjour, Ernest. Ça va? Vous êtes là pour la commande?°
— C'est bien ça, Monsieur Dutertre. Alors, vous prenez combien de bouteilles° de bière cette semaine?
— La bière, ça n'a pas bien marché.° Il me faut deux caisses de vingt-quatre bouteilles de bière importée et trois caisses de bière domestique.
— Et le vin?°
— Ah, ça, oui. On boit[1] beaucoup de vin ces temps-ci. Je veux cent litres de rouge et soixante litres de vin blanc.
— Et l'eau° minérale?
— Comme d'habitude, j'ai besoin d'°un assortiment de marques. Trois cent

---

1. The complete conjugation of the irregular verb **boire** *(to drink)* is given in the section **Vocabulaire et expressions** at the end of the chapter.

litres. Et il me faut aussi huit douzaines de bouteilles de Coca et six d'O-
rangina.

glasses / cups — Est-ce que vous avez besoin de carafes, de verres° ou de tasses?°
breakage — La casse,° vous savez, il y a beaucoup de casse dans un café. Demandez
à Jean, le chef du service, combien de verres il nous faut.
— C'est tout, Monsieur Dutertre?
I think / to send / bill — Oui, je crois° que c'est tout. N'oubliez pas d'envoyer° la facture!°

COMPRÉHENSION_____

ACTIVITÉ 2

Combien? Tell how many or how much of each item Monsieur Dutertre ordered. If an item was not ordered, use the expression *pas de*.

```
                    COMMANDE
                   le 24 SEPTEMBRE

            Café Saint Martin du Parc
                   Tel. 48.73.49.21

_____ limonade          _____ vin rouge
_____ vin blanc         _____ vin rosé
_____ bière importée    _____ crème
_____ jus de fruit      _____ Orangina
_____ Coca              _____ eau minérale
_____ citronnade        _____ cidre
_____ bière domestique  _____
```

ACTIVITÉ 3

Les préférences. Are the following statements true *(vrai)* or false
(faux)?

1. En général, les clients de Monsieur Dutertre préfèrent[2] le vin rouge.
2. On boit beaucoup de bière.
3. Monsieur Dutertre commande cinq caisses de bière.
4. Monsieur Dutertre commande 120 bouteilles de bière.

_____

2. The complete conjugation of the verb **préférer** *(to prefer)* is given in the section **Vocabulaire
et expressions** at the end of the chapter.

5. Les clients préfèrent la bière importée à la bière domestique.
6. Monsieur Dutertre commande 175 bouteilles de Coca et d'Orangina.
7. Les clients préfèrent le Coca à l'Orangina.

more / than
8. Il faut plus de° bouteilles de Coca et d'Orangina que de° bière.

≡ C'EST À DIRE◆Commander des boissons

Approach, C'est à dire:
(1) Preview the material using the introductory guidelines. (2) Role-play the mini-dialogues and have students repeat and practice the material with you, with a partner and finally incorporating personal variations.
(3) Have students find different ways to ask what a person wants to drink, and various ways to order a drink. List their answers in columns on the board. Then direct students to work in pairs, creating original mini-dialogues.

Your instructor will model several conversations between *le garçon (la serveuse)* and *le (la) client(e)* in a café. You should follow these steps.

A. Practice giving and taking these beverage orders. Note the different ways to ask what someone would like and the varied responses one might give.

B. When ordering or taking orders in a café, is formal *(vous)* or informal *(tu)* language used? Why?

C. Be prepared to give and take orders for beverages of your choice.

SCÈNE 1

— Vous voulez boire quelque chose?
— Je voudrais un Coca, s'il vous plaît.

SCÈNE 2

— Qu'est-ce que vous voulez boire?
— Moi, un verre de vin rouge.

SCÈNE 3

— Vous désirez?
— Je ne sais pas. Peut-être une eau minérale.

un café au lait

une tasse de café

un express

un jus de fruit

un demi (litre) de cidre

un Orangina

une limonade

un (verre de) vin blanc

une carafe d'eau

un verre de (vin) rosé

une bière domestique

une bière importée

SCÈNE 4

— Vous voulez prendre quelque chose?
— Une bière, s'il vous plaît.

SCÈNE 5

— Qu'est-ce que vous prenez?
— Moi, je prends un citron pressé.

SCÈNE 6

— Qu'est-ce que je vous sers?[3]
— Un café crème, s'il vous plaît.

une bière brune

une bière blonde

une (bouteille de) bière

ACTIVITÉ 4 C'est à vous de commander.

Suggestion, Act. 4: You could demonstrate the role of the waiter or waitress for students before they begin.

A. Work with a partner. Identify the beverages on each tray.

MODÈLE: *Il apporte deux verres de vin rouge.*

B. Then work in small groups. One person should be a waiter or waitress in a café. He or she should take the orders of all the members of the group. Take turns playing the role of the waiter or waitress.

MODÈLE: VOUS: *Qu'est-ce que vous prenez?*
        UN AMI: *Moi, je voudrais un Orangina.*
        VOUS: *Et vous?*
   . . .
        VOUS: *D'accord, deux Oranginas,*
              une eau minérale et
              un citron pressé.

3. The complete conjugation of the irregular verb **servir** *(to serve)* is given in the section **Vocabulaire et expressions** at the end of the chapter.

REGARDONS DE PLUS PRÈS ◆ Le Verbe *prendre*

Approach, **Regardons de plus près:** (1) Preview the material focusing on the introductory questions. (2) Model the mini-dialogue several times. (3) Encourage students to look for patterns and direct them to answer the guide questions with a partner. (4) Elicit their observations. (5) Present the grammatical *on a diet* explanations as a means of confirming and extending students' hypotheses.

Think about the following questions as you study the conversation below.

A. Where are the friends? What are they ordering?

B. Which verb is used to give and inquire about beverage orders? Is it regular or irregular?

— Alors, Jean, qu'est-ce qu'on **prend**? Une carafe de vin blanc?
— Oh, non, c'est trop. **Prenons** deux verres de vin.
— Mais Marcel arrive tout de suite. Il aime le vin blanc, lui. Nous avons besoin de trois verres.
— Non, non, Marcel est au régime.° Il va sûrement **prendre** une bouteille d'eau minérale.

■ The verb **prendre** is a common verb that means *to have* when referring to beverages and foods.

— Vous **prenez** quelque chose?	*Are you having something?*
— Moi, je **prends** un apéritif.	*I'm having an aperitif.*
— Tu **prends** un café au lait?	*Are you having café au lait?*
— Grégoire **prend** une eau minérale.	*Grégoire is having mineral water.*
— Nous **prenons** une carafe de vin blanc.	*We're having a carafe of white wine.*
— Ils **prennent** un citron pressé.	*They're having a lemonade.*

■ **Prendre** can also mean *to take* when referring to transportation or to objects.

Pour aller au café, il **prend** le métro.	*To get to the café, he takes the métro.*
Quand il va au café, il **prend** son Walkman et un bon livre.	*When he goes to the café, he takes his Walkman and a good book.*

■ The verbs **comprendre,** *to understand* or *to include* and **apprendre,** *to learn,* follow the same model as **prendre.**

Est-ce que tu **comprends** ce menu?	*Do you understand this menu?*
Le menu **comprend** un grand nombre de marques de bière.	*The menu includes a large number of brands of beer.*
Ah bien! Ils **apprennent** à lire les menus français.	*Good! They're learning to read French menus.*

Tous les Fruits et Primeurs de Luxe

La Corbeille d'Or

Centre Commercial de Rosny II

☎ 876.21.10

ACTIVITÉ **5** **Vous préférez?** What does each person choose? Select items from each column to make as many sentences as you can in the time allotted by your teacher. Compare your list with that of a partner and be prepared to tell how many beverage orders you constructed.

MODÈLE: *Moi, je prends une eau minérale.*

Moi, je	prendre	une carafe de vin rouge
Toi, tu		une limonade
Anne-Marie		un verre de cidre
Chantal et moi, nous		un citron pressé
Vous		une tasse de café
Philippe et Michèle		un express

ACTIVITÉ **6** **Qu'est-ce que vous aimez?** Based on the following preferences, suggest two beverages for each person. Note that there are many possible correct answers.

Follow-up, Act. 6: Divide the class into groups and select one waiter or waitress for each group. Have students tell the waiter (waitress) about what they like, and have the waiter (waitress) suggest drinks.

cold MODÈLE: Georges aime les boissons froides.°
  Alors, il prend une eau minérale ou un Orangina.

hot 1. Vous aimez les boissons chaudes.°

2. Moi, j'apprécie le vin, mais je n'aime pas le vin rosé.

3. Philippe aime la bière, mais il n'aime pas la bière domestique.

4. Christine et moi, nous aimons le café.

on a diet 5. Marcel et Suzanne sont toujours au régime.°

6. Toi, tu aimes les boissons non-alcoolisées.

7. Nous aimons les boissons alcoolisées.

carbonated 8. Vous préférez les boissons gazeuses.°

NOTES CULTURELLES

La Vie au café

named, expensive

French daily life is very much tied to café life. The corner café is much more than a place to have a drink. It is a place to meet with friends, write a letter, read the paper, or simply watch the world go by. University students go to cafés to talk, to discuss politics, or just to relax. A café is like an extension of one's house or apartment. It would be hard to imagine French people without cafés.

Café behavior

When it is nice out, use **la terrasse,** or outside seating. People generally choose the sunny side of the street.

To call the waiter: **Monsieur!**

To remind the waitress of your order: **Madame, mon café, s'il vous plaît?**

To ask for the bill: **L'addition, s'il vous plaît.**

Preferred drinks (per person, per year in liters)

vins ordinaires	63,5
eaux minérales	53,6
bière	43,8
boissons gazeuses	26,8
cidre	17,1
vins classés°	16,1
café, thé (en kg.)	4,6

Institut National de la Statistique et des Études Économiques

TRANCHE 2

Qu'est-ce que vous prenez?

AU TRAVAIL

ACTIVITÉ 1

Au café. Invite your friends to have something to drink. Review the beverages listed at the beginning of this chapter. Then circulate among your classmates, offering and ordering beverages with at least ten different people. Be sure to use informal language. Keep a written list of responses.

Follow-up, Act. 1: Have students report to the class who prefers which drinks: **Susan voudrait un verre de vin blanc,** etc. Have students find out what is the most popular drink in the class.

MODÈLES: — *Tu veux boire quelque chose?* → — *Une eau minérale, s'il te plaît!*

— *Tu veux prendre quelque chose?* — *Je voudrais un jus de fruit.*

— *Qu'est-ce que tu prends?* — *Pour moi, un Coca, s'il te plaît.*

— *Qu'est-ce que tu veux?* — *Un café.*

À L'ÉCOUTE ◆ Publicités

Approach: (1) Preview the conversation by focusing on the art. Have students hypothesize about what they will hear. (2) Preteach the new vocabulary. Sentences introducing this vocabulary are found with the **À l'écoute** tapescript in this Teacher's Edition.

Listen to the recording of ads for products one might find in supermarkets or specialty stores and refer to the art. Then complete the comprehension activities.

A. What products are advertised?

B. Which of the following is the focus of these ads—the prices, where they may be purchased, or the features?

COMPRÉHENSION

ACTIVITÉ 2

Act. 2: These items focus on listening for main ideas.

Answers: 1, 2, 3

m. cakes

Quelles publicités? Which of the following products are advertised?

1. des fruits   2. des desserts   3. des gâteaux°   4. des vins   5. des boissons   6. des bonbons

ACTIVITÉ 3

Act. 3: These items focus on listening for details.

Answers: 1. c 2. a 3. c 4. a 5. b 6. b 7. b 8. c 9. c

Pourquoi acheter ce produit-ci? Each advertisement suggests several reasons to purchase the given product. Which reasons apply to which product? Indicate a, b, or c.

a. Les oranges de Jaffa
b. Les petits pots de crème Venise
c. Les biscuits au beurre LU

1. sont modernes
2. sont préférées de tout le monde
3. existent en deux versions
4. sont faciles à digérer
5. ne contiennent pas de sucre° naturel
6. ne font pas grossir°
7. contiennent du lait° et des œufs°
8. sont bons avec de la glace°
9. sont pratiques

m. sugar

to gain weight

m. milk / m. eggs

ice cream

C'EST À DIRE ◆ Choisir le dessert

Cultural notes, C'est à dire: Explain that even in a supermarket, there are still some **rayons** (**charcuterie, boucherie, poissonnerie, fromage**) where people would have to communicate with a salesperson. Remind students that a kilo(gram) is equal to 2.2 pounds. There are 1000 grams in a kilo.

Approach: (1) Preview the material using the introductory guidelines. (2) Role-play the mini-dialogues and have students repeat and

Your instructor will model several conversations about choosing desserts. You should follow these steps.

A. Practice playing the roles of clerk and shopper.

B. Be prepared to work with a partner and place your order.

la balance

les abricots

les oranges

les poires

les bananes

les pêches

28 F le kg.

12 F le kg.

25 F le kg.

45 F le kg.

les cerises

32 F le kg.

20 F le kg.

les pommes

practice the material with you, with a partner and finally incorporating personal variations. (3) Have students find three ways to ask how to help someone; ways to ask for specific items; one way to ask for a price; two ways to evaluate a price; one way to evaluate the quality of an item; one way to ask if the customer needs something else; one way to indicate that you are done; and one way to indicate that it is time to pay. List their answers in columns on the board. Then direct students to work in pairs, creating original mini-dialogues.

15 F le filet

15 F la pièce

30 F le kg.

35 F le kg.

les melons

les framboises

les fraises

le panier

le filet

SCÈNE 1 Au marché

— Bonjour, Madame. Vous désirez?
— Je voudrais 750 grammes de fraises et un kilo de pêches.
— Les fraises, ça fait 35 F le kilo et les pêches sont à 25 F le kilo.
— Merci, Madame.

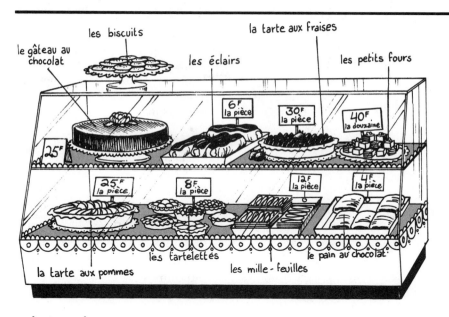

les biscuits

le gâteau au chocolat

la tarte aux fraises

les éclairs

les petits fours

6F la pièce

30F la pièce

40F la douzaine

25F

25F la pièce

8F la pièce

12F la pièce

4F la pièce

les tartelettes

le pain au chocolat

la tarte aux pommes

les mille-feuilles

SCÈNE 2 À la pâtisserie

— Bonjour, Monsieur. Je peux vous aider?
— Oui, Madame. Combien coûtent les tartelettes?
— Les tartelettes coûtent 8 F la pièce.
— Ce n'est pas trop cher . . . Je voudrais une douzaine de tartelettes aux pommes et six éclairs au chocolat.
cashier — Voilà. Passez à la caisse,° s'il vous plaît.
— Merci, Madame.

le gruyère

les oeufs

le beurre

le lait

60F le kg.

58F le kg.

72F le kg.

90F le kg.

50F le kg.

ROQUEFORT

le brie

le roquefort

le camembert

le chèvre

SCÈNE 3 À la crémerie

— Madame?
— Il me faut un morceau de brie et un camembert.
— Et avec ça?
— C'est tout. Ce gruyère est trop cher et la qualité n'est pas bonne.

ACTIVITÉ 4

Achetons des fruits. You are preparing a fruit buffet. Place your order for each of the ten fruits listed using language from each column. Make sure that the amounts you order make sense. Your partner will play the role of the salesperson.

MODÈLE: — *Bonjour, Mademoiselle (Monsieur). Je peux vous aider?*
— *Oui, Mademoiselle (Monsieur). Il me faut un kilo d'abricots.*

Je voudrais	un kilo de	bananes
Il me faut	250 grammes de	cerises
Je prends	une douzaine de	pommes
a few	quelques°	pêches
	dix, quinze, cinq, . . .	abricots
several	plusieurs°	oranges
		framboises
		melon
		poires
		fraises

ACTIVITÉ 5

Follow-up, Act 5: Have some groups present their dialogues to the class.

Qu'est-ce que vous prenez? Play the roles of salesperson and client to make at least five fruit, cheese and pastry purchases.

MODÈLE: — *Bonjour, Monsieur (Mademoiselle). Vous désirez?*
— *Oui, Monsieur (Mademoiselle). Combien coûtent les gâteaux au chocolat?*
— *Ils sont à 30F la pièce.*
— *Alors, un gâteau au chocolat, s'il vous plaît.*

REGARDONS DE PLUS PRÈS ◆ Les Verbes réguliers en -*ir*

Cultural note, Regardons de plus près: Explain that according to a poll conducted by the **journal du dimanche** (July 1984), French people choose fruit more often than any other dessert. The rich pastries the French are so famous for account for fewer votes, while ice cream accounts for only →

Read this dialogue which takes place in a *pâtisserie*.

A. Why is Marthe not interested in making a purchase?
B. The regular verbs you have already studied have infinitives ending in what two letters? What do you notice about the verbs **choisir, maigrir** and **grossir?**

202 CHAPITRE 7

— Viens, Marthe, **choisissons**° un beau gâteau à la crème.
— Si tu veux manger un gâteau à la crème, vas-y.°
Moi, je suis au régime,° je veux **maigrir**.°
— Un petit gâteau ne fait pas de mal.°
— Non, il ne fait pas de mal, il fait **grossir**.°

Some verbs whose infinitives end in **-ir** are conjugated according to a regular pattern.

■ To conjugate these regular verbs, the **-ir** ending is removed and the following endings substituted: **-is, -is, -it, -issons, -issez, -issent.**

Qu'est-ce que vous **choisissez**?	*What are you choosing?*
Je **choisis** un éclair au chocolat.	*I'm choosing a chocolate éclair.*
Tu **choisis** des mille-feuilles?	*Are you choosing mille-feuilles?*
Il ne **choisit** jamais de petits fours quand il y a des éclairs!	*He never chooses petits fours when there are éclairs!*
Nous **choisissons** ce gâteau-ci.	*We're choosing this cake.*
Vous **choisissez** toujours des tartelettes?	*Do you always choose tartlets?*
Elles **choisissent** une belle tarte aux pommes.	*They choose a nice apple pie.*

■ All singular forms in the present tense are pronounced the same.

■ Other verbs conjugated in the same manner include **grossir** *(to gain weight)*, **maigrir** *(to lose weight)*, and **finir** *(to finish)*.

Moi, je **grossis** même quand je suis au régime.	*I gain weight even when I'm dieting.*
Attends un peu; il **finit** sa tartelette et nous allons au cinéma.	*Wait a minute; he's finishing his tartlet and (then) we're going to the movies.*
Si tu veux **maigrir,** il faut faire de l'exercice.	*If you want to lose weight, you have to exercise.*

ACTIVITÉ **6** **Quand on est au régime...** Look at the list of foods. What is the likely effect on one's physique?

Ça fait grossir! (maigrir!)   Ça ne fait pas grossir! (maigrir!)

MODÈLE: un gâteau au chocolat
Un gâteau au chocolat? Ça fait grossir, bien sûr!
ou *Un gâteau au chocolat? Ça ne fait pas maigrir, bien sûr!*

1. des mille-feuilles 2. du camembert 3. des abricots 4. une tarte aux pommes 5. des pêches 6. du gruyère

Les Prédictions. Tell what each person selects using a form of *choisir*. Then predict the results using a form of *grossir* and *maigrir*.

MODÈLES: Anne / une poire
Anne choisit une poire. Si elle grossit, c'est un miracle!

Suzanne / deux éclairs
Suzanne choisit deux éclairs. Si elle maigrit, c'est un miracle!

1. Anne-Marie et moi, nous / trois tartelettes aux pêches
2. Joseph / une tranche de fromage
3. toi, Luc / quelques fraises
4. vous, Sylvaine et Élise / une douzaine de petits fours
a slice   5. moi, je / une tranche° de melon
6. Robert et André / quelques tartelettes aux cerises

À VOUS! • Qu'est-ce qu'on prend comme dessert?

Find people with the following preferences. When you locate someone, record his or her name with the preference.

MODÈLES: _____ aime les bonbons.
— *Et toi, tu aimes les bonbons?*
— *Oui, bien sûr, j'adore les bonbons.*
— *Et tu t'appelles Christine, n'est-ce pas?*
— *Oui, c'est ça!*

Christine aime les bonbons.

1. _____aime le camembert.
2. _____n'aime pas grossir.
3. _____aime les pâtisseries.
4. _____préfère les pâtisseries au fromage.
yogurt   5. _____n'aime pas le yaourt.°
6. _____déteste les abricots.
7. _____n'aime pas du tout les petits fours.
8. _____apprécie les bonbons.
9. _____choisit souvent des éclairs au chocolat.
10. _____adore les tartelettes aux pommes.
11. _____n'aime pas le gâteau au chocolat.

Qu'est-ce que vous aimez?

≡ AU TRAVAIL

ACTIVITÉ 1

Approach, Act. 1: Go over expressions students will use to initiate their sentences. Then give students a minute or so to prepare a list. Encourage students to agree or disagree with each other using **d'accord, c'est une bonne idée, je ne suis pas d'accord, ce n'est pas une bonne idée,** etc.

Follow-up: Have groups tell the class what they finally decided to buy.

Qu'est-ce que vous apportez? You are getting together with a group of friends for a potluck party and you have been asked to bring either a fruit salad or a pastry and cheese tray. List the quantity of at least ten items you will need to purchase. Compare your list with that of a classmate.

Pour le plateau de pâtisseries et de fromages:

Achetons plusieurs_____.

trois (neuf / quinze)_____.

Nous voulons apporter quelques tranches° de_____.   *slices*

Apportons un peu de°_____.   *a little*

N'oublions pas de prendre assez de°_____.   *enough*

Pour la salade de fruits:

Il nous faut un kilo de_____.

beaucoup de_____.

Choisissons une douzaine de_____.

Achetons 250 grammes de_____.

quelques_____.

LECTURE ◆ Au supermarché

The following are ads for food from the French *hypermarché* Mammouth.

A. What different measures of quantity are used?
B. Which items are the most expensive?

AT — PRIX COMBAT — PR

EPICERIE

BISCOTTE° HELDER
100 tranches **7,90**
soit° le kg 10,53

GATEAUX COMPOSÉS° ROUGIER
Le lot de 7 paquets° . . **15,50**
soit le kg 18,90

HARICOTS VERTS TRÈS FINS LARROCHE
Le lot de 2 boîtes° **8,90**

THON° ALBACORE AU NATUREL GENDREAU
Le lot de 2 boîtes **12,50**

MOUTARDE FORTE RÉMA
Le bocal° de 85 cl **3,90**

CHARCUTERIE

JAMBON CHOIX°
dégraissé°
Sachet° de 10 tranches,
500 g **45,90**

SAUCISSE° STRASBOURG
Lot de 2 sachets de 10
700 g **14,50**

CREMERIE

BRIE
60% de matière grasse°
le kg **22,70**

ŒUFS° FRAIS° PROGAL
Le plateau° de 30 . . . . . **13,65**

30 œufs frais
PROGAL

10 CROISSANTS AU BEURRE° **6,90**

LIQUIDE

CÔTE DU RHÔNE
la bouteille de 75cl **7,50**

JUS D'ORANGE HELIOR
1 litre **3,75**

LIMONADE
La bouteille
de 1,5 litre **3,75**

COMPRÉHENSION

ACTIVITÉ 2 Combien coûte...?   Combien coûtent les produits suivants?

1. Combien coûtent les gâteaux Rougier?
2. _____ coûte 12,50F les deux boîtes.
3. Le jus d'orange est en solde à _____.
4. _____ coûtent 8,90F les deux boîtes.
5. Les biscottes Helder sont à _____ le kilo.
6. Les 10 croissants coûtent _____.
7. _____ est à 22,70F le kilo.
8. Le vin est à _____.

ACTIVITÉ 3 Qu'est-ce que vous voulez?   Select items you would purchase from among those advertised. Which sound like bargains?

MODÈLE: des haricots verts
Les haricots verts sont bon marché. Achetons des haricots verts.

1. des œufs 2. des croissants 3. du vin 4. du jus d'orange 5. du jambon 6. du thon 7. de la limonade 8. de la moutarde forte

☰ C'EST À DIRE • Choisir les aliments

Your instructor will name some food items found in supermarkets. You should follow these steps.

A. Practice naming the food items.
B. Be prepared to answer the question *Où est-ce qu'on trouve*_____? to tell in which sections of a supermarket certain items can be found.

pound

look

J'aime beaucoup ces champignons. Je vais acheter[4] une livre° de champignons.
Les petits pois ont l'air° frais. Il me faut un kilo de petits pois.
Je préfère le saucisson. J'achète un saucisson.

---

4. The complete conjugation of the verb **acheter** *(to buy)* is given in the section **Vocabulaire et expressions** at the end of the chapter.

finally incorporating personal variations. (3) Have students answer questions such as **Où est-ce qu'on trouve des tomates?** (4) Then have students quiz each other in pairs using the same pattern.

À la boucherie, on trouve . . .

À la charcuterie, je choisis . . .

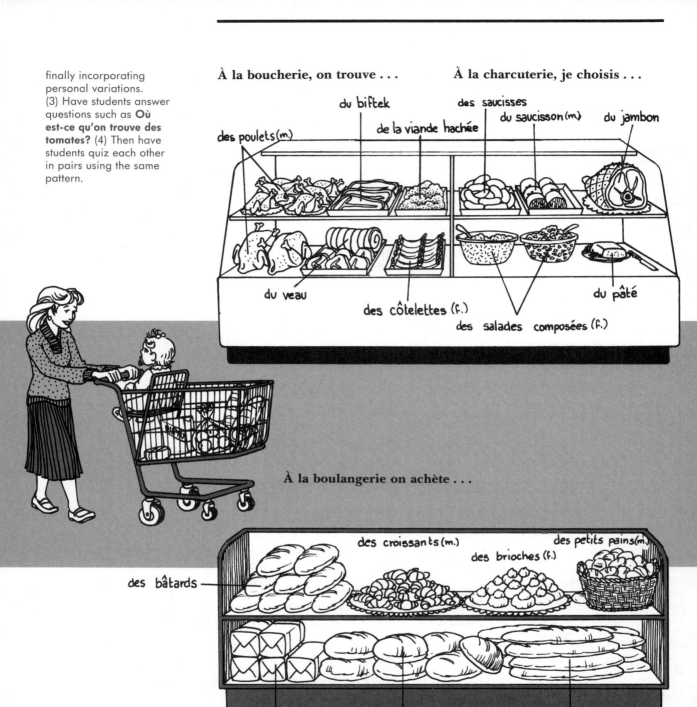

À la boucherie, on trouve . . .
des poulets (m.)
du biftek
de la viande hachée
du veau
des côtelettes (f.)

À la charcuterie, je choisis . . .
des saucisses
du saucisson (m.)
du jambon
du pâté
des salades composées (f.)

À la boulangerie on achète . . .

des bâtards
des croissants (m.)
des brioches (f.)
des petits pains (m.)
des biscottes (f.)
des pains de campagne (m.)
des baguettes (f.)

Au rayon des légumes, j'achète . . .

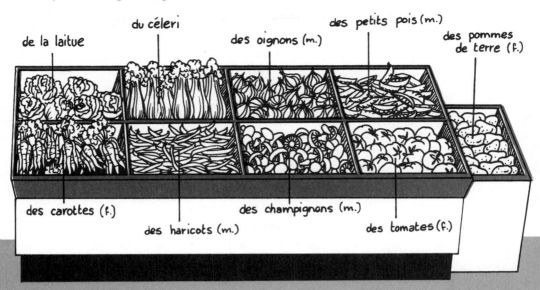

de la laitue

du céleri

des oignons (m.)

des petits pois (m.)

des pommes de terre (f.)

des carottes (f.)

des haricots (m.)

des champignons (m.)

des tomates (f.)

À l'épicerie on achète . . .

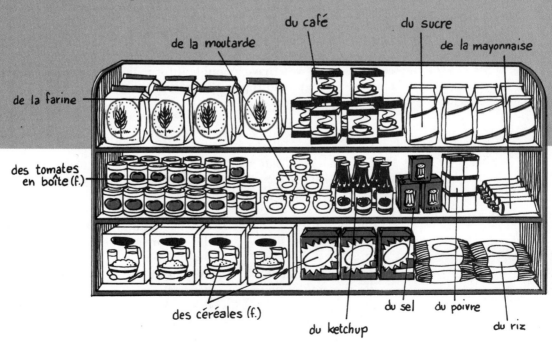

de la moutarde

du café

du sucre

de la mayonnaise

de la farine

des tomates en boîte (f.)

des céréales (f.)

du ketchup

du sel

du poivre

du riz

Follow-up, Act. 4: Have some groups tell the class what they will buy: **Nous allons acheter. . . .**

ACTIVITÉ 4 Qu'est-ce qu'on achète au supermarché?

Fill in the following shopping list with at least twenty items from at least six different sections of the store. Compare your list with that of a partner and keep track of the number of items you have in common.

MODÈLE: Dans le rayon des légumes, j'achète *des tomates, des haricots, des pommes de terre.*

1. Dans le rayon des fruits, je choisis _____.
2. Dans le rayon des pâtisseries, j'achète _____.
3. À la boucherie, j'achète _____.
4. À la crémerie, je prends _____.
5. Dans le rayon des légumes, je choisis_____.
6. À l'épicerie, j'achète _____.
7. À la charcuterie, j'achète _____.
8. À la boulangerie, je prends _____.

ACTIVITÉ 5 Qu'est-ce qu'il y a dans le chariot?

Your partner claims one of the nine supermarket carts whose contents are listed below. Inquire about the contents until you have enough information to guess which one it is. Change partners and repeat the activity.

MODÈLE: — *Tu achètes des pommes de terre?* → — *Non.*
— *Tu achètes des tomates en boîte?* — *Oui.*
— *Tu prends une baguette?* — *Oui.*
— *Tu achètes de la viande hachée?* — *Oui.*
— *Alors, c'est le chariot numéro six!*

1. du poisson
   des haricots
   du sucre

2. une baguette
   des pommes de terre
   des œufs

3. des tomates en boîte
   des côtelettes
   de la viande hachée

4. des fruits de mer
   des tomates en boîte
   du sucre

5. du poisson
   des haricots
   des œufs

6. de la viande hachée
   des tomates en boîte
   une baguette

7. des fruits de mer
   des pommes de terre
   une baguette

8. du poisson
   des petits pois
   des œufs

9. des côtelettes
   des haricots
   du sucre

REGARDONS DE PLUS PRÈS ◆ Le Partitif

Approach, Regardons de plus près: (1) Preview the material focusing on the introductory questions. (2) Model the mini-dialogue several times. (3) Encourage students to look for

grated / inside

patterns and direct them to answer the guide questions with a partner. (4) Elicit their observations. (5) Present the grammatical explanations as a means of confirming and extending students' hypotheses.

Think about these questions as you study the conversation below.

A. What doesn't Didier like about the *salade niçoise?*

B. What article is used with foods to indicate *some* or part of something?

— Hé, Didier, tu veux **de la** salade niçoise?
— Est-ce qu'il y a **des** carottes râpées° dedans?°
— Oui, pourquoi?
— Je déteste les carottes râpées.
— Bon, alors tu veux **du** salami?
— Oh, oui, j'adore ça!

■ The partitive article is used whenever one refers to a part of, or some of, something.

Masculin	Féminin	Masculin ou féminin devant une voyelle	Pluriel
Tu veux . . .	Il y a . . .	Vous voulez . . .	On prend toujours . . .
You want . . .	*Is there . . .*	*Do you want . . .*	*We always have . . .*
du jambon?	**de la** limonade?	**de l'**eau minérale?	**des** spaghetti!
(some) ham?	*(any) lemonade?*	*(some) mineral water?*	*(some) spaghetti!*
du melon?	**de la** tomate?	**de l'**Orangina?	**des** œufs brouillés!
(some) melon?	*(any) tomato?*	*(some) Orangina?*	*(some) scrambled eggs!*
du gâteau?	**de la** tarte?	**de l'**oignon dans la salade?	**des** carottes râpées.
(some) cake?	*(any) pie?*	*(some) onion in the salad?*	*(some) grated carrots.*

■ Note that in English, *some* and *any* may be omitted, while in French, the partitive cannot be left out.

■ Note that when you refer to food in a general way or talk about food preferences, the definite article (**le, la, l', les**) is used. When referring to a quantity of food, the partitive article (**du, de la, de l', des**) is used. Certain verbs in French require the use of one article or the other.

En général

Tu aimes la limonade?
Do you like lemonade?

Oh, oui, j'aime la limonade.
Oh, yes, I like lemonade.

J'adore le cacao chaud.
I adore hot chocolate.

J'apprécie le Cinzano.
I appreciate Cinzano.

Je déteste le vin rouge.
I detest red wine.

Je préfère l'eau minérale.
I prefer mineral water.

Un peu de

Tu veux de la limonade?
Do you want (any) lemonade?

Oui, je veux bien de la limonade.
Yes, I would like (some) lemonade.

J'ai du cacao chaud dans ma tasse.
I have (some) hot chocolate in my cup.

Je prends du Cinzano comme apéritif.
I'm having (some) Cinzano as an aperitif.

Je commande rarement du vin rouge.
I rarely order (any) red wine.

Il nous faut de l'eau minérale.
We need (some) mineral water.

Je voudrais du thé, s'il vous plaît.
I would like (some) tea, please.

J'achète souvent du café.
I often buy (some) coffee.

Indian Tonic?

Ça réveille votre côté Schweppes.

ACTIVITÉ 6 C'est sur la liste?

Tell why you make certain purchases. Select one item from each column and make at least ten sentences.

Approach, Act. 6: Have students select ten items from the food list. Have them tell a partner about their buying habits. You

MODÈLES: *J'achète souvent de l'eau minérale parce que j'aime l'eau minérale.*
Je prends rarement du jambon parce que je n'aime pas beaucoup le jambon.

J'achète	toujours	l'eau minérale	les gâteaux	parce que	j'apprécie . . .
Je prends	souvent	le café	le bœuf		j'aime bien . . .
Je choisis	assez souvent	le thé	le jambon		je n'aime pas
	rarement	les bananes	le poulet		beaucoup . . .
	très rarement	les pommes	les haricots		je n'aime pas
		les fraises	les tomates		du tout . . .
		les tartelettes	la glace		je déteste . . .

may want to have students take notes about their partner's purchases.

Suggestion, Act. 7: You may want to direct students to prepare the **Au travail** section in the following **Tranche** as homework for the next class session.

Qu'est-ce que vous achetez?   With a partner, work through this list of foods you might need to purchase every week if you were preparing all of your own meals.

MODÈLE: des spaghetti
       — Est-ce qu'il nous faut des spaghetti?
       — Oui, j'aime les spaghetti. Achetons des spaghetti!
  ou *— Non, je n'aime pas les spaghetti!*

1. du pain   2. des carottes   3. de la viande hachée   4. du poulet
5. du jambon   6. des petits pois   7. des œufs   8. de la mayonnaise
9. des pommes   10. du yaourt

À VOUS! ◆ Un sondage

Conduct an opinion poll on supermarket purchases. The class is divided into two groups: pollsters and shoppers. Pollsters should solicit the opinions of at least three shoppers concerning the ten items listed below and record their findings for later presentation to the class. Shoppers should answer questions about their preferences and buying habits. Which brands are the most popular?

MODÈLE: *— Vous achetez souvent de la mayonnaise?*
       — Oui, assez souvent.
       — Quelle marque de mayonnaise préférez-vous?
       — J'aime la mayonnaise Délices.
  ou *— D'habitude, j'achète de la mayonnaise Délices.*

1. mayonnaise   2. spaghetti   3. tomates en boîte   4. soupe
5. jambon   6. glace   7. farine   8. sucre   9. beurre   10. eau minérale

Au restaurant

≡ AU TRAVAIL

ACTIVITÉ 1

menu

Chez McDonald. Répétez les mini-dialogues suivants; ensuite, avec deux camarades différents, employez la carte° de chez McDonald et jouez le rôle du garçon et du client.

LE GARÇON: Qu'est-ce que vous prenez?
VOUS: Un Big Mac et un Shake à la vanille, s'il vous plaît.
LE GARÇON: Un Big Mac, un. Un Shake, un. Voilà. Ça fait 22 F.
VOUS: Ça fait combien?
LE GARÇON: C'est 22 F.

LE GARÇON: Vous voulez?
VOUS: Deux Double Cheeseburgers et un jus d'orange normal.
LE GARÇON: Vous voulez un Big Mac et un jus d'orange normal?
VOUS: Non, c'est deux Double Cheeseburgers et un jus d'orange normal.
LE GARÇON: Deux Double Cheeseburgers, deux! Ça y est. Ça fait 34 F.
VOUS: Ça coûte combien?
LE GARÇON: C'est 34 F.

SANDWICHES		SALADES			BOISSONS			DESSERTS	
Hamburger	6.20	Salades Jardin normale		9.40	Jus d'orange	normal	6.00	Chaussons aux pommes	5.00
Double Hamburger	11.80	Salades Jardin grande		14.70		grand	8.40	Chaussons	5.00
Cheeseburger	7.30	Salade du Chef		21.40	Coca-Cola, Fanta, Sprite				
Double Cheeseburger	14.00	Salade aux Crevettes		24.90		normal	6.00	Shake chocolat,fraise,vanille	6.70
Big Mac™	15.30					moyen	8.20	Sundae chocolat,fraise,caramel	6.40
Filet O' Fish™	8.30	Happy Meal™ menu enfants				grand	9.80		
				22.00	Bière		7.90	McDonaldland™ Cookies	2.80
					Evian		6.00		
Chicken McNuggets™					Café, Thé		3.90		
6 morceaux	14.90	Frites	normale	5.20	Chocolat chaud, Lait		3.90		
9 morceaux	20.00		grande	7.70					
20 morceaux	42.70								

C'EST À DIRE ◆ Commander un repas

Cultural note, C'est à dire: Explain that French meals are quite different from those in the United States. They consist of several dishes, with an hors d'œuvre, a main dish, cheese, and dessert. The morning meal, **le petit déjeuner,** is usually much simpler than the American breakfast.

Approach: (1) Preview the material using the introductory guidelines. (2) Role-play the mini-dialogues and have students repeat and practice the material with you, with a partner and finally incorporating personal variations. (3) Have students find how the waiter asks questions, the different parts of a meal, the various ways to order. List their answers in columns on the board. Then direct students to work in pairs, creating original mini-dialogues.

Your instructor will order different courses of a meal. You should follow these steps.

A. Play the role of the customer and then the role of the waiter in the mini-dialogues.

B. Tell how many different courses there are and in what order they are served.

C. Substitute your own food choices into the mini-dialogues.

SCÈNE 1   *Le menu à prix fixe ou à la carte*

— Bonsoir, Madame (Monsieur/Mademoiselle). Vous préférez le menu à la carte ou à prix fixe?
— Le menu à 300 F.
— Bon. Voilà le menu à prix fixe pour ce soir.

SCÈNE 2   *L'apéritif*

— Qu'est-ce que vous prenez comme apéritif?
— Euh, je ne sais pas. Qu'est-ce que vous me conseillez?° *advise*
— Je vous conseille un Dubonnet, un Cinzano ou bien un verre de vin blanc.
— Je ne veux pas de vin blanc. Je n'aime pas le vin blanc. Apportez-moi un Cinzano, s'il vous plaît.

SCÈNE 3   *Le hors-d'œuvre*

— Et comme hors-d'œuvre?
— Quelle est la spécialité ce soir?
— Les œufs à la mayonnaise.
— Ah, non. Je ne veux pas d'œufs. Vous avez autre chose?
— Nous avons du saucisson, du pâté et des fruits de mer.° *m. seafood*
— Comme hors-d'œuvre, du pâté, s'il vous plaît.

SCÈNE 4   *L'entrée*

— Et comme entrée, vous voulez du soufflé?
— Non, merci, j'aimerais de la quiche lorraine.

SCÈNE 5   *Le plat principal*

— Et pour le plat° principal? *course*
— Qu'est-ce que vous me conseillez?
— Je vous conseille le steak au poivre° ou le coq au vin.° Ils sont déli- *pepper / chicken with wine* cieux tous les deux.
— Le steak? Non, pas de steak pour ce soir. Je voudrais du coq au vin.

SCÈNE 6   *La salade*

— Et comme salade, une salade aux champignons ou une salade d'endives?
— Comme salade, une salade aux champignons.

SCÈNE 7   *Le dessert*

after dinner drink

— Et pour le dessert, vous voulez un plateau de fromages? Des fruits? Du gâteau au chocolat? Avec du café? Un digestif° peut-être?
— Comme dessert, j'aimerais bien des fruits et un café.

Act. 2: These items focus on the sequencing of a meal and the recognition of dishes.

Answers: 1. a 2. b 3. a 4. a 5. a

ACTIVITÉ 2

Le Repas.   Select the food appropriate for each course. Then role-play the mini-dialogues with a classmate.

MODÈLE: *Qu'est-ce que vous prenez comme hors-d'œuvre?*

    a. *Moi, des œufs à la mayonnaise.*
    b. Une salade d'endives, s'il vous plaît.

1. Qu'est-ce que vous prenez comme hors-d'œuvre?

    a. Je voudrais du pâté, s'il vous plaît.
    b. Pour moi, un steak au poivre.

2. Et comme entrée?

    a. Je vais prendre un plateau de fromages.
    b. Je voudrais une quiche lorraine.

3. Comme plat principal?

    a. Pas de steak pour ce soir. Je voudrais du coq au vin.
    b. Pas de café pour moi.

4. Pour la salade?

    a. Un digestif, s'il vous plaît.
    b. Comme salade, une salade aux champignons.

5. Et pour le dessert, vous voulez un plateau de fromages?

    a. Comme dessert, j'aimerais bien des fruits et un café.
    b. Je voudrais le menu à prix fixe.

ACTIVITÉ 3

Alors, qu'est-ce que vous prenez?   Work in groups of three. One person should play the role of the waiter (waitress) and two people should be customers. Order a complete dinner for two.

MODÈLE: LE GARÇON: *Qu'est-ce que vous prenez comme apéritif?*
VOUS: *Pour moi, un verre de vin blanc.*
LE GARÇON: *Et pour vous, Madame (Monsieur / Mademoiselle)?*
VOTRE AMI(E): *Un Cinzano, s'il vous plaît.*

Qu'est-ce que vous prenez comme apéritif?	Je voudrais . . .
hors-d'œuvre?	S'il vous plaît . . .
entrée?	J'aimerais . . .
plat principal?	Vous avez toujours . . .
salade?	Est-ce qu'il y a . . .
dessert?	Pour moi . . .

≡ REGARDONS DE PLUS PRÈS ◆ Le Partitif au négatif

Cultural note, Regardons de plus près: Explain that in France, waiters don't always come to your table to ask if everything is OK. When the French travel in the United States they are usually surprised that they are asked how everything is. Americans traveling in France may also be shocked because waiters don't come to check. In case of a request or problem, you need to call the waiter.

Approach: (1) Preview the material focusing on the introductory questions. (2) Model the mini-dialogue several times. (3) Have students look for patterns and answer guide questions with a partner. (4) Elicit their observations. (5) Present the grammatical explanations to confirm and extend students' hypotheses.

You have learned to use the partitive article in affirmative sentences. Study the conversation below.

A. What two things does the client not want to order?

B. How do negative sentences differ from affirmative sentences?

— Tu veux **des** fruits de mer?
— Non, je ne veux pas **de** fruits de mer.
— Bon, alors tu veux **du** pâté?
— Non, je ne veux pas **de** pâté.
— Et alors, qu'est-ce que tu vas commander comme hors-d'œuvre?

■ In the negative, the partitive article (**du, de la, de l', des**) becomes **de** (**d'**) immediately after the word **pas.**

Tu veux encore **des** carottes?	*Do you want more carrots?*
Je ne veux pas **de** carottes.	*I don't want (any) carrots.*
Prenez-vous **de la** salade?	*Are you having (some) salad?*
Non, je ne prends pas **de** salade.	*No, I am not having (any) salad.*

■ Note that when food is referred to in general, the definite article is used and it remains the same in a negative sentence.

Tu aimes **le** fromage?	*Do you like cheese?*
Non, je n'aime pas **le** fromage.	*No, I don't like cheese.*

ACTIVITÉ 4 Qu'est-ce que vous voulez?

Offer the following items from the *menu à prix fixe*. Your partner will refuse each one.

MODÈLE: des escargots
— *Vous voulez des escargots?*
— *Non, merci, je ne veux pas d'escargots.*

f. raw vegetables

1. des crudités° 2. une salade d'endives 3. du pâté 4. des fruits de mer 5. de la glace au chocolat 6. de la quiche lorraine 7. de l'eau minérale 8. du coq au vin

ACTIVITÉ 5 Désolé, il n'y en a pas ce soir.

Work with a partner. One of you is a customer in a restaurant. One is the waiter (waitress). This restaurant has several exceptional specialties; however, each evening they prepare only a small number of them. The customer should ask about the specialties; the waiter (waitress) should decide which six or seven of the specialties are not available.

someone told me MODÈLE: On m'a dit° que le pâté est merveilleux.
— *On m'a dit que le pâté est merveilleux. Vous avez du pâté ce soir?*
— *Désolé, Madame (Monsieur/Mademoiselle). Il n'y a pas de pâté ce soir.*
ou — *Bien sûr, Madame (Monsieur/Mademoiselle) nous avons du pâté ce soir.*

1. On m'a dit que la salade aux champignons est merveilleuse.
2. On m'a dit que les crudités sont superbes.

almonds

3. On m'a dit que le gâteau aux amandes° est extraordinaire.
4. On m'a dit que le steak au poivre est merveilleux.
5. On m'a dit que les escargots sont magnifiques.
6. On m'a dit que la quiche lorraine est excellente.
7. On m'a dit que la salade grecque est superbe.
8. On m'a dit que les fruits de mer sont sensationnels.

ACTIVITÉ 6 Je n'aime pas ça!

Act. 6: Circulate among groups to make sure that students can differentiate between the definite article and the partitive.

Using the deli menu shown on the next page, work with a partner to determine exactly which of the ingredients you want on your sandwich or on your pizza.

MENUMENUMENU

le sandwich

le jambon	l'oignon	le bifteck
la mayonnaise	le pâté	le poulet
la laitue	la moutarde	le thon

la pizza

f. spices
m. anchovies

les champignons	le fromage	les épices°
les tomates	les anchois°	le jambon
l'oignon	les olives noires ou vertes	la viande hachée

MODÈLE: — *Tu aimes les tomates?*

let's have / let's put on
     — *Oui, beaucoup! Mettons° des tomates.*

ou — *Non, pas du tout. Je n'aime pas les tomates. Ne mettons pas de tomates.*

Pre-writing, La langue écrite: (1) Have students review how to give locations. (2) Have students describe and evaluate a menu: **un menu à 150 F, à la carte;**

last night / I dined

un menu pas cher, assez cher mais avec beaucoup de choix, un menu exotique. (3) Have students review how to express their opinions: **je pense que . . ., c'est . . ., à mon avis c'est. . . .**

LA LANGUE ÉCRITE

À mon avis . . . Write a restaurant review. Follow the suggestions below.

1. *Tell where you dined:* Hier soir,° j'ai dîné° _____.
2. *Tell what kinds of menus are available:* Il y a un menu _____.
3. *Tell what the house specialties are:* Les spécialités sont _____.
4. *Tell what you ordered:* Comme apéritif, hors d'oeuvre, entrée, plat principal, salade, dessert, boisson, j'ai commandé° _____.

Suggestion: If you have a French restaurant in your city, organize **un déjeuner au restaurant français.**

VOCABULAIRE ET EXPRESSIONS

■ ORDERING

Waiter /
Waitress: Qu'est-ce que je vous sers? Vous désirez? Vous voulez boire (prendre, commander) quelque chose? Qu'est-ce que vous voulez boire (commander)?

Qu'est-ce que vous prenez (voulez commander) comme apéritif (hors-d'oeuvre, entrée, plat principal, salade, dessert, boisson, digestif)?

Customer: (Comme hors-d'oeuvre) je voudrais (commander, prendre, boire) . . .

Je ne sais pas . . . Vous avez des . . . ? Comment sont les . . . ce soir?

■ BUYING AND ORDERING

le chariot   la caisse   le panier   le filet   la balance

Les boissons: un jus de fruit, un Orangina, un Coca, un citron pressé, une eau minérale, une limonade, un café crème, un café au lait, un express, un vin rouge (blanc, rosé), une bière (blonde, brune, importée, domestique), un cidre

Au rayon des fruits: les bananes, les pommes, les cerises, les abricots, les melons, les pêches, les framboises, les fraises, les oranges, les poires

Au rayon des pâtisseries: le gâteau, les éclairs, les petits fours, la tarte aux pommes (aux fraises), les tartelettes, les mille-feuilles, le pain au chocolat, les biscuits

Au rayon des légumes: la laitue, les carottes, le céleri, les haricots, les champignons, les oignons, les tomates, les petits pois, les pommes de terre

À la boucherie: le poulet, le biftek, la viande hachée

À la charcuterie: le jambon fumé, le saucisson, le pâté, la salade composée

À la boulangerie: la baguette, la brioche, les croissants, le pain de campagne

À la crémerie: le yaourt, le beurre, la crème, le lait, les oeufs, les fromages, le gruyère, le camembert, le brie, le roquefort, le chèvre, le pot de crème

À l'épicerie: la farine, le sucre, le café, les tomates en boîte, les céréales, la moutarde, le sel, le poivre, la mayonnaise, le thon

■ QUANTITIES

Il me faut 250 grammes de fraises. peu de, assez de, beaucoup de, trop de, une bouteille de, une carafe de, une tasse de, une tranche de, une douzaine de, un kilo de, un verre de, un demi (litre) de, quelques, plusieurs

■ EXPRESSING PREFERENCES AND QUANTITIES

Preferences: J'aime (j'aime bien, j'aime beaucoup, j'apprécie, j'adore, je préfère, j'aime mieux, je n'aime pas, je déteste) le Cinzano.

Quantities: Je veux (je veux bien, je voudrais, je prends, j'ai, je commande, j'achète, il me faut, il nous faut) du Cinzano. Je ne veux pas de Cinzano.

■ IRREGULAR VERBS

acheter (note accent changes)		servir		préférer (note accent changes)	
j'achète	nous achetons	je sers	nous servons	je préfère	nous préférons
tu achètes	vous achetez	tu sers	vous servez	tu préfères	vous préférez
il (elle) achète	ils (elles) achètent	il (elle) sert	ils (elles) servent	il (elle) préfère	ils (elles) préfèrent

QUOI DE NEUF?

In this chapter, you will learn to report news of interest and to react to news stories.

TRANCHE 1
VOUS AVEZ DES NOUVELLES?
Function: Describing Activities in the Past
Structure: Le Passé composé
Culture: La Vie moderne

TRANCHE 2
VOUS AIMEZ L'ART?
Function: Expressing Likes
Structure: La Négation et l'interrogation au passé composé

TRANCHE 3
VOICI LES NOUVELLES
Function: Reporting Events
Structure: Le Passé composé avec être

TRANCHE 4
CE N'EST PAS VRAI?
Function: Reacting to News
Structure: Participes passés irréguliers

CHAPITRE 8

Vous avez des nouvelles?

≡ AU TRAVAIL

Be sure to call students' attention to the functions and contexts in each **Tranche** before beginning the chapter.

ACTIVITÉ 1

news

Approach, Act. 1: Have students find how to ask for news; various ways to answer; how to react. Organize these in columns on the board. Save to use in later activities.

what's new?

nothing

J'ai des nouvelles!° Two friends who haven't seen each other for a while meet by chance and exchange news. With a partner, practice these mini-dialogues. Then imagine that the two of you have just run into each other after a long time; exchange greetings and find out what's new.

— Bonjour, Michel.
— Salut!
— Quoi de neuf?°
— Rien° de spécial. Et toi?
— J'ai des nouvelles! J'ai un nouveau poste comme chef de section avec la société Lagarde. Le poste est très intéressant. J'aime bien le patron.
— Elles sont formidables, tes nouvelles!

— Quoi de neuf, Christine?
— J'ai un nouvel ami. Il s'appelle Henri. Il est de Lyon et il est sympa. Il aime le jogging et la planche à voile.
— Formidable! Il a l'air très intéressant.

≡ DIALOGUE ◆ Un ancien ami

Approach, Dialogue:
(1) Go over the introductory questions.
(2) Play the dialogue on the students' audio cassette (or role-play it yourself). (3) Ask students

Claudine and Isabelle are at a café talking about the latest news. Think about the following questions while reading the dialogue.

A. Whom are they talking about?
B. How has he changed?

to answer guide
questions. (4) Have
students repeat and
practice with you and
with each other, taking
different roles.
Encourage them to
personalize the dialogue
by changing words or
expressions.

CLAUDINE: Bonjour, Isabelle. Quoi de neuf?

ISABELLE: J'ai des nouvelles extraordinaires. Hier matin je suis descendue° pour faire des courses° en ville. Je suis arrivée au supermarché et une grande voiture de luxe, une Mercédès, s'est garée° juste à côté de ma voiture. Devine° qui est sorti° de la voiture!

I went / shopping

parked / guess / got out

CLAUDINE: Qui?

ISABELLE: Frank.

CLAUDINE: Qui est-ce?

remember

who / married

ISABELLE: Frank, Frank Pourcel, mon voisin. Tu te souviens de° Frank. Le grand blond, le type qui° a épousé° Marthe, la fille du prof de maths.

guy

CLAUDINE: Ah, oui. Il y a six ans de ça. Le chic type, le gars° très poli et très gentil.

no longer

suit

ISABELLE: Oui, voilà. Eh bien, il n'est plus° pauvre comme avant. Il porte aujourd'hui des costumes° de chez Dior et il a cette énorme voiture. Il m'a proposé de prendre un café. J'ai accepté et il m'a raconté son histoire. Il a fait beaucoup d'argent quand il a fondé une compagnie à Lyon. Ensuite il a hérité de sa tante.°

aunt

true

CLAUDINE: Ce n'est pas vrai!° Il est donc millionnaire, c'est ça?

because

child

ISABELLE: Et bien, oui. Mais l'argent a mal influencé sa vie, car° il a abandonné Marthe avec un enfant.°

CLAUDINE: Mais non! Ce n'est pas possible!

yes! / m. social class

returned

happiness

ISABELLE: Si!° Il affirme qu'ils ne sont plus du même milieu.° Il a laissé Marthe à Lyon, il a confié la compagnie à son vice-président, et il est rentré° à Paris. C'est ici qu'il va chercher le bonheur.°

CLAUDINE: Ah, la pauvre Marthe. Elle est horrible, cette histoire!

COMPRÉHENSION_____

ACTIVITÉ 2

correct

Comment est Frank?   Lisez et ensuite corrigez° le paragraphe suivant. Faites un résumé des nouvelles.

> J'ai des nouvelles extraordinaires. J'ai rencontré Frank devant la poste. Frank est sorti d'une voiture modeste. Tu te souviens de Frank, n'est-ce pas? C'est le petit brun, le prof de maths qui a épousé Christine il y a dix ans. Il porte aujourd'hui des blue jeans et des tee shirts. Il est vice-président d'une compagnie à Bordeaux. Il a abandonné Christine à Lyon et il est rentré à Paris.

Corrections, **Act. 2:**
. . . devant le supermarché. . . . d'une grande voiture de luxe, une Mercedes. . . . le grand blond, le type qui a épousé Marthe, la fille du prof de maths.
. . . des costumes de chez Dior. Il a fondé une compagnie à Lyon. Il a abandonné Marthe . . .

ACTIVITÉ 3

Comment dit-on . . . ?   Identify the lines that show:

1. one way to introduce a piece of surprising news.
2. several activities already completed in the past.
3. several ways of showing that one understands or agrees.
4. several ways of expressing sympathy or disbelief.

Approach, **Act. 3:**
(1) Have students look for answers in small groups. (2) Elicit their answers and organize them in columns, adding to the table begun in **Activité 1.** (3) Mix and match expressions to create different dialogues.

C'EST À DIRE♦ Dire ce qu'on a fait

Suggestions, **C'est à dire:**
(1) Preview the material using the introductory guidelines. (2) Role-play the mini-dialogues and have students repeat and practice the material with you, with a partner and finally incorporating personal variations.
(3) Have students complete the table begun

did / something interesting

on the board. Have them look for additional expressions: asking for news; describing activities completed in the past; and one way to

Your instructor will model several exchanges. You should follow these steps.

A. Role-play the mini-dialogues with a partner.
B. With a partner, create new mini-dialogues. Use the different ways to ask about someone's news and select your answers from among those shown.
C. Are the activities discussed going on at the present or have they already taken place?

— Tu as fait° quelque chose d'intéressant° samedi passé?
— Samedi passé j'ai fait beaucoup de choses. Le matin j'ai joué au tennis avec Jacques. Ensuite j'ai visité le nouveau centre commercial et j'ai acheté des disques. Le soir j'ai regardé un match de football à la télé.

| *chatted* | — Qu'est-ce que tu as fait hier? |
| *that's all* | — Pas grand-chose. Hier matin j'ai écouté un programme à la radio. Ensuite, j'ai préparé le déjeuner. J'ai déjeuné et puis j'ai rencontré Lise au café à trois heures. Nous avons bavardé.° Le soir j'ai étudié. C'est tout.° |

nothing special / except that

shopped

— Quoi de neuf, Marthe?
— Rien de spécial,° sauf que° j'ai beaucoup travaillé hier.
— Ah bon?
— Oui, hier matin, par exemple, j'ai fait les courses.° J'ai travaillé de 10h à 3h. Après j'ai étudié les maths.

ACTIVITÉ 4 On travaille ou on sort?

Discuss your plans for today with a partner. If you worked yesterday, plan to go out today. If you went out yesterday, stay home and work today. Practice at least eight different responses using an item from each column.

MODÈLES: — *Tu sors[1] cet après-midi?*

I have to work

— *Non, hier soir j'ai regardé le match de football, alors cet après-midi je dois travailler.°*

— *Tu sors cet après-midi?*
— *Bien sûr! Hier soir j'ai fait les courses et j'ai étudié, alors cet après-midi j'aimerais bien sortir.*

Hier soir

j'ai regardé le match de football
j'ai rencontré des amis au café
j'ai fait les courses
j'ai travaillé
j'ai écouté de la musique
j'ai joué au tennis
j'ai regardé un film
j'ai bavardé avec des amis
j'ai fait la lessive
j'ai visité le nouveau centre commercial
j'ai étudié

alors cet après-midi

je dois travailler
je dois étudier
j'aimerais bien sortir

---

1. The complete conjugation of the irregular verb **sortir** (*to go out*) is given in the section **Vocabulaire et expressions** at the end of the chapter.

REGARDONS DE PLUS PRÈS ◆ Le Passé composé

Cultural note, **Regardons de plus près:** Remind students that the French rarely give top priority to professional activities. They spend a lot of time with friends, participating in leisure activities (cinema, theater, concert, etc.), or else going into town (to a restaurant, discotheque, art show, etc.).

Approach: (1) Preview the material focusing on the introductory questions. (2) Model the mini-dialogue several times. (3) Encourage students to look for patterns and direct them to answer the guide questions with a partner. (4) Elicit their observations. (5) Present the grammatical explanations as a means of confirming and extending students' hypotheses.

food

dishes

slept

show

Think about the following questions as you study the dialogue below.

A. How would you rate the weekend described in the dialogue?
B. How is the past tense expressed? How do the forms of the verb change from person to person?

— Qu'est-ce que **tu as fait** ce week-end?
— Beaucoup de choses: d'abord **j'ai travaillé** beaucoup et **j'ai terminé** tout mon travail vendredi soir. Ensuite, samedi **nous avons organisé** une fête. Le matin **nous avons acheté** des provisions,° l'après-midi **nous avons préparé** les plats,° et le soir **nous avons dansé!**
— Et dimanche?
— **J'ai dormi**° toute la journée.

The passé composé is a conversational tense that tells what happened in the past. It is formed with the present tense of an auxiliary verb (**avoir** or **être**) and a past participle.

■ The passé composé of most verbs is formed with the auxiliary verb **avoir.** (Verbs that use **être** will be treated in a later section.)

■ To form the past participle of a regular verb, replace the infinitive ending with the corresponding past participle ending.

Qu'est-ce qu'on a fait au centre commercial?

choisir → choisi	acheter → acheté	attendre → attendu
J'**ai choisi** des bonbons.	J'**ai acheté** des bonbons.	J'**ai attendu** la monnaie.
Tu **as choisi** un micro-ordinateur.	Tu **as acheté** le micro-ordinateur.	Tu **as attendu** le directeur des ventes.
Elle **a choisi** un vélomoteur.	Elle a **acheté** le vélomoteur.	Elle **a attendu** la garantie.
Nous **avons choisi** un téléviseur couleur.	Nous **avons acheté** un téléviseur couleur.	Nous **avons attendu** la vendeuse.
Vous **avez choisi** une séance° d'un film au cinéma.	Vous **avez acheté** les billets.	**Vous avez attendu** l'heure de la séance.
Ils **ont choisi** le disque.	Ils **ont acheté** le disque.	Ils **ont attendu** à la caisse.

ACTIVITÉ 5 Vous connaissez° Georges?

Racontez° l'histoire de Georges à la confiserie.° Employez le passé composé des verbes entre parenthèses.

know / tell / candy store

Answers, Act. 5: ai observé, a choisi, a acheté, a donné, a attendu, a mangé

box

Tu sais. J'*(observer)* Georges ce matin à la confiserie. Il *(choisir)* une boîte° de chocolats. Ensuite, il *(acheter)* la boîte de chocolats. Il *(donner)* 100 francs à la vendeuse. Il *(attendre)* la monnaie. Il *(manger)* les chocolats en dix minutes.

ACTIVITÉ 6 On bavarde.

Dites° les nouvelles de tout le monde.

Answers, Act. 6: 1. Vous avez passé de bonnes vacances? 2. Moi, j'ai acheté un nouveau lecteur laser. 3. Émilie et moi, nous avons bavardé au café. 4. Simon a assisté à une conférence. 5. Marc et Léon ont joué au golf tous les après-midis. 6. Christine a travaillé. 7. Béatrice et Françoise ont regardé le nouveau film anglais. 8. Tu as voyagé dans les Alpes?

say

attend

every

MODÈLE: Jean / inviter Nathalie à dîner chez ses parents
Jean a invité Nathalie à dîner chez ses parents.

1. Vous / passer de bonnes vacances?
2. Moi, je / acheter un nouveau lecteur laser
3. Émilie et moi / bavarder au café
4. Simon / assister à° une conférence
5. Marc et Léon / jouer au golf tous les° après-midis
6. Christine / travailler
7. Béatrice et Françoise / regarder le nouveau film anglais
8. Et toi? Tu / voyager dans les Alpes?

ACTIVITÉ 7 Qu'est-ce que vous avez fait ce week-end?

Look at the list of Saturday's activities and tell who did what with whom.

Answers, Act. 7: 1. a. Lise et David ont regardé le film au Rialto.
b. Christine et Robert ont regardé le film au Rex. →

MODÈLE: Qui a joué au tennis ce week-end?
Christine et Élise ont joué au tennis.

Christine	Lise	Robert	Marc	Elise	David
jouer au tennis avec Élise	nettoyer°	film au Rex	jouer au basket	jouer au tennis	parler avec M. Dupont
film au Rex	visiter le musée avec Marc	jouer au basket	étudier	rencontrer Jean au café	film au Rialto
étudier	film au Rialto avec David	rencontrer Jean au café	visiter le musée	parler avec le directeur	nettoyer

to clean

▶

1. a. Qui a regardé le film au Rialto?
   b. Qui a regardé le film au Rex?
   c. Qui a nettoyé l'appartement?
   d. Qui a joué au basket?
   e. Qui a parlé avec des amis au café?
   f. Qui a parlé au téléphone avec le directeur?

2. a. Christine, qu'est-ce que tu as fait ce week-end?
   b. Tu as regardé un film?

3. Je m'appelle Lise. David et moi, nous avons passé un week-end assez amusant. Par exemple, nous _____ et nous _____ ensemble. Mais moi, j'_____ _____ avec Christine et David _____.

4. a. Qu'est-ce qu'Élise a fait ce week-end?
   b. Est-ce qu'elle a passé du temps ce week-end avec un ami?

5. Je m'appelle Robert et ce week-end j'ai parlé avec _____ au café et j'_____. Aussi, j'_____. Quel week-end merveilleux!

NOTES CULTURELLES

La Vie moderne

neither

Modern-day living does have many advantages, but also some disadvantages. The following results of recent polls of French people show that there is some concern about modern living.

Aujourd'hui comment qualifiez-vous le climat social?

Plutôt bon	6%
Plutôt mauvais	63%
Ni l'un ni l'autre°	29%
Ne se prononcent pas	2%

Le Nouvel économiste

Le sentiment d'insécurité a augmenté. Pourcentage des réponses «bien d'accord» et «entièrement d'accord».

1981	58%
1982	63%
1983	63%
1984	68%
1985	68%

Agoramétrie

threaten Les ordinateurs menacent° notre liberté. Pourcentage des réponses «bien d'accord» et «entièrement d'accord».

1981	53%
1982	45%
1983	49%
1984	42%
1985	45%

Agoramétrie

La pollution est préoccupante. Pourcentage des réponses «bien d'accord» et «entièrement d'accord».

1981	82%
1982	82%
1983	80%
1984	81%
1985	86%

Agoramétrie

Vous aimez l'art?

≡ AU TRAVAIL

ACTIVITÉ 1

Suggestion, Act. 1: Have students take notes about their partner's opinions.

Follow-up: Have several students report to the class what their partner thinks about the given arts.

Mes Appréciations . . .   With a partner practice the mini-dialogues and share your opinions. Then study each piece of art and prepare an opinion using the words and phrases below.

fantastique	assez ordinaire	affreux
sensationnel	bien	bizarre
magnifique	assez intéressant	horrible

MODÈLE: l'art moderne
— *Je pense que c'est bizarre!*
— *Moi, je pense que c'est magnifique!*
— *Moi, je n'aime pas le style avant-garde. J'aime mieux le style classique.*

SCÈNE 1

— Tu aimes cette création?
— Oui, beaucoup! Le style avant-garde est merveilleux!

SCÈNE 2

— Le style impressioniste te plaît?
— Euh, assez. Je pense que c'est assez ordinaire. J'aime mieux le style avant-garde.

SCÈNE 3

— Qu'est-ce que tu penses de ça?
— Non, je n'aime pas ça du tout! Je n'aime pas le style classique. C'est sans intérêt.

À L'ÉCOUTE◆L'Événement artistique

Approach, À l'écoute:
(1) Preview the conversation focusing on the title and the art.
(2) Preteach new vocabulary. Sentences introducing this vocabulary are found with the **À l'écoute** tapescript in this Teacher's Edition.

Listen to the tape and refer to the photos above. Then complete the comprehension activities.

In this radio interview, the announcer describes an artistic event and then asks people for their opinions. What event is discussed? Does it provoke positive, negative, or neutral reactions?

COMPRÉHENSION_____

ACTIVITÉ **2**

did you see?

Answers, Act. 2: le projet de Christo ou le Pont Neuf, Christo, le Pont Neuf, toile, assistants, plus d'une semaine

Vous avez vu° sa création? Using this outline as a guide, tell a partner about the Pont Neuf project.

Tu as vu[2] _____? L'artiste _____ a fini sa création. Il a enveloppé _____ d'une toile. C'est ça, d'une _____ colorée. Ses _____ ont travaillé pendant _____. Allons voir son travail ce soir!

ACTIVITÉ **3**

Approach, Act. 3:
(1) Have students categorize the expressions given in Activities 2 and 4 in a table. (2) Have students give their own opinions to a partner and take notes about their partner's opinions.
(3) Have several students report their partners' opinions to the class.

Qu'est-ce que vous pensez de Christo? Categorize these expressions as positive, neutral, or negative. Then give your opinion of the following works, using at least five of the descriptions from among those listed below and those in *Activité 1*.

crazy

waste

C'est du nouveau.	C'est fou.°	C'est idiot.
C'est très intéressant.	C'est sans raison sociale.	C'est un gaspillage.°
C'est gigantesque.	C'est très bien.	

_____

2. The complete conjugation of the irregular verb **voir** *(to see)* is given in the section **Vocabulaire et expressions** at the end of the chapter.

1. La Joconde *(Mona Lisa)*   2. Le Penseur de Rodin   3. La Tour
Eiffel   4. La musique de Bach   5. L'art impressioniste de Renoir
6. L'Arc de Triomphe

C'EST À DIRE • Dire ce qui vous intéresse

show

I liked it a lot / m. singers

video

song

paintings

read

characters

Your instructor will voice the following opinions about artistic works. You
should then follow these steps.

A. Practice asking for and giving opinions.

B. Substitute one reaction for another.

C. Be prepared to give your opinions of other works.

SCÈNE 1

— Tu as aimé l'émission° de variétés hier soir?
— Oui! Ça m'a beaucoup plu.° J'ai beaucoup aimé les chanteurs.°

SCÈNE 2

— Qu'est-ce que tu penses du nouveau clip° de Mitsouko?
— Fantastique comme clip! J'ai beaucoup apprécié la chanson.°

SCÈNE 3

— Tu as vu la nouvelle exposition de Chagall, n'est-ce pas?
— Oui, mais ça ne m'a pas plu. Je n'ai pas aimé les anciens tableaux.°

SCÈNE 4

— Tu as lu° le nouveau roman de Duras?
— Oui.
— Ça t'a plu?
— Pas tellement. J'ai beaucoup apprécié l'air de mystère, mais je n'ai pas
aimé les personnages.°

ACTIVITÉ 4

J'aime...   Complétez les conversations suivantes avec une question
ou une opinion. Répétez les conversations avec quatre camarades.

MODÈLE: — Qu'est-ce que tu penses de l'exposition de tableaux de Renoir?
— *Ça m'a beaucoup plu. J'adore les tableaux de Renoir.*

1. — Qu'est-ce que tu penses des films de François Truffaut?
   — _____.

2. — _____.
   — Ça m'a beaucoup plu!

3. — As-tu aimé l'exposition de tableaux impressionnistes?
   — _____.

4. — _____.
   — J'ai beaucoup aimé les acteurs.

5. — Tu as vu la pyramide de Pei, n'est-ce pas?
   — _____.

6. — _____.
   — Ça ne m'a pas plu du tout.

7. — _____.
   — Non! C'est un gaspillage de temps et d'argent.

8. — _____.
   — C'est assez intéressant, mais j'aime mieux ses anciennes chansons.

ACTIVITÉ **5** **Et vous?** Select a recent song, film, or television program and get others' reactions. Be prepared to report back to the class on your findings.

heard MODÈLES: — *Tu as entendu° le nouveau disque de Renaud?*
— *Bien sûr!*
— *Ça t'a plu?*
— *Oh, oui! J'ai beaucoup aimé la chanson.*

saw — *Tu as vu° le nouveau clip de Michael Jackson?*
— *Non. Je n'ai pas vu le clip.*

≡ REGARDONS DE PLUS PRÈS ◆ La Négation et l'interrogation au passé composé

Approach, Regardons de plus près: (1) Preview the material focusing on the introductory questions. (2) Model the mini-dialogue several times. (3) Encourage students to look for patterns and direct them to answer the guide questions with a partner.

Read this conversation about a film.

A. On what points do they agree? On what points do they disagree?
B. How is the negative expressed in the passé composé?
C. How are questions in the passé composé formed?

— **Est-ce que tu as aimé** le film hier soir?
— Non, **je n'ai pas aimé** ce film.
— Pourquoi?
— **Je n'ai pas apprécié** les acteurs. Et toi?
— Moi, **je n'ai pas aimé** l'histoire.

■ The negative of the passé composé is formed with the following pattern: *subject* + **ne** + **avoir** + **pas** + *past participle.*

Je n'ai pas aimé ce film.	*I didn't like that film.*
Elle n'a pas choisi cette pièce de théâtre; elle déteste cet acteur.	*She didn't choose that play; she hates this actor.*
Nous n'avons pas attendu la fin du film. Nous n'aimons pas les tragédies.	*We didn't wait until the end of the film. We don't like tragedies.*

■ The interrogative of the passé composé can be formed with the following patterns:

using rising intonation for yes/no questions

Tu as aimé la représentation?	*Did you like the performance?*
Vous avez vu cette nouvelle pièce d'avant-garde?	*Have you seen that new avant-garde play?*

using **est-ce que**

Est-ce qu'il a vendu son billet pour l'opéra?	*Has he sold his opera ticket?*
Est-ce qu'elles ont apprécié le ballet?	*Did they appreciate the ballet?*
Pourquoi **est-ce que tu as oublié** le concert ce soir?	*Why did you forget the concert tonight?*

using **n'est-ce pas** *for confirmation*

Tu as aimé le film, **n'est-ce pas?**	*You liked the film, didn't you?*
Jeanne a parlé aux acteurs, **n'est-ce pas?**	*Jeanne spoke to the actors, didn't she?*

using inversion

As-tu perdu les billets pour l'opéra ce soir?	*Did you lose the opera tickets for tonight?*
Avez-vous regardé l'émission à la télé?	*Did you watch the television show?*
Où **a-t-il rencontré** cette chanteuse?	*Where did he meet this singer?*

- Note that when inversion is used, the pronoun and the auxiliary verb are inverted. A hyphen is used between the two words. Remember that a **-t-** is added when the verb ends with a vowel and the subject begins with one.

- When the subject is a noun, a pronoun is added.

Jeanne a-t-elle regardé la télévision hier soir?	*Did Jeanne watch television last night?*
Quand **Jean a-t-il fini** son travail?	*When did Jean finish his work?*

ACTIVITÉ **6**

Je n'ai pas aimé cette exposition!   This chart rates several events. State each person's preferences concerning each event using the ratings illustrated in the models.

Approach, Act. 6: (1) Have students do the activity in pairs. (2) Set a time limit. (3) Have students report the characters' likes and dislikes.

Variation: Substitute the names and events given here with those of personal interest to your students.

MODÈLES: **3** *Denis a beaucoup aimé l'exposition de photographies.*
 2 *Denis n'a pas d'opinion sur la collection de sculptures.*
 1 *Denis n'a pas aimé l'exposition de Manet.*

PRÉFÉRENCES ARTISTIQUES	André	Denis	Adèle	Patricia
l'exposition de Manet	3	1	3	1
l'exposition de photographies	2	3	3	1
la collection de sculptures d'avant-garde	1	2	1	1
la conférence sur l'architecture moderne	2	1	2	3

ACTIVITÉ **7**

C'est qui?   Work in small groups. Choose a singer or an actor or actress whom you really admire. Other members of the group should try to guess who it is. Some useful questions are provided below:

Suggestion, Act. 7: For this activity, you might also ask students to provide physical descriptions. Refer students to the **Vocabulaire et expressions** in Chapter 3.

A-t-elle joué dans une émission de télé?
A-t-elle joué dans un film?

A-t-elle joué dans le film _____?
A-t-il chanté de la musique rock?
A-t-il chanté dans le groupe _____?

À VOUS! ◆ Trouvez une personne qui...

Follow-up, À vous!: Have some students report their results to the class: **Susan a visité la Tour Eiffel et elle pense que c'est formidable.**

Suggestion: You may want to direct students to prepare the **Au travail** section in the following **Tranche** as homework for the next class session.

Circulate among your classmates and find a person who has participated in the following artistic events. Record each person's name and his or her opinion of the event. Be ready to report your findings to the class.

MODÈLE: visiter la Tour Eiffel
— *Est-ce que tu as visité la Tour Eiffel?*
— *Oui.*
— *Est-ce que tu as aimé ce monument?*
— *Il est formidable!*

1. assister à un concert de musique classique _____
2. écouter un opéra à la radio _____
3. lire un roman de Simenon ou d'Agatha Christie _____
4. assister à une exposition d'art photographique _____
5. jouer un instrument de musique _____
6. regarder une émission scientifique à la télé _____
7. voir (tu as vu)° un film français _____
8. voir une exposition d'art moderne _____
9. jouer dans une pièce de théâtre _____
10. assister à un concert de musique de rock _____

have you seen

Voici les nouvelles

≡ AU TRAVAIL

ACTIVITÉ 1 **C'est formidable!** Lisez les en-têtes° à un(e) camarade. Donnez votre
f. headlines opinion des nouvelles. Employez les expressions qui suivent.

MODÈLE:

f. discovery **Découverte d'un médicament miraculeux**

in my opinion / really — *À mon avis,° c'est vraiment° formidable!*
altogether — *À mon avis, c'est tout à fait° horrible.*

ADMIRATION

| *great* | magnifique | formidable° | très bien | très intéressant |
| | merveilleux | remarquable | bien | assez intéressant |

DÉGOÛT

| *disgusting / stupid* | dégoûtant° | sans intérêt | bête° | assez ordinaire |
| *awful* | insupportable | affreux° | ennuyeux | pas très bien |

LA VIE QUOTIDIENNE

Taux° d'inflation à 12%

m. gold prize

m. rate

LES BEAUX ARTS

Prix d'or°
à un acteur
français

*Les Rénovations du Louvre
sont terminées*

Les contrôleurs du métro
ont fait la grève°

strike

LES SPORTS

Nouveau stade
à Bordeaux

**Le championnat d'Europe
de football
appartient° aux Belges**

belongs

LA POLITIQUE

Il y a 15 candidats
aux élections
présidentielles

**Le Président de la République
est gravement malade**

LA TECHNOLOGIE

Première station
spatiale européenne

DEUXIÈME DÉSASTRE
NUCLÉAIRE

L E C T U R E ♦ Un Cambriolage hier soir

The first news story below reports a break-in. Was the crime vandalism? Was anything taken?

The follow-up story gives additional details and a new perspective. Who claimed responsibility for the burglary? What was the motive?

burglary

perpetrator

window / floor

ladder / suburbs
broke / window pane

ground floor
m. destruction
destroyed

harmful
crime squad

could have

with the exception of

loss

À Paris, le 10 octobre – La police a constaté un cambriolage° hier soir dans les laboratoires de la société pharmaceutique Réaumur-Nelson. Le malfaiteur° est entré dans l'établissement par une fenêtre° du deuxième étage.° La police a confirmé qu'il est monté avec une échelle° à l'étage supérieur où il a cassé° une vitre.° Ensuite il est descendu au rez-de-chaussée° et a causé beaucoup de dégâts° dans les salles de laboratoire.

Il est sorti par la porte principale. Le détective Buisson de la police judiciaire° a dit: «J'ai l'impression que c'est une histoire de drogues».

Un représentant de la compagnie affirme que le malfaiteur a volé plusieurs bouteilles de produits pharmaceutiques qui pourraient° avoir une valeur «commerciale». À part° les bouteilles et quelques animaux de laboratoire, le représentant a déclaré que la perte° «n'est pas considérable».

À Paris, le 11 octobre – Trois membres du Cadre Anti-vivisection pour la Protection des Animaux (CAPA) ont annoncé qu'ils sont les responsables du cambriolage hier soir des Laboratoires Réaumur-Nelson dans la banlieue° de Paris. Le CAPA a dénoncé les expériences «barbares» sur les animaux sans défense. Ils ont déclaré qu'ils ont libéré seize animaux et qu'ils ont détruit° une grande quantité de produits pharmaceutiques nocifs.°

COMPRÉHENSION

ACTIVITÉ **2** **Faites le reportage.** Vous êtes un reporter. Donnez les détails essentiels.

1. OÙ?
2. QUAND?
3. QUI?
4. COMMENT EST-IL ENTRÉ?
5. COMMENT EST-IL SORTI?
6. QU'EST-CE QU'IL A FAIT?
7. IMPORTANCE

ACTIVITÉ 3 L'essentiel de l'histoire.   Répondez aux questions suivantes au sujet du cambriolage.

1. Combien de malfaiteurs sont entrés dans le laboratoire?
2. Qu'est-ce que c'est que le CAPA?
3. Qu'est-ce que le CAPA a dénoncé?
4. Qu'est-ce qu'ils ont fait avec les bouteilles?
5. Qu'est-ce qu'ils ont fait avec les animaux?

☰ C'EST À DIRE ◆ Raconter les nouvelles

Your instructor will report the following news items. You should follow these steps.

A. Practice recounting each piece of news.
B. Be prepared to tell the news again with slightly different details (type or name of the establishment, door entered, items taken, escape route).

arrived
jewelry store

vault room
m. jewels

took

D'abord il est arrivé° à Paris et il est allé directement à la banque. Puis il est entré par la porte principale avec un revolver à la main. Ensuite il est monté au 2ᵉ étage. Après il est passé du bureau du directeur du personnel au bureau du président. Alors il est rentré dans le bureau du président, il a pris° l'argent et il est descendu au rez-de-chaussée avec l'argent. Finalement, il est sorti de la banque.

D'abord elle est arrivée à Lyon et elle est allée directement à la bijouterie.° Puis elle est entrée par la porte principale. Ensuite elle est montée au 3ᵉ étage. Après elle est passée du bureau du directeur au bureau du président. Alors elle est rentrée dans la salle des coffres,° elle a pris les bijoux° et elle est descendue au rez-de-chaussée avec les bijoux. Finalement, elle est sortie de la bijouterie.

241

ACTIVITÉ **4** **Les Nouvelles.** You have been assigned to cover a Nobel Prize winner. Include a physical description of the winner (you might want to refer to Chapter 3), and provide a detailed account of her activities.

MODÈLE: *Elle est arrivée à l'aéroport . . .*

arriver / descendre

aller à l'hôtel

arriver / entrer

monter sur scène

accepter le prix

sortir / rentrer

REGARDONS DE PLUS PRÈS ◆ Le Passé composé avec être

Think about these questions as you read the following description of a "break-in."

A. What are the "perpetrators" after?

B. How does the spelling of the past participle relate to the subject pronoun in each sentence?

Les «cambrioleurs» **sont arrivés** avec une échelle. Ils **sont entrés** dans la maison par une fenêtre du deuxième étage. Ils **sont descendus** au rez-de-chaussée où ils ont pris les clefs° du bureau. Ils **sont sortis** par la porte principale. Un des cambrioleurs a déclaré: «Je ne vais jamais° oublier° les clefs de la maison».

f. keys
never
forget

The passé composé of certain verbs of motion or state of being is formed with the auxiliary verb **être** rather than **avoir.**

retourner	Anne-Marie et les amies **sont retournées** du concert hier soir avec cette histoire intéressante.
aller	Anne-Marie **est allée** au concert avec Lise et Hélène.
arriver	Elles **sont arrivées** à la salle de concert à l'heure. Devant la salle de concert, elles ont vu plusieurs hommes suspects.
rentrer	Deux hommes **sont rentrés** dans la salle de concert par la porte de service et trois hommes **sont restés** devant la salle à surveiller le monde dans la rue.
entrer	Les amies **sont entrées** dans la salle de concert par la porte principale.
monter	Un homme **est monté** au deuxième étage.
descendre	Puis, il **est** rapidement **descendu** au rez-de-chaussée où il a pris sa place au premier rang.°
venir	La chanteuse **est venue** devant l'assistance et le concert a commencé.
sortir	Puis, l'homme du premier rang **est sorti** par la porte de derrière aussi vite que possible.°
partir	Il **est parti**[3] sans rien° dire.
mourir°	Ce matin dans le journal, j'ai lu que personne° **n'est mort** ce soir-là. Au contraire, le Président de la République assistait° au concert et les hommes étaient° des agents du Président.

m. row

as quickly as possible
nothing
to die / no one

was attending / were

3. The complete conjugation of the irregular verb **partir** *(to leave)* is given in the section **Vocabulaire et expressions** at the end of the chapter.

e passé composé, the past par-

bert went to the performance.

cle.

any people.

bert, did you go on vacation?

ntal, did you go out tonight?

ntlemen, you came late.

retard.

ACTIVITÉ 5

Qu'est-ce que vous faites?   You have left your passport on a table in a restaurant. Upon returning, you find the restaurant locked. You enter through an open window in the basement and . . . explain to the restaurant staff how you got in.

MODÈLE: partir pour mon hôtel sans mon passeport
Je suis parti(e) pour mon hôtel sans mon passeport. Alors . . .

1. retourner au restaurant
2. aller à la porte principale: fermée
3. rentrer vers la porte de derrière: fermée aussi
4. entrer par la fenêtre ouverte
5. descendre au sous-sol°
6. monter au rez-de-chaussée
7. passer par la cuisine
8. arriver ici: alors me voilà et voilà mon passeport. Merci beaucoup!

ACTIVITÉ 6

f. pl. business

Un reportage d'un voyage d'affaires.°   Use the following log to report on the work of each member of the sales group. Tell where they went, when they returned, with whom they talked, and whether or not they got the contract.

sales manager

MODÈLE: *Charles est parti en Suisse. Il est allé à Genève. Il a parlé avec le directeur des ventes.° Il est rentré hier. Il a gagné le contrat.*

Qui	Où	Avec qui	Quand	Gagner un contrat
Charles	en Suisse à Genève	le directeur des ventes°	hier	oui
Annette	en Grèce à Athènes	le président de la société	ce matin	oui
Marc et moi, nous	en Italie à Rome	le chef de la section pharmaceutique	hier	non
Irène et Judith	en Chine à Hong Kong	la directrice des ventes	ce week-end	oui

À VOUS! ◆ Aux Champs-Élysées

Approach, À vous!:
(1) Have students prepare, then present their stories. (2) Have students rate the trips from 1 to 5.

Suggestion: You may want to direct students to prepare the **Au travail** section in the following **Tranche** as homework for the next class session.

You have just spent a long weekend in and around Paris. With a small group, prepare an activity log of at least fifteen activities you did and did not do. Some suggestions are provided below. Be prepared to report your itinerary to the class, who will then vote on the most interesting trip. Remember that some activities require *avoir* in the passé composé while others require *être*.

MODÈLE: *Nous avons bavardé au café.*

bavarder au café	descendre à Versailles	travailler
aller au Louvre	monter sur la Tour Eiffel	visiter Notre-Dame
regarder la télé	partir en excursion	acheter des souvenirs
aller à Chartres	passer par les Tuileries	rentrer très tard le soir
rencontrer des amis	sortir chaque soir	voir une exposition

Ce n'est pas vrai?

≡ AU TRAVAIL

ACTIVITÉ 1

character

Suggestion, Act. 1: Encourage students to create their own news to add to the items here.

Quelles Nouvelles!   Fabriquez des nouvelles intéressantes. Choisissez l'heure, le personnage° et l'activité de la liste suivante.

MODÈLE: *Hier soir, la princesse Christiane St-Laurent a dîné chez les Cardunelle.*

QUAND

hier matin (après-midi / soir)
vendredi matin (après-midi / soir)
le week-end passé
la semaine passée

QUI

le (la) présidente(e)
la duchesse
le (la) chimiste français(e)
le cambrioleur
l'athlète très connu
le (la) musicien(ne) célèbre
le médecin

QUOI

aller à Paris (Tahiti / Genève / New York)
dîner chez   les Cardunelle
sortir avec   le skieur suisse
rendre visite à   l'espionne canadienne
parler à   Catherine Deneuve, actrice
commencer   le président de la société internationale
finir   des expériences suspectes
                    un grand projet
                    un travail malhonnête
                    un programme d'entraînement
                    une conférence très importante

C'EST À DIRE ◆ Donner sa réaction

Approach, C'est à dire:
(1) Preview material using introductory guidelines. (2) Role-play various reactions. Have students repeat and practice material with you and a partner. Have several students report news from Activity 2 and *surprising / astonishing / disappointing* have others in the group react with expressions given here.

Listen as your instructor reacts to the news items from *Activité 1* with the expressions of surprise listed below.

A. React to a classmate's news using at least two of these expressions.

B. Be prepared to react to your instructor's news.

Vraiment? Comment ça? Oh là là! Pas possible!
Mais non . . . vraiment?

C'est (vraiment) incroyable (surprenant° / étonnant° / décevant°).
Ce n'est pas possible!
Ce n'est pas vrai!

ACTIVITÉ 2

A la radio. The following news items are just in. Work with a partner, announcing the news and giving your reactions.

dead / injured 1. Il y a eu un accident sur la Route Nationale: un mort,° vingt blessés.°

2. L'équipe de France a gagné la coupe internationale de football.

3. Un vin français de Lafitte-Rothschild a pris la médaille d'or.

attack 4. Un attentat° de terroriste à fait deux morts.

5. On a volé une douzaine de tableaux célèbres du Louvre.

gives birth to / m. twins 6. Une femme met au monde° des jumeaux° dans la station spatiale.

sleep / at the wheel 7. Une nouvelle technologie permet aux automobilistes de dormir° au volant.°

chess 8. Un enfant de cinq ans gagne le championnat international d'échecs.°

ACTIVITÉ 3

Quoi de neuf? Tell a partner about your life and get his or her response. Some possible newsworthy items are listed below.

Follow-up, Act. 3: Have some groups announce their news to the class.

MODÈLE: —*J'ai quatre examens cette semaine.*
       —*Non, ce n'est pas vrai. C'est impossible, ça!*

J'ai _____ examen(s) cette semaine.
J'ai _____ (beaucoup / trop / peu) de devoirs à faire.

oral presentation J'ai _____ topos oraux° à faire.
Je dois travailler _____ heures cette semaine.
Je vais à _____ (Je suis allé[e] à) _____ *(une ville).*
Ce week-end, je vais _____.
Le week-end passé, je (j') _____.

REGARDONS DE PLUS PRÈS ◆ Participes passés irréguliers

Approach, Regardons de plus près: (1) Preview the material focusing on the introductory questions. (2) Present the text. (3) Encourage students to look for patterns and direct them to answer the guide questions with a partner. (4) Elicit their observations. (5) Present the grammatical explanations as a means of confirming and extending students' hypotheses.

Here is a piece of surprising news. Think about these questions as you study the story.

A. Henri has had many strange experiences. What are they?

B. Can you tell which infinitives are linked to the participles in bold?

J'**ai appris** une nouvelle vraiment surprenante: Henri, le mari d'Odile, **a fait** beaucoup de choses étranges dans sa jeunesse. Par exemple, il **a appris** le chinois à l'âge de dix ans; il a habité avec des Indiens et il **a vu** des danses secrètes. Il **a lu** des documents officiels qui prouvent que les Martiens ont visité la terre.

■ Some verbs have irregular past participles.

prendre	Je n'**ai** pas **pris** ces nouvelles au sérieux.
avoir	J'**ai eu** le temps de les confirmer.
faire	Il **a fait** beaucoup de travail pour préparer un reportage pour son rendez-vous avec le directeur, puis
être	il **a été** en retard pour le rendez-vous. Pourquoi? Je sais pourquoi!
voir	J'**ai vu** l'actrice de la nouvelle pièce de théâtre avec lui dans son bureau.
lire	Elle **a lu** son article et elle voulait° faire sa connaissance!° Voilà, c'est pourquoi il a été en retard!

wanted / to meet him

ACTIVITÉ 4 Quel système de sécurité?
Tell the following story to a partner, who should react to the news.

Answers, Act. 4: avons eu peur, a été, a fait, n'a pas vu, a pris, ai appris, ai compris

house

was

Nous *(avoir)* peur du cambriolage, alors nous avons appelé un spécialiste en systèmes de sécurité. Il *(être)* en retard pour son rendez-vous. Puis, il *(faire)* le tour de la maison.° Il n' pas *(voir)* de grands problèmes de sécurité. Mais il *(prendre)* beaucoup de photos pour son rapport. Plus tard, j' *(apprendre)* que ce «spécialiste» était° vraiment un cambrioleur! Quand j' *(comprendre)* ce système, j'ai téléphoné à la police. C'est vraiment incroyable!

ACTIVITÉ 5 Faites le reportage.
File this on-the-scene report from the site of flooding in the Camargue region near Marseille. Be prepared for the listeners' responses at the end of your report.

Suggestion, Act. 5: Point out the Camargue region on a map.

know

so many

Une inondation° a causé l'évacuation de 500 habitants

Ici Claudine Feldoine et je vous parle en direct de Stes-Maries-de-la-Mer en Camargue. Comme vous le savez° déjà, ils (avoir) _____ ici de terribles inondations de la Méditerranée et on souffre toujours en ce moment d'inondations incroyables. J' (faire) _____ le voyage de Paris hier soir. J' (être) _____ en ville à Stes-Maries-de-la-Mer ce matin. J' (prendre) _____ des photos et j' (apprendre) _____ que les évacuations vont continuer jusqu'à ce soir. J' (voir) _____ la Méditerranée et j' (comprendre) _____ pourquoi on a tant° de problèmes d'inondation ici. Maintenant, à vous.

— Allô? Qu'est-ce que vous pensez de la situation actuelle à Stes-Maries-de-la-mer?

À VOUS! ◆ Les Nouvelles

Discuss one of the following news headlines with a small group. Provide details for the story, specifying what actually happened, to whom it happened, how it happened, etc. Be ready to report your details to the class.

L'équipe de France a gagné la coupe internationale de ski.

Un vin américain a gagné la médaille d'or.

On a trouvé les douze tableaux célèbres volés du Louvre le week-end passé.

LA LANGUE ÉCRITE_____

Vous êtes reporter. Prepare a newspaper editorial on (1) an artistic event; (2) an item of local, national, or international news; or (3) an event in your life that would be of interest to others. Be sure to tell what happened, when, and to whom, and include your reactions and evaluations.

VOCABULAIRE ET EXPRESSIONS

■ ASKING WHAT'S NEW

Quoi de neuf? (Qu'est-ce que tu as fait hier / ce week-end)?
Rien de spécial. Et toi? (J'ai des nouvelles!) J'ai voyagé . . . Je suis allé(e) . . .

■ TALKING ABOUT ONE'S ACTIVITIES

Hier (matin, après-midi, soir, le week-end passé, la semaine passée, vendredi soir, samedi matin)

Je (ne) suis (pas) allé(e) . . .	Nous (ne) sommes (pas) allé(e)s . . .
Tu (n') es (pas) allé(e) . . .	Vous (n') êtes (pas) allé(e)(s) . . .
Il (n') est (pas) allé . . .	Ils (ne) sont (pas) allés . . .
Elle (n') est (pas) allée . . .	Elles (ne) sont (pas) allées . . .

Je suis arrivé/e (entré/e, monté/e, venu/e, rentré/e, descendu/e, sorti/e, retourné/e, parti/e, mort/e).

■ GIVING ONE'S OPINION

J'admire . . . J'ai de l'admiration pour . . . , J'ai beaucoup aimé . . . , Je n'ai pas aimé . . . , Je n'ai pas apprécié . . .

Ça t'a plu? Oui, beaucoup! Pas tellement. Pas du tout! Et toi?

Pour moi (D'après moi, À mon avis, Je pense que, Je trouve que, Il me semble que) c'est . . . , Je trouve ça . . .

J'ai trouvé la pièce (le film) magnifique, incroyable, formidable, surprenant(e), (très) intéressant(e), superbe, (très) bien, extraordinaire, sensationnel(le), fantastique, étonnant(e), assez bien, assez ordinaire, sans intérêt, pas très bien, décevant(e), affreux(se), dégoûtant(e), ennuyeux(se), désagréable, détestable, bête

■ EXPRESSING SURPRISE

Ce n'est pas vrai! Vraiment? Comment ça? Oh là là! Pas possible! Mais non . . . vraiment? Oh vraiment? C'est vrai? Ce n'est pas possible!

■ IRREGULAR VERBS

sortir		partir	
je sors	nous sortons	je pars	nous partons
tu sors	vous sortez	tu pars	vous partez
il (elle) sort	ils (elles) sortent	il (elle) part	ils (elles) partent
participe passé: sorti		participe passé: parti	

voir	
je vois	nous voyons
tu vois	vous voyez
il (elle) voit	ils (elles) voient
participe passé: vu	

TU VAS ME RACONTER UNE HISTOIRE?

In this chapter, you will learn how to talk about past events, reminisce, and tell stories. You will also learn how to describe people you have known.

CHAPITRE 9

Raconte-moi des souvenirs

Be sure to call students' attention to the functions and contexts in each **Tranche** before beginning the chapter.

≡ AU TRAVAIL

ACTIVITÉ **1**

describe

Act. 1: This activity reviews the following functions: sequencing; asking what's new; and talking about past activities.

Ah, quelles vacances!   Complétez chaque phrase. Décrivez° d'abord des vacances en ville et ensuite des vacances à la montagne.

DES VACANCES EN VILLE

— Quoi de neuf?
— La semaine passée je suis allé(e) . . .

| a. à New York | b. à Paris | c. à Londres |

J'ai passé . . .

| a. deux jours magnifiques | b. un week-end extraordinaire | c. une semaine fantastique |

D'abord je suis allé(e) . . .

| a. dans les grands magasins | b. voir les monuments | c. aux musées |

Le soir, j'ai rencontré des amis et nous . . .

| a. sommes allés au restaurant | b. avons dansé toute la nuit | c. avons assisté à une pièce de théâtre |

Quelles vacances merveilleuses!

DES VACANCES À LA MONTAGNE

during — Qu'est-ce que tu as fait pendant° les vacances?
— Pendant les vacances, moi, je suis allé à la montagne.

Je suis allé(e) à Chamonix . . .

a. pour faire du ski	b. pour faire de l'alpinisme°	c. pour faire de la moto-neige°

m. moutain climbing / snowmobiling

D'abord, . . .

I was afraid

a. j'ai pris des leçons	b. j'ai observé les experts	c. j'avais peur°

I did it Mais après quelques jours, j'en ai fait° . . .

a. comme un(e) expert(e)	b. sans avoir peur de me tuer°	c. assez bien

without being afraid of killing myself

Le soir, mes amis et moi, nous avons passé beaucoup de temps . . .

relaxing

a. à écouter de la musique	b. à la discothèque	c. à nous reposer°

J'ai beaucoup aimé mes vacances.

DIALOGUE ◆ Oh, Non! Encore une histoire de pique-nique?

Cultural note, Dialogue: A grandfather in France may be called either **pépé** or **papy**, a grandmother, **mémé** or **mamy**.

Approach, Dialogue: (1) Go over the introductory questions with the students and remind them that they should listen primarily for this information. (2) Play dialogue on the students' →

In this dialogue, a grandfather is telling his grandson a story about the good old days. Think about these questions as you go over the dialogue.

A. In general, how does the boy feel about these stories?

B. How does he feel about this story in particular?

Martin, un jeune homme de dix ans, parle avec son grand-père.

— Alors, pépé, tu vas me raconter une histoire? J'aime bien les histoires du bon vieux temps.

of them — Tu veux une histoire, hein, Martin? Eh bien, écoute un peu, je vais t'en° raconter une belle.

— Super! Alors, commence vite.

— Eh bien, j'avais ton âge dans ce temps. C'était un dimanche. On faisait un pique-nique tous les dimanches à la campagne. Et ce jour-là, il faisait beau.

— Oh, non, pas une autre histoire de pique-nique.

good — Attends un peu, sois sage.° Alors, où est-ce que j'étais avec mon histoire? Ah, oui, le pique-nique. Je jouais à la balle avec ma sœur, *suddenly / heard noise* quand, tout à coup,° nous avons entendu un bruit° incroyable. C'était un bruit de machine, mais très, très fort.

— C'était une locomotive.

railroad — Mais non, nous étions très loin du chemin de fer.° Et le bruit venait *sky* du ciel.°

flying saucer / guessed — Alors, c'était une soucoupe volante.° C'est ça, j'ai deviné,° tu as vu une soucoupe volante.

say / f. silly things / airplane — Ne dis° pas de bêtises!° C'était un avion.° J'ai vu mon premier avion *flew over / m. place* ce jour-là. C'était fantastique. Il a survolé° l'endroit° où nous faisions notre pique-nique.

missile — C'est tout? Un avion! Ce n'était pas une fusée,° pas une soucoupe volante, seulement un avion? Pépé, je n'ai pas aimé ton histoire cette fois-ci!

COMPRÉHENSION

ACTIVITÉ 2

Un résumé. Faites un résumé de l'histoire. Mettez les phrases suivantes en ordre. Attention, c'est un dialogue.

1. J'ai entendu un grand bruit.
2. D'accord. C'était dimanche et on faisait un pique-nique à la campagne.
3. Ce n'était pas un train. Nous étions loin du chemin de fer.
4. C'était seulement un avion? Je n'ai pas aimé ton histoire cette fois!
5. Le bruit venait du ciel.
6. Je jouais à la balle avec ma sœur.
7. Il a survolé notre pique-nique.
8. Ce n'était pas une soucoupe volante.
9. C'était un avion.
10. Raconte-moi une histoire du bon vieux temps!

ACTIVITÉ 3

Expliquez, s'il vous plaît. Find the appropriate endings for each sentence. The number of possible responses is indicated in parentheses.

1. Un jour, c'était un dimanche et . . . (5)

2. Ce n'était pas . . . (3)

3. C'était un avion. Il . . . (2)

a. une locomotive
b. faisait un bruit incroyable
c. il faisait un temps parfait
d. j'ai entendu un bruit
e. j'ai vu mon premier avion
f. nous faisions un pique-nique
g. une soucoupe volante
h. nous étions à la campagne
i. a survolé l'endroit où nous faisions notre pique-nique
j. une fusée

C'EST À DIRE ◆ Raconter les événements au passé

Cultural note, C'est à dire: Explain that older people in France, parents and grandparents, very often speak about their past, explaining how it was better during the good old days. Such stories are usually introduced by «**De mon temps . . .**».

Approach: (1) Preview the material using the
introductory guidelines. (2) Present the texts and have students repeat and practice the material with you and with a partner.

used to go to

farm

river

fields

m. birds

Your instructor will describe two different life-styles. You should follow these steps.

A. Practice describing each one.

B. List six activities typically associated with city life and six others associated with country life.

Quand on habitait en ville, d'habitude	*Quand on habitait à la campagne, d'habitude*
on allait à l'école en métro ou en mobylette	on allait en classe à pied
on fréquentait° les cafés	on rencontrait les amis le week-end
on étudiait beaucoup	on étudiait beaucoup
on ne travaillait pas	on travaillait beaucoup à la ferme°
on nageait dans la piscine au club	on nageait dans la rivière°
on descendait les boulevards	on marchait dans les champs°

Mais chaque week-end	**Mais chaque week-end**
on quittait la ville	on quittait la campagne
on allait à la campagne	on allait en ville

Souvent	**Souvent**
on faisait un pique-nique	on visitait les musées
on prenait des sandwichs	on déjeunait au restaurant

D'habitude	**D'habitude**
on regardait le paysage	on visitait les monuments
on écoutait les oiseaux°	on assistait au concert

ACTIVITÉ 4 **Quand j'étais jeune . . .**   Look at the list above and select all of the things you used to do when you were younger. Compare your list with that of a partner and find which activities you had in common.

MODÈLE: — *Quand j'étais jeune, on habitait à la campagne. Et toi?*
     — *Oui, nous aussi, on habitait à la campagne en ce temps-là.*
ou — *Non, pas nous. On habitait une petite ville en ce temps-là.*

ACTIVITÉ 5 Quand tu étais jeune... Which of these activities were a part of your childhood? Work with a partner asking and answering the questions. Note the three possible answers to each question.

MODÈLE: aller à l'école
— *Est-ce que tu aimais aller à l'école?*
— *Oui, j'aimais aller à l'école.*
ou — *J'aimais aller à l'école de temps en temps*
ou — *Je n'aimais pas aller à l'école.*

outdoors 1. jouer dehors°

2. rendre visite aux cousins

summer camp / close 3. aller à la colonie de vacances°

4. faire du scoutisme

m. cartoons 5. regarder les dessins animés°

6. voyager beaucoup

7. jouer aux sports avec des amis

8. avoir des ami(e)s intimes°

9. être très imaginatif(ive)

10. faire du vélo

REGARDONS DE PLUS PRÈS • L'imparfait

Approach, Regardons de plus près: (1) Preview the material focusing on the introductory questions. (2) Present the text several times. (3) Encourage students to look for patterns and

knew

clock / even

watch

direct them to answer the guide questions with a partner. (4) Elicit their observations. (5) Present the grammatical explanations as a means of confirming and extending students' hypotheses.

Think about the following questions as you study the description below.

A. What was unusual about Séraphin Lagarde?

B. How does this tense differ from the passé composé?

Tu **connaissais**° Séraphin Lagarde? C'**était** un vieil homme qui **avait** des habitudes bizarres. Par exemple, chaque jour, quand il **entrait** dans le bureau, il **ajustait** la pendule,° même° si elle **était** à l'heure. La montre° de son veston, par contre, **était** toujours en retard.

■ The imperfect tense is used to describe people, scenes, and past events that happened habitually, regularly, or over a continuous period of time. The imperfect is often accompanied by expressions such as the following:

formerly, then

souvent	**tous les jours**	**chaque jour**
toujours	**tous les soirs**	**chaque soir**
fréquemment	**tous les matins**	**chaque matin**
d'habitude	**tous les ans**	**chaque année**
autrefois°		

Je parlais souvent à mon grand-père.

I used to talk often to my grandfather.

— Est-ce que **tu regardais** la télé **tous les soirs** quand tu étais jeune?

Did you watch TV every evening when you were young?

— Mais non, **autrefois, il** n'**y avait** pas de télévision.

No, there wasn't any television then.

— Et alors, qu'est-ce que **vous faisiez chaque soir?**

Then, what did you do every evening?

— **Nous écoutions** la radio **tous les soirs.**

We listened to the radio every evening.

— **Elles n'étaient** pas très belles, tes années de jeunesse!

They weren't pretty, your younger years!

■ Unlike the passé composé, the imperfect is a simple tense consisting of only one word. To form the imperfect, use the stem of the **nous** form of the present tense (without the **-ons**), and add the following endings: **-ais, -ais, -ait, -ions, -iez, -aient.** Note that the verb **être** has an irregular imperfect stem: **ét-.**

habiter	**finir**	**prendre**	**être**
Nous **habit**ons	Nous **finiss**ons	Nous **pren**ons	ét-
J'**habitais** à Paris.	Je **finissais** mes études.	Je **prenais** le métro tous les jours.	J'**étais** très contente de ma vie.
Tu **habitais** à St-Denis.	Tu **finissais** ton diplôme.	Tu **prenais** toujours l'apéritif avec moi.	Tu **étais** très belle en ce temps-là.
Il **habitait** à la campagne.	Il ne **finissait** jamais son travail.	Il **prenait** toujours son vélo avec lui.	Il **était** vétérinaire en ce temps-là.
Nous **habitions** en ville.	Nous **finissions** le travail l'après-midi.	Nous ne **prenions** pas souvent de vacances.	Nous **étions** heureux quand même.
Vous **habitiez** en province.	Vous **finissiez** vos cours.	Vous **preniez** d'habitude rendez-vous au café en ville.	Vous **étiez** jeunes en ce temps-là.
Elles **habitaient** à l'étranger.	Elles **finissaient** le travail jeudi soir.	Elles **prenaient** le train vers le Midi chaque week-end.	Elles **étaient** belles, ces années-là!

■ Verbs ending in **-ger** add an **e** before **-ais, -ais, -ait,** or **-aient:**

Je **nageais** souvent à la piscine.

Ils **mangeaient**[1] rapidement pour aller jouer.

ACTIVITÉ 6

Approach, Act. 6:
(1) Give students a few
minutes to prepare the
activity individually, then
have them compare their
answers with those of a
classmate. (2) Have
students develop a
personal exchange using
item 4.

Answers: 1. a. parlais
toujours aux clients
b. répondais au
téléphone c. tapais des
lettres à la machine
d. préparais le café du
patron (de la patronne)
e. j'étais ennuyé(e)
2. a. travaillions de
longues heures b. étions
toujours très fatiguées →

Quand je travaillais.... Tell about the work routines at each of these former places of employment.

MODÈLE: Quand je travaillais chez McDonald sur les Champs-Élysées, je . . .
> parler avec beaucoup de touristes américains
> *Quand je travaillais chez McDonald sur les Champs-Élysées, je parlais avec beaucoup de touristes américains.*

1. Quand je travaillais comme secrétaire, je . . .

   a. parler toujours aux clients
   b. répondre au téléphone
   c. taper des lettres à la machine. Il n'y avait pas d'ordinateurs en ce temps-là!
   d. préparer le café du patron (de la patronne)
   e. être ennuyé(e). Alors j'ai quitté ce poste après six semaines.

---

1. The complete conjugation of the irregular verb **manger** *(to eat)* is given in the section **Vocabulaire et expressions** at the end of **Tranche 3.**

2. Quand nous travaillions comme serveuses au café, nous . . .

   a. travailler de longues heures
   b. être toujours très fatiguées
   c. gagner beaucoup d'argent
   d. aimer bavarder avec les clients
   e. manger le dîner sans payer et nous avons gardé ce poste pendant trois ans

3. Quand mon petit ami travaillait comme chef, il . . .

   a. préparer un peu de tout
   b. n'aimer pas l'odeur de la graisse
   c. manger de grandes quantités de frites chaque jour
   d. grossir trop
   e. aller au café toujours très tôt le matin et rentrer toujours très tard le soir. Alors il a cherché un autre poste après quelques mois.

4. Et vous?

   a. Vous travailliez quand vous étiez plus jeune?
   b. Vous aimiez le poste?
   c. Vous gagniez beaucoup d'argent?
   d. Que faisiez-vous comme travail?

ACTIVITÉ 7

m. seashells

world

Ah, les vacances d'été!   The French look forward to their five weeks of paid vacation each year. Tell how these people spent their childhood vacations.

MODÈLE: Moi, je / aller toujours à une colonie de vacances / rencontrer mes ami(e)s / être très content(e)
Moi, j'allais toujours à une colonie de vacances. Je rencontrais mes ami(e)s et j'étais très content(e).

1. Élise / aller à St-Tropez / nager dans la mer / chercher des coquilla-ges°

2. vous / voyager² partout dans le monde° / visiter des monuments / pren-dre des photos

3. moi, je / faire du camping / faire du canoë / marcher dans la forêt

───────────

2. The complete conjugation of the irregular verb **voyager** *(to travel)* is given in the section **Vocabulaire et expressions** at the end of **Tranche 3.**

grands-parents. Nous travaillions sur la ferme et nous jouions ensemble dans les champs. 5. Toi, tu allais à la plage. Tu faisais de la planche à voile et tu jouais au volleyball. 6. Mon ami Jean-Claude passait son temps au café. Il mangeait continuellement et il grossissait beaucoup.

m. fields

4. mes cousins et moi, nous / rendre visite à mes grands-parents / travailler sur la ferme / jouer ensemble dans les champs°
5. toi, tu / aller à la plage / faire de la planche à voile / jouer au volleyball
6. mon ami Jean-Claude / passer son temps au café / manger continuellement / grossir beaucoup

ACTIVITÉ 8

Autrefois et maintenant. Imagine that you are meeting old friends at your tenth class reunion. You reminisce about things you all used to do together.

Follow-up, Act. 8: Have students act out a future meeting with their college friends.

NOTES CULTURELLES

Les Français hier et aujourd'hui

Societies evolve over the years, and French society is no exception. The following is just a small sample of the changes occurring in France.

The French population is becoming more and more urban.
In 1860, 25% of the population lived in cities, while 75% lived in rural areas. Today, 73.4% live in cities, while 26.6% live in the country.

People are living longer.
In 1900, life expectancy was 43.4 years for men and 47.0 years for women. Today it is 71.3 and 79.4 respectively.

The concept of the family is changing.
There are ten times more divorces in France than there were at the beginning of the century.
There are fewer children born in France than during the 1940s.
More French women work. Only 45% of women between the ages of 25 to 54 worked in 1948. Today 65% of those women work.

The French economy is changing dramatically.
In the 1800s, three quarters of the French population worked in agriculture. Only 8% do today.
In 1866, only 27.3% of the French population worked in service industries. 60% now do.

Suggestion: You may want to direct students to prepare the **Au travail** section in the following **Tranche** as homework for the next class session.

La Description

≡ AU TRAVAIL

ACTIVITÉ 1

Cultural note: Explain that popular beach areas for French vacations include **La Côte d'Azur, Biarritz,** and **La Bretagne.** Also point out that a lot of French people have second homes in the country. During the winter, ski vacations are popular, particularly in **les Alpes** and **les Pyrénées.** A brief discussion about skiing will lead into the **À l'écoute** section.

Une Réunion.   Work in small groups. You are planning a family reunion and want to have it at an interesting vacation spot. Each person should suggest the place where he or she usually spent vacations. In each answer, use vocabulary from all three categories listed below.

MODÈLES: *Quand j'étais jeune, (où) je passais toujours les vacances près de la mer. (quoi) J'allais souvent à la plage. (commentaire) C'était fantastique.*

Moi, pendant les vacances de Noël, d'habitude j'allais dans les montagnes. On faisait du ski. C'était très amusant.

Nous, on passait fréquemment l'été au bord du lac. On faisait des promenades dans la forêt. C'était toujours merveilleux.

OÙ

passer	souvent	les vacances	en ville, à Paris, . . .
	toujours	le week-end	à la campagne près de . . .
	fréquemment	les vacances de Noël	dans la forêt
	d'habitude	les vacances du printemps	dans les montagnes
on the edge of	de temps en temps	l'été	au bord du° lac
			près de la mer

QUOI

faire du ski, du ski nautique, du golf, du tennis

aller à la plage, dans les grands magasins, au théâtre, aux concerts, au cinéma

take a walk faire une promenade° dans la forêt, au bord du lac, sur la plage
visiter les monuments

COMMENTAIRE

être très intéressant, sensationnel, fantastique, merveilleux, parfait

À L'ÉCOUTE ◆ La Météo dans les Alpes

Approach, À l'écoute:
(1) Preview the
conversation focusing on
the title and the art. Have
students hypothesize
about what they will
hear. (2) Preteach new
vocabulary. Sentences
introducing this
vocabulary are found
with the **À l'écoute**
tapescript in the front of
this Teacher's Edition.
(3) Go over the
introductory material and
tell students to listen for
this information the first
time through. Remind
them that they will have
to listen to the material
several times to complete
the other comprehension
activities. The **À l'écoute**
and comprehension
activities may be done
outside of class.

Listen to the following weather report on tape and refer to the illustrations
below. Then complete the comprehension activities.

A. Where is the speaker?
B. Has the weather been consistent during the last week?
C. What kinds of weather does he describe?

COMPRÉHENSION

ACTIVITÉ **2**

according to

Answers, Act. 2: 1. b   2. c
3. a   4. a   5. b   6. a

Ici Roger Lebrun.   Choisissez la réponse correcte selon° le rapport météorologique de Lebrun.

1. Ici Roger Lebrun; je vous parle en direct . . .

   a. de Paris   **b.** de Chamonix   **c.** de Grenoble

2. C'est la semaine . . .

   Easter

   a. de Noël   **b.** des vacances   **c.** de Pâques°
                              d'automne

3. La semaine a commencé . . .

   weather / snow

   a. avec un très   **b.** avec 50 cm de   **c.** avec des ava-
       beau temps°   neige°   lanches

4. Après ces trois premiers jours, il a commencé à . . .

   a. neiger   **b.** faire un temps   **c.** pleuvoir
                              splendide

5. À cause de la tempête, . . .

   a. cinq personnes   **b.** les routes   **c.** on a rapporté
       sont mortes   étaient bloquées   deux ou trois
                                                         avalanches

6. Maintenant, tout rentre dans l'ordre.

   a. Les vacanciers   **b.** Les routes sont   **c.** Les conditions
       sont sur les   toujours   sont médiocres.
   slopes pistes.°   bloquées.

≡ C'EST À DIRE ◆ Décrire le temps

**Cultural note, C'est à
dire:** Explain that France
has a temperate climate
with a limited
temperature range.
Brittany and Normandy
tend to have an oceanic
climate, with frequent
rain and overcast skies.
The Parisian area has
more distinct seasons,
while the Aquitaine

Your instructor will describe some weather conditions. You should follow these steps.

A. Tell what was it like in the mountains, in Brittany, in Chicago, and in London.

B. Practice the descriptions.

C. Be prepared to describe the weather in your town during the most recent weekend.

SCÈNE 1

Nous étions en vacances dans les montagnes. Il faisait un temps splendide. Le matin il faisait un peu frais,° mais l'après-midi il faisait chaud° et nous nagions dans le lac tous les jours vers trois heures. Le vent était calme et le ciel° était clair. Quelles vacances splendides!

SCÈNE 2

L'année dernière j'étais en Bretagne au mois d'avril. Il faisait un temps épouvantable. Il faisait froid;° il y avait beaucoup de nuages° et il neigeait presque tous les jours.

SCÈNE 3

J'étais en voyage d'affaires à Chicago l'hiver dernier. Il faisait mauvais chaque jour: il neigeait et le vent soufflait° très fort. Le jour où il faisait du soleil,° la température était à vingt degrés au dessous° de zéro.

SCÈNE 4

Notre séjour° à Londres a été typique: il faisait sombre presque chaque° jour. Il y avait des nuages et du brouillard.° Et naturellement, il pleuvait° aussi.

ACTIVITÉ 3 Vous êtes météorologiste.   Using the weather map below, prepare a weather report for three of the cities shown. Tell:

1. where you are
2. what the weather was like yesterday
3. what one could expect for today

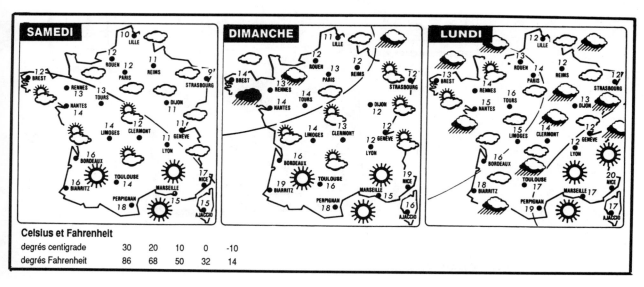

ACTIVITÉ **4**   **Vous voulez voir les photos de mes vacances?**   Faites une description détaillée du temps et des activités dans chaque scène.

MODÈLE: *Et ici, nous sommes à Paris. Il faisait un temps splendide. Il faisait beau mais un peu frais. Le ciel était clair et il n'y avait pas de nuages. Nous avons passé du temps aux cafés et nous avons visité les monuments et les grands magasins.*

1.

2.

3.

C'EST À DIRE ◆ Décrire les gens

Approach, C'est à dire:
(1) Ask students to list some details they might use to describe people.
(2) You may want to review the **Vocabulaire et expressions** at the end of Chapter 3.

Your instructor will model several descriptions of people. You should follow these steps.

A. Practice describing the people.

B. Be prepared to present a similar description to the class.

was

Mathilde était° canadienne. Elle avait la quarantaine et était très belle. Elle était grande, robuste, avec les yeux bleus et les cheveux bruns. Elle était sociable et très dynamique.

same / forever

used to do

Les frères Dupont étaient employés de banque. Ils travaillaient dans la même° banque depuis toujours.° Les deux étaient minces; ils avaient le nez pointu et des lunettes rondes. Au travail, ils étaient sérieux et après le travail, on ne savait pas ce qu'ils faisaient.°

I believe

Il s'appelait Henri. Il avait environ trente-cinq ans. Il était de Paris. C'était un grand type barbu. Il était solide, toujours sympathique et aimable. Je crois° qu'il était chanteur d'opéra.

ACTIVITÉ 5   Qui est-ce?

Fabriquez une identité; ensuite donnez votre description à un(e) camarade. Est-ce que votre description et la description de votre camarade sont similaires?

1. Il s'appelait . . .

   a. René Tomain   **b.** Jean-Claude Dupont   **c.** Yves Montaret

2. Il avait . . .

   a. 19 ans   **b.** la trentaine   **c.** environ 50 ans

3. Il avait . . .

heart

   a. une grande barbe blanche   **b.** un tatouage en forme de cœur° avec le nom Lucie à droite   **c.** de grosses lunettes

4. Il était . . .

nuclear power station

   a. professeur de français   **b.** chanteur d'opéra   **c.** employé de centrale nucléaire°

5. Tout le monde pensait qu'il était . . .

   a. espion   **b.** végétarien   **c.** brillant

ACTIVITÉ **6** **Maintenant c'est à vous!** Describe three people whom you remember fondly. For each one, recall his or her (1) name, (2) approximate age, and (3) profession. Then, give (4) a brief physical description and (5) a note of interest about his or her likes and dislikes.

MODÈLE: *Il s'appellait Yves Doulet. En ce temps-là, il avait la trentaine et il était directeur du personnel pour une grande société. Il était grand et mince et il aimait l'astronomie.*

REGARDONS DE PLUS PRÈS ◆ L'emploi de l'imparfait

Approach, Regardons de plus près: (1) Preview the material focusing on the introductory questions. (2) Introduce the text several times. (3) Encourage students to look for patterns and direct them to answer the guide questions with a partner. (4) Elicit their observations. (5) Present the grammatical explanations as a means of confirming and extending students' hypotheses.

pool / bridge

Austrian

Study this description of life on a cruise ship.

A. How would you rate the trip? What was the weather like?

B. Is the description written in the passé composé or the imperfect?

Il **faisait** beau pendant notre voyage en bateau. La température **était** idéale, le vent **était** calme et **il y avait** un très beau soleil. Nous **passions** la journée à la piscine° et à jouer au tennis sur le pont.° Le soir on **allait** danser et quelquefois on **allait** au cinéma, même si les films **étaient** assez vieux.

Pendant le voyage, j'ai fait la connaissance d'un jeune homme extraordinaire. Il **avait** les yeux bleus et les cheveux bruns; il **portait** une petite moustache à l'ancienne mode. Il **était** grand de taille. Il **disait** qu'il **était** de la famille royale autrichienne.°

The imperfect is used to describe repeated or habitual actions in the past. It is also used to describe:

- a setting or condition that existed in the past.

  J'**avais** un voisin qui s'appelait Michel.

  I had a neighbor named Michel.

- a physical state or characteristic.

  Il **portait** une petite moustache à l'ancienne mode.

  He had (wore) a small old-fashioned mustache.

- an emotion.

  J'**aimais** beaucoup mon grand-père.

  I loved my grandfather a lot.

ACTIVITÉ 7

Approach, Act. 7: Have students work in pairs, describing the two pictures of their choice. Have students take notes about each story. Have students summarize their partners' stories to the class, using the **il/elle** form.

countryside

whom you met

Quelles vacances! Voici trois photos de vacances. Choisissez deux photos et décrivez des vacances imaginaires.

1. Décrivez le paysage° et le temps. Je suis allé(e) . . . C'était . . . Il faisait . . .

2. Faites le portrait d'un(e) nouveau (nouvelle) camarade que vous avez rencontré(e)° en vacances.

 J'ai rencontré . . . Il (elle) était . . . Il (elle) avait . . . Il (elle) aimait . . .

◆ À VOUS! ◆ En vacances

Approach, À vous!: Set a time limit. Have each student describe his or her photograph to a classmate. As a follow-up, have some students talk about their vacations to the class.

Suggestion: You may want to direct students to prepare the **Au travail** section in the following **Tranche** as homework for the next class session.

Bring in a photograph of a place you have visited that includes a person you went with or met there. Describe the general location and . . .

1. *when you used to go there*

 C'était à Nice. Nous passions toujours les vacances d'été là-bas.

2. *what you used to do there*

 Nous allions souvent à la plage et nous nagions dans la mer. Tous les matins, nous faisions une promenade et cherchions des coquillages sur la plage.

3. *the people you went with or met there*

 Je passais beaucoup de temps avec mes amies. Elles s'appelaient Marie-Claire et Élise et elles étaient très amusantes.

TRANCHE 3

Parlons des événements

≡ AU TRAVAIL

ACTIVITÉ 1 **Des excuses.** Tell why you didn't attend each of the following activities, using an excuse from the list. Remember to use the imperfect to describe emotions, physical states, and repeated activities.

Act. 1: This activity reviews how to describe past events.

1. Tu n'étais pas à la fête chez Martin hier soir?
2. Tu n'avais pas rendez-vous au café hier après-midi?
3. Tu n'as pas assisté au concert avec nous?
4. Tu n'as pas travaillé ce week-end?

Non, j'étais malade.
j'étais fatigué(e).
j'étais trop occupé(e).
j'avais trop de devoirs à faire.
je travaillais chez moi.
je voulais venir mais, . . . tu sais.

ACTIVITÉ 2 **Qu'est-ce qui est arrivé?** You made the following plans, but something went wrong. Tell what happened.

MODÈLE: Nous avions l'intention de faire un pique-nique, mais ce jour-là . . .
Nous avions l'intention de faire un pique-nique, mais ce jour-là il faisait froid et il pleuvait. De plus, j'étais malade et j'avais un rendez-vous chez le médecin.

1. Nous avions décidé de faire du ski, mais . . .
2. Je voulais voir un film. J'ai acheté les billets, mais . . .
3. Ce week-end j'avais l'intention de sortir, mais . . .
4. Je comptais passer les vacances près de la mer, mais . . .
5. J'avais l'intention de fixer un rendez-vous avec _____, mais . . .
6. Je voulais ce poste, mais . . .

≡ L E C T U R E ◆ Ma rencontre bizarre

In this letter, Jeanne writes to her friend about an unusual encounter.

A. What seemed unusual?

B. Was there a sensible explanation?

Ma très chère Nathalie,

D'habitude je suis paresseuse et je n'écris pas beaucoup de lettres à mes amis. Mais aujourd'hui j'ai passé une journée exception- nelle et j'ai besoin de raconter mon histoire.

Nous étions comme d'habitude au café vers quatre heures de l'après-midi. Il y avait Pierre, Martine, Chantal, Isabelle et Yves. On bavardait;° on parlait des profs; on faisait des projets° pour le week-end. Il y avait là un jeune homme qui nous observait. Au début,° nous n'avions pas remarqué le jeune homme. Mais il continuait à regarder dans notre direction avec beaucoup d'intérêt. Il commençait à inquiéter° Martine.

Pierre et Yves ont décidé d'aller parler au garçon. C'est à ce moment que l'histoire devient incroyable. Henri (le nom du garçon) avait l'impression qu'il me connaissait° et il est venu vers notre table pour me poser des questions. J'ai alors posé plusieurs ques- tions aussi. Le résultat: Nous étions tous les deux dans la classe de M. Dupuis en sixième,° il y a au moins° dix ans! Quelle coïncidence!

C'était Henri Macé, le jeune homme qui habitait près de chez nous autrefois. C'était le jeune homme qui était amoureux de toi. Tu te souviens?° Que le monde est petit! J'ai son adresse. Est-ce que tu veux correspondre avec lui?

Grosses bises,

Jeanne

COMPRÉHENSION _____

ACTIVITÉ **3** **Qu'est-ce que vous avez appris?**   Quelles phrases décrivent Jeanne et quelles phrases décrivent Henri?

1. _____était amoureux de Nathalie.
2. _____est l'amie de Nathalie maintenant.
3. _____habitait près des jeunes filles autrefois.
4. _____est allée au café avec des amis.
5. _____a remarqué un jeune homme qui observait le groupe.
6. _____était dans le café quand un groupe de jeunes est arrivé.

ACTIVITÉ **4** **Faites un résumé.**   Place the events in order as they appeared from Henri's point of view. Be prepared to play his role and share this account of the unusual meeting with one of his friends.

1. Je suis allé au café vers quatre heures de l'après-midi comme d'habitude.
2. J'ai regardé une des jeunes filles du groupe avec beaucoup d'intérêt.
3. Je suis allé à la table et j'ai posé plusieurs questions.
4. Je commandais quelque chose à boire quand un groupe est entré.
5. Deux garçons m'ont demandé pourquoi j'observais les jeunes filles.
6. Moi, j'étais amoureux de son amie, Nathalie, en ce temps-là.
7. J'ai dit que j'avais l'impression de connaître une de ces jeunes filles.
8. C'était Jeanne de ma classe de sixième avec M. Dupuis!

C'EST À DIRE♦Raconter une histoire

In recounting an event in French, the story-teller switches back and forth between the imperfect and the passé composé, describing settings, habitual or ongoing activities, people, and emotions, and then giving facts that advance the plot of the story. Observe as your instructor recounts a story. Then follow these steps.

A. Practice telling the story as it is written.
B. Change the time of day and at least five other details, and tell the story again.

at that time	Tu sais bien qu'en ce temps-là,° j'aimais beaucoup danser et j'allais souvent à la discothèque le soir après le travail. Alors un jour . . .

	L'HEURE	L'ACTIVITÉ
left	22h37	J'ai quitté° mon appartement.
		Il faisait sombre et froid, mais il ne pleuvait pas.
		J'ai marché vers la discothèque.
	22h41	J'ai vu un homme qui m'observait.
		Il était grand et il avait la quarantaine.
		Il avait une petite moustache.
sunglasses		Il portait des lunettes de soleil,° même à 10h du soir.
	22h43	J'ai tourné à droite dans la rue Pasteur.
scared		J'avais très peur.°
police station	22h44	Je suis allé(e) directement à la gendarmerie° près de chez moi.
learned		Là, j'ai appris° que l'homme était un agent de police.
		Il pensait que j'étais un(e) criminel(le).

ACTIVITÉ 5 Vous dites?   Complétez le paragraphe et écrivez une nouvelle histoire.

Approach, Act. 5: Give students two or three minutes to create their stories, then have them present them to the class.

ran / explained

J'ai quitté _____ vers _____ heures et je suis allé(e) _____ . Il faisait _____ et _____ . Au premier carrefour, j'ai tourné _____ et j'ai vu immédiatement devant moi _____ . Il (Elle) était _____ , _____ et _____ . J'avais très peur et j'étais très _____ . Alors j'ai couru° à _____ . J'ai tout expliqué° à _____ qui était très _____ . C'était tout à fait extraordinaire, n'est-ce pas?

≡ REGARDONS DE PLUS PRÈS • L'Imparfait et le passé composé

Approach, **Regardons de plus près:** (1) Preview the material focusing on the introductory questions. (2) Present the text several times. (3) Encourage students to look for patterns and direct them to answer the guide questions with a partner. (4) Elicit their observations. (5) Present →

Think about these questions as you read the opening paragraph of a potentially best-selling novel.

A. Who is Lémy Caution? Describe his latest client.

B. How are the passé composé and the imperfect used in this story?

Je m'appelle Lémy Caution. Je suis détective privé dans une de nos grandes villes métropolitaines. Ce jour-là, je **finissais** mon rapport sur l'affaire Martins, quand, tout à coup, le téléphone **a sonné.** C'était la voix d'une jeune femme. Elle **avait** l'air très paniquée. Elle **voulait** passer au bureau tout de suite. Elle **est arrivée** quelques minutes plus tard. Elle **était** très jolie et très élégante. C'**était** une femme du monde. Elle **a** tout de suite **raconté** son histoire. Et voilà comment **a commencé** ma nouvelle aventure.

You have learned that the imperfect is used to describe:

- the conditions under which an event occurred (scene, weather)

  Il **faisait** très beau et les montagnes **étaient** magnifiques. — *It was nice weather and the mountains were magnificent.*

- the participants (appearances, character, emotions, beliefs)

  En ce temps-là, elle **portait** toujours des blue-jeans. — *At that time, she always wore jeans.*

- habitual, repeated, or ongoing actions in the past

  Chaque année à Noël, nous **rendions** visite aux grandsparents. — *Every year at Christmas, we visited our grandparents.*

In contrast, the passé composé is used to describe events that happened only once or actions that were completed.

Je **suis allé** en vacances. J'**ai vu** Rome et Athènes, et ensuite je **suis rentré** en France et je **suis retourné** au travail. — *I went on vacation. I saw Rome and Athens, and then I returned to France and went back to work.*

Note that when both an ongoing activity and a unique activity are mentioned, both tenses are used.

Ils **faisaient** un pique-nique quand ils **ont vu** l'avion. — *They were on a picnic when they saw the airplane.*

Quand tu **as téléphoné** je **prenais** une douche. — *When you phoned I was taking a shower.*

ACTIVITÉ 6 Qu'est-ce qui s'est passé?

Using the phrases below, reconstruct eight events that might serve as turning points in a series of short stories.

MODÈLE: *Je dînais chez moi, quand, tout à coup, le téléphone a sonné.*

dîner chez moi	tout à coup	le téléphone / sonner
être devant la mairie	soudainement	la concierge / crier

Follow-up, Act. 7: Have a student start a story for the class. Have other students add descriptions or events building up a chain story.

finir mon travail

quitter mon appartement

aller à l'aéroport

rendre visite aux amis

attendre mon interview

je / voir un accident

elle / entrer

dans la chambre

je / trouver un passeport

il / tomber devant moi

je / tomber malade

un petit homme / entrer

ACTIVITÉ 7 Vous vous appelez Agatha Christie? Using the notes below, prepare the opening lines for each of five new mystery stories.

MODÈLE: d'habitude je / prendre le dîner chez moi / mais cette fois-ci / je / décider d'aller au club
D'habitude je prenais le dîner chez moi, mais cette fois-ci, j'ai décidé d'aller au club.

1. On / sonner / minuit quand, tout à coup / je / voir un fantôme qui /flotter près de ma tête

2. Elle / être chez elle, seule, quand le téléphone / sonner une fois. Ce /être un signal / le téléphone / sonner une seule fois

3. Il / faire un temps épouvantable: il / pleuvoir, il / faire du brouillard. Je / sortir quand même. Je / avoir peur / dans un temps pareil, je / penser toujours aux histoires de fantômes. Soudainement, je / entendre un cri

4. Il / nettoyer l'appartement ce jour-là quand il / trouver le couteau. Il / regarder le couteau quand tout à coup un homme / entrer dans la pièce

5. Voici la description: il / être de taille moyenne, il / porter des lunettes, il / avoir une barbe. Il / être toujours de bonne humeur, mais ce jour-là il / regarder tout le monde d'un air bizarre

ACTIVITÉ 8 Oui, Monsieur le gendarme... Complete this account of a car accident to which you were a witness. Be sure to use the passé composé and the imperfect appropriately.

to avoid / to hit
parked / no one

Oui, Monsieur le gendarme, je *(voir)* cet accident. La voiture, je crois que c'*(être)* une Citroën, *(arriver)* de la droite. Elle *(aller)* vite. La vieille dame, elle *(être)* là-bas, au coin de la rue. Elle *(traverser)* la rue quand elle *(voir)* la voiture. Elle *(crier)*. Juste à ce moment, le chauffeur *(voir)* la vieille dame. Il *(tourner)* pour éviter° la dame et *(cogner°)* la Renault stationnée.° Heureusement, il n'y *(avoir)* personne° dans la Renault.

LA LANGUE ÉCRITE

La Réponse. Écrivez la réponse de Nathalie à son amie Jeanne. Faites attention à l'emploi du passé composé et de l'imparfait.

Chère Jeanne,

Quand j'ai reçu ta lettre, j'étais . . .

remember Bien sûr que oui, je me souviens° d'Henri Macé.

Il était . . . et il habitait . . . Il aimait . . . et il . . . souvent. Autrefois, nous . . . toujours ensemble. Tu te rappelles le jour où . . . ou bien la fois où . . . ?

Quelle coïncidence! Donne-moi son adresse aussi vite que possible.

(Ou: Ne me donne pas son adresse parce que je . . .)

Grosses bises,

     Nathalie

VOCABULAIRE ET EXPRESSIONS

■ DESCRIBING WEATHER

Il faisait beau, beau temps, mauvais, bon, du vent, chaud, froid, frais, du brouillard, du soleil, sombre, 20 degrés, un temps épouvantable, un temps superbe

La température était idéale. Il neigeait (très) fort. Il y avait une tempête de neige. Le vent était calme. Le vent soufflait. Le ciel était couvert. Il y avait beaucoup de nuages.

■ DESCRIBING PEOPLE FROM ONE'S PAST

Il (Elle) s'appelait . . .

Il (Elle) était grand(e), sympathique, français(e), représentant(e), de Paris

Il (Elle) avait la quarantaine, 40 ans, les yeux bleus, les cheveux bruns, le nez pointu

■ DESCRIBING ACTIVITIES FROM ONE'S PAST

Expressing Frequency

J'allais souvent (toujours, le week-end, fréquemment, de temps en temps, d'habitude, autrefois, habituellement, régulièrement, la plupart du temps, tous les jours, tous les matins, tous les soirs, tous les week-ends, tous les ans, chaque jour, chaque matin, chaque soir, chaque week-end, chaque année) . . .

J'habitais à Paris.

Je (n') habitais (pas) . . .	Nous (n') habitions (pas) . . .
Tu (n') habitais (pas) . . .	Vous (n') habitiez (pas) . . .
Elle (n') habitait (pas) . . .	Ils (n') habitaient (pas) . . .

Je finissais mes études. Je prenais le métro. J'étais très contente.

■ IRREGULAR VERBS

manger (présent)

je mange	nous mangeons
tu manges	vous mangez
il (elle) mange	ils (elles) mangent

manger (imparfait)

je mangeais	nous mangions
tu mangeais	vous mangiez
il (elle) mangeait	ils (elles) mangeaient

voyager (présent)

je voyage	nous voyageons
tu voyages	vous voyagez
il (elle) voyage	ils (elles) voyagent

voyager (imparfait)

je voyageais	nous voyagions
tu voyageais	vous voyagiez
il (elle) voyageait	ils (elles) voyageaient

RÉVISION
Mon Quartier

Variation, Act. 1: Have the designer dictate to an associate (partner) where

ACTIVITÉ 1

to put the various stores (you may distribute outline maps to the class). This activity reviews how to sequence and give instructions.

Le Centre commercial.   You have been hired to design a large shopping facility incorporating a number of different types of stores and services. Work with a partner to make a list of important stores *(la pâtisserie)* and services *(la banque)*. Prepare a layout, telling where each would be located *(Pourquoi pas mettre la _____ pas très loin de la _____? Mettons le _____ à droite de _____.).* Write a publicity announcement (flyer, radio announcement, or press release) to advertise the opening.

ACTIVITÉ 2

Act. 2: Refer students to the **Vocabulaire et expressions** from Chapter 7.

Le Dîner.   You are planning a dinner for several important guests. Plan your meal with attention to the ingredients that you will have to buy and the likes and preferences of your guests. Tell where you will need to go to make your purchases.

ACTIVITÉ 3

Les Événements.   Establish the chronology of events and imagine the circumstances surrounding the following news item. Some guide questions are provided below.

1. Où est-il allé hier soir? Décrivez l'établissement.
2. Avec qui est-il sorti? Décrivez ses compagnons.
3. Quand est-il rentré? Qu'est-ce qui est arrivé?
4. D'autres questions à poser.

> **Le Président Directeur-Général de la société Condorcet, M. Longé, est mort à l'âge de 68 ans.**

ACTIVITÉ 4   La Photo.

them describe an
important moment in
their life.

Take one of your old photographs and try to describe how you felt and what you were thinking about on the day it was taken. Write a short paragraph describing that day.

ACTIVITÉ 5   La France, pays des fromages.

Lisez cet article sur les fromages de France. Rapportez à un(e) camarade trois choses intéressantes de cet article.

f. exploitation

demanding / as to / since

available
knew how

in the world

ground / exposure / flora

raised

Les Français sont les premiers consommateurs de fromage au monde: 20kg par an et par personne.

Cette tradition fromagère fait qu'ils sont très exigeants° quant à° la qualité et la variété des assortiments proposés° en magasin.

Cette richesse, qui fait de la France le pays des 400 fromages est due:

– À la diversité géographique et aux facteurs naturels: climat ou nature du sol,° exposition,° flore° naturelle, variétés végétales cultivées, races animales élevées...°

– À l'affirmation° et au développement de l'originalité des produits: procédés de fabrication, de transformation et de conservation.

C'est ainsi que depuis° la découverte de la pasteurisation, l'industrie fromagère française a su° se développer jusqu'à devenir le premier producteur européen et l'un des premiers exportateurs mondiaux.°

Sa production annuelle (chiffre 1986) est de l'ordre de 1.284.000 tonnes.

Donner les détails

1. Analysis

   a. Approximately how many types of cheese are available in France?
   b. How much cheese was produced in 1986?
   c. Is the cheese made in France consumed solely in France?
   d. A kilogram = 2.2 pounds. Tell in pounds how much cheese the average French person eats per year.
   e. For what food do you think Americans hold the world record for yearly consumption?

2. Explanations

   a. Describe the typical French cheese store.
   b. What natural factors have an effect on cheese?
   c. What scientific or marketing factors have an effect on cheese production?

FRANCE

Grâce à° son histoire, son climat, ses plages et ses statioñs d'hiver, la France est un pays touristique très important.

- Son histoire est longue et pittoresque. Des monuments qui datent de la période romaine se trouvent partout en France.

- Son climat tempéré attire° des vacanciers de tous les pays.

- Ses plages sur deux mers° et sur un océan (la Manche, la Méditerranée et l'océan Atlantique) sont très variées. En France on trouve des petits ports de pêche,° des plages rocheuses° et aussi des plages méditerranéennes.

- Finalement, le nombre de stations d'hiver et de pistes° skiables place la France en premier lieu des endroits° de vacances d'hiver, devant° la Suisse et l'Autriche. Par exemple, les «trois vallées,» Courchevel, Val Thorens et Ménuires et Méribel, offrent 500 km de pistes et 190 remontées mécaniques.° C'est le plus grand domaine skiable du monde.

runs

sites
ahead of
attracts

seas

f. ski lifts

fishing
rocky

ACTIVITÉ **6** **La France, pays de vacances.** Lisez cet article sur les vacances en France. Rapportez à un(e) camarade trois choses intéressantes de cet article.

Donner les détails

1. Cognates are words which look alike and often have similar meanings in two languages, for example, histoire = history, climat = climate. Identify as many cognates in the reading above as you can.
2. Locate the general geographical regions and features on the map of France on page 414.
3. The author of this reading notes that France is attractive to tourists for four reasons. What are they?
4. Reformulate at least two of these reasons into a thirty-second radio advertisement for the bureau of tourism.

ÊTRE EN FORME

In this chapter, you will learn how to describe your daily routines, discuss health issues, and give advice about fitness.

TRANCHE 1
VOUS ÊTES EN FORME?
Function: Describing Daily Routines
Structure: Les Verbes pronominaux
Culture: Métro, boulot, dodo

TRANCHE 2
ÇA NE VA PAS
Function: Describing What's Wrong
Structure: Les Verbes pronominaux au négatif

TRANCHE 3
LES BONS CONSEILS
Function: Giving Advice
Structure: Les Verbes pronominaux à l'impératif
et avec l'infinitif

TRANCHE 4
POUR ÉCHAPPER À LA ROUTINE
Function: Reporting Daily Routines
Structure: Les Verbes réfléchis et réciproques
au passé composé

CHAPITRE 10

Vous êtes en forme?

☰ AU TRAVAIL

ACTIVITÉ 1

if you don't know each other

Approach, Act. 1: Have
students interact with
several different partners,
slotting different phrases
into the dialogues. For
example: **assez bien** and
comme ci, comme ça
could be replaced by
other expressions
indicating how one feels;
travailler could be
replaced by a different
activity; etc.

Ça va bien?   Répétez les mini-dialogues suivants; ensuite, dites bonjour à un(e) camarade. Si vous ne vous connaissez pas,° demandez-lui son
nom. Demandez-lui comment ça va, et discutez les nouvelles.

— Bonjour! Tu t'appelles Jean-Pierre, n'est-ce pas?
— Oui, et toi . . . tu t'appelles Nicole?
— C'est ça! Ça va?
— Assez bien. Et toi?
— Comme ci, comme ça! Quoi de neuf?
— Je vais passer les vacances d'été en France!
— Pas possible! C'est formidable! Moi, je vais travailler.
— C'est pas mal, ça . . . À tout à l'heure!
— À bientôt!

— Salut, Anne-Marie!
— Salut, Louis. Ça va?
— Oui, bien, merci. Et toi?
— Pas mal. Qu'est-ce qui se passe?
— Rien de spécial . . . et toi?
— Moi, j'ai un nouveau poste à la boutique Gervais et je travaille vingt
    heures par semaine.
— Vraiment? Oh là là. C'est beaucoup! . . . Alors, à la prochaine!
— Au revoir!

Cultural note, Dialogue:
Explain that in France both men and women devote a lot of time to beauty. Unlike American men, French men show a big interest in fashion, perfumes, jewels, etc., and they do not think that these issues are exclusively feminine.

Approach: Go over the introductory questions with the students and remind them that the first time through they should listen primarily for this information. (2) Play the dialogue on the student's audio cassette (or role-play it yourself). (3) Ask students to

DIALOGUE ◆ Mais c'est Isabelle!

answer the guide questions. (4) Play the dialogue again. (5) Have students repeat and practice with you and with each other, taking different roles.

Encourage them to personalize the dialogue by changing words or expressions.

for a long time

lifestyle

great shape
I can't get over it
take care of
health

on a diet
early / feel

I took / classes in fashion /
m. makeup
I do my hair / dress / according to
congratulations!

unhealthy

Roland rencontre une amie qu'il n'a pas vue depuis longtemps.° Quels changements est-ce qu'il remarque? Qu'est-ce qu'il pense de son nouveau style de vie?°

ROLAND: Mais ce n'est pas possible! C'est Isabelle!

ISABELLE: Oui, oui, c'est bien moi.

ROLAND: Ça alors! Tu es en pleine forme!° Tu es superbe. Je n'en reviens pas.°

ISABELLE: Tu trouves? J'ai finalement décidé de m'occuper° de ma santé.°

ROLAND: Qu'est ce que tu as fait? Quel est ce miracle?

ISABELLE: C'est très simple. Je suis au régime,° je fais de l'exercice, je me lève[1] de bonne heure,° et voilà le résultat: je me porte° bien.

ROLAND: La métamorphose est complète.

ISABELLE: Ah oui, j'ai suivi° des cours de mode° et de maquillage.° Je me coiffe° et m'habille° selon° la dernière mode.

ROLAND: Chapeau!° Tu as l'air en pleine forme. Tu veux prendre quelque chose avec moi au café du coin?

ISABELLE: Ça dépend. Le café et les boissons sucrées, c'est vraiment très malsain.° Je suis fanatique de la bonne nutrition à présent.

ROLAND: Quel malheur! Tu ne t'amuses plus, alors?

---

1. The complete conjugation of the verb **se lever** *(to get up)* is given in the section **Vocabulaire et expressions** at the end of the chapter.

COMPRÉHENSION_____

ACTIVITÉ 2

La Métamorphose est complète. Choisissez la description qui correspond à la première phrase.

1. Il est au régime.
   - **a.** Il mange beaucoup.
   - **b.** Il mange de la salade.

2. Elle fait de l'exercice.
   - **a.** Elle fait de l'aérobic.
   - **b.** Elle se repose.°   *rests*

3. Il se lève de bonne heure.
   - **a.** Il se lève à 5h30.
   - **b.** Il se lève à 11h.

4. Elle se porte bien.
   - **a.** Elle est malade.°   *sick*
   - **b.** Elle est en forme.

5. Il est en pleine forme.
   - **a.** Il mange beaucoup.
   - **b.** Il a l'air formidable.

ACTIVITÉ 3

are in agreement with

C'est qui? Choisissez les phrases qui sont conformes aux° habitudes d'Isabelle. Dites «conforme» ou «non-conforme».

1. Je suis en pleine forme.
2. Je mange souvent des légumes et des fruits.
3. Je prends souvent des boissons caféinées.
4. Je ne fais pas d'exercice.
5. Je ne me porte pas très bien en ce moment.
6. Je me lève toujours à 11 heures du matin.
7. Il faut faire attention à sa santé.
8. Allons à la pâtisserie!

C'EST À DIRE ◆ Décrire ses habitudes quotidiennes

Approach, C'est à dire:
(1) Preview the material using the introductory guidelines. (2) Role-play the mini-dialogues and have students repeat and practice the material with you, with a partner and finally incorporating personal variations. (3) Have students find expressions describing routines. List their answers in columns on the board. Then direct students to work in pairs, creating original mini-dialogues.

Your instructor will role-play several scenes. You should follow these steps.

A. Practice the mini-dialogues.

B. Be prepared to describe your own health routines.

SCÈNE 1

— Tu as bonne mine° aujourd'hui!

— Tu trouves?

— Mais oui.

— Je ne fume plus° et je ne prends jamais° de boissons caféinées ni alcoolisées.

— Vraiment?

— C'est ça et je me porte bien!

look good

I don't smoke anymore / never

SCÈNE 2

— Tu es en pleine forme!

— Oui, je me sens° bien. Je mange de la bonne nourriture. Par exemple des légumes et des fruits frais, pour garder la ligne!° Et je ne mange pas de viande rouge—c'est mauvais pour le cœur.° Et de plus, je mange peu de desserts sucrés—ça fait grossir!

— Tu as vraiment bonne mine!

feel

to keep my figure

heart

SCÈNE 3

— Qu'est-ce que tu fais pour être en forme? Tu as un nouveau programme?

— Bien sûr! J'ai une routine quotidienne° très simple. Je me réveille° de bonne heure. Je me lève et je fais de l'exercice. Ensuite, je m'habille pour le jogging et je fais à peu près cinq kilomètres le matin. Après le jogging je me prépare pour le travail. Pendant l'heure du déjeuner, je me repose un peu et souvent je me promène.° Le soir, je prends un dîner léger.° Puis, je me détends° et je me couche° avant 11h30, sauf° le week-end!

— Ça se voit!° Tu es superbe!

daily / wake up

take a walk / light

relax / go to bed / except

that's evident!

SCÈNE 4

— Qu'est-ce que vous faites[2] pour être en forme?

— Je cours[3] trois kilomètres par jour. Je fais du jogging.

---

2. The complete conjugation of the irregular verb **faire** (*to do*) is given in the section **Vocabulaire et expressions** at the end of the chapter.

3. The complete conjugation of the irregular verb **courir** (*to run*) is given in the section **Vocabulaire et expressions** at the end of the chapter.

▶

Voici d'autres sports:

walking / racing — Je fais de la marche à pied.° ⟶ — Je fais de la course° à pied.
— Tu fais de l'exercice? — Non, je fais de la gymnastique.
— Elle fait de la danse? — Oui, elle fait de l'aérobic.
swimming — On fait du sport? — Faisons de la natation.°
— Vous faites du basketball? — Non, nous faisons du football.
— Ils font du tennis? — Non, ils font du cyclisme.

ACTIVITÉ **4** Qu'est-ce que vous faites?
Demandez à un(e) camarade à quels sports il (elle) participe.

MODÈLE: le tennis
— *Tu fais régulièrement du tennis?*
— *Oui, je fais souvent du tennis.*
ou — *Non, je ne fais pas de tennis.*

C'est amusant?   Interview a classmate about his or her eating and health habits. Three questions to ask and some possible answers are provided below.

Suggestion, Act. 5: Have students take notes on their partner's answers.

1. Qu'est-ce que tu manges?

   Je prends souvent

des légumes	du poulet	des boissons sucrées
des fruits	du poisson	des céréales
de la viande rouge	des desserts sucrés	

2. Tu as de mauvaises habitudes?

   Je fume.

   Je prends souvent des boissons alcoolisées (caféinées).

   Je travaille beaucoup.

3. Comment est ta routine quotidienne?

   Je fais de l'exercice.

   Je me promène régulièrement.

   Je fais du sport ou de l'aérobic.

   Je me lève de bonne heure.

   Je me repose pendant la journée.

   relax   Je me détends° régulièrement.

   go to bed   Je me couche° avant minuit, même pendant le week-end.

REGARDONS DE PLUS PRÈS ◆ Les Verbes pronominaux

Approach, Regardons de plus près: (1) Preview the material focusing on the introductory guidelines. (2) Model the mini-dialogue several times. (3) Encourage students to look for patterns and direct them to answer the guide

Think about the following questions as you study the paragraphs below.

A. What daily routines are described?

B. What is different about the verbs that are used to describe these routines?

I wash
→ I hurry / late
I manage
the next day

Le matin **je me lève, je me lave,°** **je me prépare** pour aller au travail. **Je me dépêche°** parce que je suis toujours en retard.° Au travail **je me débrouille°** comme je peux et puis je rentre chez moi où **je me couche** pour recommencer le lendemain.° J'ai besoin de vacances!

questions with a partner. (4) Elicit their observations. (5) Present the grammatical explanations as a means of confirming and extending students' hypotheses.

Suggestion: Have students close their books. Act out a few daily activities such as **je me réveille, je me lève, je me lave, je m'habille, je me brosse les cheveux, je me brosse les dents, je me maquille, je me dépêche.** After each demonstration, have students state what you are doing: **vous vous réveillez, vous vous levez,** etc.

■ A reflexive verb describes an action that reflects back on the subject. The verb is always preceded by a reflexive pronoun. This pronoun and the subject of the reflexive verb refer to the same person.

Note the difference in the verbs used in this pair of sentences.

Je prépare mon équipement pour le match. (*L'équipement* is the object.)

I prepare my equipment for the game.

Je me prépare pour le match. (*Me* is the object and refers back to *je*.)

I get ready (prepare myself) for the game.

■ The following sentences include several examples of reflexive pronouns.

— Est-ce que **tu te lèves** immédiatement ou est-ce que **tu te reposes** un peu?

— *Do you get up right away or do you rest a little?*

— Moi, **je me réveille** de bonne heure et puis **je me repose** un peu.

— *I get up early and then I rest a little.*

— **Elle se prépare** pour le match?

— *Is she getting ready for the game?*

— Oui, **elle s'habille** maintenant.

— *Yes, she's getting dressed now.*

— Est-ce que **vous vous reposez** pendant l'heure du déjeuner?

— *Do you rest during lunch hour?*

— Mais non! **Nous nous promenons** . . . il faut garder la ligne!

— *Oh no! We walk . . . we have to watch our figures.*

— **Vous vous préparez** pour le jogging ce matin?

— *Are you getting ready for jogging this morning?*

— Oui, et ensuite **je me coiffe, je me brosse** les dents, **je me fais** les ongles et **je me maquille.**

— *Yes, and then I comb my hair, brush my teeth, do my nails, and put on makeup.*

— **Ils se couchent** toujours avant minuit.

— *They always go to bed before midnight.*

— Évidemment, **ils s'entraînent.**

— *Obviously, they are in training.*

The *Centre Culturel* at *Beaubourg* has elicited strong reactions from all. It has been called a monstrosity, a building that looks like a petroleum refinery, and also a modern work of art. What is your opinion of the building? It continues to be the most visited building in Paris because of its artistic exhibits and workshops. What kind of exhibit was shown when the photograph was taken?

■ Paris has been called the City of Lights because of the dramatic illumination of many of its buildings and monuments, such as the Opera shown here.

■ Also dramatic is this contrast; the Louvre, a former residence of French kings and now a world-renowned art museum, and the modernistic glass pyramid by I. M. Pei recently erected in the courtyard. What is your opinion of this juxtaposition of classical and ultramodern architecture?

Water Lilies, Oscar Claude Monet, French, 1840–1926. Oil on canvas. 89.5 x 100.3 cm. (35¼ x 39¼ in.) Gift of Edward Jackson Holmes. Courtesy, Museum of Fine Arts, Boston.

Giverny was the residence of Claude Monet, a famous French impressionist painter. The gardens at Giverny, recently restored to their former splendor and opened to the public, were the inspiration for many of his paintings. Describe the differences in detail and color between the photograph and the painting.

■ The classical theater of the seventeenth century dramatists Molière, Racine and Corneille continue to be shown on the French stage to very appreciative audiences.

■ There are many elegant cafés and restaurants in Paris that cater to a diverse clientele. What beverages can you identify in the photograph?

■ A soccer game between Paris Matra and Strasbourg at the Jean-Bouin stadium in Paris. Biking and skiing are also popular sports in France. To what extent are these sports popular in the U.S.?

■ Some verbs, while reflexive, have lost the sense of reflecting back on the subject. These verbs should be considered idiomatic expressions.

s'appeler	**Je m'appelle** Jean.	*My name is Jean.*
s'occuper, **se porter**	**Je m'occupe** de ma santé et **je me porte** bien.	*I am concerned about my health and I feel good.*
s'amuser	**Je m'amuse** à m'entraîner.	*I have a good time training.*
se mettre en colère	Quand **je me mets en colère,** je fais de l'exercice.	*When I get angry, I exercise.*
s'arrêter, **s'énerver**	Quand **je m'arrête, je** ne **m'énerve** plus.	*When I stop, I am no longer irritable.*

ACTIVITÉ 6

Suggestion, Act. 6: You may elicit answers by raising questions such as: **Qui se lève à 6 heures du matin? Qui fait du sport régulièrement?**

À la station thermale.   The following is a schedule for several different clients at a health spa. Tell at what time the people are involved in each activity.

MODÈLE: *Jean, Marie et Martine se lèvent à 7h15, mais Annie-Claude se lève à 10h et Robert se lève à 8h45.*

ACTIVITÉ	JEAN	MARIE	ANNIE–CLAUDE	MARTINE	ROBERT
se lever	7h15	7h15	10h00	7h15	8h45
s'entraîner au gymnase	8h00	10h00	11h15	8h00	10h00
se promener dans le parc	10h30	11h30	11h30	10h30	10h30
se reposer	12h00	12h45	12h00	12h45	11h45
se préparer pour le jogging	2h15	3h00	2h15	3h00	2h15
se baigner	4h00	4h00	5h30	5h30	4h00
se préparer pour les activités du soir	6h00	7h00	6h30	6h30	6h00
se coucher	10h30	10h30	minuit	10h30	11h30

Si on s'entraînait ensemble?   Working out is easier with a partner. Using the training schedule in *Activité 6*, answer the following questions about workout companions.

1. Je m'appelle Marie.

   Annie-Claude et moi, nous _____.

   Robert et moi, nous _____.

   Jean, Martine et moi, nous _____.

2. Je m'appelle Martine et aujourd'hui je _____.

3. Jean et Robert, vous vous entraînez ensemble aujourd'hui?

   Nous _____.

4. Annie-Claude, qu'est-ce qu'elle fait avec Marie? Avec Martine? Avec Jean et Robert?

   Elle _____ avec Marie.

   Elle _____ avec Martine.

   Elle _____ avec Jean et Robert.

5. Jean et Martine, ils s'exercent ensemble? Ils se promènent ensemble?

6. Toi, Robert, tu passes beaucoup de temps avec Marie, Annie-Claude et Martine aujourd'hui?

the earliest   7. Qui se couche le plus tôt?°

8. Qui s'exerce le plus?

NOTES CULTURELLES

Métro, boulot, dodo

becomes

***Expansion*, Notes culturelles:** Explain that   *early*

ready / m. children

the expression **Métro,**   *so much*
boulot, dodo is often
used by the French. Have
students explain in
English what is meant by
the expression.

La routine quotidienne devient° fatigante et monotone après quelques mois sans vacances. Par exemple, prenons le cas d'un employé (d'une employée) de bureau à Paris. Chaque jour il (ou elle) se lève à la même heure, se lave et s'habille, se prépare un repas, prend le **métro** pour aller au travail, passe la journée au travail (au **boulot**), rentre le soir, mange un autre repas. La fin de la journée arrive très vite; la personne se couche tôt° pour être prête° le lendemain. On fait **dodo**, comme disent les enfants.° Le cycle de métro, boulot, dodo se répète chaque jour de la semaine. C'est pour cela que les Français attendent les vacances avec tellement° d'impatience.

Ça ne va pas

≡ AU TRAVAIL

ACTIVITÉ 1

complain / things

Qu'est-ce qui ne va pas? Répétez les mini-dialogues; ensuite, plaignez-vous° à un(e) camarade que les choses° ne vont pas bien.

Cultural note, Act. 1: While Americans usually answer the question "How are you?" with "Fine," the French are *me neither* more likely to express what is wrong in their life.

— Ça va?
— Non, pas du tout. J'ai trop de devoirs et je n'ai pas le temps de sortir ni de m'amuser.
— Moi non plus.°

— Qu'est-ce qui ne va pas?
— Je me lève trop tôt le matin et je me couche trop tard le soir.
— C'est évident. Tu n'as pas bonne mine.

— Qu'est-ce que tu as?
— Je ne mange pas bien et je prends trop de boissons caféinées. Je m'énerve facilement.
funny — Oh là là! Ce n'est pas drôle.°

— Qu'est-ce qu'il y a?
— J'ai besoin de vacances, moi! Je travaille trop ces jours-ci.
— C'est vraiment dommage!

À L'ÉCOUTE ◆ Contre la grippe

Approach, À l'écoute:
(1) Preteach the new vocabulary. Sentences introducing this vocabulary are found with the **À l'écoute** tapescript in the front of this Teacher's Edition.

Listen to the radio advertisement on tape and refer to the art. Then complete the comprehension activity.

Is the advertisement for (a) home furnishings, (b) an all-purpose remedy, or (c) a vacation package?

COMPRÉHENSION

ACTIVITÉ 2

the closest to / more than one

Answers, Act. 2:
1. 2 comprimés 2. de l'exercice . . . de la gymnastique 3. des céréales . . . des vitamines . . .

Quoi faire? Choisissez les recommandations les plus proches° au traitement Lagarde. Attention! Il y a plus d'une° réponse possible pour chaque section.

1. Prenez:

    2 comprimés toutes les 24 heures
    1 comprimé par heure
    2 comprimés par jour
    3 comprimés par jour

2. Faites:

    vos devoirs
    de l'exercice tous les jours
    de la gymnastique de temps en temps
    un rendez-vous chez le médecin

3. Prenez surtout:

    des céréales et de la nourriture fraîche
    du poisson et moins de boissons alcoolisées
    les vitamines du Docteur Lagarde
    des pâtisseries comme dessert

C'EST À DIRE ◆ Décrire les maladies

Approach, C'est à dire:
(1) Preview the material using the introductory guidelines. Consider the following questions: What kind of complaints do you express in English when you are not feeling very well? What kind of reactions do you expect? (2) Role-play the mini-dialogues and have students repeat and practice the material with you, with a partner and

I caught a cold / flu / fever / chills runny nose

finally incorporating personal variations. (3) Have students list the complaints as physical or mental, and note

stuffed up / head

reactions from the mini-dialogues. Organize their answers in columns on the board. Then direct students to work in pairs, creating original mini-dialogues.

ill, ailing

Your instructor will talk about some common ailments. You should follow these steps.

A. Practice the mini-dialogues with a partner.

B. Substitute one complaint for another in each dialogue.

C. Be prepared to complain about an imaginary illness.

SCÈNE 1

— Qu'est-ce qui ne va pas?
— Je ne m'occupe pas de ma santé et maintenant je suis malade. J'ai attrapé un rhume° ou peut-être la grippe.° J'ai de la fièvre.° J'ai des frissons° et j'ai le nez qui coule.°
— Oh là là.

SCÈNE 2

— Vous n'avez pas l'air très bien.
— Je ne me porte pas très bien. J'ai le nez bouché° et j'ai mal à la tête° et aux sinus. Je me sens vraiment très mal.
— Ça, c'est évident!

SCÈNE 3

— Ça va? Tu n'as pas l'air très bien.
— Tu trouves?
— Oui. Tu es souffrant?°
— Non, mais je m'impatiente avec mes amis et mon travail. Je me sens anxieux et je me mets souvent en colère.
— Tu as besoin de vacances!

SCÈNE 4

— Vous n'avez pas bonne mine.
— Non. Ca ne va pas bien du tout. Je travaille trop. Je ne me repose pas assez. Je ne me soigne pas bien.
— Vous avez parlé de tout ça avec le patron?

SCÈNE 5

— Qu'est-ce que vous avez?
throat / ears / cough — J'ai mal à la gorge,° j'ai mal aux oreilles° et je tousse.°
— Il faut prendre un rendez-vous chez le médecin!

▶

J'ai màl

Expansion, Artwork: Act out a variety of physical complaints by holding the specific part of the body supposed to be hurt. **J'ai mal à la tête** (hold your head); **J'ai mal au dos** (mime a back pain); etc. Direct students to react: **Vous avez mal aux dents; Vous avez mal à la jambe;** etc.

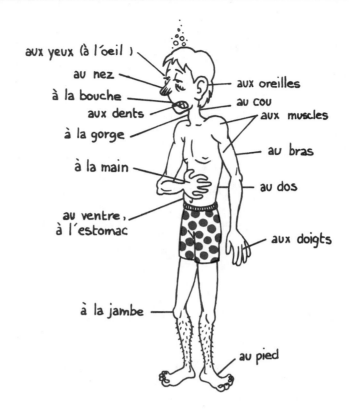

aux yeux (à l'oeil)
au nez
à la bouche
aux dents
à la gorge
à la main
au ventre, à l'estomac
à la jambe

aux oreilles
au cou
aux muscles
au bras
au dos
aux doigts
au pied

ACTIVITÉ **3** Chez le médecin.

Complete the following chart about your general health and specific symptoms. Be prepared to tell the doctor (your partner) what is wrong based on the items you checked.

Approach, Act. 3: After students have done the activity once, have them switch roles. Encourage the use of body language for more humorous interaction.

MODÈLE: — *Qu'est-ce qui ne va pas?*
— *J'ai de la fièvre, je tousse . . .*
— *Hmmmmm. Alors . . . Voilà des comprimés.*

---

1. La santé
__ Je ne me porte pas bien.   __ Je ne m'occupe pas de ma santé.
__ Je me sens fatigué(e)   __ Je ne me repose pas assez.

2. Les symptômes
__ J'ai de la fièvre.   __ J'ai le nez qui coule.
__ J'ai des frissons.   __ J'ai le nez bouché.
__ Je tousse.

3. Les maladies: J'ai mal . . .
__ aux yeux   __ aux oreilles   __ au nez   __ à la gorge
__ à la bouche   __ aux dents   __ aux muscles   __ au cou
__ au dos   __ au bras   __ à la main   __ aux doigts
__ à la jambe   __ au pied   __ à l'estomac

ACTIVITÉ **4** **Et vous?** Work with a partner.

1. Ask about each other's life *(la vie)*, health *(la santé)*, and attitude *(le moral)* using the questions below.
2. Answer by using *souvent* (often), *de temps en temps* (occasionally), or *rarement* (rarely).
3. Sum up the points based on the frequency of occurrence and make a judgment about each other's lifestyle.

1
LA VIE

Tu es souffrant(e)?   Tu ne t'occupes pas de ta santé?
Tu ne te soignes pas bien?   Tu ne te portes pas très bien?
Tu ne te reposes pas assez?   Tu te sens fatigué(e)?

5 points	si cela vous arrive souvent.
3 points	si cela vous arrive de temps en temps.
1 point	si cela vous arrive rarement.

20 à 30 points	Occupez-vous immédiatement de votre santé!
10 à 19 points	Attention! Prenez des vitamines.
6 à 9 points	Vous vous occupez bien de votre santé.

2
LA SANTÉ

Tu as mal à la tête? à la gorge? aux muscles?
Tu attrapes un rhume?   Tu as de la fièvre?
Tu as des frissons?   Tu tousses?
Tu as le nez bouché ?   Tu as le nez qui coule?

5 points	si cela vous arrive souvent.
3 points	si cela vous arrive de temps en temps.
1 point	si cela vous arrive rarement.

30 à 45 points	Vous êtes presque toujours souffrant(e). Changez de style de vie immédiatement!
20 à 29 points	Vous êtes malade comme tout le monde. Achetez des aspirines et restez chez vous.
7 à 19 points	Vous vous portez très bien.

3
LE MORAL

Tu t'impatientes souvent?   Tu te mets souvent en colère?
Tu te trouves très anxieux(se)?   Tu t'énerves facilement?

5 points	si cela vous arrive souvent.
3 points	si cela vous arrive de temps en temps.
1 point	si cela vous arrive rarement.

15 à 20 points	Il faut se détendre! Ne prenez pas la vie aussi sérieusement!
9 à 14 points	Faites attention! Vous risquez de perdre votre vitalité et votre joie de vivre.
4 à 8 points	Vous êtes une personne assez calme.

ACTIVITÉ 5

Act. 5: Encourage students to be spontaneous when completing the dialogue. Have students practice their dialogues more than once and present them to the class.

Je regrette, mais je ne peux pas venir ce soir. You have been invited out but are not feeling well. Call to say you cannot go out and tell why. Work with a partner.

VOUS: Allô? C'est _____ à l'appareil. C'est bien toi, _____?

VOTRE AMI(E): Bonjour, _____. On a toujours un rendez-vous à _____ heures à (au/aux) _____ ce soir?

VOUS: Je regrette, mais je ne peux pas aller à (au/aux) _____ avec vous ce soir. Je me sens vraiment mal.

VOTRE AMI(E): Comment ça? C'est vraiment dommage. Mais qu'est-ce qui ne va pas?

VOUS: J'ai _____, et puis je _____.

VOTRE AMI(E): Oh là là! C'est horrible! Alors, peut-être un autre jour. Soigne-toi° bien! Au revoir, _____.

VOUS: Au revoir, _____.

take care of yourself

REGARDONS DE PLUS PRÈS ◆ Les Verbes pronominaux au négatif

Approach, Regardons de plus près: (1) Preview the material focusing on the introductory guidelines. (2) Model the text several times. (3) Encourage students to look for patterns and direct them to answer the guide questions with a partner. (4) Elicit their observations. (5) Present the grammatical explanations as a means of confirming and extending students' hypotheses.

Think about these questions as you study the description below.

A. What is this person concerned about?

B. Where are **ne** and **pas** placed in a reflexive construction?

Je travaille beaucoup ces temps-ci et je n'ai pas le temps de faire les choses comme il faut.° **Je ne m'occupe pas** de ma santé; **je ne me repose pas; je ne me nourris pas** bien; et par conséquent, **je ne me porte pas** bien.

properly

In the negative, sentences with reflexive pronouns use the following word order:

subject + **ne** + reflexive pronoun + verb + **pas** + . . .

Il ne se lève pas de bonne heure le matin.	*He doesn't get up early in the morning.*
Tu ne te soignes pas bien.	*You aren't taking good care of yourself.*
Nous ne nous reposons pas assez souvent.	*We don't rest often enough.*

ACTIVITÉ 6

Le Diagnostic. Le médecin vous donne des conseils.° Il vous dit que vous devez changer vos habitudes.

advice

MODÈLE: s'amuser
    Vous ne vous amusez pas assez!

1. se reposer   2. se détendre   3. se nourrir bien   4. se coucher assez tôt   5. se divertir régulièrement   6. s'occuper de votre santé   7. s'habiller bien quand il fait froid   8. se promener tous les jours

ACTIVITÉ 7

Faites un sondage. Select one item from the list below and ask every student in the class a question based on it. Record *yes* and *no* answers, summarize your data, and report back to the class.

MODÈLE: s'occuper de la santé
    — *Est-ce que tu t'occupes de ta santé?*
    — *Oui, je m'occupe de ma santé.*
ou — *Non, je ne m'occupe pas vraiment de ma santé.*

se porter bien la plupart du temps	se coucher avant minuit chaque jour
se soigner bien	s'entraîner
se sentir *(tu te sens)* bien maintenant	se fatiguer facilement
	se nourrir bien
se lever *(tu te lèves)* de bonne heure chaque jour	se mettre *(tu te mets)* souvent en colère
se reposer chaque jour	s'énerver souvent
se détendre chaque jour	s'impatienter souvent

≡ À VOUS! • Chez le médecin

Select one of the ailments below and think of possible symptoms. Your partner will play the role of a doctor and try to diagnose the ailment based on your symptoms and complaints.

LE MÉDECIN: Vous ne vous portez pas bien?
    VOUS: Non, je ne me sens pas très bien. J'ai mal . . .
LE MÉDECIN:

Oh.	Je vois.
Vraiment?	Hmmmm.
Vous avez	un rhume (la grippe)
C'est certainement	une angine°, une migraine
À mon avis, vous avez	une infection aux oreilles
	une infection à la gorge
	une appendicite, un ulcère

Les Bons Conseils

≡AU TRAVAIL

ACTIVITÉ 1

complaints

Approach, Act. 1: Have
students substitute known
vocabulary into the
mini-dialogues.

works well

Quand on est surmené, on perd sa vitalité. Répétez les mini-dialogues suivants avec un(e) camarade. Substituez d'autres plaintes° dans les dialogues.

— Tu te sens bien?
— Oui, tu sais . . . je suis trop occupée et je suis toujours fatiguée, mais . . .
— Je te conseille de prendre ces comprimés du Docteur Robert.
— Les comprimés du Docteur Robert? C'est une bonne idée!

— Tu n'as pas bonne mine aujourd'hui!
— Non. Je me sens toujours très fatigué.
— Tu dois[4] essayer ce remède.
— Non, merci. Je n'aime pas les remèdes folkloriques.
— Mais il est très efficace.°
— Non, merci, n'insiste pas.

— Tu as l'air souffrant.
— Oh, ce n'est pas grave.
— Il faut prendre des vitamines, ou du thé chaud.
— D'accord.

---

4. The complete conjugation of the irregular verb **devoir** *(to ought to)* is given in the section **Vocabulaire et expressions** at the end of the chapter.

≡ LECTURE◆ Une Lettre à Odile

Pre-reading, Lecture:
(1) Preview the material focusing on the title and art and have students hypothesize about the content. (2) Read the introductory material. (3) Remind students to read primarily for this information the first time through. Stress that students will need to read the text several times and should focus on different types of information and details each time.

Reading: The reading and comprehension activities may be done out of class.

Post-reading: Have students answer the questions provided above and discuss their answers in small groups.

mother
daughter

proud

Great Britain

to leave

everything

succeed

even so

as well as possible
leaves much to be desired

succeed / f. studies

cares
good luck / kisses

Lisez la lettre suivante.

A. Est-ce que la lettre est (a) d'un ami à une amie, (b) d'une mère° à sa fille° ou (c) d'un patron à son employée?

B. Trouvez quatre bons conseils dans la lettre.

> Paris, le 15 novembre
>
> Ma très chère Odile,
>
> Je suis très fière° de toi. Je sais que ta décision d'aller étudier en Angleterre° est bonne. Mais je sais aussi qu'elle n'a pas été facile. Il faut du courage pour laisser° ses amis et ses parents. Alors ne t'impatiente pas et ne te mets pas en colère si tout° ne va pas exactement comme tu le veux. Je suis sûre que tu vas très bien réussir°.
>
> Je suis quand même° ta mère et je me sens obligée de répéter les conseils que je t'ai donnés à ton départ. Soigne-toi bien. Le climat en Angleterre est bien différent du climat de Paris. Nourris-toi aussi bien que possible°. Je sais que la nourriture anglaise laisse à désirer°. Ne te fatigue pas! Repose-toi un peu chaque jour et ne te couche pas trop tard le soir. Il faut garder ses forces pour bien réussir° dans les études°. Amuse-toi, mais ne fais pas d'excès. Les soirées sont importantes pour se détendre, mais elles sont aussi dangereuses quand elles sont trop fréquentes. Et finalement, téléphone-nous de temps en temps. Tu ne devrais pas oublier que tu as une famille qui t'aime et qui se soucie° de toi.
>
> Bonne chance°, ma petite. Gros bisous°.
>
> Ta mère

299

COMPRÉHENSION

Answers, Act. 2: fiers /
aller / Angleterre /
difficile / courage / ses
amis et ses parents

Answers, Act. 3: **Oui:**
Soigne-toi bien.
Nourris-toi bien.
Repose-toi un peu. Il faut
garder ses forces.
Amuse-toi.
Téléphone-nous. **Non:** Ne
t'impatiente pas. Ne te
mets pas en colère. Ne te
fatigue pas. Ne te couche
pas trop tard. Ne fais
pas d'excès. Tu ne
devrais pas oublier que
tu as une famille qui
t'aime.

ACTIVITÉ 2

Odile, où est-elle maintenant?   Un ami de la famille veut des nouvelles d'Odile. Complétez le paragraphe suivant.

> Nous sommes très _____ d'elle. Odile a décidé de (d') _____ en _____. La décision a été très _____, mais enfin elle a montré beaucoup de _____. Elle a laissé _____ pour faire ses études à l'étranger.

ACTIVITÉ 3

Quoi faire?   Faites un résumé des conseils que la mère d'Odile lui donne. Faites la liste des choses qu'elle devrait faire° et des choses qu'elle ne devrait pas faire.

should do

MODÈLE: **Oui**   **Non**
        Soigne-toi bien!   *Ne t'impatiente pas!*

C'EST À DIRE ◆ Donner des conseils

Approach, C'est à dire:
(1) Preview the material
using the introductory
guidelines. (2) Role-play
the mini-dialogues and
have students repeat and
practice the material with
you, with a partner and
finally incorporating
personal variations.
(3) Have students analyze
the scenes, generating
lists by function: stating a
problem; giving advice.
List their answers in
columns on the board.
(4) You may want to
present some problems
to your students: «**J'ai
mal à la tête**»; «**je
tousse**»; etc. Have them
give you advice. Then
direct students to work in
pairs, creating original
mini-dialogues.

Your instructor will suggest different courses of action for certain problems. You should follow these steps.

A. Practice asking for and giving advice.
B. Mix and match the complaints and the advice.
C. Be prepared to advise a classmate with problems similar to these.

SCÈNE 1   Je suis toujours fatigué(e).
Je te conseille de te reposer.
Repose-toi pendant la journée.
Ne te lève pas trop tôt.

SCÈNE 2   Je ne me porte pas bien.
Soigne-toi.
Nourris-toi bien.
Ne te remets° pas trop vite au travail.
Prends un rendez-vous chez le médecin.
Repose-toi.

go back

SCÈNE 3 Regarde comme je grossis!

Fais du sport.

Ne mange pas trop.

follow / m. diet Suis° ton régime.°

SCÈNE 4 Je travaille trop!

Il faut s'occuper de son moral.

Amuse-toi avec des amis.

Ne te mets pas en colère.

Détends-toi un peu chaque jour.

Ne te fais pas de soucis pour des choses idiotes.

SCÈNE 5 J'ai un rhume et une toux!°

cough

you'd better Tu ferais mieux de° prendre des aspirines et du sirop.

Repose-toi pendant deux jours.

Ne te fatigue pas.

Soigne-toi!

Les Bons Conseils. Select the suggestion that is more appropriate to the stated problem. Then practice describing the problems and giving the advice.

MODÈLE: J'ai mal à la tête.

    a. Amuse-toi avec tes amis!   **b.** *Prends des aspirines et repose-toi pendant 30 minutes.*

1. Je m'impatiente souvent.
   - **a.** Fais du sport. Calme-toi!   **b.** Ne mange pas trop!

2. Regarde comme je grossis!
   - **a.** Repose-toi chaque après-midi!   **b.** Mange de la nourriture saine!

3. Je travaille trop!
   - **a.** Nourris-toi bien.   **b.** Détends-toi un peu!

4. J'ai mal aux muscles!
   - **a.** Ne te mets pas en colère!   **b.** Prends des aspirines!

5. Je me sens toujours fatigué(e).
   - **a.** Ne te lève pas si tôt le matin!   **b.** Suis ton régime!

6. J'ai de la fièvre et je tousse.
   - **a.** Prends un rendez-vous chez le médecin.   **b.** Remets-toi vite au travail.

ACTIVITÉ **5**

Donnez des conseils. Your friend has the problems listed below. Advise him or her concerning each problem using at least three of the suggestions given. Be prepared just in case your friend should suddenly develop a problem not listed.

1. J'ai mal à la tête et j'ai le nez bouché.   2. Je grossis.   3. Je m'énerve.

Je te conseille de	t'entraîner un peu chaque jour.
Tu dois	prendre des vitamines.
Tu ferais mieux de	te reposer pendant une heure chaque après-midi.
	te coucher avant minuit chaque soir.
	te lever vers 7h du matin.
	faire de l'exercice pendant 15 minutes le matin.
	prendre de la nourriture saine.

REGARDONS DE PLUS PRÈS ◆ Les Verbes pronominaux à l'impératif et avec l'infinitif

Approach, Regardons de plus près: (1) Preview the material focusing on the introductory guidelines. (2) Model the mini-dialogue several times. (3) Encourage students to look for patterns and direct them to answer the guide questions with a partner. (4) Elicit their observations. (5) Present the grammatical explanations as a means of confirming and extending students' hypotheses.

Think about these questions as you read over the advice below.

A. What seem to be the consequences of not taking the advice seriously?

B. What two constructions are used here for giving advice?

— Je ne me sens pas en pleine forme. Je suis fatigué; je n'ai pas d'énergie.

— Et bien alors, **soigne-toi, repose-toi,** prends des vitamines.

— Mais **je ne peux pas me reposer;** j'ai beaucoup de travail en ce moment.

— Alors **ne te soigne pas** et **tu vas te retrouver** à l'hôpital avec quelque chose de bien grave.

■ With modal verbs **(vouloir, pouvoir)** and in the immediate future (with **aller**), the reflexive pronoun is placed just before the infinitive form of the verb.

— **Tu veux te coucher** immédiatement?	— *Do you want to go to bed immediately?*
— Mais non! **Je ne veux pas me coucher** maintenant.	— *No! I don't want to go to bed now.*
— Mais Christine, **elle veut se coucher** tout de suite.	— *But Christine, she wants to go to bed right away.*
— **Nous allons nous promener** ensemble.	— *We're going to take a walk together.*
— **Vous allez vous fatiguer!**	— *You're going to get tired!*
— Vous vous trompez! **Ils vont se coucher** après la promenade.	— *You're wrong! They're going to go to bed after the walk.*

■ Reflexive verbs retain the reflexive pronoun in the imperative. Note that **te** becomes **toi** and that, in the affirmative, the pronoun follows the verb.

Couche-toi.	*Go to bed.*
Promenons-nous.	*Let's take a walk.*
Reposez-vous.	*Rest.*

■ In the negative, **ne** and **pas** are placed around the the reflexive pronoun and the verb.

Ne te couche pas tard. *Don't go to bed late.*
Ne nous fatiguons pas trop! *Let's not get too tired!*
Ne vous impatientez pas. *Don't get impatient.*
C'est mauvais pour la santé. *It's bad for your health.*

ACTIVITÉ 6

Answers, Act. 6:
1. Reposez-vous avant le match. 2. Ne vous levez-pas à 11h du matin. 3. Ne vous impatientez pas.
4. Calmez-vous.
5. Soignez-vous.
6. Exercez-vous un peu chaque jour.
7. Nourrissez-vous de choses saines. 8. Ne vous couchez pas après 2h du matin.

On doit s'entraîner.   You are a coach. Give your players appropriate schedule restrictions for the week before the championship game.

MODÈLES: se coucher avant 10h du soir
Couchez-vous avant 10h du soir.

se fatiguer au gymnase
Ne vous fatiguez pas au gymnase.

1. se reposer avant le match 2. se lever à 11h du matin 3. s'impatienter 4. se calmer 5. se soigner 6. s'exercer un peu chaque jour 7. se nourrir de choses saines 8. se coucher après 2h du matin

ACTIVITÉ 7

Answers, Act. 7:
1. Repose-toi avant le match. 2. Ne te lève pas à 11h du matin. 3. Ne t'impatiente pas.
4. Calme-toi.
5. Soigne-toi.
6. Exerce-toi un peu chaque jour. 7. Nourris-toi de choses saines. 8. Ne te couche pas après 2h du matin.

C'est le champion.   Repeat the advice from the preceding *Activité* to your star player. Be sure to use the *tu* forms of the commands.

MODÈLES: se coucher avant 10h du soir
Couche-toi avant 10h du soir.

se fatiguer au gymnase
Ne te fatigue pas au gymnase.

À VOUS!◆Des Conseils

Approach, À vous!: Give students thirty seconds to select a partner and a limited amount of time to complete the work. Have students perform their work for the class. Encourage students to integrate as many expressions as possible.

Suggestion: You may want to direct students to prepare the **Au travail** section in the following **Tranche** as homework for the next class session.

advice Donnez des conseils° à un(e) ami(e) qui a une des maladies suivantes.

J'ai un rhume.   Je suis fatigué(e).
    la grippe.   Je trouve la vie ennuyeuse.
    mal à l'estomac.   Je ne me porte pas bien.
    mal aux dents.

MODÈLE: VOTRE AMI(E): *J'ai mal à la tête.*
              VOUS: *Prends des aspirines. Couche-toi tôt. Ne travaille pas.*

TRANCHE 4

Pour échapper à la routine

≡ AU TRAVAIL

ACTIVITÉ 1

Suggestion, Act. 1: For each complaint, have partners propose a solution, **je te conseille de . . .,** and have students comment on the advice.

Follow-up: Have some students report about their partners' problems and explain their advice using the expression **Je lui conseille de . . . mais (et) il (elle) pense que c'est. . . .**

Les Plaintes.   Practice the following complaints about lifestyle and health. Then select at least five that apply to you and share them with a partner.

Je me sens mal.

Je me sens fatigué(e), mal.
Je suis souffrant(e).
J'ai mal à la tête, aux muscles, . . .
Je me remets d'une maladie sérieuse.

Je ne suis plus en bonne forme.

Je veux me remettre en forme.
Je ne fais pas assez d'exercice.
Je grossis.
Je ne m'entraîne pas assez.

Je travaille trop.

depressed Je suis nerveux(se), anxieux(se) et déprimé(e).°
J'ai perdu la joie de vivre et la vitalité.
Je me trouve toujours très occupé(e) et trop pressé(e).
leisure activities Je n'ai pas de loisirs.°
J'ai besoin de vacances!

C'EST À DIRE ◆ Rapporter ses habitudes quotidiennes

Your instructor will present this postcard describing a vacation. What are the highlights of the writer's vacation?

Chère Christine,

Tu savais peut-être que je m'ennuyais° au travail et que j'ai décidé de passer quelques semaines en vacances. Alors, me voilà° à Tahiti! Comme c'est beau! C'est magnifique! Ce matin, je me suis levée° à 9h30 et je me suis promenée sur la plage. Je me suis exercée un tout petit peu—mais pas trop, bien sûr! Cet après-midi, je me suis baignée° dans la mer et je me suis reposée près de la piscine. De plus, j'ai fait la connaissance° d'un homme sensationnel! Nous nous rencontrons° chaque jour; nous nous téléphonons le matin; nous nous parlons à la piscine et hier nous nous sommes donné rendez-vous pour ce soir! Comme la vie est belle à Tahiti!

Grosses bises,
Annie-Claude

ACTIVITÉ 2 Comment ça?

that describes

Cherchez une phrase dans la carte postale qui décrit° les scènes suivantes.

ACTIVITÉ 3

write / from among

Et vous? Écrivez° une carte postale. Choisissez parmi° les détails suivants.

Suggestion, Act. 3: You may want to ask students to come to class with postcards. Have students draw names and write and address one to a partner. Have each partner read the card and write a short note back expressing opinions and reactions.

1. J'ai décidé de passer quelques semaines . . .

    a. à la campagne   **b.** à la montagne   **c.** sur la côte

2. Ce matin, je me suis levé(e) . . .

    a. à 6h   **b.** vers midi   **c.** après 10h

3. et je me suis baigné(e) . . .

    a. dans la mer   **b.** dans la piscine   **c.** dans une rivière

4. Je me suis promené(e) . . .

m. fields

    a. sur la plage   **b.** dans la forêt   **c.** dans les champs°

5. Je me suis reposé(e) . . .

    a. au petit café   **b.** au chalet   **c.** au soleil

6. J'ai rencontré . . .

old man

lace

    a. une dame qui faisait de la dentelle°   **b.** un vieillard° qui m'a raconté de drôles d'histoires   **c.** de nouveaux amis de mon âge

7. Que les vacances sont . . .

    a. fantastiques   **b.** belles   **c.** plus amusantes que le travail

ACTIVITÉ 4

Answers, Act. 4:
Socialite: 2, 3, 5, 6, 8, 10
Business woman: 1, 3, 4, 5, 7, 9 **Both:** 3, 5

Les Rôles. Read the conversation lines below. Which lines might come from a postcard written by a socialite discussing her latest flame? Which ones might come from the correspondence of a businesswoman and her business partner? Which lines could be appropriate to both? Sort them out.

Nous nous sommes parlé des prix et du marché.

wrote each other Nous nous sommes écrit° des lettres en secret.

Nous nous sommes rencontrés tous les jours Chez Maxime.

f. orders Nous nous sommes envoyé des commandes.°

Nous nous sommes téléphoné plusieurs fois par jour.

Nous nous sommes donné souvent rendez-vous en ville à minuit.

Nous nous sommes parlé des modèles et des rabais.

m. place Nous nous sommes rencontrés dans des endroits° bizarres.

m. unions / f. strikes Nous nous sommes téléphoné au sujet des syndicats° et des grèves.°

in secret Nous nous sommes parlé en cachette.°

REGARDONS DE PLUS PRÈS ◆ Les Verbes réfléchis et réciproques au passé composé

Think about these questions as you read over this account of a ski vacation.

A. Did everything go as planned?

B. How are past events recounted with reflexive verbs?

J'ai décidé de passer les vacances à la montagne. Un jour, **je me suis préparée** pour une belle journée de ski. **Je me suis levée** de bonne heure et **je me suis habillée.** Je m'impatientais parce que la neige était parfaite! **Je me suis dépêchée,** mais je suis tombée devant le chalet et **je me suis cassé la jambe** avant d'aller à la station de ski! Quelle horreur! Alors **je me suis promise** de ne plus m'impatienter et de me détendre davantage!

- In the passé composé, all reflexive verbs take the auxiliary **être.** The past participle agrees in gender and number with a preceding direct object. In the majority of cases, the direct object is the reflexive pronoun.

Je me suis levé(e) de bonne heure ce matin.	*I got up early this morning.*
Nous nous sommes promené(e)s après le dîner.	*We took a walk after dinner.*

- With the following verbs, the reflexive pronoun is an indirect object and no agreement is made.

téléphoner à   parler à   répondre à   écrire à

Ils se sont téléphoné.	*They telephoned (to) each other.*
Elles se sont écrit.	*They wrote (to) each other.*

- When a direct object follows a reflexive verb, no agreement is made.

Il s'est acheté les skis. (*Les skis* is a direct object.)	*He bought himself skis.*
Elle s'est cassé la jambe. (*La jambe* is a direct object.)	*She broke her leg.*

ACTIVITÉ 5 Des Vacances au club sportif ou à la plage? Décrivez vos va-
cances.

Answers, Act. 5: 1. Je me
suis préparé(e). 2. Je me
suis couché(e) très tôt.
3. Je me suis promené(e).
4. Je me suis détendu(e)
près de la piscine. 5. Je
me suis exercé(e) chaque
matin. 6. Je me suis
levé(e) très tard. 7. Je me
suis amusé(e) à la
discothèque. 8. Je me
suis couché(e) très tard.
9. Je me suis détendu(e).
10. Je me suis habillé(e)
en . . .

MODÈLE: **Au club sportif**
s'entraîner au club
Je me suis entraîné(e) au club.

À la plage
se reposer au soleil
*Mon ami(e) et moi, nous nous
sommes bien reposé(e)s au soleil.*

Au club sportif
1. se préparer
2. se coucher très tôt
3. se promener
4. se détendre près de la piscine
5. s'exercer chaque matin

À la plage
6. se lever très tard
7. s'amuser à la discothèque
8. se coucher très tard
9. se détendre
10. s'habiller en maillot de bain
ou en short et en tee-shirt

ACTIVITÉ 6 Avant et maintenant. Tell what these people did to get the way they are.

Suggestion, Act. 6: Ask students to begin by describing each person. You may wish to review how to describe people from Chapter 3.

1.
s'habiller
se maquiller
se soigner
se faire les ongles
se mettre au régime

2.
s'exercer
s'entraîner
se nourrir convenablement
se développer les muscles
se préparer pour les matchs

3.
se lever très tôt
se coucher très tard
se débrouiller
se préparer pour le poste de
directrice des finances

4.
se lever très tard
se détendre
s'amuser
se calmer
se reposer

ACTIVITÉ 7

Quoi de neuf?   Qu'est-ce que les personnes suivantes ont fait pendant les vacances?

MODÈLE: Élise / se baigner dans la mer / se reposer sur la plage
Élise s'est baignée dans la mer et s'est reposée sur la plage.

1. je / s'entraîner / se promener
2. elles / se téléphoner / se rencontrer aux grands magasins
3. toi, Élisabeth, tu / s'amuser avec les amis / se détendre
4. Jean-Louis a beaucoup travaillé. Il / se lever très tôt / se coucher très tard
5. Marie-Claire / s'occuper de ses études / se fatiguer
6. nous / se parler / se donner rendez-vous au café tous les jours
7. Robert et David / se préparer pour les matchs / se dépêcher au club
8. Louis et Alice, vous / se soigner / se coucher très tôt

LA LANGUE ÉCRITE

Mes Vacances.   Write a description of a real (or ideal) vacation. Tell what you did during your time off and how you feel now.

MODÈLE: *Je suis allé(e) à un club de sports (à Paris / chez moi). Je me suis amusé(e) (me suis détendu(e) / me suis remis(e) en forme). J'ai parlé avec des ami(e)s. J'ai écouté de la musique. . . . Maintenant je me sens très bien. (Je suis en pleine forme.)*

VOCABULAIRE ET EXPRESSIONS

■ DESCRIBING ONE'S ROUTINES

J'ai trop de travail (devoirs). Je n'ai pas le temps de . . .

se lever Je me lève. Tu te lèves. Il se lève. Nous nous levons. Vous vous levez. Elles se lèvent. Je me suis levé(e). Tu t'es levé(e). Il s'est levé. Elle s'est levée. Nous nous sommes levé(e)s. Vous vous êtes levé(e)(s). Il se sont levés. Elles se sont levées.

se réveiller, se coucher, se débrouiller, se préparer, se laver, s'habiller, se coiffer, se raser, se maquiller, se brosser les cheveux, se nourrir, s'occuper de sa santé, se laver (brosser) les dents, se détendre, s'amuser, s'exercer, s'entraîner, se reposer, se baigner, se promener, s'impatienter, s'énerver, s'arrêter, se mettre en colère, se dépêcher, se trouver souvent anxieux(se)

■ INQUIRING ABOUT ONE'S HEALTH

Ça va? Qu'est-ce qui ne va pas? Qu'est-ce que tu as? Qu'est-ce qu'il y a?

■ DESCRIBING ONE'S HEALTH

Ça va bien! J'ai bonne mine. Je suis en pleine forme. Je me sens bien. Je m'occupe de ma santé. Je me porte bien. Je ne fume plus. Je fais de l'exercice. Je prends de la nourriture saine.

Ça va mal! Ça pourrait aller mieux. Je ne suis pas en forme. Je me sens faible (toujours fatigué(e) /mal). Je ne m'occupe pas de ma santé. Je suis fatigué(e), souffrant(e), malade. Je ne me repose pas assez (beaucoup / du tout). J'ai attrapé un rhume (la grippe). Je me sens mal.

J'ai mal à la tête (aux sinus, aux yeux, à l'œil, à la gorge, au nez, aux oreilles, à la bouche, aux dents, au cou, au dos, aux muscles, aux doigts, à la main, au bras, à la jambe, au pied, au ventre, à l'estomac, au foie, au cœur). J'ai de la fièvre. J'ai des frissons. Je tousse. J'ai le nez qui coule. J'ai le nez bouché.

■ GIVING AND RECEIVING ADVICE ABOUT ONE'S HEALTH

Je te conseille de (Tu dois, Tu devrais, Tu ferais mieux de) te reposer.
Il faut prendre des comprimés.

Lève-toi (Levez-vous, Levons-nous) de bonne heure!
Ne te lève pas (Ne vous levez pas, Ne nous levons pas) trop tôt!

Bonne idée! (C'est ça. D'accord.)
Comment ça? (Mais c'est impossible. J'ai trop de choses à faire. Mais quand est-ce que je vais faire ça?)

■ IRREGULAR VERBS

se lever Like **se lever: acheter** (to buy)

je me lève	nous nous levons
tu te lèves	vous vous levez
il (elle) se lève	ils (elles) se lèvent
participe passé: levé	

courir

je cours	nous courons
tu cours	vous courez
il (elle) court	ils (elles) courent
participe passé: couru	

devoir

je dois	nous devons
tu dois	vous devez
il (elle) doit	ils (elles) doivent
participe passé: dû	

faire

je fais	nous faisons
tu fais	vous faites
il (elle) fait	ils (elles) font
participe passé: fait	

LES LOISIRS

In this chapter, you will learn to state your opinions
and react to the opinions of other people.

TRANCHE 1
VOUS ÊTES FANA DES SPORTS?
Function: Giving Opinions
Structure: Les Pronoms y et en

TRANCHE 2
POUR OU CONTRE LA TÉLÉ
Function: Restating Opinions
Structure: Les Pronoms d'objet direct
Culture: La Télé en France

TRANCHE 3
LES GOÛTS
Function: Making Recommendations
Structure: Les Pronoms d'objet indirect

TRANCHE 4
J'AI DU TEMPS LIBRE!
Function: Agreeing and Disagreeing
Structure: Les Pronoms d'objet et le passé
composé

CHAPITRE 11

Vous êtes fana des sports?

Be sure to call students' attention to the functions and contexts in each **Tranche** before beginning the chapter.

AU TRAVAIL

ACTIVITÉ 1

replies

Note, Act. 1: This activity reviews material from Chapter 4. As homework, you may want to ask students to review vocabulary and expressions from that chapter.

tournament

see you next time

Follow-up: Have some students present their dialogues to the class.

Vous êtes libre ce soir?   Répétez les mini-dialogues; ensuite variez vos répliques° avec les phrases qui suivent. Finalement, invitez un(e) camarade à sortir ce week-end.

— Salut, Marc. Ça va?
— Ça va. Et toi?
— Dis . . . Il y a un concours° de tennis demain soir. Tu veux y aller?
— C'est à quelle heure?
— C'est vers 8h30.
— Merci, mais je ne peux pas. Je suis occupé. Peut-être un autre jour.
— Alors, à la prochaine!°

— Christine, il y a un match de foot ce soir. Tu viens avec moi?
— À quelle heure est-ce que ça commence?
— Vers 8h.
— Fantastique. J'adore le foot.
— Alors on se voit à 8 heures!
— C'est ça! À ce soir!

OUI	PEUT-ÊTRE	NON
Bien sûr!	Ça dépend.	Merci, non.
J'adore . . .	Je ne sais pas si je suis libre.	Je regrette, mais je ne peux pas.
Fantastique!	C'est quand?	Je suis occupé(e).
Alors à samedi!		Peut-être un autre jour!

Approach, Dialogue:
(1) Go over the introductory questions with the students, and remind them that the first time through they should

DIALOGUE ◆ Le Sportif

listen primarily for this information. (2) Play the dialogue on the student's audio cassette (or role-play it yourself). (3) Ask students to answer the guide questions.

players from Nantes

in my opinion

(4) Play the dialogue again. (5) Have students repeat and practice with you and with each other,

there

in my opinion

taking different roles. Encourage them to personalize the dialogue

some of them / mystery novels / cycling

by changing words or expressions. (6) Remind them that they will have to review the material several times to complete the other comprehension activities. The dialogue and comprehension activities may be done outside of class.

In this dialogue two new acquaintances give their opinions about various leisure activities.

A. What things does each person like?

B. How much leisure time are they likely to spend together?

PIERRE: Sensas, les Nantais,° non?

ROBERT: Oh, tu sais, le foot ne m'intéresse pas. À mon avis,° c'est barbare.

PIERRE: Comment? Alors qu'est-ce que tu fais pour te détendre?

ROBERT: Je vais au cinéma.

PIERRE: Eh bien, alors, comme moi. J'y° vais aussi. J'adore les films d'aventure. Mais d'après moi,° le foot, c'est aussi de l'aventure, de l'action, de l'énergie . . .

ROBERT: Pour moi, c'est vraiment sans intérêt. J'aime mieux lire[1] des romans.

PIERRE: J'en° lis aussi, surtout de la série noire.° Mais le vélo,° c'est plus intéressant.

ROBERT: Mais non, ce n'est pas intéressant du tout. C'est l'art, le cinéma, la littérature que j'apprécie.

PIERRE: Tu ne fais pas de sports, alors?

▶

---

1. The complete conjugation of the irregular verb **lire** *(to read)* is given in the section **Vocabulaire et expressions** at the end of the chapter.

ROBERT: Si, j'en fais. Je fais du golf et de l'escrime.°
PIERRE: Mais ce ne sont pas des sports; ce sont des amusements. Avec le foot, le basket et le vélo, il y a la compétition entre équipes,° de l'exercice, du danger . . . c'est sensas.
ROBERT: Je n'aime pas ça du tout.
PIERRE: Ce que tu peux être ennuyeux!° Tu n'aimes pas les échecs° comme° sport, par hasard°?
ROBERT: Parfaitement!

ACTIVITÉ 2

ACTIVITÉ 3

COMPRÉHENSION

Comment dit-on . . . ?   Cherchez dans le dialogue et trouvez trois façons°

1. de donner une opinion négative.
2. de donner une opinion positive.
3. d'introduire son opinion.

Qu'est-ce qu'ils en pensent?   Avec un(e) camarade, jouez les rôles de Pierre et de Robert. Indiquez leurs opinions sur les différents loisirs. Employez les expressions d'opinion qui suivent.

TRÈS POSITIF

J'adore . . .

_____, ça me plaît beaucoup.

Ça m'attire° beaucoup, _____.

J'aime bien . . .

POSITIF

J'aime . . .

Je m'intéresse à . . .

J'apprécie . . .

_____, ça m'intéresse.

TRÈS NÉGATIF

Je ne m'intéresse pas du tout à . . .

Je n'aime pas du tout . . .

Je déteste . . .

NÉGATIF

Je n'apprécie pas beaucoup . . .

J'aime mieux . . .

MODÈLE: le foot
PIERRE: *Le foot, ça me plaît beaucoup.*
ROBERT: *Je déteste le foot.*

1. le cinéma   2. les romans   3. le vélo   4. les arts et la littérature
5. le golf   6. l'escrime   7. les échecs

C'EST À DIRE ◆ Donner son avis

Your instructor will model several ways to express opinions about leisure activities. You should follow these steps.

A. Practice asking for and offering opinions.

B. Be prepared to express your opinions about these leisure activities.

SCÈNE 1

— Tu aimes le golf?
— À mon avis, c'est ennuyeux! Qu'est-ce que tu en penses?°
— Moi, je n'aime pas ça non plus.°

SCÈNE 2

— Tu apprécies l'escrime?
— Je pense que c'est un sport amusant. Et toi?
— Je trouve ça formidable!

SCÈNE 3

— Tu aimes les échecs?
— Il me semble que° c'est un jeu° idiot! Et toi?
— Absolument pas. D'après moi, c'est passionnant!

SCÈNE 4

— Qu'est-ce que tu penses du rugby?
— Le rugby? Pour moi, c'est un sport pour les idiots! Qu'est-ce que tu en penses?
— Je trouve ça merveilleux!

SCÈNE 5

— Tu aimes les sports individuels, toi?
— Qu'est-ce que tu veux dire?°
— Est-ce que tu fais du tennis, du Ping-Pong, du golf, de l'escrime, du ski?
— Ah, tu veux dire les sports sans équipe! Oui, j'aime bien ces sports; j'en fais beaucoup, surtout° du tennis.

SCÈNE 6

— Où est-ce que tu pratiques ton sport?
— Des fois° je vais à l'association sportive et des fois je vais au gymnase. Et toi?
— Moi, j'aime mieux l'association sportive; j'y° vais souvent.

ACTIVITÉ 4 Qu'est-ce que vous en pensez?

Suggestion, Act. 4: Encourage students to add other leisure activities and slightly different opinions.

Donnez votre opinion sur les loisirs suivants. Choisissez un élément de phrase de chaque colonne.

MODÈLE: *Pour moi, le tennis est un sport sans intérêt.*

À mon avis	le tennis	passionnant
Pour moi	le golf	fantastique
Je pense que	l'escrime	ennuyeux
D'après moi	le football	barbare
Je trouve que	le rugby	amusant
Il me semble que	le Ping-Pong	sans intérêt

ACTIVITÉ 5 Tu pratiques un sport moins populaire?

Suggestion, Act. 5: Have students pretend they are journalists. Have them take notes on their classmates' answers. Give students five minutes to complete the task, then have them prepare a report, as a television journalist.

Circulate among your classmates asking them whether or not they participate in any of these less common sports and what their opinions of them are.

MODÈLE: Tu fais de la boxe?
    Oui, j'en fais souvent (de temps en temps / rarement).
  ou *Non, je n'en fais pas du tout!*

1. Les sports individuels

   Tu fais du vélo? du patinage?
   Tu fais de la natation?
   Tu fais de la course à pied?
   Tu fais du tennis?
   Tu fais du Ping-Pong?
   Tu fais du golf?

2. Les sports d'équipe

   Tu fais du foot(ball)?
   Tu fais du basket(ball)?
   Tu fais du volleyball?
   Tu fais du baseball?

3. Les arts martiaux

   Tu fais de la boxe?
   Tu fais du karaté?
   Tu fais du judo?

4. Les sports dangereux

   Tu fais de la course automobile?
   Tu fais du moto-cross?
   Tu fais du ski alpin?
   Tu fais du hockey?

REGARDONS DE PLUS PRÈS ◆ Les Pronoms *y* et *en*

Approach, Regardons de plus près: (1) Preview the material focusing on the introductory guidelines. (2) Model the mini-dialogue several times. (3) Encourage students to look for patterns and direct them to answer the guide questions with a partner. (4) Elicit their observations. (5) Present the grammatical explanations as a means of confirming and extending students' hypotheses.

Think about the following questions as you study this conversation between two friends who meet by chance in a sporting goods store.

A. Do these casual acquaintances have common interests?

B. What do the pronouns **y** and **en** replace?

— Qu'est-ce que tu fais ici? Tu t'intéresses au cyclisme, toi?

— Oh, oui, je m'**y** intéresse. Je trouve le vélo super. Regarde les nouveaux modèles! Incomparables, pas vrai?

— Euh . . . Oui, il est bien joli ce vélo.

— Mais alors, tu n'**en** fais pas, toi, du vélo?

— Non, je n'aime pas ça. Je cherche un jeu d'échecs. Tu n'**en** as pas vu **un** dans le magasin?

■ The pronoun **y** is used to replace an expression indicating location. It generally replaces **à (au, aux)** + place or thing. **Y** may also replace other prepositions: **chez, sur, dans** + place.

Nous allons **au stade** pour jouer au foot.	Nous **y** allons pour jouer au foot.	*We go there to play football.*
Elle s'intéresse **à la natation**.	Elle s'**y** intéresse.	*She's interested in it.*
On fait du ski **sur la piste.**	On **y** fait du ski.	*We ski there.*

■ Note that **y** always refers to a place or a thing. The pronouns **lui** and **leur** replace the preposition **à** + a person. This construction is explained in **Tranche 3** of this chapter.

■ The pronoun **en** replaces a direct object introduced by **du, de la, des, de,** or an expression of quantity and/or a number.

Il fait **du judo.**	Il **en** fait.	*He does it.*
Elle achète **des skis.**	Elle **en** achète.	*She's buying some.*
Martin ne fait pas **de vélo.**	Martin n'**en** fait pas.	*Martin doesn't do it.*
D'habitude, je fais **trois kilomètres** à pied.	D'habitude j'**en** fais **trois** à pied.	*Usually, I do three (of them) on foot.*
Il fait **beaucoup de gymnastique.**	Il **en** fait **beaucoup.**	*He does a lot (of it).*

▶

■ Both **y** and **en** are placed before the conjugated verb. With an infinitive, they come before the infinitive.

Je vais faire **beaucoup de sports** pendant les vacances.	Je vais **en** faire **beaucoup** pendant les vacances.	*I'm going to do a lot (of them) during vacation.*
Nous voulons aller **au stade.**	Nous voulons **y** aller.	*We want to go there.*
Je ne sais pas faire **de ski.**	Je ne sais pas **en** faire.	*I don't know how to do it.*

ACTIVITÉ 6

Quand vous avez du temps libre ...   Select one place from the list below or choose a different recreational facility. Ask every student in class about his or her use of this place. Summarize your data and report back to the class.

Suggestion, Act. 6: Encourage students to add other locations.

MODÈLE: à la piscine
        — *Tu vas souvent à la piscine?*
  ou — *Non, j'y vais (assez) rarement.*
  ou — *Oui, j'y vais plusieurs fois par semaine.*

1. à la piscine   2. au gymnase   3. au parc   4. au stade   5. au vélodrome   6. au terrain de camping   7. à la station de ski   8. au lac
skating rink   9. à la patinoire°   10. au court de tennis

ACTIVITÉ 7

Vous êtes sportif (sportive)?   Make an inventory of your sports equipment. If you are unsure of the exact number, mention a general quantity *(beaucoup de, peu de, assez de)*. Then work with a partner, asking and answering questions about your inventories.

Suggestion, Act. 7: Encourage students to think of additional sporting equipment. Help provide necessary vocabulary.

MODÈLES: ____ paires de chaussures de sport
2 paires de chaussures de sport

    — *Combien de paires de chaussures de sport as-tu?*
    — *Moi, j'en ai 2.*

____ paires de chaussures de jogging
0 paires de chaussures de jogging

    — *Combien de paires de chaussures de jogging as-tu?*
    — *Moi, je n'en ai pas.*

1. ____ tee-shirts
2. ____ shorts
3. ____ maillots° de vélo
4. ____ balles de tennis
5. ____ raquettes de tennis

6. ____ paires de bottes de ski
7. ____ paires de patins à glace°
8. ____ maillots de bain°
9. ____ ballons de basket
10. ____ vestes de judo

m. ice skates

m. jerseys / m. bathing suits

ACTIVITÉ 8

Expansion, Act. 8: You may want to expand the activity by having students inquire about and evaluate prices. You may want to review **Tranche 4** of Chapter 2.

La Promotion.   You are taking up a new sport and have noticed the following sale on sporting equipment. Call and inquire about the availability of at least five different items. The salesperson (your partner) will answer your questions.

no more

MODÈLE: LE VENDEUR (LA VENDEUSE): *Allô. Ici Les Sports Pour Tous. Vous désirez?*
VOUS: *Je m'intéresse à vos raquettes de tennis.*
LE VENDEUR (LA VENDEUSE): *Oh, je regrette, mais nous n'en avons plus.°*
VOUS: *Alors, vous avez toujours des skis?*
LE VENDEUR (LA VENDEUSE): *Bien sûr, nous en avons encore.*

Les Sports Pour Tous

★ GRANDE PROMOTION! ★

Rabais de 15 à 35%

★ ★ ★ ★

**raquettes et balles de tennis
skis alpins, bottes de ski
chaussures de basket, ballons,
shorts, maillots°
chaussures de tennis, de footing
rondelles° de hockey, patins°
équipement pour le foot, ballons
maillots, chaussures**

3, rue Keller   Tél: 46.04.30.53

jerseys

pucks / skates

Suggestion: You may want to direct students to prepare the **Au travail** section in the following **Tranche** as homework for the next class session.

Pour ou contre la télé

AU TRAVAIL

ACTIVITÉ 1

Identifiez les émissions. Donnez un exemple de chaque genre d'émission de télévision.

series

MODÈLES: un feuilleton°
Un feuilleton, c'est une émission comme «Dallas».

une comédie
Une comédie, c'est une émission comme «I love Lucy».

1. les informations

2. un film d'épouvante

3. un film d'aventure

4. un jeu télévisé

5. un sport télévisé

6. une comédie

7. un feuilleton

8. un dessin animé

9. un reportage météorologique

À L'ÉCOUTE ◆ Votre émission préférée

Approach, À l'écoute:
(1) Preview the material by focusing on the art. Have students hypothesize about what they will hear.
(2) Preteach the new vocabulary. Sentences introducing this vocabulary are found with the **À l'écoute** tapescript in the front of this Teacher's Edition.
(3) Go over the introductory material and tell students to listen for this information the first time through. Remind them that they will have to listen to the material several times to complete the other comprehension activities. The **À l'écoute** and comprehension activities may be done outside of class.

Listen to the telephone poll (*le sondage*) of television viewing preferences on tape and refer to the art. Then complete the comprehension activities.

A. Which three types of programs are under consideration?

B. Which type of program, if any, does the interviewee prefer?

COMPRÉHENSION

ACTIVITÉ 2 **Qu'est-ce qu'il aime?** Choisissez la phrase qui représente l'idée principale de la conversation.

Answer, Act. 2: b

    a. Le monsieur aime bien les sports et les informations.

    b. Le monsieur n'a pas vraiment de préférence.

    c. Le monsieur n'aime pas les sports.

    d. Le monsieur apprécie les jeux télévisés mais il n'aime pas les informations.

    e. Le monsieur n'aime pas du tout la télévision.

the best / more than one

Approach, Act. 3: If done in class, play the tape again and have students listen for more details. Have students select the proper opinions while listening to the tape.

Answers: 1. a, d 2. a, c, d 3. c, d

Quelle est son opinion? Quelle description représente le mieux° l'opinion du monsieur? Attention! Plus d'une° réponse peut être correcte.

1. Les sports télévisés

   a. C'est la compétition que j'aime.

   b. J'apprécie la violence.

   c. Je trouve tout ça dégoûtant et barbare.

   d. En général, je les aime beaucoup.

2. Les informations

   a. C'est capital.

   b. D'après moi, c'est ennuyeux.

   c. C'est essentiel.

   d. J'aime surtout la politique et la diplomatie.

3. Les jeux télévisés

   a. Ce n'est pas très intéressant.

   b. À mon avis, c'est sensas.

   c. Je les trouve passionnants.

   d. Je les aime et je les regarde quand je peux.

≡ C'EST À DIRE ◆ Donner son opinion personnelle

Approach, C'est à dire:
(1) Preview the material using the introductory guidelines. (2) Role-play the mini-dialogues and have students repeat and practice the material with you, with a partner and finally incorporating personal variations. (3) Have students find different ways to point out personal opinions. List their answers in columns on the board.

Your instructor will model some questions and answers from an interview on television preferences. You should follow these steps.

A. Practice the survey questions. Ask your instructor for his or her real opinions.

B. Substitute one answer for another and role-play the mini-dialogues again.

C. Be prepared to express your own opinions.

SCÈNE 1

— Comment trouvez-vous les jeux télévisés?

I like them

— Ça me plaît. En général, je les aime.°

Then direct students to work in pairs, creating original mini-dialogues.

SCÈNE 2

sometimes / other times

— Qu'est-ce que vous pensez des émissions de sports?
— Ça dépend. Des fois° je les aime, d'autres fois° je ne les aime pas.

SCÈNE 3

— À votre avis, comment sont les programmes de variétés?
— Je ne les apprécie pas. À vrai dire, je les trouve assez ordinaires.

SCÈNE 4

— Vous regardez souvent la météo?
— Absolument. Je pense que c'est indispensable!

SCÈNE 5

— Et les documentaires?
— Pour moi, c'est vraiment sans intérêt.

SCÈNE 6

— Regardez-vous souvent les informations?
— Bien sûr. D'habitude, je les regarde après le dîner.

ACTIVITÉ 4

Expansion, Act. 4: You may want to have students continue the activity discussing what will actually be on TV on the same evening. Bring a program guide to class.

Quoi regarder?   Qu'est-ce qu'il y a à la télé ce soir? Donnez votre opinion de chaque émission.

1. Il y a un documentaire sur l'Afrique ce soir!

   a. Super! Je les adore, les documentaires.

   b. Oh, vraiment?

   c. Bof! Je ne les aime pas beaucoup, les documentaires.

2. Qu'est-ce que vous pensez des films d'épouvante?

   a. Moi, je les adore!

   b. Euh, moi, je les trouve assez ordinaires.

   c. Je les déteste.

3. Vous voulez regarder les émissions de sport ce soir?

   a. Bien sûr! Je les trouve passionnantes!

   b. Si vous voulez.

   c. Pas du tout! Je ne les aime pas, les sports.

4. Vous aimez les programmes de variétés?

   a. Super! Je les trouve toujours très amusants.

   b. Non, pas vraiment.

   c. Vous savez que je les trouve très ennuyeux.

5. Et ce reportage sur les élections présidentielles?

a. Les élections, je les trouve intéressantes.

b. Peut-être. Il y a un bon film ce soir?

c. Euh, non. Je les trouve idiots, ces reportages.

6. Vous vous intéressez aux films, n'est-ce pas?

a. Je les adore!

b. Ça dépend. C'est un film d'épouvante?

c. En général, non, je ne les aime pas.

ACTIVITÉ **5** **Changeons de chaîne.** The following programs are scheduled for tonight. Work with a partner to decide which three programs to watch.

Note, Act. 5: Stress to students that the schedule they are using is a real document actually used by the French.

MODÈLE: — *Il y a un match de foot ce soir. Ça t'intéresse?*
       — *Oui, je les aime bien, les sports télévisés.*
   ou — *Non, je les trouve ordinaires, les sports télévisés.*

MERCREDI 2 MARS

	TF1	A2	FR3	LA 5	M6	C+
18.00	18.00 AGENCE TOUS RISQUES Série : Les gladiateurs. 18.55 METEO	18.45 DES CHIFFRES ET DES LETTRES	18.00 UNE MERE PAS COMME LES AUTRES Feuilleton : Copie confuse (16)	18.10 JEANNE ET SERGE 18.30 HAPPY DAYS 18.55 INFOS	18.00 JOURNAL 18.10 METEO 6 18.15 LA PETITE MAISON DANS LA PRAIRIE Série : La veillée funèbre.	18.15 INFOS 18.20 DESSINS ANIMES 18.25 LE PIAF 18.30 TOP 30 18.55 STARQUIZZ
19.00	19.00 SANTA BARBARA Feuilleton (539). 19.30 LA ROUE DE LA FORTUNE 19.55 TIRAGE DU TAC-O-TAC	19.05 LES CONSOMMATEURS 19.10 ACTUALITES REGIONALES 19.35 MAGUY Série : Kift ou double.	19.00 19/20 INFORMATION 19.55 IL ETAIT UNE FOIS LA VIE	19.00 LA PORTE MAGIQUE 19.30 BOULEVARD BOUVARD	19.00 L'ILE FANTASTIQUE Série : Bienvenue. 19.54 6 MINUTES	19.20 C'EST NULLE PART AILLEURS
20.00	20.00 LE JOURNAL DE LA UNE	20.00 LE JOURNAL 20.20 METEO 20.25 FOOTBALL Coupe d'Europe des clubs Champions (1/4 de finale : aller). Bordeaux/PSV Eindhoven. (En direct).	20.05 LA CLASSE	20.00 JOURNAL	20.00 ESPION MODELE Série : Notes d'auteurs.	
20.30	20.30 METEO 20.35 TAPIS VERT 20.40 TIRAGE DU LOTO 20.45 SACREE SOIREE Avec Jean-Paul Belmondo, Jean-Claude Brialy, Christian Morin, Joan Baez, Presgurvic, Nino Ferrer, Noam, Bonnie Tyler, A Cause des Garçons, le groupe Aha.		20.30 LES TEMPS DIFFICILES Théâtre. Comédie avec Guy Tréjan, Jean-Pierre Cassel, Judith Magre.	20.30 CROISIERE EN ENFER Téléfilm avec Christopher Plummer, Cliff Potts.	20.50 DYNASTIE Feuilleton : Une importante décision, avec John Forsythe, Linda Evans, Joan Collins.	20.35 BANDES ANNONCES CINEMA
21.00					21.40 LIBRE ET CHANGE Clément Rosset (philosophe).	21.00 LA RUMBA
22.00	22.40 DESTINS L'empereur Hiro Hito.	22.20 FRANCIS BLANCHE Profession comique.	22.40 SOIR 3	22.15 LA LOI DE LOS ANGELES Série.		22.30 INFOS 22.35 FOOTBALL Real de Madrid/Bayern (en différé).
23.00	23.40 FOOTBALL Coupe U.E.F.A. : Bayer Leverkussen/F.C. Barcelona.	23.20 24 H SUR LA 2 23.50 BASKET Coupe d'Europe des Clubs Champions : Orthez/Hertogenbosch.	23.05 OCEANIQUES... DES ŒUVRES Glenn Gould. 23.45 MUSIQUE MUSIQUE	23.10 MISSION IMPOSSIBLE Série : L'échange.	23.00 HAWAII POLICE D'ETAT Série : Trafic d'armes. 23.50 6 MINUTES	
0.00	1.10 UNE DERNIERE 1.20 LA BOURSE 1.25 MINUIT SPORTS 2.25 FIN DES EMISSIONS	1.20 FIN DES EMISSIONS	0.15 FIN DES ÉMISSIONS	0.00 MATTHEW STAR (R) 0.50 AU CŒUR DU TEMPS (R) 1.40 SHERIF, FAIS-MOI PEUR (R) 2.30 CHILDERIC (R) 3.15 ARIA DE REVES (R) 3.30 FIN DES EMISSIONS	0.00 CLUB 6 0.45 BOULEVARD DES CLIPS 2.00 FIN DES EMISSIONS	0.15 LOLA 1.40 LES PYGMEES DE LA FORET AFRICAINE 2.25 STALAG 13 3.00 FIN DES EMISSIONS

REGARDONS DE PLUS PRÈS ♦ Les Pronoms d'objet direct

Cultural note, Regardons de plus près: Explain that French television includes a lot of American series.

Approach: (1) Preview the material focusing on the introductory guidelines. (2) Model the mini-dialogue several times. (3) Encourage students to look for patterns and direct them to answer the guide questions with a partner. (4) Elicit their observations. (5) Present the grammatical explanations as a means of confirming and extending students' hypotheses.

Think about the following questions as you study the conversation below.

A. About what aspect of the *feuilleton* do the two people agree?

B. To what does the pronoun **les** refer throughout the discussion?

— Est-ce que tu aimes les feuilletons à la télé?
— Tu sais, je **les** trouve simplistes. Et toi? Est-ce que tu **les** aimes?
— Et bien, moi, je **les** adore. Je **les** aime particulièrement parce qu'ils sont simplistes.

Pronouns are words that may be used in place of nouns. Direct object pronouns are substitutes for direct objects. Direct objects answer the questions **qui?** or **quoi?** after a verb.

— J'adore **la vedette** de ce feuilleton.
— Tu adores qui?
— **La vedette** de ce feuilleton, je **l'**adore, pas toi?

— *I adore the star of that soap opera.*
— *You adore whom?*
— *The star of that soap opera. I adore her, don't you?*

— Je n'aime pas **les émissions de sports.**
— Tu n'aimes pas quoi?
— **Les émissions de sports,** je ne **les** aime pas. Je **les** trouve idiotes!

— *I don't like sports programs.*
— *You don't like what?*
— *Sports programs, I don't like them. I find them idiotic!*

■ The direct object pronouns in French are **me, te, le (l'), la, nous, vous,** and **les.** They are placed before the conjugated verb.

— Je **te** trouve enfantine.
— Tu **me** trouves enfantine? Pourquoi?
— C'est évident, non? Tu aimes les bandes dessinées; les bandes dessinées sont pour les enfants.

— *I find you childish.*
— *You find me childish. Why?*
— *It's obvious, isn't it? You like cartoons; cartoons are for children.*

— Mais non, elles ne sont pas pour les enfants. Toute ma famille **les** aime. Tu **nous** trouves tous enfantins, alors?

— *No, they aren't for children. My whole family likes them. Do you find us all childish?*

— Si vous aimez les bandes dessinées, eh bien, oui, je **vous** trouve tous enfantins.

— *If you like cartoons, then yes, I find you all childish.*

— Pépé va être content qu'on **le** trouve enfantin. Il a 92 ans.

— *Pépé is going to be happy that you find him childish. He's 92.*

- With an infinitive, the direct object pronoun is placed before the infinitive.

— Tu veux regarder **le match de foot** avec moi?

— *Do you want to watch the soccer game with me?*

— Euh, oui, je veux bien **le** regarder avec toi.

— *Well, yes, I want very much to watch it with you.*

— Est-ce que nous allons inviter **Paul et Henriette** pour voir le concert?

— *Are we going to invite Paul and Henriette to see the concert?*

— Bien sûr que nous allons **les** inviter.

— *Of course we're going to invite them.*

ACTIVITÉ 6 — Qu'est-ce que vous pensez des feuilletons?

Approach, Act. 6: Have all students stand up and circulate among their classmates. Encourage active participation by announcing that the ones who complete the table first will be the winners.

Survey ten classmates, giving your opinion and asking their opinions about the following types of television programs. If you and a classmate are in agreement, write the person's name in the agree column (*d'accord*). If your opinions are not the same, write the person's name in the disagree column (*pas d'accord*).

MODÈLE: les feuilletons
— *Jean, qu'est-ce que tu penses des feuilletons?*
— *Je les trouve idiots.*
— *Moi aussi, je les trouve idiots.*
(You then write Jean's name in the agree column.)

	D'accord	Pas d'accord
1. les films d'épouvante		
2. les informations		
3. les concerts de musique classique		
4. les sports télévisés		
5. les bandes dessinées		
6. la gymnastique télévisée		
7. les jeux télévisés		
8. les programmes de variétés		
9. la cuisine télévisée		
10. le débat politique		

ACTIVITÉ 7

Follow-up, Act. 7: Have some students report to the class on what kind of people their partners are: **Carl adore les débats politiques; je le trouve très sérieux. Jennifer adore les débats politiques; je la trouve très sérieuse.**

Je vous trouve sérieux(se).   Give your opinion of each type of television program. Your partner will select from the vocabulary provided to make a judgment of your character based on your reply.

MODÈLE: les débats politiques

> VOUS: *J'adore les débats politiques. Je les trouve très intéressants.*
> VOTRE AMI(E): *Je te trouve sérieux(se)!*
> VOUS: *Tu me trouves sérieux(se)? Vraiment!*

enfantin(e)	ennuyeux(se)	intéressant(e)	idiot(e)
sophistiqué(e)	bourgeois(e)	sauvage	sérieux(se)

1. les débats politiques   2. les dessins animés   3. les films d'amour
4. les films d'épouvante   5. les informations   6. les comédies   7. les films classiques   8. les jeux télévisés   9. les sports   10. les feuilletons

À VOUS! ◆ Les Émissions de la soirée

Approach, À vous!: Have students perform their work for the class. You may want to assign oral grades. Encourage students to integrate as many different expressions as possible.

Work with a partner. Give your opinions of each show listed in the television guide on page 326 and make a list of the programs that you both would be willing to watch. Share your list with the pairs sitting near you and select just one program for the entire group.

MODÈLE: — *À mon avis, les documentaires sont vraiment merveilleux. Il y en a un sur Jacques Cousteau ce soir. Tu veux le regarder?*
— *Un documentaire? Je ne les aime pas beaucoup. Qu'est-ce que tu penses des westerns avec John Wayne?*
— *John Wayne? À mon avis, ils sont ennuyeux, les westerns.*

NOTES CULTURELLES

Les habitudes des Français en ce qui concerne° la télévision sont à la fois° similaires et différentes des habitudes américaines. Par exemple, nous savons que les Américains regardent beaucoup la télévison. Nous savons aussi que le nombre d'heures d'écoute° des Américains augmente. Les Français ne regardent pas autant de télévision que° les Américains, mais le nombre d'heures que les Français passent devant l'écran° augmente aussi.

concerning
at the same time

listening (viewing)
as much . . . as
screen

■ Durée° d'écoute en minutes par personne âgée de plus de quinze ans, du lundi au vendredi*:

length

    1964: 56
    1973: 122
    1980: 125
    1987: 208

■ Il y a quand même des différences: les Francais ont six chaînes, et en général, les chaînes ne transmettent pas très tard la nuit. Les Français voient aussi beaucoup de programmes américains tandis que° les Américains ne voient pas beaucoup de programmes francais.

while

*Quid 1988

Suggestion: You may want to direct students to prepare the **Au travail** section in the following **Tranche** as homework for the next class session.

Les Goûts

≡ AU TRAVAIL

ACTIVITÉ 1

kind

Qu'est-ce que vous aimez?　　Répétez les mini-dialogues; ensuite, demandez à un(e) camarade quel genre° d'art il (elle) aime. Employez les deux listes qui suivent. La première est une liste d'activités artistiques. La seconde (à la page 332) est une liste d'opinions.

— Tu aimes la musique classique?
— En général, je l'aime bien.

— Qu'est-ce que tu penses de la sculpture de Rodin?
— Extraordinaire!

— Et le reggae?
— C'est bien, mais je préfère le rock.

— Que penses-tu de l'opéra?
— Ça, non, je ne l'aime pas du tout.

LES GENRES D'ART

LA MUSIQUE

la musique classique
la musique populaire
le rock
la musique folklorique
le jazz
le reggae
l'opéra
les concerts

L'ART

l'art moderne
la sculpture
les expositions d'art
les peintures impressionnistes
de Renoir, de Monet
les peintures de Van Gogh

LA LECTURE ET LES FILMS

les romans de Sartre
les films d'aventure
les films de Truffaut
les films de Hitchcock
les films d'épouvante
les films d'amour
les pièces de théâtre de
Molière, de Shakespeare

LA DANSE

la danse moderne
le ballet

LES OPINIONS

admirable(s)	assez ordinaire(s)	affreux (se/ses)
tedious remarquable(s)	sans intérêt	pénible(s)°
intéressant(e)(s)		horrible(s)
complexe(s)		bourgeois(e)(s)

LECTURE ◆ Gaston

Pre-reading, Lecture:
(1) Preview the material focusing on the title and art and have students hypothesize about the content. You may have students tell you about

American comics. Then speak about some French comics such as *Tintin*, *Astérix*, etc. If you have copies, bring some of them to class. (2) Read the introductory material. (3) Remind students to read primarily for this information the first time through. Stress that students will need to read the text several times and should focus on different types of information and details each time.

Reading: The reading and comprehension activities may be done out of class.

Glosses (margin):
comics

has just / appeared
bookstore / latest issue

m. office boy
cat
sea gull
open
handy with tools / realizes / smells like

m. reader

orders
f. cans (of food)
from him

m. can opener / as funny as

him

to send

On trouve des bandes dessinées° dans toutes les cultures. Qui sont les personnages principaux dans la série de Gaston?

Un nouveau livre de Gaston vient de° paraître° chez votre libraire.° Ce dernier numéro° continue les exploits de notre commis de bureau.° Tous les personnages y sont: le chat,° la mouette,° le patron, et bien sûr Gaston lui-même, paresseux, inventif, impulsif et bricoleur.°

Dans ce dernier numéro vous allez retrouver toutes les situations typiques, comme, par exemple, la suivante: le patron ordonne° à Gaston de ne pas ouvrir ² de boîtes de conserves° dans le bureau. Il lui° confisque son ouvre-boîte.° Gaston, qui veut donner des sardines à son chat, a un plan. Il téléphone à son ami et lui° demande d'ouvrir sa boîte de sardines. Il va lui envoyer ³ la boîte fermée par

l'ascenseur. L'ami va l'ouvrir au rez-de-chaussée et va la renvoyer par l'ascenceur. Malheureusement le plan ne marche pas. Le grand patron utilise l'ascenseur, marche dans la boîte de sardines ouverte° et devient enragé quand il se rend compte° qu'il pue° la sardine.

Je vous assure, cher lecteur,° que si vous êtes amateur de bandes dessinées, vous allez apprécier les aventures de Gaston. Je vous garantis aussi que ce dernier numéro de la série est aussi amusant que° les autres, aussi bien dessiné et qu'il risque de vous métamorphoser en fanatique de Gaston. Attention, Gaston peut devenir une habitude!

---

2. The complete conjugation of the irregular verb **ouvrir** *(to open)* is given in the section **Vocabulaire et expressions** at the end of the chapter.
3. The complete conjugation of the irregular verb **envoyer** *(to send)* is given in the section **Vocabulaire et expressions** at the end of the chapter. The verbs **payer** *(to pay)* and **essayer** *(to try)* are conjugated like **envoyer.**

COMPRÉHENSION_____

ACTIVITÉ **2**

Mettez dans l'ordre correct. Mettez les phrases suivantes dans l'ordre correct d'après l'histoire.

a. Gaston a une idée; il téléphone à son ami.

b. Le patron marche dans la boîte de sardines ouverte.

c. Le patron dit à Gaston de ne pas ouvrir de boîtes de sardines.

d. Gaston met une boîte de sardines dans l'ascenseur.

e. L'ami de Gaston met la boîte ouverte dans l'ascenseur et le renvoie à Gaston.

f. Le patron de Gaston lui confisque son ouvre-boîte.

g. Le patron de Gaston est irrité; il pue la sardine.

C'EST À DIRE ◆ Faire des recommandations

Your instructor will demonstrate how to make recommendations. You should follow these steps.

A. Practice the expressions.

B. Be prepared to tell something about a book you just read or a film you just saw.

SCÈNE 1

best

Je viens de lire un nouveau roman et je vous assure que c'est un des meilleurs° livres de l'année. Je vous suggère d'aller immédiatement à la librairie et de l'acheter.

SCÈNE 2

the funniest
lend

Ce week-end j'ai acheté le nouveau livre d'Astérix et je te dis[4] qu'il est vraiment sensationnel! Tu vas retrouver toutes les situations les plus comiques° et je t'assure que tu vas aimer les exploits d'Obélix. Tu veux que je te le prête°?

---

4. The complete conjugation of the irregular verb **dire** *(to say, to tell)* is given in the section **Vocabulaire et expressions** at the end of the chapter.

SCÈNE 3

swear to you

Je viens de voir le nouveau film de Spielberg et je vous jure° qu'il est super . . . Il est exactement comme les autres. Je vous garantis que vous allez passer une soirée amusante.

SCÈNE 4

mimed
advise you

Ce week-end j'ai vu une représentation mimée° à la Place Beaubourg. Je vous conseille° d'aller la voir cet après-midi. Les mimes sont fantastiques.

ACTIVITÉ 3

Expansion, Act. 3: Have students recommend their favorite TV program, book, etc., and have them adapt evaluations and recommendations accordingly.

Je vous suggère . . .   Recommend your favorite comic to a friend and tell why he or she will like it. Prepare at least three reasons, selecting items from each of the columns below.

Tu vas beaucoup aimer cette bande dessinée.

Je t'assure que	c'est vraiment sensationnel.
À vrai dire	c'est une des meilleures bandes dessinées de la série.
Je te jure que	tu vas t'amuser beaucoup.
Je te garantis que	c'est très drôle.
Je te dis que	tu vas apprécier les dessins. _____
Je te suggère de	l'acheter immédiatement.
Je te conseille de	le lire tout de suite.

MODÈLE: *Tu vas beaucoup aimer le nouvel Astérix! Je t'assure que tu vas t'amuser beaucoup. Je te garantis que tu vas apprécier les dessins. Je te conseille de l'acheter immédiatement!*

ACTIVITÉ 4

Suggestion, Act. 4: Use this guide paragraph to recommend to your class movies, videos, plays, operas, etc.

Vous avez vu ce film?   Il y a un nouveau film au Rex. Faites une recommandation à votre camarade. Dites pourquoi il est bon et racontez un épisode du film. Employez le paragraphe suivant comme modèle.

Je viens de voir _____. Je vous assure que c'est _____. À vrai dire, c'est _____ et si vous aimez _____, je vous assure que vous allez le trouver _____. Il y a une scène où _____ et je vous garantis que vous allez l'aimer beaucoup. C'est vraiment _____! Je vous suggère d'assister à la prochaine séance!

REGARDONS DE PLUS PRÈS ◆ Les Pronoms d'objet indirect

Approach, **Regardons de plus près:** (1) Preview the material focusing on the introductory guidelines. (2) Present the texts several times. (3) Encourage students to look for patterns and direct them to answer the guide questions with a partner. (4) Elicit their observations. (5) Present the grammatical explanations as a means of confirming and extending students' hypotheses.

Think about these questions as you study the descriptions below. Each paragraph describes Gaston's confession to his boss from a different point of view.

A. Which character is incorrigible? Which is repentant? Impatient?

B. To which characters do the pronouns in bold refer?

annoys us

to stop / circus

he bothers me

a way

L'AMI DE GASTON: Bon, d'abord il **me** téléphone et **me** demande de passer au bureau et d'ouvrir une boîte de sardines qu'il **m'**envoie par l'ascenseur. Alors, je **lui** ouvre sa boîte et je la **lui** renvoie par ascenseur. C'est tout!

LE PATRON DE GASTON: Vous savez cet individu **nous** cause des ennuis° avec ses animaux! Je vous assure qu'il ne va pas continuer de cette manière. Je **lui** ai demandé d'arrêter° ce cirque° tout de suite. À vrai dire, il me casse les pieds!°

GASTON: Bien sûr, je **leur** ai dit que je ne vais pas ouvrir de boîtes de sardines, mais . . . je vais trouver un moyen.°

Indirect object pronouns are substitutes for indirect objects. Indirect objects answer the question **à qui?** after a verb.

— Nous parlons **à Gaston.**   *— We're talking to Gaston.*
— Vous parlez **à qui?**   *— You're talking to whom?*
— À Gaston, nous **lui** parlons!   *— To Gaston, we're talking to him.*

— Il pose une question **à l'auteur.**   *— He asked the author a question.*
— Il pose une question **à qui?**   *— To whom did he ask the question?*
— À l'auteur, il **lui** parle maintenant!   *— To the author, he's speaking to him now.*

■ The indirect object pronouns in French are **me, te, lui, nous, vous,** and **leur.** They are placed before the conjugated verb.

Il **me** téléphone et il **me** demande mon ouvre-boîte.   *He calls me and asks me for my can opener.*

Tiens! Je **t'**envoie la boîte de sardines tout de suite.   *Here! I am sending you the can of sardines right away.*

Gaston ne parle pas au patron— il ne **lui** parle pas du tout.   *Gaston doesn't speak to the boss— he doesn't talk to him at all.*

Il **nous** rend vite la boîte de sardines par l'ascenseur.	*He quickly sends us the can of sardines by elevator.*
Je **vous** ordonne de ne plus ouvrir de boîtes de sardines.	*I order you not to open sardine cans any more.*
Je **leur** donne des ordres, à ces deux imbéciles.	*I give them orders, those two imbeciles.*

■ With an infinitive, the indirect object pronoun is placed before the infinitive.

Gaston va **lui** demander son ouvre-boîte.	*Gaston is going to ask him for his can opener.*

ACTIVITÉ **5** **Il est comment, cet épisode?**   Reconstruct the events of the following television programs. Answer the questions in the affirmative or the negative. For item 5, tell whether or not you recommend the episode.

MODÈLE: Est-ce que Philippe répond *à Marie?*
            Oui, il lui répond.
    ou *Non, il ne lui répond pas.*

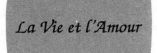

La Vie et l'Amour

1. Est-ce que Philippe téléphone *à Christine?*
2. Est-ce que Philippe dit *à Christine* qu'il l'aime?
3. Est-ce que Christine téléphone *à Philippe?* Est-ce qu'elle dit *à Philippe* qu'elle ne l'aime pas?
4. Alors est-ce que Philippe répond *à Christine* qu'elle est méchante?
5. Je te jure que _____.

Le Monde du Détective

hostages

1. Est-ce que les gangsters répondent *aux détectives?*
2. Est-ce qu'ils disent *aux détectives* les conditions de leurs demandes?
3. Est-ce que les détectives demandent *aux gangsters* de libérer les otages?°
4. Est-ce que les gangsters répondent «oui» *aux détectives?*
5. Je t'assure que _____.

Sarah Ledieu, journaliste

1. Est-ce que tu donnes souvent rendez-vous *aux chanteurs d'Hollywood?*
2. Est-ce que tu demandes *aux acteurs* de *te* dire leurs secrets?
3. Est-ce que tu parles de temps en temps *au Président?*
4. Est-ce qu'il *te* raconte des nouvelles importantes?
5. Je te dis que _____.

Pourquoi est-ce que vous téléphonez? Tell for whom you are calling and leave your message.

MODÈLE: Allô. Je réponds pour Mme Robert.

    a. Bonjour. Je voudrais parler à Mme Robert.

    b. Je voudrais dire à Mme Robert que le nouveau roman est arrivé à la librairie.

    Bonjour. Je voudrais lui parler. Je voudrais lui dire que le nouveau roman est arrivé à la librairie.

1. Allô. Je réponds pour M. Dupont.

    a. Bonjour. Je voudrais parler à M. Dupont.

    b. Je voudrais assurer à M. Dupont que j'ai des recommandations en ce qui concerne ses réservations.

2. Allô. L'Agence LeGoff et LeGoff.

    a. Bonjour. Je voudrais parler aux LeGoff.

    b. Je voudrais dire aux LeGoff que j'ai fait des réservations à Chez Charlot pour ce soir à 21h30.

3. Allô. C'est la secrétaire de Mme Christelle.

    a. Je voudrais parler à Mme Christelle.

    b. Je vais conseiller à Mme Christelle de voir la nouvelle exposition d'art d'avant-garde.

4. Allô. *Le Monde*, bureau des reporters.

    a. Je voudrais parler aux reporters.

    b. Je voudrais dire aux reporters que Christo vient de terminer sa dernière création.

À VOUS!♦Les opinions

Prepare a review of a book or television program. Discuss it with a classmate and try to persuade him or her to read the book or to see the program.

J'ai du temps libre!

≡ AU TRAVAIL

ACTIVITÉ 1 Quoi faire?

Lisez le programme d'activités; ensuite répondez aux questions.

body / mind

beginners

jams
New Year's day

well-being

jump rope
oil

> **PROGRAMME D'ACTIVITÉS**
>
> **La Gymnastique rythmique**
> pour développer le sens du rythme et l'équilibre
>
> **L'Initiation au jogging**
> cours préliminaire de jogging pour débutants,° exercices musculaires
>
> **Le Judo**
> éléments de la défense personnelle
>
> **Hatha yoga**
> pour améliorer l'équilibre physique et mental pour un bien-être° intérieur
>
> **Le Conditionnement physique**
> un programme d'exercices, de jogging, de natation et de saut à la corde;° l'évaluation de la condition physique
>
> **Le Tai-chi**
> pour équilibrer le corps° et l'esprit°
>
> **Le Ballet-jazz**
> niveaux I, II, III, IV
>
> **L'Aérobic**
> niveaux I, II, pour améliorer la capacité de votre système cardio-vasculaire
>
> **La Cuisine**
> initiation à la cuisine: les marinades, les confitures,° les soupes, les légumes, les fondues
>
> **La Cuisine sans viande**
> les légumes, les produits laitiers, les œufs, les grains, l'utilisation du wok
>
> **Les Arts plastiques**
> l'introduction à la sculpture, à la poterie, à la peinture à l'huile°

Answers, Act. 1: 1. 3 2. 3
3. Oui / oui / oui 4. Dans la classe de conditionnement physique. 5. Pour améliorer l'équilibre physique et mental pour un bien-être intérieur. 6. La classe d'Arts plastiques.

to enroll

1. Il y a combien de classes de cuisine?
2. Il y a combien de classes d'arts martiaux?
3. Est-ce qu'il y a une classe de jogging pour débutants? Est-ce que les débutants peuvent s'inscrire° aux classes de ballet-jazz ou d'aérobic?
4. Dans quelle classe est-ce qu'on nage et fait du saut à la corde?
5. Pourquoi doit-on s'inscrire à la classe de hatha yoga?
6. Si on aime faire de la peinture ou de la sculpture, quelle classe doit-on suivre?

C'EST À DIRE ◆ Être ou ne pas être d'accord

Your instructor will model some reactions to different classes. You should follow these steps.

A. Practice each situation.

B. Substitute one reaction for another, making the appropriate changes.

C. Imagine that you attended each session and be prepared to give your opinions.

SCÈNE 1

you're right
you're wrong
that's it
that's not it at all

— Elle était intéressante, cette démonstration de wen-do, n'est-ce pas?
— Tu as raison.° Nous l'avons bien aimée, cette démonstration.
— Vous avez tort,° vous deux. Je ne l'ai pas appréciée du tout.
— C'est bien ça . . . ° Je l'ai beaucoup aimée.
— Ce n'est pas du tout comme ça.° Je l'ai trouvée trop violente!

SCÈNE 2

magic tricks

you're mistaken

— Fantastique, ces tours de prestidigitation,° n'est-ce pas?
— Au contraire! Je ne les ai pas appréciés du tout.
— Mais non, tu te trompes.° Je les ai beaucoup aimés.
— Non, ce n'est pas vrai! Tu ne les as pas aimés? Je les ai trouvés fantastiques.

SCÈNE 3

— Ah, cette classe de cuisine . . . Ces desserts étaient vraiment mauvais, non?
— C'est exact! Nous, on les a trouvés répugnants.
— Au contraire! Les tartes, je les ai trouvées absolument délicieuses.
— Les tartes, oui, moi aussi! Mais les autres desserts, je les ai trouvés vraiment affreux.

ACTIVITÉ **2** Mon cours à moi.
Working with a partner, read each item. Your partner will agree or disagree, using one of the two choices provided. Substitute other classes and exchange roles.

1. Je pense que cette classe est toujours très amusante.

   a. Moi aussi! Ce n'est pas du tout ennuyeux.
   b. Mais non! Je la trouve ennuyeuse.

2. J'aime bien parler avec tout le monde.

    a. Bien sûr. Nous, on parle tout le temps en classe!

    b. Pas moi. Je suis timide et je n'aime pas parler.

quiz 3. Elle était difficile (facile), cette dernière interrogation,° n'est-ce pas?

    a. Tu as raison! Elle était très difficile (facile).

    b. Au contraire! C'était facile (difficile).

homework 4. Nous avons trop de devoirs° dans cette classe.

    a. C'est bien ça! Toujours trop de devoirs.

    b. Non, ce n'est pas vrai! Nous n'en avons pas trop.

≡ REGARDONS DE PLUS PRÈS ♦ Les Pronoms d'objet et le passé composé

Approach, **Regardons de plus près:** (1) Preview the material focusing on the introductory guidelines. (2) Present the text several times. (3) Encourage students to look for patterns and direct them to answer the guide questions with a partner. (4) Elicit their observations. (5) Present the grammatical explanations as a means of confirming and extending students' hypotheses.

Think about the following questions as you read this description of a cocktail party.

A. Where are object pronouns placed in the passé composé?

B. What effect does the use of an object pronoun have on the form of the past participle?

Lucie et moi, nous sommes allés à une soirée. Elle a pris une tartelette d'escargots; **elle l'a mangée**. Elle a dit qu'**elle l'a trouvée** délicate et fine. Ensuite, elle **m'a demandé** de lui donner mon opinion. **J'y ai mis** la dent et j'ai crié très fort: «Répugnant!» Quel embarras!

■ In the passé composé, direct and indirect object pronouns are placed before the auxiliary verb.

| J'ai écouté le nouveau disque de reggae. | **Je l'ai écouté.** | *I listened to it.* |
| J'ai donné le disque à Jean. | **Je lui ai donné** le disque. | *I gave him the record.* |

- The past participle agrees in number and gender with the preceding direct object.

J'ai regardé la réaction de Lucie.	Je l'ai regardée.	*I looked at it.*
Tu as lu les livres de cuisine?	Tu les as lus?	*Did you read them?*
J'ai mangé les tartelettes aux tomates.	Je les ai mangées.	*I ate them.*

- There is no agreement when the direct object follows the verb.

Quand as-tu écouté cette musique?	*When did you listen to that music?*
Où as-tu mangé ces tartelettes?	*Where did you eat the tartlets?*

- There is no agreement with indirect object pronouns.

Ils leur ont demandé d'essayer les nouveaux produits.	*They asked them to try the new products.*
Elle lui a dit de donner son opinion.	*She told him to give his opinion.*

- There is also no agreement with **y** or **en**.

Tu es allé à la conférence?	J'y suis allé avec des amis.	*I went there with friends.*
Vous avez essayé ces tartes à la menthe?	Mais oui, et j'en ai mangé sept!	*Yes, and I ate seven of them.*

ACTIVITÉ 3

Suggestion, Act. 3: Have students expand the activity by adding events that recently took place on campus or in the city.

Qu'est-ce que vous en pensez? Use the adjective in parentheses to react to each leisure activity. Be sure to make the appropriate agreement between the preceding direct object and the past participle of the verb.

MODÈLE: Tu as aimé la représentation mimée hier soir? (fantastique)
Oui, je l'ai trouvée fantastique.

1. Tu as aimé les spectacles ce week-end? (très amusant)
2. Comment as-tu trouvé l'exposition d'art? (assez ordinaire)
3. Tu as aimé la comédie télévisée? (monotone)
4. Comment as-tu trouvé les nouveaux livres de bandes dessinées? (passionnant)
5. Tu as aimé le match de foot? (trop violent)

ACTIVITÉ 4

Au festival international.   Give your opinion of the following types of international cuisine. Pay particular attention to the placement and agreement of the pronouns in the passé composé.

MODÈLE: Tu as aimé la nourriture japonaise?
　　　　Oui, je l'ai beaucoup aimée.
　　　　ou *Non, je ne l'ai pas beaucoup aimée.*

1. la nourriture italienne
2. la nourriture chinoise
3. les spécialités françaises
4. la nourriture allemande
5. les spécialités grecques
6. les spécialités mexicaines

ACTIVITÉ 5

Follow-up, Act. 5: Have some students present their exchanges about their actual use of leisure time.

Qu'est-ce que vous avez fait ce week-end?   Practice answering the following questions in both the affirmative and the negative. Be sure to use the proper pronoun *(lui, leur, y, en)* to replace the material in italics. Remember that the past participle does not agree with these pronouns. Then interview a partner about his or her actual use of leisure time.

MODÈLES: Tu as passé du temps *au gymnase?*
　　　　　Oui, j'y ai passé du temps.
　　　　ou *Non, je n'y ai pas passé de temps.*

1. Tu as parlé *aux amis?*
2. Tu as regardé *des sports* à la télé?
3. Tu as dansé *à la discothèque?*
4. Tu as parlé *à ton professeur?*
5. Tu as rendu visite *à tes parents?*
6. Tu as fait beaucoup *d'aérobic?*
7. Tu as écrit une lettre *à un(e) bon(ne) ami(e)?*
8. Tu as dîné *au restaurant?*

LA LANGUE ÉCRITE_____

Note, La langue écrite: Have students draw names, then write the letter at home and address it to their partner in class. Play the role of the mailman (mailwoman). You may want to ask students to edit and grade other students' letters.

Le Compte rendu.   Write a short letter to a friend telling him or her about some of the leisure activities you participated in during the last month. Describe the activities and give the reasons you liked them or disliked them.

VOCABULAIRE ET EXPRESSIONS

■ **GIVING YOUR OPINION ABOUT SPORTS**

Tu aimes les sports? Ça dépend. (Non, pas particulièrement! Pas du tout! Oui. C'est merveilleux! Sensas. Le . . . est un sport merveilleux. Je trouve le . . . formidable.)

■ **GIVING YOUR OPINION ABOUT TELEVISION PROGRAMS**

Tu aimes (vous aimez) les informations? (films, les films d'épouvante, films d'aventure, les jeux télévisés, les feuilletons, les dessins animés, les sports télévisés, les concerts télévisés, les reportages météorologiques)? Qu'est-ce que tu penses (vous pensez) des comédies?

Je pense que (à mon avis, pour moi, d'après moi) c'est sensationnel (fantastique, extraordinaire, passionnant, amusant, pas mal (du tout), sans intérêt, assez ordinaire, un peu bizarre, assez bien). Je trouve ça désagréable (horrible, dégoûtant, révoltant, détestable, répugnant, monotone, ennuyeux, trop violent, barbare, inadmissible, inacceptable).

■ **MAKING A RECOMMENDATION**

Je viens de lire un nouveau roman, et je vous assure (jure, garantis, dis) que vous allez le trouver intéressant.
Je vous (te, lui, leur) suggère (conseille) de le (la, les) lire tout de suite.

■ **AGREEING OR DISAGREEING WITH AN OPINION**

Si vous êtes d'accord

Vous avez raison! (C'est exact! Effectivement. C'est bien ça.) Nous aussi, nous l'avons aimé, ce cours!

Si vous n'êtes pas d'accord

Au contraire (Vous avez tort. Ce n'est pas du tout comme ça. Non, ce n'est pas vrai. Mais non, vous vous trompez.) Je l'ai trouvé/e bien, je les ai trouvé/e/s horribles, ces tartes.

■ **IRREGULAR VERBS**

dire		**envoyer**		Like **envoyer: payer, essayer**
je dis	nous disons	j'envoie	nous envoyons	
tu dis	vous dites	tu envoies	vous envoyez	
il (elle) dit	ils (elles) disent	il (elle) envoie	ils (elles) envoient	
participe passé: dit		participe passé: envoyé		

lire		**ouvrir**		Like **ouvrir: offrir, souffrir**
je lis	nous lisons	j'ouvre	nous ouvrons	
tu lis	vous lisez	tu ouvres	vous ouvrez	
il (elle) lit	ils (elles) lisent	il (elle) ouvre	ils (elles) ouvrent	
participe passé: lu		participe passé: ouvert		

MON POSTE

In this chapter, you will learn how to discuss various employment alternatives, make recommendations about employment, and congratulate or commiserate with a friend.

T R A N C H E 1
QUEL GENRE DE TRAVAIL CHERCHEZ-VOUS?
Function: Weighing Alternatives
Structure: Les Adverbes
Culture: Le Boulot

T R A N C H E 2
UNE PROMOTION
Function: Making Recommendations
Structure: Le Comparatif des adjectifs et des adverbes

T R A N C H E 3
LES COMPARAISONS
Function: Giving Advice
Structure: Le Superlatif

T R A N C H E 4
SUCCÈS ET ÉCHECS
Function: Congratulating and Commiserating
Structure: Le Comparatif du nom

CHAPITRE 12

Quel Genre de travail cherchez-vous?

Be sure to call students'
attention to the contexts
and functions in each
Tranche before beginning
the chapter.

AU TRAVAIL

ACTIVITÉ **1**

job

Note, Act. 1: This is a
review of the functions
introduced in Chapter 5,
i.e., asking and talking
about professions;
expressing intentions;
discussing job attributes;
speaking about future
plans.   *f. day*

Suggestions: Preview the
activity by asking
students about their
career plans. Have them
take notes and report
about their partners'
professional preferences:
**Susan cherche un travail
intellectuel avec
beaucoup de
responsabilités,** etc.

Qu'est-ce que vous cherchez comme poste?°   Discutez avec
un(e) camarade le genre de travail que vous voulez pendant les vacances.

1. Quel genre de travail cherches-tu?

    Je cherche un travail manuel (intellectuel / artistique / varié / routinier),
    à temps plein (à temps partiel).

2. Comment est-ce que tu préfères travailler et quand?

    Je veux travailler indépendamment (avec des autres), pendant la jour-
    née° (la nuit / le week-end).

3. Où est-ce que tu comptes travailler?

    J'ai l'intention de travailler dans un bureau (une banque / un magasin /
    une boutique).

4. Les conditions de travail sont-elles importantes?

    Bien sûr! Je veux avoir un bon salaire (beaucoup de vacances / des occa-
    sions de voyager / des responsabilités).

Approach, Dialogue:
(1) Go over the introductory questions with the students, and remind them that the first time through they should listen primarily for this information. (2) Play the dialogue on the student's audio cassette (or role-play it yourself). (3) Ask students to answer the guide questions. (4) Play the

DIALOGUE ◆ Mon Poste

dialogue again. (5) Have students repeat and practice with you and with each other, taking different roles. Encourage them to personalize the dialogue by changing words or expressions. (6) Remind them that they will have to review the material several times to complete the other comprehension activities. The dialogue and comprehension activities may be done outside of class.

In this dialogue Henri is discussing his job with Renée. How does he feel about his work? What does Renée think?

RENÉE: Qu'est-ce qui° ne va pas? Tu as l'air° malheureux.

HENRI: À vrai dire, j'ai des ennuis° avec mon boulot.°

RENÉE: Explique-toi.

HENRI: Voilà, je suis doué° pour la comptabilité° mais je commence à m'ennuyer dans mon travail. J'ai l'impression que je n'avance pas. Et les heures . . . je les trouve longues. Et puis, j'aime travailler en collaboration avec d'autres gens. Mon poste est un travail solitaire. Néanmoins,° la société pharmaceutique La Roche est super comme boîte.° Les avantages sociaux sont fantastiques.

RENÉE: Et ton patron, il apprécie ton travail?

HENRI: Oui, enfin, je le crois.° Je fais rarement des erreurs. Je remets° toujours mon travail à l'heure. Je travaille sérieusement . . .

RENÉE: Tu es bien payé?

HENRI: Oui, assez bien. Mais je voudrais voyager plus souvent.

RENÉE: Tu aimes tes collègues?

HENRI: Ils sont sympa. J'aimerais quand même° avoir plus de contact avec eux. Alors, qu'est-ce que tu penses de ma situation?

RENÉE: À mon avis, tu es exigeant° et tu n'apprécies pas le travail que tu as! C'est un boulot idéal, mon vieux! Il ne faut pas se plaindre!°

HENRI: Idéal! Idéal! Mais tu dis n'importe quoi!° Il ne faut jamais° demander un conseil à une optimiste.

Glosses (left margin):
what / look
m. trouble / job

gifted / accounting

nevertheless
place, company

think so / turn in

all the same

demanding
complain
anything at all / never

347   TRANCHE 1 · Quel Genre de travail cherchez-vous?

COMPRÉHENSION

ACTIVITÉ 2

Answers, Act 2: 1. comptable 2. la société pharmaceutique La Roche 3. longues 4. oui 5. sympa 6. fantastiques

C'est comment, exactement?   Répondez aux questions suivantes. Donnez des détails sur le poste d'Henri.

1. Qu'est-ce qu'il fait comme profession?
2. Pour quelle société est-ce qu'il travaille?
3. Comment est-ce qu'il trouve les heures de travail?
4. Est-ce que le patron apprécie son travail?
5. Comment est-ce qu'il trouve les collègues?
6. Comment sont les avantages sociaux?

ACTIVITÉ 3

Les Inconvénients et les avantages.   Which of the following are advantages or rewarding aspects of Henri's work and which are disadvantages or bothersome aspects?

Il n'aime pas vraiment . . .   *Il apprécie . . .*

1. le patron   2. les possibilités d'avancement   3. la comptabilité   4. les collègues   5. la solitude   6. les heures   7. le salaire   8. les avantages sociaux

≡ C'EST À DIRE ◆ Donner le pour et le contre

Approach, C'est à dire: (1) Preview the material using the introductory guidelines. (2) Role-play the scenes and have students repeat and practice the material with you, with a partner and finally incorporating personal variations. (3) Have students find different ways to express pros and cons, and how to sequence arguments. List their answers in columns on the board.

Think about these questions as your instructor presents several monologues.

A. How can one integrate a series of thoughts or arguments?
B. Which conjunctions show that an idea is similar to the previous one? Which indicate a contrasting point of view?
C. Which conjunctions introduce a concluding statement?

SCÈNE 1

J'aime beaucoup ce poste. C'est un poste idéal. J'adore mon patron, mes collègues et les clients

et aussi	les heures sont fantastiques.
moreover De plus,°	je trouve mon travail passionnant.
all in all En somme,°	je suis très content(e).

SCÈNE 2

Je n'aime pas du tout ce poste. J'ai des ennuis avec mon boulot.

first of all	D'abord,°	le salaire n'est pas acceptable
	et aussi	je n'aime pas travailler seul.
	De plus,	le patron est trop exigeant.
in brief	Bref,°	je vais chercher un autre poste.

SCÈNE 3

what to say	Je ne sais pas quoi dire° de ce poste. J'aime bien mes collègues et mon patron,	
however	pourtant°	je voudrais l'occasion de voyager.
	Néanmoins,	la boîte est super,
except that	sauf que°	je voudrais un meilleur salaire et de meilleures conditions de travail.
on the other hand	Par contre,°	les heures sont idéales,
	mais	je voudrais des responsabilités plus grandes.
so	Alors,°	je ne sais pas quoi faire. Qu'est-ce que tu en penses?

ACTIVITÉ 4

Pour et contre.   Organize the ideas above into one list of positive aspects of a job and a second list of negative aspects.

MODÈLE: **pour**   **contre**
         J'adore mon patron.   *Le salaire n'est pas acceptable.*

ACTIVITÉ 5

Un choix de postes.   When considering a job, it is necessary to consider the bad points as well as the good. For each position advertised below, give your opinion of the type of work, the hours, and the benefits. Would you accept any of these positions?

regarding   MODÈLE: *En ce qui concerne° ce poste au Restaurant DuClos, j'aime bien travailler dans un restaurant sauf que je n'aime pas le travail physique ni manuel et aussi je n'aime pas travailler pour un salaire minimum. De plus, je ne veux pas me lever à 6h du matin. En somme, je vais chercher un autre poste.*

	La Boutique Lamodèle vendeur/vendeuse 10h-20h Commission sur les ventes° Assurance médicale	
Le Restaurant DuClos garçon/serveuse 6h-16h Salaire minimum Pourboires°		**Le Bureau du Dr Ganat** réceptionniste 9h-6h Anglais indispensable Deux ans d'expérience

f. sales

m. tips

REGARDONS DE PLUS PRÈS ◆ Les Adverbes

Approach, Regardons de plus près: (1) Preview the material focusing on the introductory guidelines. (2) Model the mini-dialogue several times. (3) Encourage students to look for patterns and direct them to answer the guide questions with a partner. (4) Elicit their observations. (5) Present the grammatical explanations as a means of confirming and extending students' hypotheses.

really

well

unfortunately

elsewhere

Think about these questions as you study the conversation below.

A. How does the person feel about the new job?

B. What adverbs are used? What adverb ending often appears?

— Comment est-il, ton nouveau poste?
— Il est **vraiment**° bien. Tout le monde travaille **sérieusement**. La compagnie veut **toujours** servir les clients **convenablement.**° Le patron est sympa. Bref, c'est un poste super.
— Alors, tu vas **certainement** rester.
— **Malheureusement,**° le salaire n'est pas bon. Si je n'obtiens pas une promotion assez **vite**, je vais chercher ailleurs.°

■ Adverbs qualify verbs (they describe the action) and are usually placed after the verb.

Elle travaille **bien**. Elle comprend **intuitivement** et fait les choses **rapidement.**	*She works well. She understands intuitively and does things quickly.*

■ In the passé composé, most adverbs are placed after the past participle.

J'ai travaillé **consciencieusement** pendant deux ans. Mais parce que les affaires n'allaient pas bien, le patron m'a renvoyé **rapidement.**	*I worked conscientiously for two years. But because business wasn't going well, the boss fired me quickly.*

■ Certain high-frequency adverbs, however, come between the auxiliary verb and the past participle.

J'ai **souvent** pensé à changer de travail. Et j'ai **presque** démissionné plusieurs fois. Mais je n'ai **jamais** eu le courage de le faire. J'ai **toujours** peur pendant les entrevues.	*I often thought about changing jobs. And I almost quit several times. But I never had the courage to do it. I am always afraid during interviews.*

■ Other adverbs that come between the auxiliary and the past participle include:

bien	On a **bien** travaillé aujourd'hui.	*We worked well today.*
mal	J'ai **mal** compris la description de ce poste.	*I understood poorly the description of this job.*

peu	Tu as **peu** fait pour obtenir l'entrevue.	*You did little to obtain the interview.*
beaucoup	Nous avons **beaucoup** pensé à nos qualifications.	*We thought a lot about our qualifications.*
déjà	J'ai **déjà** parlé au patron.	*I already spoke to the boss.*
vraiment	J'ai **vraiment** décidé de changer de carrière.	*I really decided to change careers.*
presque	Elle a **presque** démissionné hier.	*She almost quit yesterday.*
assez	Vous avez **assez** travaillé sur ce projet.	*You have worked enough on this project.*
trop	Ils ont **trop** pensé à ce nouveau poste.	*They thought too much about this new job.*

■ Note that many adverbs are based on the feminine form of the corresponding adjective or on the masculine form if it ends in a vowel.

sérieux	Tout le monde travaille **sérieusement**.	*Everyone is working seriously.*
vrai	J'ai **vraiment** envie de changer de poste.	*I really want to change jobs.*

■ For adverbs based on adjectives that end in -**ant** or -**ent**, replace the ending with -**amment** or -**emment**.

constant	Il travaille **constamment**.	*He works constantly.*
patient	Elle fait son travail **patiemment** et bien.	*She does her work patiently and well.*

ACTIVITÉ **6** L'Employé(e) idéal(e).

How should the perfect employee conduct him- or herself? Give the following advice to a new colleague.

MODÈLE: L'employé idéal doit être attentif et rapide.
L'employé idéal doit travailler attentivement et rapidement.

1. L'employé idéal doit être ponctuel et sincère.
2. L'employée idéale doit être consciencieuse et responsable.
3. L'employé idéal doit être discret et prudent.
4. L'employée idéale doit être honnête et polie.
5. L'employé idéal doit être constant et diligent.
6. L'employée idéale doit être calme et patiente.

Un travail consciencieux. Different jobs require different levels of involvement. Use adverbs based on the adjectives listed to describe the jobs.

lent	actif	calme	constant	intelligent	fréquent
attentif	poli	sérieux	rapide	patient	heureux
intuitif	discret	consciencieux	régulier	brillant	spontané

MODÈLE: *On ne travaille pas très attentivement ni très consciencieuse-
ment.*

ACTIVITÉ **8**

Un Bon Poste. What do you think the ideal job would be like? Select the five most important things you would consider when choosing a job.

MODÈLE: *Je voudrais un poste avec beaucoup de responsabilités.*

un patron (une patronne) sympa	un travail intéressant
du travail solitaire	des collègues dynamiques
de bons avantages sociaux	beaucoup de responsabilités
un avancement rapide	un bon salaire
l'occasion de voyager	de bonnes commissions

NOTES CULTURELLES

Le Boulot

on the average

Suggestion, **Notes culturelles:** Have students consider the number of hours spent on one's professional life and one's private life, as well as on vacation time in

m. travel / m. home

miscellaneous

France. Have students evaluate how it is in North America and

m. sleep

compare the French and the American lifestyles. You may want to refer back to the **Notes**

m. care

f. training

culturelles at the end of **Tranche 1** in Chapter 5.

m. vacation

m. holidays

m. four-day weekends

distributed

All Saints' Day

Easter

En France, les travailleurs sont au travail en moyenne° 39 heures par semaine. Néanmoins, les salariés sont au travail en moyenne 45,8 heures par semaine. Ils passent la semaine de la façon suivante, selon *Quid*, 1988.

Vie professionnelle: 57,9 heures

temps de travail	45,8
trajet° domicile°-travail	8,7
temps divers° au travail	3,4

Vie privée: 110,1 heures

sommeil°	54,0
loisir, enfants	16,5
repas à domicile	12,3
soins° personnels	5,5
information, formation°	5,3
activités domestiques	5,0
divers	11,5

Les salariés français bénéficient de cinq semaines de congés° payés. En plus, si on ajoute les week-ends, les jours fériés,° les absences et les ponts,° le Français moyen a 160 jours de congé par an. Ceci représente cinq mois et trois jours de congé.

Selon *Quid*, 1988, les jours de congé sont répartis° de la façon suivante:

week-ends	104	
vacances	25	
jours fériés	10	
absentéisme	16	(en moyenne)
ponts	5	(en moyenne)

Les jours fériés en France sont: Ascension (en mai), Assomption (15 août), Toussaint° (premier novembre), Noël (25 décembre), le 14 juillet (fête nationale), le lundi de Pâques°, le lundi de la Pentecôte, le 11 novembre (l'armistice de 1918), le premier mai (fête du travail), le 8 mai (anniversaire de la victoire de 1945).

Quid, 1988

Suggestion: You may want to direct students to prepare the **Au travail** section in the following **Tranche** as homework for the next class session.

Une promotion

AU TRAVAIL

ACTIVITÉ 1

Cultural note, Act. 1: Explain that in France, letters applying for jobs are always handwritten. Many companies have • specialists in handwriting analysis for determining a candidate's personality. Only résumés and reference letters are to be typed.

J'ai des talents.   Jouez les rôles du patron (de la patronne) et du candidat (de la candidate) avec un(e) camarade. Choisissez vos réponses ci-dessous.°

below

— Vous êtes le (la) candidat(e) pour le poste de . . .

   a. vendeur(se)?
   b. comptable?
   c. garçon (serveuse)?

— Oui, c'est bien ça.

job application
— Vous avez fait une demande d'emploi?°
— Oui. Voici . . .

   a. ma demande d'emploi.
   b. mes lettres de référence.
   c. une liste de mes qualifications.

years
— Combien d'années° d'expérience avez-vous?

years
   a. J'ai deux ans° d'expérience.
   b. J'ai travaillé un an comme réceptionniste.
   c. Je n'ai pas d'expérience. C'est mon premier poste.

— Vous connaissez l'anglais?

   a. Oui. J'ai eu beaucoup de contacts avec les touristes américains.
   b. Assez bien. J'ai étudié l'anglais pendant 5 ans.
   c. Non, pas très bien.

— Bon.

   a. Nous allons vous engager immédiatement.
   b. Je vais vous contacter si j'ai d'autres questions.
   c. Vous avez l'air bien qualifié(e). Merci et au revoir.

À L'ÉCOUTE ◆ Le Projet Martins

Listen to the dictation on tape from the director of the Paris office to the director of finances in the New York office, and refer to the art. Then complete the comprehension activities.

A. Are they speaking about (1) a financial transaction, (2) a personnel decision, or (3) a product under development?

B. What does the director of the Paris office propose?

Georges Bouchot   Denis Richardin

COMPRÉHENSION_____

ACTIVITÉ 2

Il est travailleur?   You could find some but not all of the following information in the personnel files for Bouchot and Richardin. Which adjectives apply to which candidate? Some may apply to both candidates and some to neither candidate.

	Bouchot	Richardin
indiscret	_____	_____
doué	_____	_____
consciencieux	_____	_____
intelligent	_____	_____
qualifié	_____	_____
calme	_____	_____
arrogant	_____	_____
discret	_____	_____

C'EST À DIRE ◆ Faire une recommandation

Approach, C'est à dire:
(1) Preview the material using the introductory guidelines. Consider the following questions: How would you ask for advice? How would you answer such a question? How would you recommend or not recommend a person?
(2) Role-play the mini-dialogues and have students repeat and practice the material with you, with a partner and finally incorporating personal variations.
(3) Have students find different ways to ask for advice, and how to give recommendations. List their answers in columns on the board. Then direct students to work in pairs, creating original mini-dialogues.

more honest than

as capable as

less of a conformist than

Your instructor will role-play the following mini-dialogues. You should follow these steps.

A. Practice asking for and giving advice.

B. Mix and match the recommendations, substituting one reponse for another.

C. Be prepared to give your own assessment of a real or imaginary work associate.

SCÈNE 1

— Pouvez-vous me donner votre recommandation?
— Si vous voulez vraiment savoir mon opinion, la voici: à mon avis, M. Allemagny est plus honnête que° M. Giverny. Je le trouve aussi plus dynamique que les autres.

SCÈNE 2

— Pouvez-vous recommander une candidate?
— Je pense que Mlle Bennette est aussi capable° que Mlle Arnot. Je la trouve aussi sympathique que les autres.

SCÈNE 3

— Que pensez-vous des deux candidats?
— M. Levieux est moins conformiste que° Mme Hallot. Aussi, je crois qu'il est moins timide que les autres.

ACTIVITÉ 3 Vous dites quoi?   Compare your work habits with those of a work associate or roommate. Select one item from each column.

MODÈLE: *Je suis plus dynamique que mon collègue.*

Je suis	plus	dynamique	que	mon (ma) collègue
	aussi	énergique		mon (ma) camarade
	moins	timide		
		conformiste		
		calme		
		idéaliste		

ACTIVITÉ **4**

Suggestion, Act. 4: Have students express additional opinions about professors, politicians, and/or artists.

Pouvez-vous me donner une recommandation? Compare the following employees on their job performance, using some of the adjectives provided.

MODÈLE: — *Pouvez-vous me recommander un professeur?*
— *Si vous voulez mon opinion, ce professeur est plus intéressant que l'autre. Et aussi, il est plus énergique et moins timide.*

diligent	aimable	égoïste	exigeant	instable
arrogant	tyrannique	impulsif	intimidant	timide
indiscret	calme	sérieux	paresseux	amusant
ambitieux	honnête	nerveux	négatif	
énergique	conformiste	ambitieux	imaginatif	

cette serveuse

ce vendeur

cet athlète

ce(tte) mécanicien(ne)

REGARDONS DE PLUS PRÈS ◆ Le Comparatif des adjectifs et des adverbes

up-to-date

confuse

to be fooled

Think about these questions as you study the conversation below.

A. On what basis are the two friends comparing the old mechanic with the new one?

B. How are comparisons expressed? What key word often appears?

— Oui, je l'aime bien, le vieux mécanicien au Service Européen, mais il travaille beaucoup **plus** lentement et il n'est pas **aussi** au courant° **que** le nouveau.
— Non, mais ça ne va pas. Qu'est-ce que tu compares? Le vieux, c'est un vrai perfectionniste. Il est beaucoup **plus** intuitif et travaille **plus** attentivement **que** le nouveau.
— Bien sûr.
— Et son travail est beaucoup **moins** cher. Tu mélanges° tout, mon ami. Discute **plus** sérieusement! Il ne faut pas se laisser prendre° par l'âge!

■ Comparisons with adjectives and adverbs follow these patterns.

moins . . . que	La réceptionniste est **moins aimable que** sa voisine.	*The receptionist is less friendly than her neighbor.*
aussi . . . que	Cette serveuse est **aussi diligente que** l'autre.	*This waitress is as diligent as the other.*
plus . . . que	Elle comprend **plus rapidement que** son collègue.	*She understands more quickly than her colleague.*

■ Note that with adjectives, agreement is made between the adjective and the first noun mentioned.

Ces associées sont beaucoup **plus douées que** les autres.	*These associates are a lot more gifted than the others.*
Cette assistante est **moins attentive que** les autres.	*This assistant is less attentive than the others.*

■ The comparative form of **bon(ne)(s)** is **meilleur(e)(s).**

Cette comptable est **meilleure que** l'autre.	*This accountant is better than the other.*

■ No agreement is made between the subject and an adverb.

Elles travaillent **plus vite qu'**avant parce qu'elles comprennent le système.

They work more quickly than before because they understand the system.

Les chefs de section décident **moins rapidement que** le directeur.

The section heads decide less rapidly than the director.

■ The comparative form of **bien** is **mieux.**

Cette serveuse, elle travaille **mieux que** ce garçon.

This waitress works better than that waiter.

■ The second part of a comparison may be omitted.

Cette secrétaire tape à la machine **plus rapidement. (Que l'autre** is understood.)

This secretary types more rapidly (than the other).

Ils discutent avec le chef de section **plus souvent. (Qu'avant** is understood.)

They argue with the department head more often (than before).

ACTIVITÉ 5

Approach, Act. 5: Have students exchange opinions, react, and maybe argue in French. **Oh, non. C'est faux. Je suis plus sérieux que toi. Tu exagères,** etc.

Qui est plus calme?   You and a partner are thinking of taking on a special project and want to know the extent to which your talents are complementary. Each of you should compare yourself and your partner on the following traits. After you've finished, see if the two of you agree.

MODÈLE: sérieux
    Je suis moins sérieuse que toi.
    ou *Toi, tu es plus sérieux que moi.*

1. ambitieux   2. calme   3. optimiste   4. organisé
5. conformiste   6. négatif   7. timide   8. diligent

ACTIVITÉ 6

Qui travaille plus rapidement?   Having established the extent to which your personalities are complementary, now analyze your working styles. Be sure to change each adjective into an adverb.

MODÈLE: lent
    Je travaille moins lentement que toi.
    ou *Toi, tu travailles plus lentement que moi.*

Suggestion: You may want to direct students to prepare the **Au travail** section in the following **Tranche** as homework for the next class session.

1. rapide   2. constant   3. consciencieux   4. patient
5. fréquent   6. attentif   7. poli   8. indépendant

Les Comparaisons

≡ AU TRAVAIL

ACTIVITÉ 1

unsatisfactory

Nul, faible, moyen ou supérieur? Here are interviewers' ratings of two job candidates. Rate yourself in each category *(nul,° faible, moyen ou supérieur)*, then compare yourself to the other candidates, noting where you are stronger and where you are less talented.

SUJETS	Candidat 1	Candidat 2	Vous
1. les maths	supérieur	moyen	_____
2. les langues°	faible	moyen	_____
3. les sciences	moyen	faible	_____
4. l'informatique°	supérieur	moyen	_____
5. le marketing	faible	supérieur	_____
6. la publicité	nul	supérieur	_____
7. les arts graphiques	nul	nul	_____
8. la sténo	nul	faible	_____

languages

computing

MES TALENTS

Je sais très bien _____.

I know   Je connais° _____.

I know about it   Le (la) _____, je m'y connais.°

Je ne suis pas très fort(e) en _____.

field   Le (la _____) n'est pas mon domaine.°

Je ne comprends pas le (la) _____.

LA COMPARAISON

Je suis plus fort(e) en _____ que_____.

I am talented in   Je suis aussi doué(e)° en _____ que_____.

Je suis moins fort(e) en _____ que_____.

≡ L E C T U R E ◆ Trois Postes

clothes
f. branch offices
as a result

This reading includes two letters. In the first a boss invites an employee to select one of three job openings. In the second the employee responds to the invitation.

A. Where are the three jobs located?

B. Which job does the employee select?

MODE DE PARIS
19 rue de la Reine   Paris 75016
Tel 43.69.14.79

Paris, le 25 novembre 1990

Jean Fatoix,

J'ai l'honneur de vous annoncer que la société Mode de Paris, le leader du vêtement° de sport, va établir trois succursales° pour exploiter les marchés les plus profitables. Par la suite° de cette décision, nous vous proposons les trois situations suivantes. Veuillez m'indiquer votre décision avant le 10 décembre.

Marcel Fouquet

Marcel Fouquet
Directeur

Responsable des ventes – Lyon

De bonnes connaissances du marché du vêtement de sport

Voiture payée

Supervision de trois représentants

Salaire: 150 000F

2% de commission

Déplacement° à Lyon   *m. move*

Bonnes conditions de travail

Cinq semaines de congés payés

Informatique° et statistique indispensables   *computing*

Responsable des ventes – New York

Des connaissances supérieures du marché du vêtement de sport

Logement° payé   *m. housing*

Supervision de sept représentants

Salaire: $40,000

3% de commission

Déplacement à New York

Assurances médicales

Deux semaines de congés payés

Responsable des ventes – Londres

De bonnes connaissances du marché du vêtement de sport

Supervision d'un associé

Salaire: £20 000

0,5% de commission

Déplacement à Londres

Bonnes conditions de travail

Deux semaines de congés payés

Anglais lu° et parlé indispensable   *read*

Paris, le 3 décembre 1990

Monsieur le Directeur,

Je viens de recevoir l'annonce des trois postes
vacants et m'empresse° d'y répondre le plus rapidement possible.

Je voudrais proposer ma candidature pour le poste
de Lyon. Je me sens particulièrement qualifié pour
ce poste pour les raisons suivantes.

Le marché de Lyon est déjà établi, tandis que° New
York représente le travail le plus difficile et
requiert° les connaissances les plus profondes du
marché du vêtement de sport. Les postes de Londres
et de New York demandent des connaissances de
l'anglais que je ne possède pas à présent. Ces
postes sont donc les moins conformes° à mes qualifications. Néanmoins,° New York représente la situation la plus attrayante° du point de vue financier;
c'est une aventure et une occasion de démontrer les
qualités et talents du candidat. Malheureusement,
je ne me considère pas assez expert pour y proposer
ma candidature. Par contre, à Londres les bénéfices
financiers ne sont pas les plus intéressants. Bref,
je suis persuadé que mes qualifications sont exactement à la mesure du° poste de Lyon.

Espérant que ces raisons vous sont cohérentes, je
vous prie d'agréer, Monsieur, l'expression de mes
sentiments les plus distingués.°

Jean Fatoix
Jean Fatoix

hurry

while

requires

in agreement with
nevertheless
attractive

commensurate with

closing salutation comparable to
"sincerely"

COMPRÉHENSION_____

ACTIVITÉ 2

Answers, Act. 2: b, d

Voilà ma décision.   Quelles phrases expliquent le mieux la décision
de Jean Fatoix?

a. Je ne veux pas me déplacer à New York.
b. Je me trouve trop inexpérimenté pour le poste à New York.
c. J'aime mieux l'aventure du poste à Lyon.
d. Le poste de Londres n'est pas intéressant.

Pourquoi Lyon?   Several factors influenced Jean Fatoix's decision to apply for the position in Lyon. Which of the statements below describe the position in Lyon, which describe the position in London, and which describe the position in New York?

1. On a le plus de vacances.
2. La commission est la moins satisfaisante.
3. On doit avoir les connaissances les plus profondes du marché.
4. Une connaissance de l'informatique est le plus important.
5. On doit diriger le travail du plus petit nombre de représentants.
6. Les transports sont payés.
7. Le marché est déjà établi.
8. Le travail est le plus difficile.
9. On doit parler et lire anglais.
10. C'est une vraie aventure.

C'EST À DIRE◆ Donner des conseils

Your instructor will give advantages and disadvantages of each of the three employment opportunities. You should follow these steps.

A. Practice both roles with a partner.
B. Substitute the pros and cons of one position for those of the other.

SCÈNE 1

— À votre avis, quel poste est le plus intéressant?
— Il est certain que le salaire à New York est le plus avantageux, mais le coût de la vie° à New York est le plus élevé. Et je trouve que les responsabilités à New York sont les meilleures.° Je vous conseille de prendre le poste de New York.
— Absolument pas! Est-ce que vous vous moquez° de moi? Le poste de Lyon est sans doute le meilleur.

SCÈNE 2

— Alors, quel poste est-ce que je devrais° accepter?
— Je trouve que les avantages sociaux à Lyon sont les moins satisfaisants, mais les conditions de travail à Lyon sont les plus avantageuses. La commission à New York est la plus attrayante. Vous devriez° accepter le poste de Lyon.
— Je suis tout à fait d'accord. C'est le meilleur poste.

Faites une comparaison.   Compare the following job descriptions. You may need to read between the lines and use your best judgment about some of the job requirements that are not explicitly stated.

MODÈLE: le salaire le plus (moins) élevé
Le salaire est le plus élevé à Paris.

---

branch office
law

Avocat(e): spécialiste en affaires domestiques
Succursale° de Grenoble
De bonnes connaissances du droit° français
Bénéfices: voiture payée
Plusieurs voyages par mois
Salaire: 400 000F
Quatre semaines de congés payés

Avocat(e): spécialiste en affaires internationales
– import/export
Succursale de Marseille
De bonnes connaissances du droit international
Bénéfices: voiture payée, logement gratuit
Salaire: 350 000F
Sept semaines de congés payés

Avocat(e): spécialiste en affaires bancaires
Succursale de Paris
De bonnes connaissances du droit français et
international
Bénéfices: voiture payée, logement gratuit, voy-
ages payés
Salaire: 600 000F
Quatre semaines de congés payés

---

1. la spécialisation la plus (moins) intéressante
2. l'environnement le plus (moins) pittoresque
3. les connaissances les plus (moins) sophistiquées
4. les chances de voyager les plus (moins) grandes
5. les avantages sociaux les plus (moins) satisfaisants
6. les responsabilités les plus (moins) grandes
7. le coût de la vie le plus (moins) élevé
8. les possibilités d'avancement les plus (moins) fréquentes

ACTIVITÉ 5 Aux Galeries des Vacances.

Suggestion, Act. 5: You may ask students to explain their choice: **parce que moi j'aime l'action,** etc. . . .

This large specialty store, which sells leisure clothing and equipment, is offering several job opportunities. With a partner, give your opinion of each position.

MODÈLE: — *Quel poste est le plus intéressant?*
— *À mon avis, le poste de chef de section des publicités est le plus intéressant.*
— *Moi, je ne suis pas tout à fait d'accord. Pour moi, le poste d'expert(e) en informatique est le plus intéressant.*

AUX GALERIES DES VACANCES
POSTES

Chef de sécurité

Vendeur(se) de vêtements pour femmes

Chef de section des publicités

Concierge

Expert(e) en informatique et télécommunications

Vendeur(se) d'équipement de haute fidélité

Caissier(ère)

Technicien(ne)— planches à voile, bateaux,° canoës

Ouvrier(ère)

Vendeur(se) d'équipement – ballons, raquettes, chaussures de sport

---

boats

À votre avis, quel poste est probablement . . . ?

1. le moins bien payé   2. le plus dangereux   3. le plus intéressant
4. le moins satisfaisant   5. le plus ennuyeux   6. le moins ennuyeux
7. le plus fatigant   8. le plus attrayant   9. le moins difficile
10. le mieux payé

REGARDONS DE PLUS PRÈS ◆ Le Superlatif

Approach, **Regardons de plus près:** (1) Preview the material focusing on the introductory guidelines. (2) Model the mini-dialogue several times. (3) Encourage students to look for patterns and direct them to answer the guide →

Think about these questions as you study the conversation on page 366.

A. Georges Nanou has just started a new job. How does this job compare with his previous positions?

B. How are those relationships stated?

get along with

company (slang)

— Alors, Georges, qu'est-ce que tu penses de ton nouveau poste?
— Formidable. C'est **le meilleur poste** de ma carrière et **le plus inté-ressant.**
— Les conditions de travail sont-elles bonnes?
— Excellentes. Je m'entends avec° mon patron **le mieux** possible. C'est un type très sympa. En tous les cas, il est **le plus progressif de tous les patrons** de la boîte.°
— Je te félicite, mon vieux. Tu as fait un bon choix.

■ The superlative construction with adjectives follows this pattern:

le (la/les) plus . . .	C'est **le poste le plus intéressant** de ma carrière.	*It's the most interesting job of my career.*
	Cette profession est **la plus diversi-fiée.**	*This profession is the most diversified.*
	Elle offre **les avan-tages sociaux les plus complets.**	*It offers the most complete benefits.*
le (la/les) moins . . .	Mais les salaires y sont **les moins élevés.**	*But the salaries there are the least high.*
	Et la directrice est **la moins agréable.**	*And the director is the least pleasant.*
	Et les responsabili-tés sont **les moins faciles.**	*And the responsibili-ties are the least easy.*

■ Note that with the superlative of adjectives, agreement is made between the adjective and the noun being described.

The superlative form of **bon** is **le (la/les) meilleur(e)(s).**

C'est **le meilleur poste** possible. *It's the best possible job.*
C'est **la meilleure candidate.** *She's the best candidate.*

■ The superlative construction with adverbs follows this pattern:

le plus . . .	Je discute **le plus souvent** avec la di-rectrice.	*I argue the most often with the director.*
le moins . . .	Il répond **le moins poliment** de tous.	*He answers the least politely of all.*

- Note that no agreement is made between the noun and an adverb.

  The superlative form of **bien** is **le mieux**.

M. Dupont, c'est le patron qui paie **le mieux.**	*Mr. Dupont is the boss who pays the best.*

- A reference group may be used in a superlative construction.

C'est le meilleur poste **de ma carrière.**	*It's the best job of my career.*
Il est le plus progressif **de tous les patrons de la boîte.**	*He is the most progressive of all the bosses in the office.*

ACTIVITÉ 6 Quel poste?   Voici trois postes. Quel poste est le plus . . .

Suggestion, Act. 6: Have students consider additional professions and objectives.

MODÈLE: satisfaisant
    La profession de professeur est la plus satisfaisante.

la profession de pro- fesseur	le poste de garçon / serveuse	la carrière de jour- naliste

1. routinier   2. intéressant   3. facile   4. dangereux   5. fatigant
6. ennuyeux   7. intellectuel   8. frustrant

ACTIVITÉ 7 Quand on est . . .   Use the superlative forms of *bon* and *bien* to compare these professions.

MODÈLE: l'avocat(e) / les avantages sociaux / analyser les problèmes
    Quand on est avocat, on a les meilleurs avantages sociaux et on analyse le mieux les problèmes.

1. le médecin / le salaire / diagnostiquer les maladies
to explain 2. le professeur / les vacances / expliquer° les idées
to draw 3. l'architecte / les conditions de travail / dessiner°
4. le (la) banquier(ère) / l'horaire de travail / calculer
Président-Directeur-Général 5. le P.D.G.° / le bureau / interpréter les statistiques financières

À VOUS! ◆ Alors, quel poste avez-vous choisi?

Approach, À vous!: Have students share their points of view with partners and take notes. Have students report about their partners' decisions to the class. Encourage the entire interaction to take place in French. You may want to assign oral grades.

Notes culturelles: Ask students how they would write a business letter in English. Do Americans use formulas as elaborate as those used in France?

You have learned to compare positions, bosses, and benefits. Which of these two jobs would you take? Why? Work out one or more of the following tasks associated with selecting a new position.

1. Write out in columns the pros and cons of each position and isolate the key factors that seem to be most important to you.
2. Consult with a friend, stating your reasons, getting another point of view, and accepting or countering his or her advice.
3. Dictate a response to the director of the company stating why you have decided to accept one position or the other.

global
as of

J'ai l'honneur de vous annoncer que la Société Internationale d'Informations Mondiale° accepte dès° aujourd'hui des demandes d'emploi pour les deux postes de JOURNALISTE/CHEF DE SECTION suivants.

Responsable de la région parisienne
De bonnes connaissances des partis politiques
 et des candidats
Transport payé
Supervision de cinq journalistes
Salaire: 180 000F
Déplacement à la région parisienne envisagé
Bonnes conditions de travail
Cinq semaines de congés payés

word processing

Traitement de textes,° deux ans d'expérience
Style agressif
Sciences politiques indispensables

Responsable de la section internationale
Des connaissances supérieures de la
 politique internationale

abroad

Transport et logement payés à l'étranger°
Supervision de neuf sous-chefs de divisions
Salaire: 220 000F
Déplacement à Paris envisagé
Huit semaines de congés payés
Anglais, allemand, espagnol lus et parlés
 indispensables
De bonnes connaissances d'autres langues,
 japonais ou chinois, importantes

Suggestion: You may want to direct students to prepare the **Au travail** section in the following **Tranche** as homework for the next class session.

Succès et échecs

AU TRAVAIL

ACTIVITÉ 1 **J'ai un nouveau poste.** Your best friend has just gotten a new job after graduation. Ask him or her to describe the various features of the job. What does it entail? How good is the salary? What about the commission, benefits, vacation? Be sure to comment on his or her responses.

Où est-ce que tu travailles maintenant?

Cette situation, elle est intéressante? stable? satisfaisante?

Les heures, sont-elles raisonnables? Quelles sont tes heures de travail?

Tu as beaucoup de responsabilités?

earn Tu es bien payé(e)? Tu gagnes° un bon salaire?

Tu as des possibilités d'avancement?

Les collègues, sont-ils sympathiques? sincères? aimables?

Le patron (la patronne) apprécie-t-il (elle) ton travail?

Est-il (elle) imaginatif(ve)? difficile? Comment est-il (elle)?

Les conditions de travail sont bonnes?

Tu as l'occasion de faire des voyages? Où?

C'EST À DIRE ◆ Féliciter et dire ses regrets

Your instructor will announce some news. You should follow these steps.

A. Practice making these announcements.
B. Substitute one reaction for another.
C. Be prepared to announce some news of your own.

SCÈNE 1

— On m'a offert la promotion!
— Bravo! Tu es certainement le plus doué!

SCÈNE 2

prize
congratulate

— J'ai gagné le premier prix°!
— Je te félicite!° Tu es sans doute la plus originale!

SCÈNE 3

— J'ai reçu une médaille!
— Je suis content pour toi! Tu es certainement la plus intelligente.

SCÈNE 4

month

— Je suis l'employé du mois°!
— Félicitations! Tu es évidemment le plus méritoire.

SCÈNE 5

poor / f. luck

— On ne m'a pas choisi pour le poste de chef de section.
— Mon pauvre° ami! Tu n'as vraiment pas de chance.°

SCÈNE 6

— Il a donné le contrat à Ledoux.
— Je ne comprends pas du tout. Tu as plus de talent que lui.

SCÈNE 7

— Nous avons perdu le match!
— Quel dommage! Vous avez moins de chance que l'autre équipe.

SCÈNE 8

as much . . . as

— On a choisi Martine comme danseuse principale.
— Je regrette! Tu as autant d'expérience qu'°elle.

Répondez.   Choisissez une réponse appropriée pour les phrases suivantes.

Note, Act. 2: Remind students to use the proper intonation with the news and the reactions.

1. J'ai reçu la promotion!
2. On ne m'a pas choisi(e).
3. Je n'ai pas obtenu le poste.
4. J'ai gagné à la loterie!
5. J'ai perdu le match.
6. J'ai gagné un voyage!
7. Nous avons perdu le contrat.
8. On m'a offert le grand prix.

a. Quel dommage!
b. Je suis content(e) pour toi (vous).
c. Je regrette. Mon (ma) pauvre ami(e).
d. Je te (vous) félicite!
e. Je suis vraiment désolé(e).
f. Bravo!
g. Félicitations! C'est super!
h. Je ne comprends pas du tout.

ACTIVITÉ **3**   **Quelles Nouvelles!**   Répondez à un(e) camarade. Employez une expression de félicitations ou de regrets.

MODÈLE: J'ai obtenu un nouveau poste.
Je te félicite! Tu es certainement le (la) plus intelligent(e).

1. On a offert la promotion à un(e) autre collègue.
2. J'ai obtenu l'augmentation de salaire!
3. On m'a augmenté les vacances payées.
4. J'ai obtenu la promotion.
5. On a nommé Georges au poste de chef de section.
6. Le patron (la patronne) m'a offert le poste de directeur (directrice).

≡REGARDONS DE PLUS PRÈS ♦ Le Comparatif du nom

Approach, Regardons de plus près: (1) Preview the material focusing on the introductory guidelines. (2) Model the mini-dialogue several times. (3) Encourage students to look for patterns and direct them to answer the guide questions with a partner. (4) Elicit their observations. (5) Present the grammatical explanations as a means →

Think about these questions as you study this conversation between two employees who are discussing their monthly sales results.

A. Who sold the most? Who earned the most?
B. How are these comparisons expressed?

f. houses

m. money

as many hours

— Je vous félicite, mon cher. Vous avez vendu **plus de maisons°** que moi ce mois-ci.
— Je vous remercie, Charles. En effet j'ai eu de la chance. Mais vous savez bien que mes ventes représentent **moins d'argent.°**
— Mais je suis sûr, cher collègue, que vous avez travaillé **autant d'heures°** que moi pour obtenir ces résultats. Félicitations!

of confirming and extending students' hypotheses.

■ Comparisons of nouns follow this pattern.

plus de . . . que	Tu as vendu **plus d'autos que** Chantal.	*You sold more cars than Chantal.*
moins de . . . que	Bravo! Tu as fait **moins d'erreurs que** les autres!	*Bravo! You made fewer errors than the others!*
autant de . . . que	Il a **autant d'argent que** son collègue.	*He has as much money as his colleague.*

■ Superlatives follow this pattern.

le plus de . . .	Il a vendu **le plus de maisons.**	*He sold the most houses.*
le moins de . . .	Nous avons perdu **le moins d'argent.**	*We lost the least money.*

■ The second part of the comparison or the superlative construction may be omitted.

Georges est **aussi sociable que Paul**, mais il a **moins de clients (que lui)** parce qu'il est **le plus paresseux (du groupe).**

George is as social as Paul, but he has fewer clients (than he), because he is the laziest (of the group).

Monique a **le plus de talent.** Néanmoins, elle a **le moins de ventes (du groupe)** parce qu'elle est trop timide.

Monique has the most talent. Nonetheless she has the fewest sales (in the group) because she is too shy.

ACTIVITÉ 4 Les Vendeurs.

Comparez les résultats des vendeurs (vendeuses) dans la liste suivante.

MODÈLES: Charles et Denise, assurances vie
Charles a vendu moins d'assurances vie que Denise.
ou *Denise a vendu plus d'assurances vie que Charles.*

m. unemployment

	A S S U R A N C E S			Total
	vie	maladie	chômage°	des ventes
Charles	6	11	2	62 300F
Denise	9	5	8	86 600F
Étienne	6	5	2	52 200F

1. Charles et Étienne, assurances vie
2. Charles et Denise, assurances maladie
3. Étienne et Denise, assurances chômage
4. Charles et Étienne, assurances maladie
5. Charles et Étienne, total des ventes
6. Charles et Denise, total des ventes
7. Denise et Étienne, assurances vie
8. Denise et Étienne, assurances maladie

ACTIVITÉ **5** **Expliquez-moi pourquoi.**   The following people are being considered for a promotion. Their strengths and weaknesses have been rated and are noted in this personnel report. Discuss their relative strengths in each area. Based on these ratings, which candidate would you promote?

MODÈLE: patience
Derriet a le plus de patience. Lamartine a autant de patience que Samuel et Gros a le moins de patience des quatre.

très bien 1	bien 2	moyen 3	faible 4	très faible 5
	Derriet	**Gros**	**Lamartine**	**Samuel**
1. patience	1	5	3	3
2. tact	2	2	4	3
3. ambition	3	2	5	1
4. talent	2	4	2	1
5. expérience	5	3	1	2

LA LANGUE ÉCRITE

Suggestion, **La langue écrite:** Have students refer to the business letter on page 362.

Écrivez une lettre d'affaires.   Referring to the job offers in the **Lecture** in **Tranche 3,** write a business letter accepting one of the positions. Model your letter according to Jean Fatoix's response and the business letter format found below.

La ville et la date: Paris, le 4 décembre 1990

La salutation initiale: Monsieur (Madame/Mademoiselle),

La salutation finale: Veuillez agréer, Monsieur, l'expression de mes sentiments (les plus) distingués (respectueux) (meilleurs.)

VOCABULAIRE ET EXPRESSIONS

■ CONDITIONS OF EMPLOYMENT

Je cherche un poste à temps partiel (à temps plein, à mi-temps) avec de bonnes conditions de travail (un bon salaire, des responsabilités, de nombreux avantages sociaux, l'occasion de voyager, un avancement rapide).

■ EXPRESSING PROS AND CONS

J'aime beaucoup ce poste. C'est un poste idéal **et (de plus, et aussi)** j'adore mes collègues **mais (par contre, pourtant, néanmoins, sauf que)** le salaire n'est pas acceptable. **En somme (bref, alors)** je ne sais pas quoi faire.

■ DESCRIBING ONE'S TALENTS

J'ai _____ ans d'expérience comme _____ et je suis doué/e/ (qualifié/e) pour
    le travail manuel (physique, de bureau, intellectuel, créateur, artistique, diversifié, routinier)
    la sténo
    les langues (le français, l'anglais, l'allemand, le japonais, l'espagnol)
    le maths, l'informatique et les sciences (la chimie, la géologie, la zoologie, l'astronomie, la biologie)
    les affaires (les finances, le marketing, la comptabilité)
J'espère (tiens à, voudrais) travailler avec les nouvelles technologies.

Il me semble que vous êtes qualifié/e. Nous allons vous engager.

Il me semble que vous n'avez pas assez d'expérience. Merci d'être venu/e.

Je vais vous contacter si j'ai d'autres questions à vous poser.

■ MAKING COMPARISONS

À mon avis, ce candidat est plus (aussi, moins) sérieux que les autres. Ce candidat est meilleur que les autres.

Selon moi (Pour moi), cette candidate est plus (aussi, moins) sérieuse que les autres. Cette candidate est meilleure que les autres.

Je crois que (Il est certain que) ce candidat est le plus (le moins) compétent du groupe. Il est le meilleur du groupe.

Je pense que (Je trouve que) cette candidate est la plus (la moins) compétente du groupe. Elle est la meilleure du groupe.

■ CONGRATULATING AND COMMISERATING

Bravo! (Félicitations! Je te/vous félicite! Je suis content/e pour toi/vous!
Tu es (Vous êtes) certainement le/la/les plus méritoire/s.

Dommage! Je ne comprends pas du tout. Je regrette. Mon/ma pauvre ami/e!
Tu n'as vraiment pas de chance.
Tu as (Vous avez) plus (moins, autant) de _____ que lui.

LES LIENS SOCIAUX

In this chapter, you will learn how to introduce
people and respond to introductions, offer and
accept gifts, apologize, and write a social letter.

TRANCHE 1
UN DÎNER EN FAMILLE
Function: Greeting Guests; Offering a Gift
Structure: Les Pronoms et l'impératif
Culture: Le Cadeau

TRANCHE 2
S'EXCUSER
Function: Excusing Oneself
Structure: La Négation

TRANCHE 3
L'ÉTIQUETTE
Function: Writing a Social Letter
Structure: Les Pronoms relatifs *qui* et *que*

TRANCHE 4
RÉVISION—MES RELATIONS SOCIALES

CHAPITRE 13

Un Dîner en famille

≡ AU TRAVAIL

ACTIVITÉ 1

Vous venez dîner chez moi?   Répétez les invitations suivantes avec un(e) camarade. Ensuite, imaginez une autre situation et jouez les rôles.

Note, Act. 1: This activity reviews the following functions: (1) offering, accepting, and refusing invitations; (2) stating dates and times (both exact and approximate).

understood

— Allô? C'est Jean à l'appareil? Salut, Jean. C'est Odile.
— Bonjour, Odile.
— Tu fais quelque chose de spécial vendredi soir? Je t'invite à dîner chez moi, en famille.
— Pour vendredi? Avec plaisir!
— Formidable. Alors, c'est chez moi, vers 8 heures.
— Entendu.° À vendredi!

Cultural note: When you introduce this activity, you may want to refer to the content of the **Notes culturelles** at the end of the **Tranche.**

birthday

— Allô? C'est Annie-Claude. Je pourrais parler avec Martine?
— Un moment, s'il vous plaît. Ne quittez pas.
— Bonjour, Annie-Claude! C'est Martine!
— Bonjour, Martine. Dis, tu viens dîner chez moi demain soir?
— Demain soir? Merci. C'est très gentil, mais c'est l'anniversaire° de maman. Peut-être un autre jour?
— Bien sûr! Au revoir!
— Au revoir!

ACTIVITÉ 2

Faites des excuses.   Avec un(e) camarade, jouez les rôles suivants. Employez les expressions de l'Activité 1.

1. Vous téléphonez à un(e) ami(e) et vous l'invitez à un dîner en famille vendredi soir à 9h. Votre ami(e) est désolé(e), mais ne peut pas venir.
2. Vous téléphonez à un(e) ami(e), mais une autre personne répond. Vous demandez de parler à votre ami(e). Vous l'invitez à dîner demain à 7h30. Il (elle) accepte.
3. Imaginez une autre situation et jouez les rôles avec un(e) camarade.

Cultural note, Dialogue:
You may want to explain that in France, when you are invited to someone's home for a certain time, it is customary to arrive fifteen or twenty minutes late.

DIALOGUE◆Chez les Dupont

Approach: (1) Go over the introductory questions with the students, and remind them that the first time through they should listen primarily for this information. (2) Play the dialogue on the student's audio cassette (or role-play it yourself). (3) Ask students to answer the guide questions. (4) Play the dialogue again. (5) Have students repeat and practice with you and with each other, taking different roles. Encourage them to personalize the dialogue by changing words or expressions. (6) Remind them that they will have to review the material several times to complete the other comprehension activities.

f. flowers

shake
acquaintance
please / m. coat

you shouldn't have
living room
brother / sister

sit down
licorice-flavored aperitif

are scaring / putting
kitchen

Pierre est invité à dîner chez son amie Thérèse Dupont. Il arrive à l'heure avec un bouquet de fleurs.°

A. À qui est-ce qu'il donne les fleurs?

B. Quels membres de sa famille est-ce qu'il rencontre?

THÉRÈSE: Salut, Pierre, je suis heureuse de te voir. Tu as l'air chic ce soir.

PIERRE: *(Il lui fait la bise.)* Merci, Thérèse. Toi aussi, tu as l'air chic.

THÉRÈSE: Voilà, papa et maman, je vous présente Pierre. Pierre, ce sont mes parents. *(Ils se serrent° la main.)*

PIERRE: Enchanté de faire votre connaissance.°

MME DUPONT: Entrez, je vous en prie.° Donnez-moi votre manteau.°

PIERRE: *(Il lui donne les fleurs.)* C'est pour vous, Madame.

MME DUPONT: Oh! Il ne fallait pas.° C'est gentil! Elles sont très belles. Je vais les mettre dans l'eau. *(Les autres vont au salon.°)*

THÉRÈSE: Pierre, c'est mon frère,° Jean-Philippe, et voici ma sœur,° Marianne.

PIERRE: Je suis heureux de vous connaître.

M. DUPONT: Asseyez-vous,° je vous en prie. Qu'est-ce que je vous offre? Un Ricard?°

PIERRE: Merci, avec plaisir.

M. DUPONT: Alors, vous êtes un camarade de classe de ma fille?

PIERRE: Oui, Monsieur, je connais votre fille depuis deux ans. Nous suivons les mêmes cours à l'université.

THÉRÈSE: Oh, Papa, tu ne vas pas faire un interrogatoire! Regarde, tu effraies° Pierre et tu ne le mets° pas à l'aise. Parlons d'autre chose. *(À sa mère, dans la cuisine.°)* Maman, qu'est-ce que tu nous as préparé pour le dîner?

COMPRÉHENSION

ACTIVITÉ 3

C'est bien ça?   Indiquez si les conclusions suivantes sont vraies ou fausses.

1. Pierre est un ancien ami de la famille de Thérèse.
2. Thérèse et Pierre travaillent pour la même société.
3. Pierre et Thérèse suivent les mêmes cours.
4. Pierre et Thérèse se connaissent depuis un an.

ACTIVITÉ 4

La Première Rencontre.   Pierre rencontre les parents de Thérèse pour la première fois. Qu'est-ce qu'il fait?

1. Il arrive . . .   (a) en avance   (b) à l'heure   (c) un peu en retard.
2. Il fait la bise à . . .   (a) Thérèse   (b) sa mère   (c) son père.
3. Il serre la main de . . .   (a) Thérèse   (b) sa mère   (c) son père.
4. Il apporte . . . ,   (a) des fleurs pour Thérèse   (b) du vin pour son père   (c) des fleurs pour la mère de Thérèse.
5. Il appelle les parents de Thérèse . . .   (a) Jean et Marthe   (b) Monsieur et Madame   (c) Maman et Papa.

≡ C'EST À DIRE♦ Présenter quelqu'un et offrir un cadeau

Your instructor will model the following mini-dialogues. You should follow these steps.

A. Play the roles of the host and guest with a partner.
B. Use the names of family members to vary your introductions.

PRÉSENTER QUELQU'UN

SCÈNE 1

— Tu connais[1] ma mère, n'est-ce pas?
— Je n'ai pas eu le plaisir de faire sa connaissance.
— Alors, je te présente. Maman, c'est Henri Duteuil. Henri, je te présente ma mère.

---

1. The complete conjugation of the irregular verb **connaître** *(to know)* is given in the section **Vocabulaire et expressions** at the end of **Tranche 3.**

(3) Have students find the ways to introduce someone; to respond to an invitation; to offer and accept a gift. List their answers in columns on the board. Then direct students to work in pairs, creating original mini-dialogues.

pleasure

— Je suis heureux de vous connaître, Madame.
— Ça me fait plaisir° de vous rencontrer. Ma fille m'a beaucoup parlé de vous.

SCÈNE 2

— Marie-Claire, viens ici. Je veux te présenter mon associé Georges.
— J'arrive.

wife

— Georges, c'est ma femme,° Marie-Claire. Georges Tantin, mon associé.
— Bonjour Georges. Je suis très contente de faire enfin votre connaissance.

son / daughter

— Georges, voici mes enfants. Mon fils,° Patrick, et ma fille,° Viviane.
— Bonjour, Monsieur.
— Bonjour, les enfants.

SCÈNE 3

aunt

— Claire, viens que je te présente à la famille. Tante° Hermione et Oncle Ambroise, je vous présente Claire, ma fiancée. Françoise, Hervé, je vous présente Claire; Claire, voici ma cousine Françoise et mon cousin Hervé.
— Enchantée de vous voir, Claire.
— Enchantée.
— Claire, il y a encore deux personnes que tu ne connais pas. Voici mes grands-parents; Mémé et Pépé, c'est Claire, ma fiancée.
— Ah, c'est la nouvelle fiancée! Viens que je t'embrasse, ma fille.

OFFRIR UN CADEAU

SCÈNE 4

gift
nice

— Voici un cadeau° pour vous.
— Merci beaucoup. Vous êtes très gentil(le).°

SCÈNE 5

— C'est pour vous.
— Des fleurs! Elles sont très belles!

SCÈNE 6

— Je vous ai apporté quelque chose.
— Du vin? Mais il ne fallait pas.

SCÈNE 7

— Ce sont des bonbons pour les enfants.
— C'est très gentil.

ACTIVITÉ 5

Suggestion, Act. 5: You may want to draw a family tree on the board and introduce members of your own family.

Voici ma famille.   Présentez dix membres de votre famille à un(e) camarade.

MODÈLE: ma mère
        Ma mère s'appelle Virginia.

ma mère   mon père   ma tante   mon oncle   ma femme
mon mari   ma cousine   mon cousin   ma fiancée
mon fiancé   ma sœur   mon frère   mon grand-père
ma grand-mère

ACTIVITÉ 6

Variation, Act. 6: Have students role-play situations in which they introduce a friend, roommate, co-worker, etc. to their parents.

glad

Je vous présente . . .   Présentez un(e) ami(e) vrai(e) ou imaginaire ou un membre de votre famille à un(e) camarade. Employez les expressions qui suivent et faites dix présentations.

MODÈLE: — *Je suis content(e) de te présenter ma copine Giselle Dupont.*
        — *Je suis ravie° de te connaître.*

VOUS

Voici . . .

C'est . . .

Je vous (te) présente . . .

Permettez-moi de vous présenter . . .

Je suis content(e) de vous (te) présenter . . .

Je suis   ravi(e)   de vous (te) connaître
            heureux(se)   de faire votre (ta) connaissance
            content(e)   de vous (te) voir
            enchanté(e)   de vous (te) rencontrer

ACTIVITÉ **7**   **Voici un cadeau.**   Complétez les conversations suivantes avec une expression appropriée. Ensuite, jouez les rôles avec un(e) camarade.

MODÈLE: — Voici un cadeau!
        — *Mais il ne fallait pas!*

1. — C'est pour vous!
   — _____

2. — Je vous ai apporté des fleurs.
   — _____

3. — _____
   — Mais c'est très gentil!

4. — Du vin pour vous.
   — _____

5. — _____
   — Merci beaucoup!

6. — _____
   — Des fleurs? Elles sont très belles!

7. — Ce sont des bonbons!
   — _____

8. — _____
   — Mais il ne fallait pas!

REGARDONS DE PLUS PRÈS ◆ Les Pronoms et l'impératif

Approach, **Regardons de plus près:** (1) Preview the material focusing on the introductory guidelines. (2) Model the mini-dialogue several times. (3) Encourage students to look for patterns and direct them to answer the guide questions with a partner. (4) Elicit their observations. (5) Present the grammatical explanations as a means of confirming and extending students' hypotheses.

Think about these questions as you study the conversation below.

A. How does the mother convey the rules of etiquette?

B. Where are pronouns placed in affirmative and negative commands?

— Alors, qu'est-ce que je fais?
— **Vas-y,**° **donne-lui** les fleurs!
— Tout de suite?°
— Mais oui, **donne-les-lui** tout de suite.
— Et maintenant?
— **Assieds-toi.**°
— Où est-ce que je mets le parapluie?°
— Surtout **ne le mets pas** sur le sofa!

go ahead
right away

sit down
umbrella

- Pronouns are placed after the verb in an affirmative command. The order of the pronouns is as follows:

verb	+	le	+	moi
		la		nous
		les		lui
				leur

The pronouns **y** and **en** are usually used alone.

Je prends **des bonbons?**	*Can I take some candy?*
Non, **n'en** prends pas.	*No, don't take any.*
Oui, prends-**en.**	*Yes, take some.*
Eh bien, **vas-y, donne-les-lui!**	*OK, go ahead, give them to her!*

Note that a hyphen is used between the verb and the pronoun and that **me** becomes **moi**.

Explique-moi pourquoi tu as fait cela.	*Explain to me why you did that.*

- In the negative, the order becomes:

ne	+	le	+	lui	+	*verb*	+	pas
		la		leur				
		les						

or

ne	+	me	+	le	+	*verb*	+	pas
		te		la				
		nous		les				
		vous						

Note that only two pronouns can be used at any given time.

Ne lui donne pas les bonbons!	*Don't give him the candy!*
Ne les lui donne pas, je te dis!	*Don't give it to him, I tell you!*
Non, **ne t'assieds pas** là! Tu vas casser la chaise.	*No, don't sit there! You're going to break the chair.*

ACTIVITÉ **8** **Les Règles de l'étiquette.** Confirm or reject the following ideas according to conventional rules of etiquette. Change the verb into the imperative and replace the words in italics with the appropriate pronoun.

MODÈLES: — Je donne les fleurs *à sa mère?*
         — *Oui, donne-lui les fleurs.*

         — Je donne *les fleurs* à son père?
         — *Non, ne les donne pas à son père.*

1. Je parle *à son père* de son travail?
2. Je dis bonjour *à sa mère?*
3. Je fais la bise *à Thérèse?*
4. Je fais *la bise* à sa mère?
5. J'arrive *chez elle* à l'heure?
6. Je parle *à son père* de mes opinions pacifistes?
7. J'offre *le cadeau* à son père?
8. Je prends *du pâté?*
9. Je prends *beaucoup de dessert?*
10. Je dis merci *à ses parents?*
11. J'envoie *une lettre de remerciements* à Thérèse?

ACTIVITÉ 9 Qu'est-ce que je dois faire? You are coaching a partner in the rules of etiquette in preparation for an important social gathering. Replace the words in italics with the appropriate pronouns.

MODÈLES: — Je donne *les fleurs à sa mère?*
         — *Oui, donne-les-lui!*

         — Je donne *les fleurs à son père?*
         — *Non, ne les lui donne pas!*

OUI

1. Je donne *le vin à sa mère?*
2. Je donne *les chocolats à ses petits frères?*
3. J'offre *le cadeau à sa mère?*
4. J'apporte *du vin à ses parents?*
5. J'envoie *la lettre de remerciements à ses parents?*
6. J'envoie *la lettre de remerciements à Thérèse?*

NON

1. Je fais *la bise à son père?*
2. Je donne *les fleurs à ses petits frères?*
3. Je donne *les fleurs à son père?*
4. J'offre *la bouteille de vin à sa grand-mère?*
5. Je donne *les chocolats à ses cousines?*

ACTIVITÉ 10 Quoi dire?

With a partner, act out the following scenes. Don't forget to use *tu* in the informal situation and *vous* in the formal situation.

Suggestion, Act. 10: Have students draw slips of paper assigning roles to play. Divide the class into two or three families, and have students pretend to be in a family gathering. Have students mingle with the other members of the family conversing in French.

NOTES CULTURELLES

Le Cadeau

rules

Suggestions, Notes culturelles: Ask students: What would you take with you if you had been invited for dinner in the US? Would it be appropriate to offer the same thing in France?

teach / youth

blunder

m. carnations

death

neither / nor

candy dish / ashtray

Suggestion: You may want to direct students to prepare the **Au travail** section in the following **Tranche** as homework for the next class session.

Les Francais s'intéressent beaucoup à certaines règles° de politesse et d'étiquette. On enseigne° ces règles pendant la jeunesse° de l'enfant; elles font partie de ce qu'on appelle «le savoir-vivre».

Une des règles les plus importantes est de savoir quand il faut apporter un cadeau. Règle générale de l'étiquette: quand on est invité pour le dîner ou pour le déjeuner, il faut apporter quelque chose. On apporte généralement **des fleurs**; elles sont correctes dans toutes les occasions. Attention, vous pouvez faire un faux pas° si vous apportez des roses ou des œillets° rouges (qui peuvent signifier la passion, l'amour), ou bien si vous apportez des chrysanthèmes (qui signifient toujours la mort°).

Vous pouvez apporter du vin si on vous invite à dîner. Attention! Le vin est moins formel que les fleurs. Apportez du vin si vous connaissez la famille assez bien. Surtout n'apportez ni° vin de table ni° vin ordinaire.

Vous pouvez aussi apporter **des bonbons** ou **des chocolats** s'il y a des enfants. D'autres cadeaux acceptables: un petit vase en cristal, une petite bonbonnière° en porcelaine, ou un joli cendrier.°

S'excuser

AU TRAVAIL

ACTIVITÉ 1

Cultural note, Act. 1:
Remind students of the
different courses of a
French meal: **l'apéritif, le
hors-d'œuvre, l'entrée, le
plat principal, la salade,
le déssert.**

*white wine with black currant
liqueur*

Note: This activity
reviews offering and
ordering food and
beverages from Chapter
7. You may want to take
this opportunity to review
the use of the partitive
and definite articles with
food.

Follow-up: Have some
groups act out their
dialogues for the class.

this looks / hungry

Offrir à boire et à manger.   Act out the following stages of a meal.
Use the vocabulary provided to vary your responses.

AVANT LE REPAS

— Vous voulez prendre quelque chose?
— Merci, oui. Je voudrais bien un Ricard.

un jus de fruits   un kir°   un verre de vin blanc

AU REPAS

— Je vous sers du poulet? des pommes de terre?
— Merci beaucoup.
— Et encore un peu de poulet?
— Avec plaisir. Je prendrais bien du poulet. C'est délicieux.
— Servez-vous, je vous en prie.
— Merci. C'est excellent.

du poulet	du biftek	du jambon	du poisson
des carottes	des pommes de terre	des haricots	des petits pois

APRÈS LE REPAS

— Vous voulez du dessert?
— Ça a l'air° délicieux mais je n'ai plus faim.°
— Au moins prenez un fruit.
— Bon, je prendrais une petite poire.
— Et une tartelette?
— Non, merci, vraiment.

des petits fours	de la tarte	du gâteau	une tartelette
du fromage	une pêche	des cerises	une poire

À L'ÉCOUTE ◆ Les Excuses

Écoutez l'enregistrement et regardez les dessins. Ensuite faites les activités de compréhension. Pierre a dîné chez son amie Thérèse hier soir. Écoutez ce que Pierre lui dit maintenant. Ensuite, choisissez la phrase qui représente le mieux le sujet de la conversation.

A. La soirée chez Thérèse était un grand succès.

B. Les parents de Thérèse pensent que Pierre est timide et conservateur.

C. Pierre a fait une mauvaise impression.

COMPRÉHENSION_____

ACTIVITÉ 2

Qu'est-ce qui s'est passé?   Qu'est-ce qui s'est passé chez Thérèse? Une, deux ou les trois réponses peuvent être correctes.

1. Pierre a offensé le père de Thérèse quand il

 love   **a.** a parlé de son amour° pour Thérèse.

      b. a discuté ses idées politiques.

 jokes   **c.** a raconté des blagues° offensantes.

2. Pierre a offensé la mère de Thérèse quand il

      a. a cassé un verre précieux.

      b. a cassé une chaise ancienne.

 to spot / tablecloth **c.** a taché° la nappe.°

3. Il faut pardonner Pierre parce qu'

      a. il n'a pas fait exprès.

      b. il va écrire[2] une lettre à la mère de Thérèse.

 sorry   **c.** il est désolé.°

_____

2. The complete conjugation of the irregular verb **écrire** *(to write)* is given in the section **Vocabulaire et expressions** at the end of **Tranche 3.**

C'EST À DIRE ◆ S'excuser

Approach, C'est à dire:
(1) Preview the material, raising the following questions: In English, how do you apologize? How do you respond to an apology? Go over the introductory guidelines.
(2) Role-play the mini-dialogues and have *nothing* students repeat and practice the material with you, with a partner and finally incorporating *never* personal variations.
(3) Have students find different ways to apologize, and how to express apologies depending on the *don't worry* context. List their answers in columns on the board. Then direct students to work in pairs, creating *no one* original mini-dialogues.

Your instructor will model ways to excuse oneself. You should listen carefully and then play both roles with a partner.

SCÈNE 1   *You bump into someone in the street.*

— Oh, pardon!
— Excusez-moi.
— Ce n'est rien.°

SCÈNE 2   *You forget an important date.*

— Je suis vraiment désolé(e). Cela ne m'est jamais° arrivé.
— Ce n'est pas grave.

SCÈNE 3   *You break something inadvertently.*

— Excusez-moi. Je ne l'ai pas fait exprès.
— Ne vous en faites pas.° Ce n'est pas de votre faute.

SCÈNE 4   *You say something inappropriate.*

— Je m'excuse, je ne voulais offenser personne.°
— Il n'y a pas de mal.

ACTIVITÉ 3

Approach, Act. 3: Remind students to use gestures and the appropriate intonation.

Je m'excuse.   Répétez les scènes suivantes avec un(e) camarade. Donnez au moins trois excuses pour chaque situation.

1. J'ai cassé un verre! Excusez-moi!
2. J'ai complètement oublié!
3. Oh pardon!
4. Excuse(z)-moi! J'ai taché la nappe.
5. Je m'excuse, mais . . .
6. J'ai parlé de mes idées libérales et je voudrais m'excuser.
7. *late* Je sais que je suis arrivé(e) très en retard° et je suis vraiment désolé(e).
8. *spill* Pardon, je n'ai pas fait exprès de renverser° la soupe.

a. Ne vous (t') en faites (fais) pas!
b. Ce n'est pas grave!
c. Ce n'est rien.
d. Ce n'est pas de votre (ta) faute.
e. Il n'y a pas de mal.

REGARDONS DE PLUS PRÈS ◆ La Négation

Approach, **Regardons de plus près:** (1) Review what students know about negation, and preview the material focusing on the introductory guidelines. (2) Role-play the mini-dialogues several times. (3) Encourage students to look for patterns and direct them to answer the guide questions with a partner. (4) Elicit their observations. (5) Present the grammatical explanations as a means of confirming and extending students' hypotheses.

Think about these questions as you study the conversation below.

A. What happened?

B. How does the guest explain himself?

C. How are the negative expressions used?

— Pourquoi est-ce que tu as insulté mon père hier soir?

— Mais, je **n'**ai **jamais**° voulu l'insulter.   *never*

— Tu as dit que tous les banquiers étaient malhonnêtes.

— Je te dis que je **ne** voulais insulter **personne.**° Je ne savais pas qu'il était banquier.   *no one*

— Il était furieux.

— Je regrette, je **ne** vais **plus**° le faire.   *no more*

— C'est un peu tard à présent.

— Voyons, ça **ne** fait **rien.**° Tu as vu qu'il s'est calmé!   *nothing*

■ The following expressions can be used to negate sentences.

ne . . . plus	*no more*	Je **ne** vais **plus** le faire. *I'm not going to do it any more.*
ne . . . jamais	*never*	Tu **n'**apportes **jamais** de cadeau. *You never bring a gift.*
ne . . . rien	*nothing*	Il **n'**a **rien** dit. *He said nothing.*
ne . . . personne	*no one*	Nous **n'**avons parlé à **personne.** *We spoke to no one.*

■ Note that, in all cases, **ne** comes before the verb. The second part of the negative expression comes:

a. after the verb if it is in a simple tense.

Je **n'arrive plus** sans cadeau.	*I no longer arrive without a gift.*
Elle **n'arrive jamais** en retard.	*She never arrives late.*
Il **n'apporte rien** pour Élise.	*He doesn't bring anything for Élise.*
Elle **n'invite personne** à dîner chez elle.	*She invites no one for dinner.*

b. after the auxiliary verb in a compound tense, except **personne,** which comes after the past participle.

Je **ne suis plus retourné** chez elle.	*I didn't go back to her house anymore.*
Il **n'a jamais insulté** votre mère.	*He has never insulted your mother.*
Je **n'ai rien apporté** pour Marianne.	*I brought nothing for Marianne.*
Elle **n'a invité personne** à dîner chez elle.	*She invited no one for dinner.*

c. before the infinitive, if one is used, except **personne,** which comes after the infinitive.

Je **ne vais jamais voyager** là-bas.	*I am never going to travel there.*
Elle **ne peut plus aller** avec nous.	*She can no longer go with us.*
Je **ne veux rien faire** aujourd'hui.	*I don't want to do anything today.*
Nous **ne voulons insulter personne.**	*We don't want to insult anyone.*

ACTIVITÉ **4** **Vous vous rappelez de cette soirée désastreuse?**   Several years later, Thérèse and Pierre can laugh about the events of the disastrous evening. With a partner, play the roles of Thérèse and Pierre. Use the negative construction *ne . . . plus.*

MODÈLE: Tu as discuté la politique.
>   THÉRÈSE: *Tu te souviens° de cette soirée? Tu as discuté la politique.*
>   PIERRE: *Maintenant, je ne discute plus la politique.*

remember

1. Tu as apporté des chrysanthèmes.
2. Tu as renversé ton verre de vin.
3. Tu as oublié d'écrire une lettre de remerciements.
4. Tu as dit une blague offensante.
5. Tu as insulté mon oncle.
6. Tu as mis les pieds sur le sofa.

Answers, Act. 4:
1. Maintenant, je n'apporte plus de chrysanthèmes.
2. Maintenant, je ne renverse plus mon verre de vin. 3. Maintenant, je n'oublie plus d'ecrire des lettres de remerciement.
4. Maintenant je ne dis plus de blagues offensantes. 5. Maintenant je n'insulte plus ton oncle. 6. Maintenant, je ne mets plus les pieds sur le sofa.

ACTIVITÉ 5

Non, ce n'est pas vrai. Someone has unjustly accused you of committing several faux pas. Talk your way out of trouble using the expressions *ne . . . jamais* and *ne . . . personne.*

full

MODÈLE: Vous avez parlé la bouche pleine.°
    Ce n'est pas vrai. Je n'ai jamais parlé la bouche pleine.

1. Vous avez renversé une assiette de hors-d'œuvre.
2. Vous avez cassé la nouvelle chaise avant-garde.
3. Vous êtes arrivé très en retard.
4. Vous avez oublié d'apporter un cadeau pour mes petits frères.
5. Vous avez insisté sur vos idées féministes.
6. Vous avez mangé trop de dessert.
7. Vous avez oublié d'écrire une lettre de remerciements.

at least

MODÈLE: Vous avez insulté mon frère.
    Je n'ai insulté personne. Du moins,° je ne l'ai pas fait exprès.

1. Vous avez insulté ma mère.
2. Vous avez ignoré ma grand-mère.
3. Vous avez intimidé mon petit frère.
4. Vous avez offensé mon oncle.
5. Vous avez insulté les banquiers.
6. Vous avez offensé les militaires.
7. Vous avez insulté ma femme.

ACTIVITÉ 6

Maintenant qu'est-ce que vous avez cassé? Vous êtes un peu maladroit. Dites que vous n'êtes pas responsable des nouvelles catastrophes. Employez l'expression *ne . . . rien.*

MODÈLE: Tu as cassé le vase.
    Moi, je n'ai rien cassé!

tore

1. Tu as cassé la chaise.
2. Tu as déchiré° l'album de photos.
3. Tu as taché la nappe.
4. Tu as cassé le verre ancien.

spoiled

5. Tu as gâché° la conversation.
6. Tu as renversé le plat de dessert.

soiled / suit

7. Tu as sali° le costume° de mon père.
8. Tu as taché le tableau.

What happened? The following scenes highlight the events of an evening spent at the home of a friend. Call your friend to apologize for your impolite behavior.

L'Étiquette

AU TRAVAIL

ACTIVITÉ 1

Approach, Act. 1: Have students repeat and practice the mini-dialogues first as written, then integrating personal variations.

Le Faux pas. Vous avez fait un faux pas et vous demandez des conseils à un(e) camarade. Répétez les mini-dialogues suivants. Ensuite jouez les rôles avec une nouvelle situation.

— On m'a invité à dîner et j'ai oublié d'apporter des fleurs. Qu'est-ce que je dois faire?
— Je te conseille d'acheter un bouquet de fleurs et de les envoyer tout de suite à l'hôtesse.
— Tu as raison! C'est une bonne idée.

plate
cup
ought to

— Catherine m'a invité à dîner et j'ai cassé un verre, une assiette° et une tasse.° Je te jure que je n'ai pas fait exprès.
— Tu devrais° écrire une lettre et demander pardon à sa mère.
— C'est exact. Je vais faire ça immédiatement.

— J'ai insisté sur mes idées politiques et j'ai insulté son père.
— Alors, il faut s'excuser tout de suite. Demande pardon à ton amie et à son père. Téléphone-lui tout de suite.
— Je dois téléphoner? C'est une bonne idée, mais . . .
— D'accord . . . écris-lui une petite lettre.

embarrassing
ought to

— J'ai mal compris et j'ai amené un ami chez Élizabeth. Il n'y avait pas assez de place à table et c'était très gênant° pour tout le monde.
— Tu ferais mieux de° téléphoner à l'hôtesse et de t'excuser. Et surtout, fais attention la prochaine fois. Il ne faut pas répéter cette faute!
— C'est juste.

LECTURE•Chère Marianne

Pre-reading, Lecture:
(1) Preview the material focusing on the title and on the form: Is it an article? Is it a report? Is it a letter? etc. (2) Read the introductory material. (3) Remind students to read primarily for this information the first time through. Stress that students will need to read the text several times and should focus on different types of information and details each time.

Reading: The reading and comprehension activities may be done out of class.

Post-reading: Have students answer the questions provided above and discuss their answers in small groups.

made

studies

funeral

recalled / loss

spoiled

to resolve

Marianne donne des conseils à propos de l'étiquette et des règles de politesse. Dans cette lettre à Marianne, une étudiante américaine cherche une explication.

A. Décrivez le faux pas.

B. Comment est-ce que Marianne explique la situation?

C. Qu'est-ce qu'elle propose?

Chère Marianne,

Je suis une étudiante américaine. Je participe à un programme d'études° à l'étranger. Hier soir j'étais invitée à dîner chez les parents de Marthe, qui est ma meilleure amie française. Elle m'a dit qu'il faut apporter des fleurs dans ces circonstances. Je suis arrivée à la maison à l'heure avec un gros bouquet de fleurs. J'ai choisi les fleurs que j'aime le plus, des chrysanthèmes.

La soirée a été désastreuse. La mère de Marthe ne m'a pas bien reçue. Elle avait l'air choquée. Son mari, qui a essayé de la calmer toute la soirée, n'a pas réussi. Il y avait un grand malaise qui a gâché° toute la soirée.

Est-ce que je suis venue trop tôt? Est-ce qu'il fallait dire quelque chose de spécial? Est-ce qu'il reste des sentiments anti-américains en France? Aidez-moi à résoudre° ce problème.

Malheureuse à Nice

Chère Malheureuse,

Vous avez commis° un faux pas assez important: vous avez apporté des fleurs qui sont réservées aux occasions funèbres.° Les chrysanthèmes se donnent exclusivement aux funérailles. Ce faux pas explique facilement la réception que vous avez eue. Avec votre geste, vous avez certainement rappelé° la perte° d'un membre de la famille.

La soirée est perdue, mais il faut quand même envoyer un mot de remerciements. Je sais qu'aujourd'hui un coup de téléphone devient de plus en plus acceptable. Néanmoins, dans cette situation difficile, je vous conseille d'écrire un gentil petit mot.°

Marianne

COMPRÉHENSION

Answers: Act. 2: 1. c 2. a

ACTIVITÉ **2** Selon Marianne...

1. Quelle réponse explique le mieux le faux pas?
   a. Les Français préfèrent les bonbons.
   b. Quelques Français sont allergiques aux fleurs.
   c. Pour les Français, les chrysanthèmes ont une importance spéciale.

2. Quelle réponse explique le mieux les conseils de Marianne?
   a. Il vaut mieux apporter un bouquet simple sans chrysanthèmes.
   b. On doit téléphoner pour faire ses excuses.
   c. Elle nous conseille de ne rien apporter à une fête.

C'EST À DIRE ◆ Écrire une lettre à un(e) bon(ne) ami(e)

Approach, C'est à dire:
(1) Preview the material using the introductory guidelines. (2) Go over the notes and have students repeat and practice the material with you, with a partner and finally incorporating personal variations.
(3) Have students find

would like to
expressions they would need to use when writing a letter to a friend. List their answers in columns

everything she

on the board. Then direct students to work in pairs, creating original letters.

Read over the following short notes. Determine why each one was written. Notice the dates, openings, and closings.

LETTRE 1

Lyon, le 2 avril 1990

Ma chère Renée,

Je tiens à te remercier pour la gentille soirée que nous avons passée ensemble. Dis à ta mère que j'ai beaucoup aimé tout ce qu'elle a servi et j'ai trouvé la tarte qu'elle a préparée absolument délicieuse.

Amitiés,
Annie-Claude

Marseille, le 10 février 1989

Très chère Jeanine,

Je suis désolé à propos° d'hier soir. La soirée a été gâchée à cause de mon faux pas. Tu sais bien que je n'ai pas voulu insulter ton père. Il avait l'air bien fâché°; je ne l'ai pas fait exprès. Je ne voulais offenser personne.

Je te prie de m'excuser.

Je t'embrasse,

Jean-Marc

LETTRE 2

about

angry

LETTRE 3

trouble

Paris, le 30 juin 1992

Mon très cher Dominique,

Merci beaucoup pour le bouquet que tu m'as apporté. Tu sais que j'adore les fleurs. Je me sens beaucoup mieux maintenant. La maladie qui me causait tant d'ennuis° est presque terminée. Je crois que je vais quitter l'hôpital pour rentrer chez moi demain.

Grosses bises,

Christine

ACTIVITÉ 3 Écrivez une lettre.

Écrivez une lettre de remerciements pour un beau cadeau, une lettre de regrets pour un faux pas ou une lettre de remerciements pour un dîner en famille. Choisissez parmi° les expressions suivantes.

from among

1. Où **(a)** À Paris **(b)** À Grenoble **(c)** À Nice

2. La date **(a)** le 21 avril **(b)** le 7 décembre **(c)** le 16 juillet

3. La salutation **(a)** Chère Louise, **(b)** Mon très cher André, **(c)** Très chère Émilie,

4. Le texte

   (a) Je veux bien te remercier pour la soirée d'hier. C'était très amusant!

   (b) Je suis désolé(e) à propos d'hier soir. Je n'ai pas fait exprès de casser ce verre à vin.

   (c) Merci beaucoup pour le joli petit cadeau. J'adore les surprises!

5. La salutation finale **(a)** Amitiés, Sophie **(b)** Je t'embrasse, Richard **(c)** Grosses bises, Chantal

ACTIVITÉ 4 Et vous?

Employez le format de *l'Activité 3* et écrivez votre propre° lettre. Variez la ville, la date et les salutations. Ajoutez° quelques mots au texte suggéré dans *l'Activité 3*.

your own / add

REGARDONS DE PLUS PRÈS♦ Les Pronoms relatifs *qui* et *que*

Approach, Regardons de plus près: (1) Preview the material focusing on the introductory guidelines. (2) Model the mini-dialogue several times. (3) Encourage students to look for patterns and direct them to answer the guide questions with a partner. (4) Elicit their

observations. (5) Present the grammatical explanations as a means of confirming and extending students' hypotheses.

except

by any chance

Think about these questions as you study the following mini-dialogue.

A. The conversation points out a difference between French and American cultures. What significance do the flowers have in each culture?

B. In what circumstances are **qui** and **que** used?

— J'ai une amie **qui** m'a apporté des chrysanthèmes comme cadeau; elle ne savait pas **qu'**on ne fait pas ça, sauf° aux funérailles.

— L'amie **qui** a fait ce faux pas, elle n'est pas américaine, par hasard?°

— Oui, pourquoi?

— Tu sais bien **que** les chrysanthèmes sont des fleurs gaies pour les Américains. Et tu dois savoir **qu'**on les donne souvent en automne.

The relative pronouns **qui** and **que** are used to join two clauses together to form a compound sentence.

- **Qui** replaces the subject of the second sentence. Note that **qui** is the subject of the relative clause.

L'amie est américaine.	*The friend is American.*
L'amie a fait ce faux pas.	*The friend made the faux pas.*
L'amie **qui a fait ce faux pas** est américaine.	*The friend who made the faux pas is American.*

- **Que** replaces the direct object of the relative clause.

Je n'aime pas **les chrysanthèmes.**	*I don't like chrysanthemums.*
Elle m'apporte **des chrysanthèmes.**	*She brings me chrysanthemums.*
Je n'aime pas les chrysanthèmes **qu'elle m'apporte.**	*I don't like the chrysanthemums that she brings me.*

Note that **les chrysanthèmes** is the object of the sentence and is further described by the relative clause.

- In the passé composé, there is agreement between the past participle and the preceding direct object when the verb is conjugated with **avoir.**

J'adore **les bonbons qu'**elle m'a apporté**s**.	*I love the candy that she brought me.*
Elles étaient bonnes, **les tartelettes que** tu as préparé**es**.	*They were good, the tartlets (that) you prepared.*

ACTIVITÉ 5

Voilà ce qu'elle a fait. Recount to a friend the latest gossip about your acquaintances' social faux pas. Be sure to react appropriately.

Oh là là! Vraiment?

Non! Ce n'est pas vrai! Quelle horreur!

MODÈLE: J'ai une amie. Elle a oublié de dire merci après le repas.
— *J'ai une amie qui a oublié de dire merci après le repas.*
— *Oh là là!*

1. C'est mon associé Georges. Il comprend très mal l'étiquette.
2. Voilà Jean Martins. Il dit toujours des blagues offensantes.
3. C'est la voisine du patron. Elle a insulté l'hôtesse.
4. Pierre Mazin est l'ami d'Hervé. Il est arrivé sans cadeau.
5. C'est Jean-Pierre Granot. Il a apporté une bouteille de vin déjà ouverte!
6. C'est Élise Fouquet. Elle est arrivée à la soirée avec une heure de retard!
7. Et voici Lise Marcœur. Elle a renversé le plateau à gâteaux.
8. Voilà Claire Finaud. Elle a trop mangé et s'est sentie mal.

ACTIVITÉ 6

Commencez la lettre. Prepare opening sentences for thank you notes to several of your friends.

MODÈLE: J'aime bien les fleurs. Tu m'as donné des fleurs.
J'aime bien les fleurs que tu m'as données.

1. J'adore les bonbons. Tu m'as apporté des bonbons.
2. J'ai beaucoup aimé la tarte. Ta mère a préparé la tarte.
3. J'ai toujours les roses. Tu m'as envoyé les roses quand j'étais malade.
4. J'aime beaucoup le petit livre. Tu m'as acheté ce petit livre.
5. Les enfants adorent les bandes dessinées. Tu as choisi ces bandes dessinées.
6. J'adore le cadeau. Tu m'as donné ce cadeau.
7. J'écoute souvent la cassette. Tu m'as prêté° cette cassette.
8. J'adore le parfum. Tu m'as acheté ce parfum.

loaned

ACTIVITÉ 7

Encore des faux pas. Point out the mistakes that each person has made. Use *qui* or *que* in your answer.

MODÈLE: Voici la femme. Elle a insulté mon frère.
Voici la femme qui a insulté mon frère.

1. C'est le vase. J'ai cassé le vase.
2. C'est le livre. Elle a taché le livre.
3. Voici le jeune homme. Il a dit des blagues offensantes.
4. C'est Jean et Mathilde. Ils n'ont pas apporté de cadeau.
5. C'est Henri. Il a insulté les banquiers.
6. Voici la chaise. Ils ont cassé la chaise.
7. C'est ma voisine. Elle a tutoyé le juge.

À VOUS! •Observez-vous toujours les règles de l'étiquette?

Use either *qui* or *que* to complete each of the following sentences about the extent to which the formal rules of etiquette are still observed. Discuss the rules with a partner.

MODÈLE: Tu as un(e) ami(e) . . .

_____apporte toujours un cadeau chez des amis?
— *Tu as un ami qui apporte toujours un cadeau chez des amis?*
— *Oui, mon ami Jean apporte toujours des fleurs.*

Tu as un(e) ami(e) . . .

1. _____ écrit souvent une lettre de remerciements?
2. _____ tu aimerais présenter à tes parents?
3. _____ tu trouves très poli(e)?
4. _____ se trouve souvent dans des situations gênantes?
5. _____ n'insulte jamais personne?
6. _____ tu voudrais inviter à sortir ce week-end?
7. _____ sait très bien mettre tout le monde à l'aise?
8. _____ tu trouves très bien élevé(e)?
9. _____ renverse souvent quelque chose à table?
10. _____ raconte souvent des blagues offensantes?

LA LANGUE ÉCRITE

Des Lettres.   Write one of the following letters.

1. A thank you note or a note of apology. Be sure to get advice on your first draft from people whose knowledge of etiquette you respect.
2. A pair of short letters about advice on etiquette. Include both a letter to Marianne describing the problem and a response from Marianne suggesting an appropriate course of action.

■ INTRODUCING SOMEONE

Tu connais (vous connaissez) ma mère (mon père, ma fiancée, mon fiancé, ma femme, mon mari, ma sœur, mon frère), n'est-ce pas?

C'est (Voici, Je vous présente, Je te présente, Permettez-moi de vous présenter, Ça me fait plaisir de vous présenter) ma tante (mon oncle, ma cousine, mon cousin, ma grand-mère, mon grand-père).

■ RESPONDING TO AN INTRODUCTION

Je regrette mais je ne la (le, les) connais pas. Je n'ai pas eu le plaisir de faire votre connaissance.

Je suis ravi/e (content/e, heureux/euse, enchanté/e) de faire votre connaissance (de vous connaître, de vous voir, de vous rencontrer).

■ OFFERING AND ACCEPTING A GIFT

Voilà (Voici, J'ai apporté) un cadeau (des fleurs, des bonbons, du vin) pour vous. C'est pour vous. Donnez-le-lui. Ne le lui donnez pas maintenant.

Vous êtes (Tu es) très gentil/le. Merci beaucoup. Oh, mais il ne fallait pas.

■ OFFERING FOOD AND DRINK/REFUSING AN OFFER OF FOOD OR DRINK

Vous voulez boire (prendre) quelque chose? Qu'est-ce que vous voulez boire? Qu'est-ce que vous prenez? Qu'est-ce que je vous offre (sers)?

Servez-vous, je vous en prie. Tenez, je vous sers. Vous prenez un peu de _____? Encore un peu de _____? Vous en voulez (prenez) un peu?

Merci, rien pour moi. Non, merci, je ne veux rien. Peut-être plus tard.

Merci, mais je n'ai plus faim.

■ EXCUSING ONESELF AND ACCEPTING AN APOLOGY

Excusez-moi. Je m'excuse. Pardon. Je suis (vraiment) désolé/e. Je vous prie de m'excuser. Je ne l'ai pas fait exprès. Ça ne m'est jamais arrivé. Je ne voulais offenser personne.

Il n'y a pas de mal. Ce n'est pas grave. Ne vous en faites pas. Ne t'en fais pas. Ce n'est rien. Ce n'est pas de ta (votre) faute.

■ IRREGULAR VERBS

connaître

je connais	nous connaissons
tu connais	vous connaissez
il (elle) connaît	ils (elles) connaissent
participe passé: connu	

écrire

j'écris	nous écrivons
tu écris	vous écrivez
il (elle) écrit	ils (elles) écrivent
participe passé: écrit	

RÉVISION
Mes Relations sociales

ACTIVITÉ 1

Act. 1: This activity can be done outside of class. It reviews how to write a social letter and how to introduce oneself.

Une Lettre à un(e) ami(e).   Write a letter to a pen pal describing yourself and what you like to do. Invite your pen pal to come to your home town this summer. Tell him or her what you will do during that time.

ACTIVITÉ 2

Act. 2: This activity reviews how to write a business letter and can be done outside of class.

Une Lettre d'affaires.   Write a business letter to the head of personnel in response to a job offer you saw in the *Figaro*. Make up the job description and then write the letter.

ACTIVITÉ 3

Act. 3: This activity reviews describing and making comparisons.

Les Qualités de mon (ma) camarade.   Tell your partner what you consider to be your best qualities and talents. Also tell about your faults.

ACTIVITÉ 4

Act. 4: This activity reviews how to describe physical appearance. Have students do this activity over the phone.

Mon Physique.   Describe your physical appearance to someone whom you will meet for the first time. Make a date at the airport and make sure the person will be able to recognize you.

ACTIVITÉ 5

Act. 5: This activity reviews how to describe scenes and actions in the past.

Le Crime.   You were a witness to a crime. Give the police a description of the persons you saw leaving the scene. Can you remember any special characteristics? Tell the police what you saw.

ACTIVITÉ 6

Act. 6: This activity reviews how to describe past activities.

Le Passé.   Tell your partner about your youth. Where did you live? What did you used to do often? Describe a memorable occasion from the past.

Mes Habitudes quotidiennes.

Describe your daily habits to your partner. Which ones do you especially cherish? Which ones would you like to change?

La Super Maman.

Lisez le passage suivant.

if it isn't sometimes

cleaning woman

earns

could / instead of

for what she does

I leave

f. school /
she be

she will have

help

sensitive

Ma maman est une SuperWoman. Elle part le matin à 8 h et rentre le soir à 19 h 30, si ce n'est parfois° 20 h. Je trouve qu'elle travaille trop. Il est vrai qu'elle gagne° bien sa vie, mais elle pourrait° avoir plus d'argent pour ce qu'elle fait.° Elle est responsable d'édition pour une grande marque de cosmétiques. Elle peut acheter de beaux vêtements, et assez souvent. Malheureusement, elle est très fatiguée quand elle rentre du travail et se lève parfois à 5 h du matin pour travailler avant d'aller au bureau. Quand elle rentre, j'ai besoin qu'elle m'aide° pour mes devoirs et elle doit en plus s'occuper du dîner. Elle aime beaucoup lire, mais elle a encore trop de choses à faire pour avoir du temps libre. De plus, nous n'avons pas de femme de ménage° et c'est maman qui fait le ménage le week-end au lieu de° se reposer. Moi, j'aimerais que maman travaille 3/4 de temps, pour que le matin je parte° avec elle (qu'elle m'accompagne en voiture à l'école) et que le soir elle soit° là quand je rentre. Je suis tout de même fière d'avoir une maman aussi active et qui a un travail aussi important. Si elle travaille moins, elle aura° moins d'argent. Où est la solution ? Morgane, 11 ans.

Elle

Donner les détails

1. Quelle est l'idée principale de ce passage?

   a. Morgane ne veut pas que sa maman travaille.

   b. Morgane est sensible° aux conflits de sa mère.

   c. Morgane voudrait être plus indépendante de sa mère.

   d. Morgane pense que les femmes doivent rétablir leur rôle traditionnel de mère de famille.

2. Que fait la mère de Morgane chaque jour?

3. Faites une liste de ses habitudes quotidiennes.

4. Faites une liste des aspects positifs et négatifs de la situation d'une femme qui veut être SuperWoman.

ACTIVITÉ 9 L'Aquagym. Lisez l'article suivant.

abdominal muscles

Pour renforcer les abdominaux.° Cet exercice consiste en trois mouvements dans l'eau. Répétez-les dix fois de suite.

1. **Commencez avec les jambes devant vous.**
2. **Ouvrez et fermez rapidement les jambes.**
3. **Relevez les jambes d'un côté et ensuite de l'autre côté.**

book

water therapy / promotes

lightens / m. floats

of the lungs

L'aquagym: une nouvelle gym? Pas vraiment. Cette discipline médicale est bien connue dans les centres de thalassothérapie.° Elle favorise° l'activité sportive dans l'eau. Elle «allège»° le corps qui bénéficie d'une meilleure oxygénation et ventilation pulmonaire.°

L'aquagym est aujourd'hui le sujet d'un guide° de Christiane Gourlaouen et Jean-Louis Rouxel. Les auteurs s'adressent particulièrement aux femmes. Chaque mouvement est illustré. L'utilisation des flotteurs° est expliquée.

Adapté de France-Soir.

Avez-vous compris?

1. What is aquagym? Is it new?
2. What are the benefits of aquagym?
3. Where could you find out more about it? Could you learn about it on your own?
4. What equipment is used in aquagym?

Parlez-vous franglais?   Lisez le passage suivant.

seashore

would they say

members of the Académie Française

thus, so

ought to

«Ce week-end nous partons avec notre camping-car au bord de la mer° et, après le déjeuner dans un fast-food, nous ferons du shopping.»

Halte là! Mais comment parlez-vous? Et notre belle langue française? Qu'est-ce qu'ils diraient,° nos vénérables académiciens?° Rectifions et traduisons le paragraphe.

«Cette fin de semaine, nous partons avec notre auto-caravane et, après le déjeuner dans un restaurant rapide, nous ferons du chalandage.»

Eh oui, c'est ainsi° que vous devriez° parler!

Avez-vous compris?

1. Find the standard French equivalent for the following words.
   a. le week-end =
   b. le camping-car =
   c. le fast-food =
   d. le shopping =

2. Make a list of French words that are acceptable in standard English. For example, *résumé*.

3. To what extent do you think these words enrich or have a negative effect on the language?

4. Based on this short article, do you think the French are more likely or less likely to accept American words in their standard vocabulary?

5. How would you feel if an official body legislated correct usage and banned certain words of foreign origin?

PARTONS EN VACANCES

In this chapter, you will learn how to stall for time while thinking of what to say, express astonishment or disbelief, inquire about and confirm details, and explain a problem.

CHAPITRE 14

Be sure to call attention
to the functions and
contexts in each *Tranche*
before beginning the
chapter.

En Voyage

☰ AU TRAVAIL

ACTIVITÉ 1

Note, Act. 1: Activity 1
reviews the following
functions: making,
accepting, and refusing
invitations; stating places
and times; and making
vacation plans.

Une Invitation.   Répétez les mini-dialogues suivants avec un(e) camarade. Ensuite répétez les dialogues encore une fois et substituez quelques détails dans chaque conversation.

— On passe quelques jours de vacances au petit chalet dans les Alpes. Tu veux venir avec nous?
— Ben oui, c'est très gentil de ta part. Quand est-ce que vous partez?
— On a l'intention d'y passer huit jours, du 7 au 15 août. Ça t'arrange?
— Oh là là . . . je regrette, mais ce n'est pas possible. Je suis désolé. Peut-être une autre fois!

— Je compte passer quelques jours à la villa au mois d'août. Ça t'intéresse?
— La villa, c'est où?
— Dans le Midi, près d'Aix-en-Provence, sur la côte.
— C'est sur la côte? Formidable! Quand est-ce que nous partons?

DIALOGUE ◆ Les Réservations

Approach, Dialogue:
(1) Go over the
introductory questions
with the students, and
remind them that the first
time through they should
listen primarily for this
information. (2) Play the
dialogue on the student's
audio cassette (or

Renée et Étienne ont l'intention de passer les vacances à Biarritz. Renée revient de l'agence de voyages.

A. Est-ce qu'elle a fait les réservations?
B. Quelle est la réaction d'Étienne?

role-play it yourself).
(3) Ask students to
answer the guide
questions. (4) Play the
dialogue again. (5) Have
students repeat and
practice with you and
with each other, taking
different roles.
Encourage them to
personalize the dialogue
by changing words or
expressions. (6) Remind
them that they will have
to review the material
several times to complete
the other comprehension
activities. The dialogue
and comprehension
activities may be done
outside of class.

Cultural note: This
dialogue illustrates the
fact that men may still be
authoritative and
condescending toward
women in France,
especially among older
generations.
Communication between
men and women has
changed a lot under the
influence of the women's

cancelled

liberation movement.
**(MLF, Mouvement de
Libération de la Femme)**
during the sixties and
seventies. In the eighties,

once more

round-trip ticket

sleeping berths

French women are
striving to further

Train à Grande Vitesse, *fast
train*

You should have

improve the situation by   *angry*
maintaining open
dialogue with men.

I am a bundle of nerves

ÉTIENNE: Alors, tu les as, ces réservations?

RENÉE: Euh, c'est-à-dire que, voilà, il faut que je t'explique. Comme tu me l'as demandé, j'ai parlé à l'agent de voyages, tu sais. J'ai demandé des réservations en deuxième classe, mais il n'y en avait plus pour ce jour-là.

ÉTIENNE: Comment? Qu'est-ce que tu racontes? Plus de places? Alors nos vacances sont annulées!°

RENÉE: Mais non, voyons, ne t'énerve pas. Écoute une minute. Il faut choisir une autre date, c'est tout.

ÉTIENNE: Tu es sûre que tu leur as bien expliqué la situation?

RENÉE: Mais oui, je la leur ai bien expliquée.

ÉTIENNE: Alors, raconte-moi de nouveau° ce qui s'est passé.

RENÉE: Eh bien, je suis allée à l'agence. J'ai demandé deux billets aller-retour° pour Biarritz pour le 8 avril dans un train express, avec deux couchettes.° L'agent a cherché et m'a dit qu'il n'y en avait pas pour ce jour-là. Voilà, c'est tout, tu es satisfait?

ÉTIENNE: Est-ce que tu lui as demandé de chercher une correspondance à Lyon? Nous pouvons prendre le TGV° jusqu'à Lyon, et puis changer pour Biarritz.

RENÉE: Non, je n'y ai pas pensé.

ÉTIENNE: Il fallait° le faire!

RENÉE: *(en colère)°* Alors, en ce cas, tu vas toi-même faire les réservations.

ÉTIENNE: Je te demande pardon. Je ne veux pas te mettre en colère. Tu vois bien que j'ai besoin de vacances. Je suis une boule de nerfs.°

COMPRÉHENSION

ACTIVITÉ 2

Les Réservations. Choisissez les options correctes pour décrire le voyage d'Étienne et de Renée.

1. Étienne et Renée cherchent des billets . . .

   one-way

   a. aller simple°   **b.** aller-retour   **c.** retour simple

2. Ils comptent réserver des places dans un train . . .

   a. TGV   **b.** auto-couchette   **c.** express

3. Ils ont l'intention de réserver des . . .

   a. places de pre-   **b.** places de   **c.** repas
   mière classe   deuxième classe

4. Elle a demandé des réservations pour . . .

   a. deux correspon-   **b.** deux enfants   **c.** deux couchettes
   dances

5. Le voyage est à destination de . . .

   a. Biarritz   **b.** Lyon   **c.** Paris

6. Finalement, . . .

   a. Renée propose   **b.** Étienne fait des   **c.** les vacances sont
   une solution   excuses   définitivement
                                                        annulées

▤ C'EST À DIRE ◆ Gagner du temps

Your instructor will discuss two different problems. You should follow these steps.

A. Practice both conversations with a partner.
B. Substitute the expressions used to stall for time in one mini-dialogue for those in the other.
C. What is the role of pitch of voice and intonation?

SCÈNE 1

how did you manage
that is to say / left
ticket window

— Comment est-ce que tu as fait° pour perdre l'appareil-photo?
— Eh bien, c'est-à-dire° que je ne sais pas comment c'est arrivé. J'ai laissé° l'appareil-photo au guichet,° tu sais, je l'ai mis là, et j'achetais mes billets.

— Et alors?

— Eh bien, voilà, j'écrivais mon chèque, hein?° Euh . . . et j'ai parlé à l'employé, tu comprends . . .

— Continue.

— Quand j'ai fini d'acheter les billets, je ne l'avais plus . . . je n'en sais rien, moi.°

— Mais c'est impossible!

time. List their answers
on the board. Then direct
students to work in pairs,
creating original
mini-dialogues.

SCÈNE 2

— Vous voulez faire des réservations?

— Euh, vous savez, les réservations, hein, pour demain . . . alors non, pas pour demain, mais pour ce week-end.

— Vous partez quand?

— Voilà . . . vous comprenez, je ne suis pas certain. Qu'est-ce que vous avez le matin . . . ou bien l'après-midi?

— Monsieur, je vous conseille de consulter l'horaire et ensuite de revenir au guichet.

— Mais il faut que je vous explique ça . . . vous voyez . . . Écoutez une minute . . .

— Monsieur, les autres attendent. Consultez l'horaire et puis revenez m'en parler.

ACTIVITÉ **3**

Faites des excuses. Votre camarade va vous poser des questions. Choisissez les réponses des colonnes A et B pour gagner° du temps.

Follow-up, Act. 3: Have
some groups perform
their dialogues for the
class.

MODÈLE: — *Tu as téléphoné pour les réservations?*
    — *Eh bien, euh . . . j'ai été très occupé(e) et tu sais, écoute une minute. Tu vois, hein, le travail c'est trop et j'ai complètement oublié.*
    — *Alors, tu as téléphoné pour les réservations?*
    — *Non, je n'ai pas téléphoné.*

	A	B
1. Tu as les billets?	Eh bien, euh . . .	J'ai été très occupé(e).
2. Tu n'as pas oublié ton passeport?	Bon, alors . . .	
	Voilà . . .	J'ai pensé à ça hier soir, mais . . .
3. On peut bien partir le 2 août?	Tu vois, hein . . .	
	Voyons . . .	Je ne suis pas certain(e) . . .
4. On a toujours les deux couchettes?	Tu sais . . .	
	Tu comprends . . .	Le travail, c'est trop.
5. Ta mère ne vient pas avec nous encore une fois cette année?	Écoute une minute. . . .	J'ai oublié.

ACTIVITÉ **4** **Faites des réservations.** Make train reservations from Paris to the city of your choice. Use appropriate fillers as you gather your thoughts. Work with a partner to play the roles of the ticket agent and the traveler.

1. Vous voulez un billet à quelle destination?
2. Première ou deuxième classe?
3. Aller-retour ou aller simple?
4. Et vous partez quand?
5. Et vous revenez? Quand?
6. C'est tout? Alors ça fait ____ F.

REGARDONS DE PLUS PRÈS ◆ L'Ordre des pronoms

Approach, Regardons de plus près: (1) Preview the material focusing on the introductory questions. (2) Model the mini-dialogue several times. (3) Encourage students to look for patterns and direct them to answer the guide questions with a partner. (4) Elicit their observations. (5) Present the grammatical explanations as a means of confirming and extending students' hypotheses.

Think about these questions as you study the conversation below.

A. What was the person supposed to do?
B. When object pronouns are used, what do they refer to?

— Alors, tu **lui en** as parlé?
— Bien sûr. J'ai tout fait comme tu **me l'**as demandé.
— Qu'est-ce qu'elle a répondu?
— Voilà, elle m'a dit qu'il n'**y en** avait plus.
— Ah, quel désastre, sans réservations, nos vacances sont annulées.
— Mais non, je vais **nous les** faire pour un autre jour.

TRAIN + CROISIERE

Printemps/Eté/Automne

■ When two object pronouns are used in the same sentence, two patterns are used.

| (ne) + | le la les | lui leur | y | en | + *verb* | + (pas) |

Il a donné **le billet à Yvette.**	*He gave the ticket to Yvette.*
Il **le lui** a donné.	*He gave it to her.*
J'ai parlé **des réservations à l'agent.**	*I spoke to the agent about the reservations.*
Je **lui en** ai parlé.	*I spoke to him about them.*
Marthe envoie **la carte à son amie.**	*Marthe is sending the postcard to her friend.*
Marthe **la lui** envoie.	*Marthe is sending it to her.*

| (ne) + | me (m') te (t') nous vous | le (l') la (l') les | y | en | + *verb* | + (pas) |

Tu **m'as** demandé **le renseignement.**	*You asked me for the information.*
Tu **me l'as** demandé.	*You asked me for it.*
Elle **te** pardonne **ta faute.**	*She forgives you for your mistake.*
Elle **te la** pardonne.	*She forgives you for it.*
Je veux **vous** parler **du voyage.**	*I want to speak to you about the trip.*
Je veux **vous en** parler.	*I want to speak to you about it.*

■ Ordinarily, one does not use more than two object pronouns: **le, la, les** are often paired with **lui, leur,** while **me, te, nous, vous** are often paired with **le, la, les. Y** and **en** always follow the other pronouns.

■ In the passé composé, the past participle always agrees with the preceding direct object pronoun.

Je t'ai donné **les billets.**	*I gave you the tickets.*
Je te **les** ai **donnés.**	*I gave them to you.*
Tu lui as demandé **les renseignements?**	*Did you ask him for the information?*
Tu **les** lui as **demandés?**	*Did you ask him for it?*
Jean a envoyé **la carte** à sa mère.	*Jean sent the postcard to his mother.*
Jean **la** lui a envoyé**e.**	*Jean sent it to her.*

ACTIVITÉ 5 Oui ou non?
Tell whether the following options were still available when you made your reservations.

MODÈLE: Il y avait des places pour Marseille? (oui)
Oui, il y en avait deux pour Marseille.

1. Il y avait des places pour Cherbourg? (oui)
2. Il y avait des couchettes? (non)
3. Il y avait des places en deuxième classe? (non)
4. Il y avait un wagon-restaurant? (non)
5. Il y avait beaucoup de places en première classe? (oui)
6. Il y avait deux réservations aller-retour? (non)
7. Il y avait deux places aller simple pour le 13 juillet? (oui)

people 8. Il y avait beaucoup de monde°? (oui)

ACTIVITÉ 6 À l'aéroport.
Travelers accustomed to carrying their own baggage on trains are often surprised to find baggage agents to handle it at airports. Answer the questions about baggage at the airport.

MODÈLE: Tu as donné *les valises à l'agent*?
Bien sûr, je les lui ai données.

1. Tu as donné *le grand sac à dos à l'agent*?
2. Tu as remis *les valises aux agents*?
3. Tu as donné *l'appareil-photo au chef de service*?
4. Tu as montré *les billets à l'agent*?

flight 5. Il a noté *le numéro du vol° sur les valises*?
6. Il a envoyé *les skis à l'avion*?

baggage tags 7. Il nous a rendu *les fiches d'enregistrement?°*
8. Tu as demandé *des renseignements sur le vol au chef des renseignements*?

La Géographie de la France

west

Notes culturelles: Refer to the map on p. 414.

Regardez la carte de France à la page 414. Remarquez tout d'abord que la France a la forme d'un hexagone[1] et qu'elle est située en Europe de l'ouest.° C'est un petit pays comparé aux États-Unis; la France et le Texas ont à peu près la même taille. Mais comparé aux autres pays d'Europe de l'ouest, c'est le plus grand.

Les Frontières: La France a des frontières politiques avec plusieurs pays. Pouvez-vous les nommer?

Réponse: L'Espagne, l'Italie, la Suisse, l'Allemagne, le Luxembourg, la Belgique.

seas

Les Côtes: Il y a trois masses d'eau sur les côtes françaises. Pouvez-vous nommer les deux mers° et l'océan qui touchent la France?

Réponse: La Mer Méditerranée, la Manche, l'Océan Atlantique.

Les Villes: Paris est la capitale de la France et aussi la ville la plus importante. Nommez cinq autres villes françaises.

Réponse: Lyon, Marseille, Bordeaux, Toulouse, Reims, Lille, Strasbourg, Nancy, Dijon, Grenoble, Nice, etc.

m. rivers

Les Fleuves:° La Seine est le fleuve qui passe par Paris. Nommez les autres grands fleuves et une ville sur chacun.

Réponse: La Loire et ses villes, Nantes, Tours et Orléans; la Garonne et ses villes, Bordeaux et Toulouse; le Rhône et ses villes Avignon et Lyon; le Rhin et la ville de Strasbourg.

Les Montagnes: Il y a plusieurs chaînes de montagnes en France. Nommez-en trois.

Réponse: Les Pyrénées (entre la France et l'Espagne), les Alpes (entre la France et l'Italie et la Suisse), le Jura (entre la France et la Suisse), les Vosges (entre la France et l'Allemagne), le Massif Central (au centre de la France).

CARTE ▶

---

1. On emploie parfois l'expression «parler hexagonal» pour dire «parler français.»

Suggestion: You may want to direct students to prepare the **Au travail** section in the following **Tranche** as homework for the next class session.

TRANCHE 2

Un Changement de projets

AU TRAVAIL

ACTIVITÉ 1

f. lines

Note, Act. 1: This activity reviews how to ask for travel information and previews how to confirm details.

Faites une réservation et une confirmation.   Voici deux conversations. (La deuxième est à la page 416.) Les répliques° dans la colonne A sont en ordre. Insérez les répliques de la colonne B dans votre conversation. Ensuite répétez les conversations avec un(e) camarade.

UNE RÉSERVATION

French National Railroad (Société Nationale des Chemins de Fer Français)

Answers: 1. e 2. c
3. a 4. f 5. b 6. d /
1. c 2. e 3. b 4. d 5. a

A

1. Allô. S.N.C.F.° réservations.
2. C'est un aller simple pour Nice?
3. Quand comptez-vous partir?
4. Il y a un train le matin à 8h17, et vous revenez quand?
5. Le soir, il y a un train vers 20h. Ça vous convient?
6. Ça fait 385F. Vous pouvez payer quand vous venez à la gare.°
7. Merci et bonnes vacances.

train station

B

a. Le 2 août, le matin avant 9h, si c'est possible. Il y a des places en deuxième?
b. Parfaitement. Et ça coûte combien?
c. Non, Madame. Un aller-retour pour Biarritz.
d. Bien. Merci, Madame.
e. Bonsoir, Madame. Je voudrais réserver un aller-retour Paris–Biarritz.
f. On revient le 29 août, le plus tard possible.

UNE CONFIRMATION

A

1. Allô. S.N.C.F. réservations.
2. Vous allez où?
3. Et vous vous appelez comment?
4. Ah voilà, c'est un aller-retour avec une couchette?
5. C'est confirmé. Bon voyage.

B

a. Merci, Monsieur, et au revoir.
b. Boursinne. B-O-U-R-S-I-deux N-E. Jean Boursinne.
c. Bonjour, Monsieur. Je voudrais confirmer mes réservations.
d. C'est bien ça—un aller-retour avec une couchette.
e. J'ai une réservation à destination de Perpignan.

À L'ÉCOUTE ◆ Un Changement de plans

Écoutez l'enregistrement. Ensuite faites les activités de compréhension. Écoutez l'annonce à la gare° et le dialogue entre Guy et Martine. Quelle phrase donne le résumé de la conversation?

A. Les vacances sont annulées.
B. Il faut attendre un autre train.
C. Le train pour Grenoble est à l'heure.

Images de la France

- Small towns in France often exhibit a unique old world charm. In addition to the cobblestone streets, what features in this picture contribute to this ambiance?

- Surrounded by trees and reflected in the lake, Azay-le-Rideau is one of the most romantic *châteaux* in the Loire valley. Built in the 16th century, it now houses an important collection of Renaissance paintings, tapestry and furniture. Locate the Loire River on a map of France. Into what body of water does it flow?

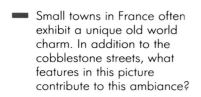

France is bordered on the North, West and South by three different bodies of water: the English Channel *(La Manche)*, the Atlantic Ocean *(l'Océan Atlantique)*, and the Mediterranean Sea *(la Mer Méditerranée)*. Its many beaches attract tourists from all over the world. In which town is this beach located?

Contrast these fortifications dating from medieval times with this modern housing complex. Where would you rather live?

COMPRÉHENSION

ACTIVITÉ 2   **Comment?**   Complétez les détails de cette annonce.

Passagers à destination de _____ ! Le train _____ de _____ a été annulé. Il y a _____ qui bloque la voie. Vous êtes priés de vous _____ au guichet _____ _____ pour _____ des places dans le train de _____ .

C'EST À DIRE ◆ Exprimer la surprise

Your instructor will role-play three mini-dialogues. You should follow these steps.

A. Play both roles with a partner.
B. Note how astonishment and disbelief are expressed.

SCÈNE 1

— Il n'y a plus de chambres° à cet hôtel pour cette date.
— Quoi? Ce n'est pas possible! Tu en es sûre?
— Eh bien, oui. On vient de me le dire.
— Ça m'étonne° beaucoup. Cet hôtel n'est pas si populaire que ça.

f. rooms

surprises

SCÈNE 2

— Chérie! Le patron nous a donné deux billets d'avion pour la réunion à New York.
— Quoi? Tu rigoles.°
— Mais si,° c'est vrai.
— Je n'en reviens pas!° Ça ne peut pas être vrai. Je dois lui en parler.

you're joking
yes
I can't get over it

SCÈNE 3

— Il y a eu une avalanche sur la route. Elle est complètement impraticable.°
— Ce n'est pas croyable!° Tu es sûre de tes nouvelles?
— Oh, oui, il n'y a pas d'erreur. La route est impraticable.
— Je ne te crois pas. Je vais m'en informer.

impassable
believable

ACTIVITÉ 3 Des annonces.

Suggestion, Act. 3: Encourage students to use proper intonation and body language.

On vient d'annoncer un changement de plans. Employez les expressions qui suivent pour donner votre réaction.

MODÈLE: On a annulé le train de Grenoble.
Mais c'est impossible. Tu en es sûr(e)?

Comment ça?	Mais non . . . vraiment?	Quoi?
Ce n'est pas possible!		Ce n'est pas croyable!
Ça ne peut pas être vrai!	Ce n'est pas vrai!	Je n'en reviens pas!
	Pas possible!	C'est étonnant!
C'est impossible!	C'est incroyable!	Je vais m'en informer!
Ça m'étonne beaucoup!	Je ne te crois pas!	Tu es sûr(e) de tes nouvelles?
Tu en es sûr(e)?	Tu rigoles!	

1. On a annulé notre train de retour.
2. On ne peut pas payer les billets de train avec une carte de crédit.
3. Le train de 18h35 a un retard de 3 heures. Il arrive à 21h47.

track 4. Il y a un accident train-automobile qui bloque la voie° principale.
5. On n'a pas de confirmation pour nos places dans le train de 13h16.
6. Il n'y a plus de couchettes dans ce train.

ACTIVITÉ 4 Qu'est-ce qui se passe?

Suggestion, Act. 4: You may also want to have students look in the local newspaper for local conditions in your area. Have students announce them in French to partners, who will react accordingly.

La météo vient d'annoncer le temps qu'il fait pour la région de vos vacances. Donnez votre réaction au bulletin météorologique.

MODÈLE: Dans les Alpes, on a eu 50 cm de neige et on a très peur des avalanches.
Mais non. Vraiment? Je vais m'en informer!

1. Dans le Midi, il fait mauvais.
2. Je vous parle en direct de Biarritz où il fait froid, il y a des nuages et le vent souffle.
3. On m'a dit qu'il fait un temps horrible dans le nord cette semaine.
4. Dans les montagnes, il va pleuvoir. On ne compte pas faire de ski cette semaine.

heard 5. J'ai entendu dire° qu'il fait très chaud dans la région de la Loire.
6. Il y a des nuages et il pleut sur la Côte d'Azur cette semaine. On ne va pas voir le soleil toute la semaine.
7. On m'a dit qu'il fait un temps vraiment splendide en Bretagne.
8. J'ai entendu dire qu'il fait vraiment très mauvais à Paris.

REGARDONS DE PLUS PRÈS ◆ Les Pronoms complément d'objet et l'infinitif

Cultural note, Regardons de plus près: Explain that at the end of the eighties as well as at the beginning of the nineties, there are still a lot of French people smoking and that the existence of

smoking is prohibited

tell him what I think about it

a nonsmoking area does not guarantee that no one will smoke.   *do without*

Think about these questions as you study the conversation below.

A. What is the misunderstanding about?

B. Where are object pronouns placed when there is an infinitive?

— Je regrette, Monsieur, il est interdit de fumer° dans ce compartiment.
— Quoi? Ce n'est pas possible! Je ne peux pas fumer? Où est le contrôleur? Je veux **lui en** dire deux mots.°
— Vous pouvez **lui en** parler si vous voulez, mais il est interdit de
fumer dans ce compartiment.
— Bon, j'ai compris. Je vais **me** passer de° cigarettes pendant ce
voyage.

■ As you learned in **Tranche 1,** usually no more than two pronouns are
used together at any one time. When two pronouns are used, they are
placed in the following order:

me te nous vous	le la les	lui leur	y	en

▶

■ Pronouns used with an infinitive construction are placed after the auxiliary verb and before the infinitive.

Je vais **lui en** parler.	*I am going to talk to her about it.*
Tu vas **me l'**envoyer, cette lettre?	*Are you going to send it to me, that letter?*
Il veut **lui en** dire deux mots.	*I am going to tell him what I think about it.*
Elle ne peut pas **les y** acheter parce que le guichet est fermé.	*She can't buy them there because the ticket window is closed.*

ACTIVITÉ 5

Answers, Act. 5: 1. c 2. f 3. h 4. g 5. b

Comment dit-on ça?　Trouvez la phrase dans la liste à droite qui correspond à la phrase de la liste à gauche.

MODÈLE: Je vais donner les confirmations aux agents.
Je vais les leur donner.

1. Je vais donner les billets au chef de train.
2. Je vais donner un Europass au passager.
3. Je vais te donner ton billet.
4. Je vais donner la monnaie à l'agent.
5. Je vais donner le billet au contrôleur.

a. Je vais le lui donner.
b. Je vais les lui donner.
c. Je vais lui en donner un.
d. Je vais la lui donner.
e. Je vais te le donner.

Answers, Act. 6: 1. Oui, je vais lui en parler.

ACTIVITÉ 6

2. Oui, je compte m'en occuper tout de suite. 3. Oui, je vais lui en donner. 4. Oui, je compte nous en réserver deux. 5. Oui, je vais t'y téléphoner si j'ai des questions. 6. Oui, je compte les y payer. 7. Oui, je vais lui en envoyer une.

Suggestion: You may want to direct students to prepare the **Au travail** section in the following **Tranche** as homework for the next class session.

Y a-t-il une autre solution?　There has to be a way to work out the reservation problems discussed in this chapter's **Dialogue.** Answer these questions by replacing the words in italic with the appropriate pronouns.

MODÈLE: Tu vas expliquer *l'importance de ce voyage au chef des réservations?*
Oui, je vais la lui expliquer.

1. Tu vas parler *de notre problème à l'agent?*
2. Tu comptes *t'*occuper *des billets* tout de suite?
3. Tu veux donner *à l'agent des suggestions pour des routes différentes?*
4. Tu comptes *nous* réserver *deux couchettes?*
5. Tu vas *me* téléphoner *au bureau* si tu as des questions?
6. Tu comptes payer *les billets à l'agence de voyages?*

TRANCHE 3

▮▮l nous faut un hôtel

≡AU TRAVAIL

ACTIVITÉ 1

Des Projets de vacances. Avec un(e) camarade, donnez les détails de vos vacances. Employez les phrases et les expressions qui suivent. Ensuite substituez des détails personnels.

Note, Act. 1: This activity previews the function introduced in this **Tranche**—how to confirm details.

1. On me dit que vous partez demain en vacances. Où allez-vous?

   a. On va toujours à la villa.
   b. Nous avons un studio en ville.
   c. Au chalet, comme tous les ans.

2. C'est où exactement?

   a. Près de la côte.
   b. À la montagne.
   c. À la campagne.

3. Vous y allez en famille?

   a. Bien sûr!
   b. Pas cette fois-ci. Nous y allons avec quelques amis.
   c. Pour la première semaine. Après, les autres vont en Espagne.

4. Et vous passez tout le mois d'août là-bas?

   a. C'est ça!
   b. Non, j'ai 6 semaines de vacances cette année. On rentre le 10 septembre.
   c. Non, j'ai seulement deux semaines. Ensuite je rentre.

5. Alors, bon voyage et bonnes vacances! Amusez-vous bien!

   see you next time / see you one of these days

   a. Merci, vous aussi!
   b. À la prochaine!°
   c. D'accord! À un de ces jours!°

LECTURE ◆ Une Chambre d'hôtel

Lise Montherland écrit une lettre. Qu'est-ce qu'elle cherche? Qu'est-ce qu'il y a de spécial dans sa demande?

Société Laclos   255 faubourg St-Honoré
                       75011 Paris

A Paris, le 10 avril 1992

Monsieur,

　　Suite à° notre conversation téléphonique, je désire confirmer mes réservations. Je dois me rendre à Bruxelles pour un
voyage d'affaires et je voudrais une chambre
d'hôtel en demi-pension° pour le 3 et le 4
mai. Il me faut une chambre avec un lit° et
salle de bains° au premier étage. Si possible, je voudrais une vue sur la cour.°
　　Je voudrais aussi engager une sténo-
dactylo pour le 4 mai. Des compétences en
langue anglaise sont nécessaires. Je vous
prie de bien vouloir vous occuper de ces
détails.
　　Je vous remercie d'avance de votre
bienveillance.° Veuillez agréer, Monsieur,
l'expression de mes sentiments distingués.°

Lise Montherland
Lise Montherland
Directrice des ventes
Société LaClos

HOTEL MOLIÈRE
12 rue Molière
Bruxelles

Date: ....
Nom: ....
Nationalité: ....
Employeur: ....
Chambre: ..... lit(s)..... salle de bains
Autre: ....
Suppléments°: ....
Services professionnels: ....

COMPRÉHENSION

ACTIVITÉ 2   **La Carte de réservation.**   Complétez cette carte de réservation selon la lettre de Lise Montherland.

C'EST À DIRE ◆ Confirmer les détails

Cultural note, C'est à dire: You may want to explain that when reserving a hotel room in France, you must specify that you want the room with a private bathroom; otherwise you may have to share a common bathroom with other guests.

Approach: (1) Preview the material using the introductory guidelines.

(2) Role-play the mini-dialogues and have students repeat and practice the material with you, with a partner and finally incorporating personal variations.
(3) Have students find different ways to handle details when reserving a hotel room. List their answers in columns on the board. Then direct students to work in pairs, creating original mini-dialogues.

Your instructor will model how to inquire about reservations, facilities, and prices. You should follow these steps.

A. Practice each mini-dialogue with a partner. In **Scenes 2** and **3** you will need to add lines for the person taking the reservation.

B. Mix and match the items to describe an imaginary hotel.

C. Be prepared to make a hotel reservation.

SCÈNE 1

Une femme d'affaires parle à sa secrétaire.

— Vous avez réussi à° trouver cette chambre pour moi?

— Non, Madame. J'hésite à vous le dire, mais l'hôtel est complet.

— Essayez donc au Mercure.

— Entendu, Madame.

— N'oubliez pas que j'ai l'intention d'y passer trois jours cette fois-ci.

succeeded in

SCÈNE 2

— Allô? Oui? Je voudrais réserver une chambre d'hôtel pour le 12 avril.

— C'est ça, le 12 avril. Je voudrais une chambre à deux lits et avec salle de bains.

— Vous en avez une au troisième étage? Très bien. J'espère que l'hôtel a un ascenseur.°

— Bien. Est-ce que le petit déjeuner° est compris dans le prix?

— Non? Combien de supplément est-ce qu'il faut payer?

— Bon, alors, merci. À bientôt.

elevator
breakfast

SCÈNE 3

— Je voudrais des renseignements sur vos chambres d'hôtel. Est-ce que vous avez des chambres avec air conditionné?

— Bon, alors, est-ce qu'il y a la télé dans les chambres?

— Et un téléphone direct?

— Est-ce que le parking est gratuit?°

— Avez-vous des chambres au rez-de-chaussée?°

— Et avez-vous des salles de conférence disponibles?°

— C'est très bien. Je voudrais une chambre à deux lits pour le deux mai.

free
ground floor
available

ACTIVITÉ **3** Quel hôtel?

Quel hôtel? Lisez les légendes du *Guide Michelin* et répondez aux questions à la page 425 au sujet de ces hôtels.

Cultural note, Act. 3: Explain that the **Guide Michelin** is a popular guidebook that rates hotels and restaurants in France. French hotel prices are set by the government except for four-star (luxury) hotels, whose prices are not controlled. The **Guide Vert** is another popular guidebook published by Michelin that lists touristic sites for main areas and cities.

Brussels Hilton M, bd Waterloo 38 ☎ 5138877, Télex 22744 HILTEL BRU, « Rest. au 27ᵉ étage avec ⩽ sur ville » – 🔲 ⅙. 🚗. ⚓. 🐕 rest   CZ **s**
R carte 925 à 1625 **stc** – 🛏 210 – **373 ch** 1700/2550 **stc.**

Bedford, r. Midi 135 ☎ 5127840, Télex 24059 BEDFOROTEL – 🔲 rest 🚗. ⚓.   BXY **s**
R 300 **stc** – **220 ch** 🛏 860/1450 **stc** – P 1460/1700 **stc.**

France sans rest, bd Jamar 21 ✉ 1070 ☎ 5227935, Télex 23388 HOFRA – 📶 ☞ 🚽wc   AY **a**
☎
27 ch 🛏 520/1200 **stc.**

Jamar sans rest, bd Jamar 11 ✉ 1070 ☎ 5220104 – 📶 🚽wc 🚿wc. 🐕   AY **a**
28 ch 🛏 480/700 **stc.**

COMMENT SE SERVIR DU GUIDE

LES HOTELS

La classe

🏰	Hôtel de grand luxe
🏰	Hôtel de luxe
🏨	Hôtel très confortable
🏨	Hôtel de bon confort
🏚	Hôtel assez confortable
🏚	Hôtel simple mais convenable

M	Dans sa catégorie, hôtel d'équipement moderne
sans rest	L'hôtel n'a pas de restaurant
avec ch	Le restaurant possède des chambres
☎ 2437	Téléphone et numéro (l'indicatif figure après le nom de la localité)
30 ch ou **30 ch**	Nombre de chambres
📶	Ascenseur
🔲	Air conditionné
☞	Bidet à eau courante
🚽wc	Salle de bains et wc privés
🛁	Salle de bains privée sans wc
🚿wc	Cabine de douche et wc privés
🚿	Cabine de douche privée sans wc
☎	Téléphone dans la chambre, communiquant avec l'extérieur
sans 📶	L'établissement ne possède pas le chauffage central
⅙	Chambres accessibles aux handicapés physiques
🚗 🚗	Garage
ⓟ	Parc à voitures réservé à la clientèle
⚓	L'hôtel dispose d'une ou plusieurs salles de conférence (25 places minimum)

Les chiens

L'accès est interdit aux chiens :

🐕	dans tout l'établissement
🐕 rest	au restaurant seulement
🐕 ch	dans les chambres seulement

1. Quels hôtels ont un ascenseur?
2. Quels hôtels ont un garage?
3. Quels hôtels n'acceptent pas les chiens?
4. Quels hôtels n'ont pas de restaurant?
5. Combien de chambres y a-t-il dans l'hôtel Jamar?
6. Quel hôtel est de grand luxe?
7. Quel hôtel est accessible aux handicapés?
8. Quels hôtels ont l'air conditionné?
9. Quels hôtels ont des salles de bains et des w.-c. privés?
10. Quel hôtel a un équipement moderne?

ACTIVITÉ 4 **À la réception.** Avec un(e) camarade jouez le rôle du (de la) réceptionniste à l'hôtel et du voyageur. Posez les questions suivantes. Ensuite, répondez aux questions et indiquez vos préférences personnelles.

MODÈLE: Vous voulez une chambre pour combien de personnes?
Je voudrais une chambre pour deux personnes.

1. Vous voulez une chambre pour combien de personnes?
2. C'est pour combien de nuits?
3. J'ai des chambres pour ＿＿ personnes avec un lit ou avec deux lits. Qu'est-ce que vous préférez?
4. Voulez-vous une chambre avec ou sans salle de bains?
5. Vous voulez une vue sur les montagnes, le parc ou la cour?
6. À quel étage?
7. Le petit déjeuner n'est pas compris. Vous voulez payer le supplément?
8. Vous avez besoin d'autres services? Des salles de conférence? Un parking? Un téléphone direct? Des réservations pour le tennis?

REGARDONS DE PLUS PRÈS ◆ Les Verbes et l'infinitif

This conversation is about a problem with hotel reservations.

  A. What is the source of the confusion?

  B. Note the use of verbs followed by infinitives.

— Monsieur?

— J'ai des réservations. C'est au nom de Tarzini.

— **Je vais vérifier.** *(Il cherche.)* **Je regrette de** vous **dire** que nous n'avons pas de réservations pour vous.

— Mais c'est impossible! **J'ai** bien **demandé à ma secrétaire de** me **faire** des réservations. Je suis certain qu'**elle n'a pas oublié de réserver.** C'est T-A-R-Z-I-N-I.

— Vous avez bien dit Tarzini. *(Il cherche encore.)* Ah, voilà, Darzini; je crois qu'il y a une erreur.

succeeded in — Oui, c'est bien moi. Heureusement que **vous avez réussi à° trouver** la faute. **Je commençais à m'inquiéter.**

■ You have already seen that when an infinitive is used after a verb, the infinitive usually follows immediately.

Je **voudrais vérifier** ma réservation pour ce soir: Doman, D-O-M-A-N.	*I would like to confirm my reservation for tonight: Doman, D-O-M-A-N.*
Vous n'avez pas ma réservation? Alors, je **voudrais réserver** une chambre d'hôtel pour une personne.	*You don't have my reservation? Then I'd like to reserve a hotel room for one person.*
Non, Monsieur, je **ne peux pas attendre**; je suis pressé.	*No, Sir, I can't wait; I'm in a hurry.*
Je **compte assister** au congrès et je **voudrais confirmer** . . .	*I am planning to attend the conference and I would like to confirm . . .*
J'aimerais parler avec le directeur des réservations.	*I would like to speak with the head of reservations.*
J'ai entendu dire qu'**il faut réserver** bien à l'avance pendant l'été.	*I've heard that one must reserve well in advance during the summer.*

■ In some cases, however, the infinitive is introduced by the preposition **à** or **de.**

Je regrette de vous **dire** que nous n'avons pas ces réservations.	*I'm sorry to tell you that we don't have those reservations.*
J'hésite à vous le **dire,** mais l'hôtel est complet.	*I hesitate to tell you, but the hotel is full.*
Si **j'essayais de** vous **trouver** une chambre dans un autre hôtel?	*What if I tried to find you a room in another hotel?*
Vous avez cherché à confirmer ces réservations plusieurs fois?	*Have you tried to confirm these reservations several times?*
Vous dites que **vous refusez de changer** d'hôtel?	*Are you saying that you refuse to change hotels?*
Monsieur, **je** vous **prie de** vous **calmer.**	*Sir, I beg you to calm down.*
Ah voilà! Heureusement que **j'ai réussi à trouver** votre réservation.	*Oh there! Fortunately I succeeded in finding your reservation.*
Et maintenant **vous avez décidé d'annuler** le voyage?	*And now you have decided to cancel the trip?*
Vous n'**avez** plus **l'intention de réserver?**	*You no longer intend to make reservations?*

■ Some constructions follow this pattern:

verb **+ à +** *person* **+ de +** *infinitive.*

J'ai demandé à Lise de faire les réservations.	*I asked Lise to make the reservations.*
Il **a proposé au client de changer** d'hôtel.	*He suggested that the client change hotels.*
Nous **avons promis au directeur de** lui **donner** la meilleure chambre.	*We promised the director to give him the best room.*

ACTIVITÉ **5** Quels problèmes!   Faites des phrases qui décrivent des problèmes de réservations. Choisissez une expression de la première colonne et une expression de la deuxième colonne.

MODÈLE: — *Je regrette de vous dire que l'hôtel est complet.*

Je regrette	de / à	vous dire qu'il n'y a plus de chambres
J'hésite		parler avec le directeur des réservations
J'ai décidé		réserver une chambre avec téléphone direct
Je refuse		vous informer que l'hôtel est complet
J'ai l'intention		confirmer ces réservations
Je cherche		payer le supplément pour le petit déjeuner
J'essaie		réserver un court de tennis pour demain
J'ai réussi		vérifier ma réservation pour ce soir
Je vous prie		changer d'hôtel
J'ai choisi		demander une chambre sans salle de bains
J'ai oublié		dire que cette vue ne va pas du tout

ACTIVITÉ **6**   **Comment il n'y a pas de confirmation?**   Racontez l'histoire de vos réservations. Faites attention à l'emploi des prépositions.

MODÈLE: J'ai dit / ma secrétaire / téléphoner à Monsieur Fouquet
J'ai dit à ma secrétaire de téléphoner à Monsieur Fouquet.

1. J'ai proposé / le directeur / avoir la conférence près de St-Malô
2. J'ai demandé / ma secrétaire / préparer les brochures
3. J'ai dit / l'agent de voyage / faire les réservations
4. L'agent a demandé / Monsieur Fouquet / réserver 30 chambres
5. Monsieur Fouquet a promis / le directeur / réserver les chambres
6. J'ai demandé/ ma secrétaire/ confirmer ces réservations
7. Monsieur Fouquet a demandé / le directeur / payer 10 000F
8. Le directeur a promis / Monsieur Fouquet / envoyer un chèque le plus vite possible. Voilà . . . Je ne sais pas pourquoi il n'y a pas de confirmation pour ces réservations.

À VOUS!◆À l'hôtel

Your partner comes in to verify a room reservation. Play the roles of the receptionist and the customer.

TRANCHE 4

Petits Problèmes de voyage

≡ AU TRAVAIL

Cultural note, Act. 1:
Explain that if you arrive
in Paris without
reservations, you may go
to the **Service d'Accueil**
at the airport and reserve
a hotel room from there.

ACTIVITÉ 1

Faites vos réservations.   Avec un(e) camarade, jouez les rôles de deux personnes qui font des réservations de vacances.

1. **Réserver des places dans l'avion**

   a. Téléphoner à l'agence de voyages LaFleur.

   b. Donner les détails à l'agent— les dates, la destination, les prix.

   c. Demander des renseignements sur les vols,° les départs et les arrivées.

   m. flight

   d. Choisir le vol qui vous convient.

   e. Réserver les billets d'avion de deuxième classe aller-retour, non-fumeur.

   f. Payer les billets d'avion avec une carte de crédit.

2. **Réserver trois chambres d'hôtel**

   a. Aller au bureau du Service d'Accueil.°

   welcoming service

   b. Décrire ce que vous cherchez comme hôtel— _____ chambres à _____ lits et _____ chambres à _____ lits, salle de bains, petit déjeuner, prix, vue, étage et ascenseur.

   c. Réserver ces chambres d'hôtel.

   d. Demander l'adresse de l'hôtel et demander des renseignements pour aller à l'hôtel.

C'EST À DIRE♦Expliquer un problème

Your instructor will act out several mini-dialogues that deal with predicaments. You should follow these steps.

A. Practice each one with a partner.

B. Substitute different misplaced items—such as your key *(votre clef)* and your credit card *(votre carte de crédit)*—and incorrect hotel charges—such as parking charges *(les frais de parking)* and tennis charges *(les frais pour le tennis)*—for those in the scenes.

SCÈNE 1

À la réception de l'hôtel.

— Votre passeport, s'il vous plaît.

— Mais . . . ce n'est pas possible! Je l'ai perdu!

— Comment? Vous avez perdu votre passeport? Je regrette de vous le dire, mais c'est bien grave, Monsieur. Je suis obligé d'avertir la police.

— Attendez un peu . . . Ouf! Le voilà. Il était dans la poche de mon manteau!° *coat*

SCÈNE 2

— Madame?

— Il y a un problème. Ma facture° n'est pas correcte. Voulez-vous vérifier *bill* les charges de téléphone? Nous ne connaissons personne à Tokyo.

— Nous sommes désolés, Madame. En effet, il y a une erreur. La note° de *bill* votre petit déjeuner a été transférée sur la facture de Monsieur Hashimoto et ses charges de téléphone ont été rapportées sur votre facture.

— Bon, alors, corrigez° la facture tout de suite. Je suis en retard. *correct*

ACTIVITÉ 2

Qu'est-ce que vous dites? Choisissez la réponse correcte. Ensuite, répétez les mini-dialogues avec un(e) camarade.

1. Vous dites que vous avez perdu votre passeport dans l'avion?

   a. Oui, je l'avais dans l'avion et maintenant . . . Euh.

   b. C'est bien ça . . . Je l'ai mangé dans l'avion et maintenant . . .

2. Vous dites que votre facture n'est pas correcte?

   a. Oui, je n'ai pas de facture.

   b. Oui, je ne connais personne à Tokyo.

3. Vous avez loué° une voiture et vous l'avez accidentée? *rented*

   a. C'est ça . . . dans l'avion.

   b. Oui, c'est ça, dans le parking de l'aéroport.

4. On a envoyé vos valises en Chine?

    a. C'est une erreur possible parce que nous habitons à LaChine au Canada.

    b. C'est ça, mes valises sont chinoises.

missed 5. Vous dites que vous avez manqué° votre correspondance?

    a. Oui, notre avion a eu du retard.

    b. Je n'ai pas reçu de lettre.

≡ REGARDONS DE PLUS PRÈS ◆ La Possession

Think about these questions as you study the conversation below.

A. What is the argument about? How is it resolved?

B. In what different ways is possession indicated?

umbrella — Heureusement que vous avez trouvé **mon parapluie.**° Merci beaucoup.

belongs to me — Attendez, Monsieur. **Ce parapluie m'appartient.**°

— Mais non, vous vous trompez. C'est bien **mon parapluie.**

belongs to me — Vous avez tort, Monsieur. Je vous assure que **ce parapluie est à moi.**°

— Regardez, **mes initiales** y sont inscrites. Voilà D.S., c'est Daniel Servain.

— Ce sont **mes initiales.** Je m'appelle Didier Soutane.

— Et voici **mon adresse:** 132, rue du Parc.

— Ah, bon. Excusez-moi. **Ce parapluie est à vous,** alors.

Possession may be indicated in several ways.

■ Possession is indicated by using the expression **être à** followed by a disjunctive (stress) pronoun: **moi, toi, lui, elle, nous, vous, eux, elles.**

Ce parapluie **est** donc **à vous** ou il **est à lui?**	*Then does this umbrella belong to you or to him?*
Bien sûr, vous voyez bien qu' il **est à moi.**	*Certainly, you see that it belongs to me.*

■ Possession is also indicated by using the verb *appartenir* (to belong to).

Ces parapluies m'appartiennent.	*These umbrellas belong to me.*
Est-ce que **ce manteau vous appartient?**	*Does this coat belong to you?*

■ Or possession may be indicated with possessive adjectives.

Devant un nom singulier		Devant un nom pluriel
masculin	féminin	
mon passeport	**ma** clef	**mes** valises
ton billet	**ta** chambre	**tes** skis
son parapluie	**sa** réservation	**ses** charges de téléphone
notre appareil	**notre** facture	**nos** vacances
votre chèque	**votre** serviette	**vos** places
leur faute	**leur** carte	**leurs** couchettes

Note that there are different forms of possessive adjectives for each person. The adjectives **mon, ma,** and **mes** all mean *my*. **Mon** is used to introduce a masculine singular noun, **ma** is for a feminine singular noun, and **mes** is for plural nouns. **Son, sa, ses** all mean either *his* or *her*.

C'est bien **mon** parapluie!	*That is certainly my umbrella.*
Mais c'est **ma** serviette et **mes** clefs!	*But that's my briefcase and my keys!*
Il y a **mes** initiales sur la serviette.	*My initials are on the briefcase.*

Note also that the masculine singular forms **mon, ton,** and **son** are used before feminine nouns beginning with a vowel sound.

Tu as vu **mon** amie Christine?	*Did you see my friend Christine?*

ACTIVITÉ 3

while leaving

Answers, Act. 3: 1. Jean a oublié son livre et ses cassettes. 2. Monique et Élise ont oublié leur Walkman et leurs cassettes. 3. Christophe a oublié son sac à dos et son parapluie. 4. Annie-Claude et Françoise ont oublié leur raquette et leurs chaussures de tennis. 5. Joseph a oublié son appareil-photo. 6. Geneviève a oublié sa petite valise et son passeport. 7. Simon et Robert ont oublié leur pull-over et leur livre. 8. Roger a oublié sa serviette et son agenda.

Qui a oublié cela?   Dites qui a oublié des choses en sortant° de l'hôtel.

MODÈLES: Janine / les valises
Janine a oublié ses valises.
Alice et Lise / les valises
Alice et Lise ont oublié leurs valises.

1. Jean / le livre et les cassettes
2. Monique et Élise / le Walkman et les cassettes
3. Christophe / le sac à dos et le parapluie
4. Annie-Claude et Françoise / la raquette et les chaussures de tennis
5. Joseph / l'appareil-photo
6. Geneviève / la petite valise et le passeport
7. Simon et Robert / le pull-over et le livre
8. Roger / la serviette et l'agenda

La Facture n'est pas correcte. À qui appartiennent les charges suivantes? Complétez les phrases.

MODÈLE: moi

Ma facture est correcte. Voilà *mes* petits déjeuners et *mes* charges de téléphone.

1. moi

_____facture n'est pas correcte. Ce ne sont pas _____ charges de téléphone ni _____ supplément pour les douches.°

showers

2. Robert

_____facture est correcte. Voilà _____ frais pour le tennis et _____facture pour le petit déjeuner.

3. Roger et Luc

_____facture n'est pas correcte. Ce ne sont pas _____ frais de parking ni _____ supplément pour une salle de conférence.

4. toi

_____facture est correcte. Voilà _____ supplément pour la chambre avec salle de bains privée et voilà _____ frais pour le tennis.

5. vous

_____facture est correcte. Voilà _____ note pour le dîner et _____charges pour le parking.

6. Sylvie et Sophie

_____facture n'est pas correcte. Ce n'est pas _____ facture pour des communications téléphoniques, ni _____ note de lessive.°

f. laundry

Pour en savoir plus sur
Train + Hôtel
*demandez les brochures
détaillées
avec les prix*

*Informations et vente dans les gares
et les agences de voyages Tourisme SNCF.*

**TOURISME
SNCF**

LA LANGUE ÉCRITE

Des Réservations. Write a letter to a hotel to reserve two rooms for June 9 and 10. You are looking for one room with a double bed (*un grand lit*) and a room with two single beds (*deux lits*). You would like one room with a bath and a view on the street, the other without private bath. According to the *Guide Michelin,* there are rooms of this type for 150-180F. You would like one for 160F a night. You would also like to reserve a car and the services of a guide for both days.

VOCABULAIRE ET EXPRESSIONS

■ STALLING FOR TIME

Eh bien, c'est-à-dire que . . .   Tu comprends (vous comprenez) . . .
Tu sais (vous savez) . . .   Je n'en sais rien, moi.
Voilà . . .   Tu vois (vous voyez) . . .
Hein? Euh . . .

■ EXPRESSING ASTONISHMENT AND DISBELIEF

Quoi? Ce n'est pas possible!   Je n'en reviens pas!
Tu en es sûr(e)? Tu es sûr(e) de tes nouvelles?   Ça ne peut pas être vrai.
Ça m'étonne beaucoup.   Ce n'est pas croyable!
Tu rigoles.   Je ne te crois pas.

■ CONFIRMING DETAILS

Je voudrais réserver une chambre d'hôtel pour . . .
Je voudrais une chambre à . . . lits et avec (sans) salle de bains.
Vous avez une chambre au rez-de-chaussée (premier/deuxième/troisième étage)?
Est-ce que le petit déjeuner est compris?
Est-ce que vous avez des chambres avec air conditionné?
Est-ce qu'il y a la télé dans les chambres? un téléphone direct?
Est-ce que le parking est gratuit?
Avez-vous des salles de conférences disponibles?

■ EXPLAINING A PROBLEM

J'ai perdu mon passeport.
Ma facture n'est pas correcte.
J'ai accidenté la voiture.
J'ai oublié mon manteau (ma serviette/ mon parapluie) à l'hôtel.
Tu as manqué ta correspondance?
Vous avez fait des réservations et vous ne les trouvez pas?

■ SHOWING POSSESSION

C'est à moi (toi, lui, elle, nous, vous, eux, elles).
Cette serviette m'appartient. Ces clefs m'appartiennent.
C'est mon (ton, son, notre, votre, leur) passeport.
C'est ma (ta, sa, notre, votre, leur) facture.
Ce sont mes (tes, ses, nos, vos, leurs) réservations.

J'HABITE EN VILLE

In this chapter, you will learn how to express certainty, necessity, want, and dissatisfaction.

TRANCHE 1
IL ME FAUT UN APPARTEMENT
Function: Expressing Certainty
Structure: Les Subordonnées
Culture: Les Français chez eux

TRANCHE 2
IL FAUT QUE J'ACHÈTE DES MEUBLES
Function: Expressing Necessity
Structure: Le Subjonctif

TRANCHE 3
J'AI UNE RÉCLAMATION À FAIRE
Function: Making a Complaint
Structure: Le Subjonctif et les expressions qui indiquent la volonté

TRANCHE 4
IL FAUT QU'ON BRANCHE L'ÉLECTRICITÉ
Function: Expressing Dissatisfaction
Structure: Le Subjonctif: verbes à deux racines

CHAPITRE 15

▌▌ me faut un appartement

≡ AU TRAVAIL

ACTIVITÉ 1

to rent

J'ai un lecteur laser. Vous faites des projets pour louer° un appartement avec un(e) camarade. Faites l'inventaire de vos possessions. Employez la liste suivante.

MODÈLE: un lecteur laser
— *Tu as un lecteur laser?*
— *Oui, j'en ai un.*
ou — *Non, je n'ai pas de lecteur laser.*
ou — *Non, je n'en ai pas un.*

1. un téléviseur couleur   2. un magnétoscope   3. des cassettes vidéo
4. un micro-ordinateur   5. une machine à écrire   6. une chaîne
stéréo   7. des disques   8. des cassettes   9. un Walkman   10. des
affiches

▲ DIALOGUE ◆ Le Nouvel Appartement

Didier a décidé de déménager° de chez ses parents et il cherche un appartement. Il discute quelques possibilités avec son amie Anne-Claire.

A. Cherche-t-il un grand appartement de luxe?
B. Est-ce qu'il veut payer cher?

audio cassette (or
role-play it yourself).
(3) Ask students to
answer the guide
questions. (4) Play the
dialogue again. (5) Have
students repeat and
practice with you and
with each other, taking
different roles.
Encourage them to
personalize the dialogue
by changing words or
expressions. After
students have answered
questions A and B, you
might add the following
True/False items:
1. L'appartement à
Neuilly est trop loin pour
Didier. 2. L'appartement
porte d'Italie n'est pas
cher. 3. Par coïncidence,
Jacques loue son
appartement.

available

a room

individual / maid's room

approx. 12ft x 12ft / furnished

heat

ought to have

a telephone call

Didier lit le journal.

DIDIER: Voyons un peu, qu'est-ce qu'il y a de disponible?°

ANNE-CLAIRE: Qu'est-ce que tu cherches?

DIDIER: Je dois trouver un appart. Quelque chose de bien, pas trop cher, une pièce° en ville. Ah, voilà quelque chose: particulier° loue chambre de service,° 6e étage, eau, électricité, 1 000F par mois. Samedi, 9h à 13h. Ça a l'air bien.

ANNE-CLAIRE: Le prix est raisonnable. Où est-ce qu'il se trouve?

DIDIER: Ah, zut, alors. Il est à Neuilly, 105, avenue du Roule. Il est sûr que je ne vais pas habiter à Neuilly; c'est trop loin. Il faut trouver quelque chose en ville. Voici un autre: particulier loue studio 25m carrés,° meublé,° porte d'Italie.

ANNE-CLAIRE: Et le prix?

DIDIER: Aïe! 3 200F par mois plus l'électricité et le chauffage!° Évidemment, c'est trop cher!

ANNE-CLAIRE: Dis-moi ce que tu veux.

DIDIER: Il me faut quelque chose de pas cher . . . tiens! Comme l'appartement de Jacques. C'est un appartement idéal, celui-là.

ANNE-CLAIRE: Il fallait° me le dire . . . Par coïncidence, Jacques cherche à le louer. Donnons-lui un coup de fil.°

DIDIER: Génial!

COMPRÉHENSION

ACTIVITÉ 2

Faites un résumé. Mettez les phrases suivantes dans l'ordre correct.

1. Il trouve un autre appartement mais c'est trop cher.
2. Didier cherche une pièce assez modeste.
3. Il décide de téléphoner à son ami Jacques.
4. Il regarde dans le journal.
5. Anne-Claire lui dit que leur ami Jacques quitte son appartement.
6. Il trouve un petit appartement mais il n'aime pas le quartier.°

neighborhood

C'EST À DIRE ◆ Exprimer la certitude

bedroom / living room / family room kitchen

to show

Your instructor will model how to express certainty. You should follow these steps.

A. Play both roles in each mini-dialogue.
B. Vary one of them to more closely reflect your own preferences.

SCÈNE 1

— Nous cherchons un appartement en ville . . . quelque chose de confortable, avec deux chambres à coucher,° un salon,° une salle de séjour,° une salle de bains, une cuisine,° une salle à manger . . . Vous voyez un peu?
— Est-ce que vous cherchez quelque chose de modeste ou bien un appartement de luxe?
— Rien de prétentieux, mais confortable.
— Ah, je crois[1] que vous allez aimer l'appartement dans la rue de la Reine. Je vais vous le montrer° tout de suite.

SCÈNE 2

— Qu'est-ce que vous cherchez?
— Je suis étudiant. Je cherche un petit studio. Il est évident que je ne peux pas payer trop cher.

---

1. The complete conjugation of the irregular verb **croire** *(to believe)* is given in the section **Vocabulaire et expressions** at the end of the chapter.

m. floor / building — Nous avons un petit studio au cinquième étage° dans un immeuble° en ville.

— Est-ce qu'il y a un ascenseur?

— Non, je suis certaine qu'il n'y en a pas.

— Et il y a une salle de bains?

landing / share tenants — Oui, mais elle est sur le palier.° Vous devez la partager° avec les autres locataires.° Je pense que c'est un ancien immeuble.

SCÈNE 3

f. rooms — Je voudrais un appartement avec quatre pièces.° Je veux deux chambres à coucher . . .

— Mais qu'est-ce que tu dis? Les appartements avec quatre pièces sont trop chers. Il est certain que tu n'as pas assez d'argent pour deux chambres à coucher. Il faut considérer autre chose.

— Bon, alors, une chambre à coucher, un salon et une salle de séjour.

— Non, non. Il est clair que tu ne me comprends pas. Tu dois penser sérieusement à ta situation financière. Tu peux louer un petit studio et c'est tout.

ACTIVITÉ 3 Voilà ce que je cherche.   Décrivez trois genres d'appartements. Choisissez les caractéristiques de la liste suivante. Ensuite décrivez votre appartement préféré.

1. Je voudrais . . .

   a. un appartement / un petit studio / une pièce

suburb   **b.** en ville / dans la banlieue° / près de mon travail

2. Je cherche quelque chose . . .

   a. de luxueux / d'assez modeste / de très bon marché

   b. au rez-de-chaussée / au premier ou au deuxième étage / au quatrième ou au cinquième étage

3. Il me faut . . .

   a. une chambre à coucher / 2 ou 3 chambres à coucher

   b. une salle de bains privée / une salle de bains sur le palier

4. J'aimerais aussi . . .

   a. un grand salon / un salon modeste

   b. une salle de séjour / une salle à manger

ACTIVITÉ 4

Voici quelque chose d'intéressant. «Décodez» les annonces pour les appartements suivants.

pces = pièces   ét. = étage   cft = confortable   RER = *public transportation system*   réf. exig. = références exigées

MODÈLE:

> ST. CLOUD
> Partic. loue appt. 5e ét., asc., 5 pces, s. de bns, cuis. rénovée, 6200F + ch. Sur place, dimanche 13h - 16h.

Voici quelque chose d'intéressant. À St-Cloud, au 5ᵉ étage, avec un ascenseur, un appartement à 5 pièces, salle de bains, cuisine rénovée, 6 200F par mois plus les charges. On peut le voir sur place, dimanche de 13h à 16h.

> FAUBOURG ST. DENIS
> Partic. loue appt, 2e ét. 3 pces, gr. sal., cuis., s. de bns., vue, 4000F par mois + ch. Tél. 42.46.54.60 après 18h.

> 83, RUE DES MOINES, PARIS
> Partic. loue 2 pièces, cuis., s. de bns, wc, visite de 17h à 19h réf. exig.

> NEUILLY, 105 AVE. ROULE
> à louer, chbre de service, 6e ét., eau, élec., 1000F par mois. Sur place, samedi 9h - 13h.

> ALFORVILLE
> Partic. loue Appt. 2, 4 pces, cuis., s. de bains, wc, s/séj., très cft, près du RER, réf. exig., 3200 F + ch. Tél 43.78.22.43

REGARDONS DE PLUS PRÈS ◆ Les Subordonnées

Think about these questions as you study the conversation below.

A. What is the problem? What solution is proposed?

B. Note that all of the sentences contain two verbs. Which of these sentences with two verbs also have two subjects?

— **Je voudrais trouver** un appartement. **J'hésite à payer** 2 500F par mois. Mais **je suis certain que je n'aimerais pas** un studio. Et **je refuse de partager** une salle de bains.

— **Je crois que tu dois reconsidérer ...** **Il me semble que tu dois** rester chez tes parents.

Approach: (1) Preview the material focusing on the introductory questions. (2) Model the mini-dialogue several times. (3) Encourage students to look for patterns and direct them to answer the guide questions with a partner. (4) Elicit their observations. (5) Present the grammatical explanations as a means of confirming and extending students' hypotheses.

■ As you know, a modal verb may be followed by an infinitive. Certain other verbs use a construction such as *à* + *infinitive* or *de* + *infinitive*. Note that all of the following sentences refer to a single person and have a single subject.

Je voudrais trouver un appartement.	*I'd like to find an apartment.*
J'hésite à payer 2 500F par mois.	*I hesitate to pay 2 500 francs per month.*
Je refuse de partager une salle de bains.	*I refuse to share a bathroom.*

■ If two subjects are involved, two conjugated verbs are used and the two clauses are connected with **que.**

Je sais	**que vous allez aimer** cet appartement.	*I know (that) you're going to like this apartment.*
Je pense	**que tu aimerais** ce quartier.	*I think (that) you would like this neighborhood.*
Je crois	**que tu dois reconsidérer.**	*I believe (that) you should reconsider.*
Je suis sûr(e)	**que tu es** trop optimiste à propos de tes finances.	*I am sure (that) you are too optimistic about your finances.*
Je suis certain(e)	**que vous allez être** heureux.	*I'm sure (that) you're going to be happy.*
Je ne doute pas	**que** l'appartement **est** beau.	*I don't doubt (that) the apartment is pretty.*

■ In the following expressions, **il** refers to no specific person. These expressions are usually followed by a clause with a subject and a conjugated verb. **Que** is used to link the two clauses.

Il est certain	**que tu ne peux pas** payer aussi cher que ça.	*It is certain (that) you can't pay as much as that.*
Il est sûr	**que tu ne peux pas** habiter si loin de l'université.	*It's sure (that) you can't live so far from the university.*
Il est évident	**que tu ne comprends pas** ta situation financière.	*It's obvious (that) you don't understand your financial situation.*
Il est vrai	**que c'est** un bel appartement.	*It is true (that) it is a nice apartment.*

Il me semble	**que c'est** exactement ce que tu cherches.	*It seems to me (that) it's exactly what you're looking for.*
Il est clair	**que c'est** vraiment bien.	*It's clear (that) it's really a nice place.*
Il paraît	**qu'il y a** trois chambres à coucher.	*It seems (that) there are three bedrooms.*

ACTIVITÉ 5

Suggestion, Act. 5: Have students speak about their own choices; e.g., **Il est sûr que je vais aimer la solitude.**

Donnons des conseils. Use items from each column below to prepare at least ten observations about the pros and cons of apartment life.

MODÈLES: *Il est certain que tu vas aimer la solitude.*
Il est sûr que tu ne vas pas nettoyer la chambre.

Il est certain   que tu (ne) vas (pas)   aimer la solitude
Il est sûr   aimer l'indépendance
Il est évident   organiser des fêtes
Il est vrai   payer les charges
to do housework Il me semble   faire le ménage°
Il est clair   aimer ta chambre
to clean   Il paraît   nettoyer° la chambre

ACTIVITÉ 6

Answers, Act. 6: 1. Je sais qu'Élise et Marthe vont avoir ... 2. Je pense que Luc va chercher ... 3. Je suis sûr(e) que Marianne va habiter ... 4. Je sais que Lucie et Hélène vont louer ... 5. Je suis certain(e) que Marc va chercher ... 6. Je pense qu'Anne va déménager ... 7. Je suis sûr(e) que Viviane et Sophie vont avoir ... 8. Je crois que Daniel et Roger vont acheter ...

J'ai des nouvelles. Décrivez ces projets de logement pour l'année prochaine.

MODÈLE: savoir que / Jean / avoir un appartement avec Philippe
Je sais que Jean va avoir un appartement avec Philippe.

1. savoir que / Élise et Marthe / avoir un appartement près du campus
2. penser que / Luc / chercher un studio
3. être sûr(e) que / Marianne / habiter chez ses parents
4. savoir que / Lucie et Hélène / louer l'appartement de Louise
5. être certain(e) que / Marc / chercher une pièce en ville
6. penser que / Anne / déménager chez Diane et Thérèse
7. être sûr(e) que / Viviane et Sophie / avoir une chambre dans la résidence
8. croire que / Daniel et Roger / acheter une vieille maison à la campagne

NOTES CULTURELLES

Les Français chez eux

m. managers
professionals

Les Français ne déménagent pas aussi souvent que les Américains. Il n'y a que 10% des Français qui ont changé de logement récemment. La population qui déménage le plus est celle de moins de 35 ans, les cadres,° les professions libérales° et les habitants des grandes villes. Les plus vieux, les habitants des petites villes et les ouvriers déménagent le moins.

m. home appliances
undergone

m. microwave ovens / m. driers
m. dishwashers / m. freezers / m. households

Les dix dernières années en France peuvent être caractérisées comme celles de l'explosion de l'électroménager.° En effet, la cuisine est la pièce qui a subi° le plus de changements dans la maison. Il existe à présent une grande quantité de machines qui rendent la vie plus facile: robots pour préparer la nourriture, fours à micro-ondes,° sèche-linge,° lave-vaisselle° et congélateurs.° La grande majorité des foyers° français ont à présent un réfrigérateur (97,3%); la plupart ont aussi un lave-linge (84,3%). Même les congélateurs et les lave-vaisselle qui ont été introduits dans les années 70 en France sont devenus populaires (37,9% et 24,2%).

subscribe

En plus de l'électroménager, les Français s'intéressent aux télécommunications. Beaucoup de Français s'abonnent° aujourd'hui à un nouveau service des Postes et Télécommunications appelé le Minitel. Le Minitel est un terminal qui se branche sur un ordinateur central. Il permet à l'abonné de se renseigner sur plusieurs choses. Il est possible, par exemple, d'avoir accès à des renseignements sur les autres abonnés (nom, adresse, numéro de téléphone) et sur les services téléphoniques (tarifs, numéros d'urgence, etc.). On peut aussi recevoir des informations et des renseignements sur la vie pratique et jouer des jeux électroniques. Le Minitel est véritablement le téléphone de l'avenir.°

future

more
f. bathtubs

Les Français s'intéressent tellement à l'électroménager et à l'électronique qu'ils négligent parfois des choses plus traditionnelles. En effet, il existe en France aujourd'hui davantage° de téléviseurs que de baignoires:° 92.6% des foyers ont un téléviseur et 85% ont une baignoire.

Institut National de la Statistique et des Études Économiques

Il faut que j'achète des meubles

AU TRAVAIL

ACTIVITÉ 1 Les Publicités.

Répétez les publicités sur l'électroménager moderne.

Suggestion, Act. 1: Have students pretend they are radio announcers while reading the material.

cooking

oven

cook / reheat
defrost / efficient
noise / stove top

> ✳ **Le micro-ondes Molineux** est un produit véritablement révolutionnaire. Il permet une cuisine° plus moderne et beaucoup plus rapide que le four° ordinaire. Avec le micro-ondes Molineux, vous pouvez cuire,° réchauffer° et décongeler° la nourriture en temps record. C'est Molineux—une révolution dans votre cuisine.
>
> ✳ **Achetez le petit frigo Bonus** pour votre studio. Vous dites que vous êtes fatiguée de la cuisine du restaurant universitaire? Vous dites que vous avez faim le soir? Alors achetez un petit frigo Bonus pour votre chambre. Il est petit, mais efficace,° et surtout il ne fait pas de bruit.° Ajoutez un petit réchaud° Bonus, et vous avez une cuisine complète! Soyez sûr de la qualité, achetez Bonus.

À L'ÉCOUTE ◆ La Promotion de meubles à la Maison Breguet

Approach, À l'écoute:
(1) Preview the conversation by focusing on the art. Have students hypothesize about what they will hear.
(2) Preteach the new vocabulary. Sentences introducing this

m. furniture / used

vocabulary are found with the **À l'écoute** tapescript in the front of this Teacher's Edition.

Écoutez l'enregistrement. Ensuite, faites les activités de compréhension. Écoutez la publicité à la radio et ensuite la conversation de Didier avec Anne-Claire. Choisissez les phrases qui représentent le sujet de la conversation.

A. Anne-Claire ne veut pas l'aider.

B. On peut acheter des meubles° d'occasion° chez Breguet.

C. Didier a besoin d'une table, des chaises et un lit.

(3) Go over the introductory material and tell students to listen for this information the first time through. Remind them that they will have to listen to the material several times to complete the other comprehension activities. (4) After students have answered questions A, B, and C, you may want to include the following True/False items: **1. La maison Breguet vend seulement des meubles neufs. 2. Didier va acheter des meubles neufs. 3. Didier va acheter ses meubles chez Brequet parce qu'ils offrent des promotions intéressantes.** The **À l'écoute** and comprehension activities may be done outside of class.

COMPRÉHENSION

ACTIVITÉ 2

Answers, Act. 2: maison / annonce / promotion / monstres / meubles / neufs / d'occasion / soldes / situé / route

À la Maison Breguet. Complétez cette annonce à la radio et puis lisez le paragraphe à deux ou trois camarades.

Christophe! Tu as entendu ça? La _____ Breguet _____ sa grande _____annuelle. Il y a des soldes _____ sur tout genre de _____. Ils ont des meubles _____ et _____. On dit qu'il y a des _____ incroyables. Le magasin est _____ sur la _____ de la Reine à Boulogne. Tu veux y aller avec moi?

ACTIVITÉ 3

Answers, Act. 3: 1. Faux. Parce qu'il a besoin d'acheter des meubles. 2. Vrai. Parce qu'il veut qu'elle l'accompagne. 3. Vrai. 4. Faux. Parce qu'il ne peut pas se permettre d'acheter des meubles neufs. 5. Vrai. Parce que Didier lui demande d'aller l'aider à acheter ses meubles. 6. Faux. C'est une promotion annuelle.

Que pensez-vous? Indiquez si c'est vrai ou c'est faux. Dites pourquoi ou pourquoi pas.

1. Il est évident que Didier a trouvé un appartement complètement meublé.
2. Il est probable que Didier respecte les opinions d'Anne-Claire en ce qui concerne les meubles.
3. Il est clair que Didier a besoin de beaucoup de choses.
4. Il est certain que Didier a beaucoup d'argent.
5. Il me semble que Didier et Anne-Claire sont de bons amis.
6. Il y a fréquemment des soldes à la Maison Breguet.

C'EST À DIRE ◆ Exprimer la nécessité

Approach, C'est à dire:
(1) Preview the material using the introductory guidelines. (2) Role-play the mini-dialogues and have students repeat and practice the material with you, with a partner and finally incorporating personal variations.
(3) Have students find
different ways to express necessity. List their answers in columns on the board. Then direct students to work in pairs, creating original mini-dialogues.

it is necessary that

sofa

Your instructor will role-play two mini-dialogues about buying furniture. You should follow these steps.

A. Play both roles with a partner.
B. Substitute purchases of your choice for those used in the dialogues.

SCÈNE 1

— Nous avons besoin de meubles pour le salon.
— Il faut que° nous achetions une voiture.
— Mais il nous faut absolument un canapé.°
— Je suis d'accord, mais la voiture est plus importante. Il est essentiel que nous cherchions une voiture d'abord.

SCÈNE 2

— Tu viens avec moi au magasin de meubles?
— Pourquoi faire?
— Il faut que nous choisissions une nouvelle table.
— Pourquoi?
— L'ancienne table est cassée et elle donne une mauvaise impression aux invités.
— Qu'est-ce que tu vas faire de l'ancienne?

it would be better — Il vaut mieux que° tu la donnes à ton frère.

Voici encore des meubles à acheter:

wardrobe	un buffet	une armoire°
	un sofa	une lampe
desk / dresser	un bureau°	une commode°
armchair / shelves	un fauteuil°	des étagères°

ACTIVITÉ 4

Une Promotion. Regardez la publicité suivante. Nommez les meubles en promotion et aussi les rabais sur les articles.

Suggestion, Act. 4:
Alternative model: *Il nous faut un buffet, et à l'Artisan du meuble il y a une réduction de 15% sur les buffets. Allons jeter un coup d'œil!*

MODÈLES: *Il y a un rabais de 25% sur les lampes.*

Il y a une réduction de 15% sur les buffets.

les lampes **25%**

les buffets **15%**

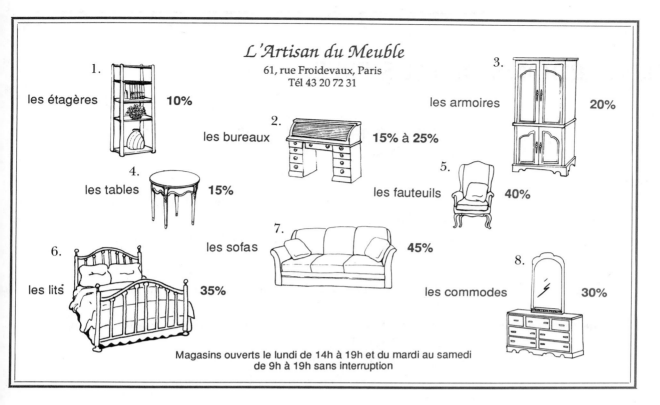

L'Artisan du Meuble

61, rue Froidevaux, Paris
Tél 43 20 72 31

1. les étagères — 10%

2. les bureaux — 15% à 25%

3. les armoires — 20%

4. les tables — 15%

5. les fauteuils — 40%

6. les lits — 35%

7. les sofas — 45%

8. les commodes — 30%

Magasins ouverts le lundi de 14h à 19h et du mardi au samedi
de 9h à 19h sans interruption

ACTIVITÉ 5 · Qu'est-ce qu'il nous faut?

Vous n'êtes pas d'accord avec votre camarade en ce qui concerne les meubles. Dites-lui ce que vous pensez.

MODÈLE: — *À mon avis, il faut que nous choisissions un fauteuil.*
— *Mais non, il est nécessaire que nous achetions d'abord un micro-ordinateur.*

Vous

À mon avis, il faut que nous choisissions . . .

une lampe	une table	une table de nuit
une étagère	une chaise	une commode
une armoire	un buffet	un fauteuil
un bureau	un canapé	

Votre ami(e)

Mais non, il est nécessaire que nous achetions . . .

une voiture	un lecteur laser	un micro-ordinateur
un magnétoscope	une chaîne stéréo	un téléviseur couleur
un petit frigo	un four à micro-ondes	

REGARDONS DE PLUS PRÈS ◆ Le Subjonctif

Think about these questions as you study the conversation below.

A. What appliances does the person want? What seems to be the catch?

B. In what ways can necessity be expressed?

— Bon, maintenant, **il faut que j'achète** un frigo.

— Un quoi?

— Eh bien, il me faut un peu de confort dans l'appartement, tu ne crois pas?

— Bien sûr . . . **Est-il nécessaire que tu achètes** autre chose?

stove — **Il vaut mieux que je cherche** une cuisinière,° tu sais.

— C'est tout?

dishwasher / washing machine — Non, **il faudrait que je choisisse** un lave-vaisselle,° un lave-linge° et un four à micro-ondes.

fit / dream — Tu crois que tout cela va rentrer° dans un studio? Tu rêves,° mon vieux.

In French, verbs vary in two different ways: **tense** (past, present, future) and **mood** (the point of view that the verb conveys). There are four moods in French, each of which conveys a different perspective.

The **indicative mood** is used to express facts about the past, present, or future.

Je **vais acheter** un four à micro-ondes.	*I am going to buy a microwave oven.*

The **imperative mood** is used to give commands, directions, and suggestions.

Bon alors, **achète** un four à micro-ondes.	*Well then, buy a microwave oven.*

The **conditional mood** is used to make hypotheses. You will learn how to do this in **Chapitre 18.**

J'**achèterais** un four Moulineux en promotion.	*I would buy a Moulineux oven on sale.*

The **subjunctive mood** is used to express feelings, beliefs or opinions.

Il est important que vous **achetiez** un four en promotion.	*It is important that you buy an oven on sale.*

You have already learned to use the indicative and the imperative moods.

■ When expressing necessity, the present subjunctive (the present tense in the subjunctive mood) is used.

Il faut que j'achète un frigo.	*It is necessary that I buy a refrigerator.*
Il faudrait qu'il cherche une cuisinière.	*It would be necessary that he look for a stove.*
Il vaut mieux que je choisisse un lave-vaisselle.	*It's better that I choose a dishwasher.*
Il est nécessaire que nous rendions ce four à micro-ondes.	*It's necessary that we return this microwave oven.*
Il est important que tu trouves un appartement en ville.	*It is important that you find an apartment in town.*
Il est essentiel que vous téléphoniez à l'agent immobilier.	*It is essential that you phone the real estate agent.*

Note that these sentences reflect perceived needs rather than absolute facts; that is, they present the speaker's opinions about the need for certain household concerns. It is the distinction between absolute fact and personal opinion that governs the use of the indicative or the subjunctive mood.

■ The present subjunctive of regular **-er, -ir,** and **-re** verbs is formed by adding the subjunctive endings to the stem of the **nous** form of the present indicative.

chercher	**choisir**	**vendre**
nous **cherch**ons	nous **choisiss**ons	nous **vend**ons
stem: **cherch**	*stem:* **choisiss**	*stem:* **vend**
Il faut que	Il vaut mieux que	Il est nécessaire que
je cherch**e** un bureau.	je choisiss**e** un grand bureau.	je vend**e** mon ancien bureau.
tu cherch**es** un lit.	tu choisiss**es** un grand lit.	tu vend**es** ton ancien lit.
il cherch**e** un fauteuil.	il choisiss**e** un grand fauteuil.	il vend**e** son ancien fauteuil.
nous cherch**ions** une chaise.	nous choisiss**ions** une grande chaise.	nous vend**ions** notre ancienne chaise.
vous cherch**iez** une table.	vous choisiss**iez** une grande table.	vous vend**iez** votre ancienne table.
elles cherch**ent** une étagère.	elles choisiss**ent** une grande étagère.	elles vend**ent** leur ancienne étagère.

ACTIVITÉ 6 Les Conseils d'Anne-Claire.

Didier and Anne-Claire sont à la Maison Breguet. Qu'est-ce qu'ils disent?

MODÈLE: Didier dit: Il faut que je . . .
        a. acheter un lit
       Il faut que j'achète un lit.

1. Didier dit: Il faut que je . . .

    a. acheter un lit
    b. trouver une petite table
    c. choisir des chaises

2. Anne-Claire répond: Il faudrait aussi que tu . . .

    a. acheter un lave-linge
    b. considérer les fours à micro-ondes
    c. regarder ces lampes

3. Didier continue: Il vaut mieux que je . . .

    a. choisir une table
    b. trouver les choses que je cherche
    c. partir tout de suite

4. Anne-Claire ne s'intéresse pas aux tables ni aux lits. Elle répond: Il est essentiel que tu . . .

    a. vendre ton vieux téléviseur
    b. choisir une chaîne stéréo
    c. trouver un beau sofa

5. Didier s'impatiente. Il dit: Anne-Claire, il est nécessaire que je . . .

 a. décider d'ache-
 ter un lit

 b. acheter mes
 meubles

 c. cesser de
 chercher des
 meubles

6. Anne-Claire dit: Oui, je sais, mais il est aussi important que nous . . .

 a. visiter d'autres
 magasins en
 ville

 b. choisir bien

 c. trouver quelque
 chose de conve-
 nable

ACTIVITÉ **7**

Tout cela ne rentre pas.   In order to fit everything into your three-bedroom apartment, each of you will need to get rid of certain possessions and/or replace them with smaller ones.

MODÈLE: moi / vendre ce fauteuil immense / choisir une petite chaise
    Il vaut mieux que je vende ce fauteuil immense et que je choisisse une
    petite chaise.

1. toi / vendre toutes ces lampes / choisir une autre pour le salon
2. il / rendre cet ordinateur à son frère / finir toute cette discussion
3. elles / rendre cette grande commode à leurs parents / choisir une autre
4. moi / vendre ces sofas / choisir un autre qui est plus confortable
5. vous / rendre cette chaise à votre sœur / acheter une plus neuve
6. elle / vendre ce petit frigo / choisir un grand frigo pour la cuisine
7. nous / vendre ce bureau / choisir un autre pour mon ordinateur
8. ils / rendre les télés noir et blanc / choisir une télé couleur

À VOUS! ◆ Le Nouvel Appartement

In a small group, discuss the kind of apartment you would like to rent. Discuss and describe the furniture that you would have to buy to make the place livable. Where would you buy or get the funiture? What style would it be? Would it be new or used?

J'ai une réclamation à faire

▤ AU TRAVAIL

ACTIVITÉ 1

Note, Act. 1: This activity reviews the following functions: how to give advice and how to express one's opinions.

Qu'est-ce que vous me conseillez?   You are interested in purchasing one of the following items. Survey your friends, asking if they have one, what brand it is, and how well they like it.

un four à micro-ondes   un Walkman   une chaîne stéréo
un lecteur laser   un vélo / une moto   une voiture

brand
for a long time

1. Tu as un(e) _____?
2. De quelle marque?°
3. Tu l'as depuis longtemps?°
4. Ça marche bien?

5. Tu l'aimes?
6. Pourquoi?
7. Tu as eu des réparations à faire?
8. Qu'est-ce que tu me conseilles?

▤ LECTURE ◆ La Réclamation

Pre-reading, Lecture: (1) Preview the material focusing on the title and letter. (2) Have students think of the expressions they use in English when lodging complaints. How would they express their

complaint
manufacturer

Claude écrit une lettre de réclamation° qui accompagne un paquet qu'elle envoie au fabricant.°

A. Qu'est-ce qu'il y a dans le paquet?
B. Qu'est-ce qu'elle demande?

A Paris, le 30 avril 1992

Messieurs,

J'ai une réclamation à faire. J'ai acheté le sèche-cheveux° dans ce paquet aux Galeries Herman. Je l'ai emporté à la maison et je l'ai utilisé le soir-même. Après deux minutes, il a fait sauter les plombs° et il ne marche plus. Je l'ai ramené° aux Galeries Herman le lendemain° où j'ai parlé au chef du bureau des réclamations. Il m'a dit qu'il préfère que je vous l'envoie moi-même et il a insisté sur le fait que les Galeries Herman ne sont pas les responsables dans cette affaire.

Je voudrais absolument que vous me remplaciez ou bien que vous me répariez le sèche-cheveux. Je souhaite° aussi que vous me remboursiez° pour les frais de poste°. Finalement, j'accepte que les Galeries Herman ne soient pas tout à fait les responsables du sèche-cheveux, mais je veux qu'ils acceptent la responsabilité de l'envoi.° Je ne vois pas pourquoi c'est moi qui dois vous l'envoyer.

Je veux croire que votre marchandise est de la plus grande qualité. Je souhaite pourtant que vous répariez mon sèche-cheveux dans le délai° le plus court.°

Veuillez agréer, messieurs, mes salutations distinguées.

Claude Lagarde

Claude Lagarde

COMPRÉHENSION

ACTIVITÉ 2 **Au bureau des réclamations.** Vous avez les mêmes problèmes avec le sèche-cheveux. Vous êtes au bureau des réclamations et vous parlez au chef du bureau. Répondez à ses questions.

1. Vous vous appelez comment?
2. Et qu'est-ce que vous avez acheté? Un sèche-cheveux?
3. Vous avez acheté cela où, dans ce magasin-ci?
4. Quand l'avez-vous acheté?
5. Quelle est votre réclamation?
6. Vous dites que ce sèche-cheveux a fait sauter les plombs et que maintenant il ne marche plus?
7. Nous ne pouvons pas réparer ce sèche-cheveux. Il faut que vous l'envoyiez au fabricant. Qu'est-ce que vous voulez que je fasse?
8. Mais c'est impossible! Et vous voulez que j'accepte la responsabilité de la réparation?

C'EST À DIRE ◆ Se plaindre

Suggestion, C'est à dire:
(1) Preview the material using the introductory guidelines. (2) Role-play the mini-dialogues and have students repeat and practice the material with you, with a partner and finally incorporating personal variations. (3) Have students find different ways to lodge a complaint. List their answers in columns on the board. Then direct

students to work in pairs, creating original mini-dialogues.

Your instructor will model the following complaints. You should follow these steps.

A. Practice the mini-dialogues with a partner.
B. Substitute new products for the ones mentioned.
C. Be prepared to complain about something you purchased.

SCÈNE 1

— Vous désirez?
— J'ai une réclamation à faire. J'ai acheté cette télé ici ce matin. Elle ne marche pas. Je voudrais que vous la remplaciez, s'il vous plaît.
— Tout de suite, Mademoiselle. Est-ce que vous avez votre reçu?° *receipt*
— Voilà.

SCÈNE 2

— J'ai acheté cette cassette ici hier et elle ne marche pas. Je voudrais que vous me remboursiez.
— Je regrette, Monsieur, mais nous ne pouvons pas vous rembourser. Nous pouvons vous échanger la cassette.
— D'accord, je veux bien que vous me l'échangiez, mais je veux aussi que vous essayiez la cassette avant de me la donner.
— Comme vous voulez.

ACTIVITÉ 3 **Je voudrais que vous le remplaciez.** Choisissez un élément de chaque colonne et faites beaucoup de réclamations. Attention! Votre temps est limité. Travaillez rapidement.

MODÈLE: *Je préfère que vous me remboursiez immédiatement.*

Je voudrais absolument	que	vous remplaciez la marchandise.
Je voudrais		vous répariez ce (cette) _____.
J'aimerais		vous échangiez ce (cette) _____.
Je préfère		vous me remboursiez immédiatement.
I demand J'exige°		vous me donniez un reçu.
I wish Je souhaite°		vous acceptiez la responsabilité.

REGARDONS DE PLUS PRÈS ◆ Le Subjonctif et les expressions qui indiquent la volonté

Cultural note, Regardons de plus près: Explain that the attitude of the person who does not want to make the complaint about the TV set can be understood by the fact that in France one TV set per family is taxed by the

subjunctive of faire

government. In order to escape the tax, people might ask a friend or neighbor who already has a TV to pretend that he or she owns a second set.

crazy / by any chance

Think about these questions as you study the conversation below.

A. What is the subject of the conversation?

B. What expressions are used to convey wishes or desires? What mood (form) of the verb is used with these expressions?

— **Je veux que tu fasses°** une réclamation pour moi.

— Quoi?

— **J'aimerais que tu rendes** le téléviseur que j'ai acheté.

— Et tu ne peux pas y aller toi-même?

— **J'aimerais que tu** le **fasses,** mais **je préfère que le magasin ne comprenne pas** que c'est pour moi.

— Mais c'est complètement idiot, ce que tu dis là.

— **Non, je voudrais que tu** leur **dises** que le téléviseur est à toi.

— Tu n'es pas fou,° par hasard?°

■ The present subjunctive is used after certain verbs indicating preference, want, or desire.

Je voudrais que vous discutiez tout cela avec le chef des réclamations et **que vous** lui **donniez** la liste suivante:	*I would like you to discuss all that with the head of complaints and give him the following list:*
Je souhaite que vous acceptiez la responsabilité ou au moins **j'aimerais que vous** m'**aidiez** à envoyer ce paquet.	*I wish that you would accept the responsibility or at least I'd like you to help me send the package.*
Je préfère que vous me **remboursiez** immédiatement, mais **j'accepte que vous remplaciez** la marchandise tout de suite et **j'exige qu'on** me **réponde** le plus vite possible.	*I prefer that you reimburse me immediately but I accept that you replace the merchandise right away and I demand that you answer me as quickly as possible.*

ACTIVITÉ 4

Je voudrais... You have a complaint to make to the department store that sold you a compact disc player. Tell the manager of the complaint department how you would like your problem solved.

MODÈLE: je voudrais que vous / me rembourser
Je voudrais que vous me remboursiez.

Answers, Act. 4:
1. J'exige que la compagnie paie . . . 2. Je souhaite que vous acceptiez . . . 3. J'aimerais que le magasin répare . . . 4. Je préfère que la société accepte . . . 5. Je veux que vous me répondiez . . . 6. Je voudrais que vous m'aidiez . . .

m. costs

1. j'exige que la compagnie / payer les frais° de poste
2. je souhaite que vous / accepter la marchandise
3. j'aimerais que le magasin / réparer le lecteur laser
4. je préfère que la société / accepter la responsabilité de la réparation
5. je veux que vous / me répondre le plus vite possible
6. je voudrais que vous / m'aider à envoyer le paquet

ACTIVITÉ **5** **Une Lettre de réclamation.** Complétez la lettre suivante. Ajoutez des détails convenables.

Messieurs,

J'ai une réclamation à faire. J'ai acheté le (la) _____ dans ce paquet à (aux) _____ et il (elle) ne marche pas. Je l'ai ramené(e) au magasin où j'ai parlé au chef du bureau des réclamations. Il préfère que

1. je / correspondre directement avec vous, que
2. je vous / rendre ce paquet et que
3. je vous / demander de vous en occuper.

En plus, il voudrait que

4. vous / réparer la marchandise ou que
5. vous me la / remplacer.

Pour ma part, je voudrais absolument que

6. vous vous / occuper de cela immédiatement et que
7. vous me / rembourser les frais.

J'accepte que

8. la compagnie ne / accepter pas la responsabilité.

Mais je voudrais bien que

case

9. quelqu'un / s'occuper de mon cas.°

Veuillez agréer, Messieurs, mes salutations distinguées.

Suggestion: You may want to direct students to prepare the **Au travail** section in the following **Tranche** as homework for the next class session.

Il faut qu'on branche l'électricité

≡ AU TRAVAIL

ACTIVITÉ **1**

Note, Act. 1: This activity reviews how to give and confirm details.

Les Services.   You need to initiate service and billing for water (*l'eau: Société Générale des Eaux*), electricity (*l'électricité: Électricité de France*), telephone (*le téléphone: Postes et Télécommunications*), gas (*le gaz: Gaz de France*), and cable television (*la télévision payante: Paris-Câble*) in your new apartment. Telephone to set up appointments for each one. Typical questions to which you will need to respond are below. Have a calendar handy to set up the exact dates and times.

1. Allô. Gaz de France. Vous pouvez attendre un moment?
2. Allô. Vous êtes là? Que puis-je faire pour vous?°   *may I help you?*
3. Vous voulez qu'on branche° le gaz?   *connect*
4. C'est où, ça? Euh . . . votre adresse, s'il vous plaît.
5. Vous pouvez répéter?
6. Voilà. Et vous voulez qu'on l'installe quand?
7. Mais c'est impossible! Il nous faut au moins 15 jours.
8. Alors, 15 jours, ça fait le _____. Vous êtes chez vous pendant la journée?
9. Le matin ou l'après-midi? Il faut que vous parliez avec le chef des techniciens.
10. Alors, c'est décidé? Voilà. Au revoir.

C'EST À DIRE ◆ Exprimer l'insatisfaction

Your instructor will model how to express dissatisfaction in the following situations. You should follow these steps.

A. Practice both roles with a partner.

B. Substitute various services, dates, times, and suggestions.

C. Be prepared to complain about certain services where you live.

SCÈNE 1

— Mais ce n'est pas croyable!° C'est absolument inadmissible!

— Qu'est-ce qu'il y a?°

— J'ai demandé qu'on branche l'électricité dans l'appartement et j'attends encore! On devait venir aujourd'hui-même.

— Il faut que tu leur téléphones de nouveau.°

— Je l'ai déjà fait.

— Alors, il faut que tu portes plainte.°

— Tu crois que ça va faire quelque chose?

SCÈNE 2

— J'en ai vraiment assez!°

— Qu'est-ce qui se passe?

— Le mois dernier j'ai porté plainte à propos de ma facture° de téléphone.

believable

What's wrong?

again

make a complaint

I'm fed up

bill

— Et alors?

corrected / mistake — Eh bien, ils ont corrigé° la faute° et maintenant ils veulent que je paie les deux factures, l'ancienne et la nouvelle.

— Mais c'est inadmissible, ça!

ACTIVITÉ 2 C'est inadmissible!

Expliquez les problèmes suivants et exprimez votre insatisfaction à un(e) camarade. Employez les expressions suivantes.

Suggestion, Act. 2: Have students add problems taking place on campus or in the city. Have partners react accordingly.

mail

MODÈLE: — *Mon voisin me prend toujours le courrier° et il me le donne trois jours plus tard.*
— *Mais c'est incroyable! Tu lui en as parlé?*

Ce n'est pas croyable!	C'est absolument inadmissible!
J'en ai vraiment assez!	Mais c'est inadmissible, ça!
C'est incroyable!	Il faut parler de ça à quelqu'un.
Il faut porter plainte.	Il faut que tu leur téléphones de nouveau.

Il faut rapporter ça au directeur (à la directrice).

1. Il faut que je parle avec mon agent d'assurances aujourd'hui et ça fait quatre heures que sa ligne de téléphone est occupée.
2. On allait réparer le téléviseur ce matin et voilà, il est 5h du soir et j'attends encore.

heat 3. Le chauffage° ne marche pas du tout mais on ne peut pas envoyer le technicien avant la semaine prochaine.
4. Je dois m'occuper de mon permis de conduire et on m'a donné un rendez-vous dans dix jours.
5. Moi, j'ai cinq enfants et le lave-linge s'est cassé ce matin. Il faut un mois pour remplacer le moteur.
6. On me donne toujours la facture d'électricité pour l'appartement d'à côté et j'ai essayé trois fois de corriger la faute.

≡ REGARDONS DE PLUS PRÈS ◆ Le Subjonctif: verbes à deux racines

Think about these questions as you study the following conversation.

A. What reason does the woman give for requesting repair services?
B. How are the verb forms in bold irregular?

— **Il faut que vous veniez** réparer l'électricité tout de suite.

— Notre technicien peut passer après-demain, Madame.

— Mais non, vous ne comprenez pas. **Il est essentiel qu'il vienne** aujourd'hui-même.

— Madame, **il faut que je vous dise** que votre cas n'est pas spécial. Il y en a beaucoup d'autres qui sont sans électricité.

— Mais les autres, est-ce qu'**il faut qu'ils prennent** un bain avant de se marier?

■ Many irregular verbs have two stems in the present indicative: for example, *venir—nous* **ven***ons,* ils **vienn***ent.* The present subjunctive of these verbs is irregular and is formed from both stems.

Il faut que **je vienne** chez vous immédiatement.	*I must come to your house immediately.*
Je voudrais que **tu viennes** avec moi au magasin.	*I'd like you to come with me to the store.*
J'aimerais qu'**elle vienne** choisir un appartement avec moi.	*I'd like her to come choose an apartment with me.*
Il faut que **nous** y **venions** ensemble.	*We must come there together.*
Il est nécessaire que **vous veniez** réparer mon téléviseur.	*It is necessary that you come fix my television.*
J'exige qu'**ils viennent** le plus tôt possible.	*I demand that they come as soon as possible.*

■ Other verbs with two stems include: **acheter** (which has only an accent change in the stem), **payer, envoyer** (in which the letter *y* changes to *i* in the the singular), and **voir, prendre, recevoir, boire, croire, devoir** (which have two different stems in the present indicative).

Il faut que **j'achète** un nouveau téléviseur et que **je** le **paie** avec une carte de crédit.	*I must buy a new television set and pay for it with a credit card.*
Il est nécessaire que **tu envoies** le paquet tout de suite.	*It is necessary for you to send the package right away.*
Je préfère que **vous voyiez** l'article avant de l'acheter.	*I prefer that you see the merchandise before buying it.*
J'aimerais qu'**il** me **croie** quand je dis que le sèche-cheveux est cassé.	*I would like him to believe me when I say that the drier is broken.*

ACTIVITÉ **3** Mais il faut venir sur place.   Demandez de l'aide à quelqu'un.

Answers, Act. 3: 1. Je voudrais que tu viennes . . . 2. J'aimerais que le chef des réclamations vienne . . . 3. Il faut que vous veniez . . . 4. J'exige qu'ils viennent . . . 5. J'aimerais que l'agent de la compagnie d'assurances vienne . . . 6. Il faut que je vienne . . .   m. damages

MODÈLE: Il faut que vous / venir tout de suite
Il faut que vous veniez tout de suite.

1. je voudrais que tu / venir chez moi voir ce qu'ils ont fait dans le salon
2. j'aimerais que le chef des réclamations / venir le plus vite possible voir le problème
3. il faut que vous / venir ce week-end pour réparer le téléphone
4. j'exige qu'ils / venir immédiatement
5. j'aimerais que l'agent de la compagnie d'assurances / venir inspecter les dégâts°
6. il faut que je / venir voir ce qui ne va pas

ACTIVITÉ 4   **Je vais porter plainte.**   Demandez une confirmation des instructions suivantes.

Answers, Act. 4: 1. Oui, il faut que tu envoies . . . 2. Oui, il faut que tu paies . . . 3. Oui, il faut que tu téléphones . . . 4. Oui, il faut que tu reprennes . . . 5. Oui, il faut que tu croies . . . 6. Oui, il faut que tu voies . . .

MODÈLE: Je dois attendre le technicien toute la journée?
Oui, il faut que vous attendiez le technicien.

1. Je dois envoyer ça au fabricant?
2. Je dois payer les deux factures?
3. Je dois téléphoner au chef des réclamations?
4. Je dois reprendre le sèche-cheveux?
5. Je dois croire le vendeur?
6. Je dois voir la directrice?

LA LANGUE ÉCRITE

Suggestion, La langue écrite: Have students write the letter at home.

Une Lettre de réclamation.   Write a letter to a manufacturer complaining about the fact that the television set you just bought does not work properly. Complain also that the store does not want to rectify the situation.

VOCABULAIRE ET EXPRESSIONS

■ SELECTING A PLACE TO LIVE AND BUYING FURNITURE

Nous cherchons un appartement en ville, dans la banlieue, près de mon travail.
Nous voulons deux chambres à coucher, un salon, une salle de séjour, une salle de bains, une cuisine, une salle à manger. Je cherche un petit studio pas trop cher. Est-ce qu'il y a un ascenseur? une salle de bains?

■ EXPRESSING CERTAINTY AND EXPRESSING NECESSITY

Je sais que	Il est certain que	Il faut que **+** *subjonctif*
Je pense que	Il est sûr que	Il faudrait que
Je crois que	Il est évident que	Il vaut mieux que
Je suis sûr(e) que	Il est vrai que	Il est nécessaire que
Je suis certain(e) que	Il me semble que	Il est important que
Je ne doute pas que	Il est clair que	Il est essentiel que

Nous avons besoin de meubles pour le salon. Il nous faut absolument un canapé.

Il faut que nous choisissions une nouvelle table (une armoire, un buffet, une lampe, un sofa, une commode, un bureau, des étagères, un fauteuil).

■ MAKING A COMPLAINT

J'ai une réclamation à faire.

Je voudrais que vous le (la) remplaciez, s'il vous plaît.

Je voudrais que vous me remboursiez.

Je veux que vous me l'échangiez.

Je veux absolument que vous remplaciez la marchandise.

Je voudrais que vous répariez ce (cette) _____.

J'aimerais que vous échangiez ce (cette) _____.

Je préfère que vous me remboursiez immédiatement.

J'exige que vous me donniez un reçu.

■ EXPRESSING DISSATISFACTION

Ce n'est pas croyable!

C'est absolument inadmissible!

J'en ai vraiment assez!

Mais c'est inadmissible, ça!

C'est incroyable!

Il faut parler de ça à quelqu'un.

Il faut porter plainte.

Il faut rapporter ça au directeur (à la directrice).

Il faut que tu leur téléphones de nouveau.

■ IRREGULAR VERB

croire

je crois	nous croyons
tu crois	vous croyez
il (elle) croit	ils (elles) croient

participe passé: cru

LA SANTÉ ET LES SERVICES SOCIAUX

In this chapter, you will learn how to express varied emotions, reassure someone, and develop and present a position on an issue.

TRANCHE 1
JE CRAINS QUE CE SOIT SÉRIEUX
Function: Expressing Concern and Reassurance
Structure: Verbes irréguliers au subjonctif
Culture: Les Avantages sociaux

TRANCHE 2
CE N'ÉTAIT RIEN
Function: Expressing Emotion
Structure: Le Subjonctif et les verbes d'émotion

TRANCHE 3
LES PAPIERS DE L'ASSURANCE
Function: Expressing Certainty, Probability, and Doubt
Structure: Le Subjonctif et le doute

TRANCHE 4
LES GRANDS PROBLÈMES
Function: Developing and Presenting a Position
Structure: Le Subjonctif (Révision)

CHAPITRE 16

Je crains que ce soit sérieux

Be sure to call students' attention to the contexts and functions in each **Tranche** before beginning the chapter.

≡ AU TRAVAIL

ACTIVITÉ 1

Cultural note, Act. 1: Explain that when an acquaintance asks **Comment ça va?** the French are more likely than Americans to say exactly what is going on in their lives. Explain to students that if they have French friends, they may be exposed to some elaborate answers.

Suggestion: Encourage as many dialogues as possible. Have students come up with additional advice.

Tu n'as pas bonne mine.   Répétez les mini-dialogues suivants avec un(e) camarade. Ensuite, répondez aux questions en italique.

— *Qu'est-ce qu'il y a?*
— Je crois que j'ai la grippe. J'ai de la fièvre et des frissons.
— Tu as mal aux muscles?
— Oui.
— En effet, c'est la grippe. À mon avis, tu dois rentrer chez toi et te reposer pendant deux ou trois jours.
— Bonne idée.

— *Vous ne vous sentez pas bien?*
— C'est vrai, je ne me sens pas bien. J'ai le nez qui coule et j'ai mal aux dents et à la tête.
— Il est certain que vous avez une sinusite. Il faut aller immédiatement chez le médecin.

— *Ça va?*
— Pas trop bien. Je travaille trop; je m'impatiente et je me mets toujours en colère.
— Moi, je pense que tu as besoin de vacances!

Cultural note, Dialogue:
Explain that when a
person is sick, as in the
case of Marthe, a doctor
may be called to come
over. House calls are
very common in France.
Doctors often reserve
afternoons or at least a
couple of hours a day for
house calls.

Approach: (1) Go over
the introductory questions
with the students. They
should listen primarily for
this information. (2) Play
the dialogue on the
student's audio cassette
(or role-play it yourself).

DIALOGUE ◆ Je suis malade

(3) Ask students to
answer the guide
questions. (4) Play the
dialogue again. (5) Have
students repeat and
practice with you and
with each other, taking
different roles.
Encourage them to
personalize the dialogue
by changing words or
expressions.

Follow-up: After students
have answered the
introductory questions,
you may want to add the
following True/False
statements: 1. **Thérèse
pense que le problème
de Marthe n'est pas très
grave. 2. Marthe a peur
que ce soit plus grave**

**que la grippe. 3. Marthe
a téléphoné au docteur
pour qu'il vienne à la
maison.**

for how long

lack

dizziness

mistaken

I am afraid
sad
are
still

Thérèse parle avec Marthe. Depuis quand° est-ce que Marthe se sent mal?
Qu'est-ce qu'elle compte faire?

THÉRÈSE: Qu'est-ce qu'il y a?

MARTHE: Tu sais, je ne me sens pas bien depuis quelques jours. Je me sens
faible et je manque° d'énergie. En plus, j'ai mal à l'estomac de
temps en temps, mais les symptômes ne durent pas.

THÉRÈSE: C'est sans doute la grippe; ça va passer. Prends des aspirines et
bois du thé.

MARTHE: Mais non, ce n'est pas ça. Je crois que c'est plus sérieux que ça.
J'ai très mal à la tête et j'ai le vertige° qui va et vient sans raison.
Je ne suis pas en forme. J'ai peur d'avoir quelque chose de grave.

THÉRÈSE: Je regrette que tu ne te sentes pas bien, mais il me semble que ce
n'est rien de grave . . . sans doute un petit virus ou une sinusite.

MARTHE: Je crois que tu te trompes.° J'ai l'impression que c'est encore plus
grave.

THÉRÈSE: Si tu crois que c'est sérieux, il faut voir le médecin. Tu as vu ton
médecin?

MARTHE: Non, pas encore. Je vais le voir cet après-midi. Tu sais . . . j'ai
aussi peur° de le voir.

THÉRÈSE: Écoute . . . il ne faut pas se paniquer comme ça. Je suis triste°
que tu sois° dans cet état, mais tu vas voir, tout va s'arranger.

MARTHE: J'espère que tu as raison. J'ai peur quand même.°

COMPRÉHENSION

ACTIVITÉ 2 **Quels sont les symptômes de Marthe?** Qu'est-ce que Marthe va dire au médecin? Choisissez de cette liste les symptômes qui conviennent.

Answers, Act. 2: 2, 3, 5, 6, 7, 9, 10

1. J'ai le nez bouché.
2. J'ai mal à la tête.
3. Je me sens faible et fatiguée.
4. Je crois que c'est un virus.
5. Je ne me porte pas bien du tout.
6. J'ai le vertige.

7. Je suis inquiète.
8. J'ai de la fièvre et des frissons.
9. J'ai des symptômes passagers.°
10. J'ai mal à l'estomac.

momentary

C'EST À DIRE ◆ Exprimer l'inquiétude et rassurer quelqu'un

Approach, **C'est à dire:** (1) Preview the material using the introductory guidelines. (2) Role-play the mini-dialogues and have students repeat and practice the material with you, with a partner and finally incorporating personal variations. (3) Have students find different ways to express concern, and how to express reassurance. List their answers in columns on the board. Then direct students to work in pairs, creating original mini-dialogues.

Suggestion: To familiarize students with the expression **avoir mal à . . .**, mime some imaginary pains: **J'ai mal à la tête** (holding your head), etc. Tell students where they hurt: **Vous avez mal à la tête,** etc., and have them show that they understand each

Your instructor will model how to express the following concerns. You should follow these steps.

A. Practice the mini-dialogues with a partner.
B. Substitute an alternative health problem for the one in each mini-dialogue.
C. Be prepared to describe a personal concern and solicit a partner's sympathy.

SCÈNE 1

— Aïe! *(Il tombe.)*

— Qu'est-ce qu'il y a?

— J'ai mal à la cheville.° Je ne peux pas la bouger.°

— J'ai très peur que tu aies quelque chose de cassé.

— Mais non, ne t'inquiète pas! Ce n'est certainement pas grave. Tu vois, je peux marcher.

— Heureusement!

SCÈNE 2

— Qu'est-ce qui ne va pas? Tu n'as pas bonne mine.

— J'ai une carie.° Ça me fait mal.

— Tu vas voir le dentiste?

— Ben oui. Mais l'idée d'aller chez le dentiste me fait mal aussi. Je crains qu'il m'arrache° la molaire.

— Ne t'en fais pas,° Christine. Je t'assure que ce n'est rien. Les molaires, ça se répare aujourd'hui.

SCÈNE 3

— J'ai mal au ventre!

— Rassure-toi. Ça va passer.

— Non, j'ai très mal au ventre. Je suis inquiet; j'ai peur que ce soit une appendicite.

— Tu peux y toucher?

— Oui.

— Si tu peux y toucher, ce n'est pas une appendicite.

— Mais ça fait mal!

— Allons, aie plus de courage. Ne fais pas l'enfant!°

Glossary (left margin):
- *ankle / move*
- *cavity*
- *extract*
- *don't worry*
- *don't be a baby*

ACTIVITÉ 3 Aïe!

Réagissez° aux nouvelles d'un(e) camarade à la page 468. Employez les expressions suivantes.

react

Ne t'inquiète pas.	Ne fais pas le bébé.
Rassure-toi.	Ne fais pas l'enfant.
Ne t'en fais pas.	Aie plus de courage!
N'aie pas peur.	C'est dommage° que tu sois malade.
Ce n'est certainement pas grave.	
Ça va passer.	Je regrette que tu te sentes mal.
Ça va aller.	Je t'assure que ce n'est rien.
Tant pis!°	

Glossary (left margin):
- *too bad*
- *tough luck!*

MODÈLE: J'ai très peur que la dentiste trouve une carie!
Rassure-toi. Ça va aller.

1. J'ai très peur que ce soit une appendicite.
2. Je crains que le dentiste m'arrache la molaire.
3. J'ai peur d'avoir quelque chose de cassé.
4. Je crains d'avoir une carie.
5. J'ai peur que le médecin m'opère.
6. Je crains que ce soit quelque chose de grave.
7. J'ai peur que ce soit une pneumonie.
8. Je crains que ce soit une grippe.

ACTIVITÉ **4** **Vous avez peur de quoi?** Using the expressions below, tell a friend about some imaginary symptoms and your own diagnosis. Solicit his or her advice and reassurance.

MODÈLE: — *Moi, j'ai mal à la tête et j'ai le vertige. J'ai peur que ce soit quelque chose de sérieux.*
— *Mais non, ne t'inquiète pas. Ce n'est certainement pas grave.*

J'ai mal à la tête (aux sinus / à la gorge / aux muscles / ...).
J'ai le vertige.

J'ai peur que ce soit

une appendicite.	une migraine.
une pneumonie.	une bronchite.°
un virus.	la mononucléose.
quelque chose de très sérieux.	une crise cardiaque.

bronchitis

Je crains que le dentiste m'arrache les dents.
le médecin m'opère.
le médecin me prenne du sang° pour des analyses.

blood

REGARDONS DE PLUS PRÈS • Quelques Verbes irréguliers au subjonctif

Approach, **Regardons de plus près:** (1) Preview the material focusing on the introductory questions. (2) Model the mini-dialogue several times. (3) Encourage students to look for patterns and direct them to answer the guide questions with a partner. (4) Elicit their observations. (5) Present the grammatical explanations as a means of confirming and extending students' hypotheses.

Think about the following questions as you study the conversation below.

A. Why is Yvette late for her appointment?
B. What are the infinitives of the verbs in boldface type?

— J'ai un rendez-vous chez le médecin.
— Je crains que **vous ne**[1] **soyez**° très en retard, Mademoiselle.
— Je le sais, mais j'ai un peu peur de cette visite. Je crains d'avoir une maladie sérieuse.
— Ne vous en faites pas. Tout va se passer très bien.
— Je l'espère, mais j'ai toujours peur. Il faut que **j'aille**° chez le dentiste immédiatement après cette visite.

are

go

■ The verbs **avoir, être, aller,** and **vouloir** have irregular conjugations in the present subjunctive. These verbs use one stem in the **je, tu, il (elle),** and **ils (elles)** forms and another in the **nous** and **vous** forms.

aller

Il faut que (qu') . . .

j'aille chez le dentiste.
tu ailles chez le médecin.
il aille chez la pharmacienne.

nous allions à l'hôpital.
vous alliez chez le chiropracteur.
elles aillent chez l'infirmière.° *f. nurse*

vouloir

Il est triste que (qu') . . .

je ne **veuille** pas y aller.
tu ne **veuilles** pas m'aider.
il veuille m'arracher la molaire.

nous ne **voulions** pas aller chez le médecin.
vous vouliez rester chez vous.
elles ne **veuillent** pas nous aider.

avoir

C'est dommage que (qu') . . .

j'aie quelque chose de grave.
tu aies une carie.
il ait quelque chose de sérieux.

nous ayons la pneumonie.
vous ayez une bronchite.
elles aient une sinusite.

être

Ils ne pensent pas que (qu') . . .

je sois contagieuse.
tu sois malade.
il soit souffrant.

nous soyons gravement malades.
vous ne **soyez** en retard.
elles soient très braves.

---

1. Note that with expressions of fear, the word **ne** may be used: *Je crains qu'il* **ne** *m'arrache la molaire.* In this case, **ne** has no negative meaning.

▶

The verbs **faire, savoir,** and **pouvoir** each have an irregular stem in the present subjunctive.

Il faut que je **fasse** une analyse de sang.

It's necessary that I do a blood test.

Il vaut mieux que nous **sachions** la vérité à propos de sa maladie.

It's better that we know the truth about his illness.

Je crains que nous ne **puissions** pas lui rendre visite.

I fear that we can't visit him.

ACTIVITÉ 5 Le Diagnostic.

Faites les diagnostics suivants. Utilisez *il est douteux* et *j'ai peur.*

near-sighted

MODÈLE: vous / avoir la grippe / être plus malade que ça
Il est douteux que vous ayez la grippe. J'ai peur que vous (ne) soyez plus malade que ça.

1. vous / avoir un mal de tête / être myope°
2. il / avoir un virus / être anémique
3. elles / avoir une bronchite / être tuberculeuses
4. tu / avoir une maladie du coeur / être plus malade que ça
5. nous / avoir des allergies / être vraiment contagieux
6. elle / avoir un problème digestif / être diabétique

ACTIVITÉ 6 Les Cas d'urgence.

Donnez des renseignements à propos de chaque personne. Utilisez *il faut.*

MODÈLE: elle / aller tout de suite à l'hôpital
Il faut qu'elle aille tout de suite à l'hôpital.

1. elle / aller voir le médecin
2. nous / aller immédiatement à la pharmacie
3. elles / aller chez le dentiste
4. vous / aller à la pharmacie
5. il / aller consulter le chirurgien le plus vite possible

X-ray

6. tu / aller faire une radio° tout de suite
7. ils / aller chez le cardiologue
8. je / aller chez moi pour me reposer

ACTIVITÉ **7** **Suivez mes conseils.**   Read the chart below to determine which patients want to follow which portions of the doctor's advice. Then give the doctor's reaction, using either the expression *Je suis content(e) que* or the expression *Je suis choqué(e) que*. Use the verb *vouloir*.

MODÈLE: M. Dulmenne

> *Je suis content(e) que M. Dulmenne veuille perdre des kilos et qu'il veuille commencer un programme d'exercice. Je suis choqué(e) qu'il ne veuille pas prendre de médicaments.*

	M. Dulmenne	Toi, Denis	Mme Lacoste	Vous, M. et Mme Goulet	Les sœurs Rochand
prendre moins de viande rouge	—	oui	—	oui	oui
prendre des médicaments	non	—	oui	oui	non
perdre des kilos	oui	oui	oui	non	—
commencer un programme d'exercice	oui	—	oui	—	oui

NOTES CULTURELLES

Les Avantages sociaux

Suggestion, Notes culturelles: Have students make a comparative analysis between the Social Security system in France and the one in the United States.

La Sécurité Sociale en France est bien développée. Les Français bénéficient de plusieurs services sociaux subventionnés° et de grande qualité. Mais ces services doivent être payés d'une façon ou d'une autre. En France, ils le sont par les cotisations° sociales. Tous les salariés qui bénéficient de la protection sociale doivent payer un certain pourcentage de leur salaire à la Sécurité Sociale. Le montant° des cotisations représente aujourd'hui environ 14% de leur salaire brut° (1986). L'augmentation entre 1974 et 1985 a été très forte, aussi bien pour les employés que pour les employeurs.

Les cotisations pour la Sécurité Sociale assurent une assistance en cas de maladie, d'accident, de chômage,° de maternité, de retraite° et de circonstances exigeant° une aide. Par exemple, il existe une:

A. Assurance maladie. Si l'employé tombe malade, la plupart des frais d'hospitalisation, de chirurgiens, de médecins, etc., sont couverts.

B. Assurance invalidité. Si l'employé devient malade et ne peut plus travailler, l'état° lui paie une grande partie de son salaire.

C. Assurance retraite. Quand l'employé prend sa retraite, le gouvernement lui garantit une pension de retraite.

D. Assurance maternité. L'employée a droit non seulement aux frais d'hôpital, mais aussi à des congés° pour raison de maternité.

En plus, les familles nombreuses ont droit à une allocation familiale. Cette aide est proportionnelle au nombre d'enfants dans la famille. Finalement, les invalides, les blessés de guerre,° les aveugles° et d'autres handicapés ont droit à une assistance spéciale.

Suggestion: You may want to direct students to prepare the **Au travail** section in the following **Tranche** as homework for the next class session.

Ce n'était rien

AU TRAVAIL

ACTIVITÉ 1

Note, Act. 1: This activity reviews how to confirm details.

Suggestion: You may want to have students call each other outside of class to practice this activity on the phone before doing the activity in class.

office

cough

Fixer un rendez-vous chez le médecin.   Fixez un rendez-vous chez le médecin. Décrivez vos symptômes et confirmez la date et l'heure du rendez-vous. Employez les questions suivantes.

1. Ici le cabinet° du Docteur Melvin. Que puis-je faire pour vous?
2. Vous ne vous portez pas bien?
3. Pouvez-vous me donner des renseignements plus exacts? Vous avez:

de la fièvre?	mal	à la tête?
des frissons?		aux oreilles?
une toux?°		à la gorge?
le nez bouché?		au ventre?
le nez qui coule?		aux muscles?

4. Et vous voulez voir le médecin ou l'infirmière?
5. Cet après-midi à 2h15 ou vers 5 heures?
6. D'accord. Alors, à cet après-midi?

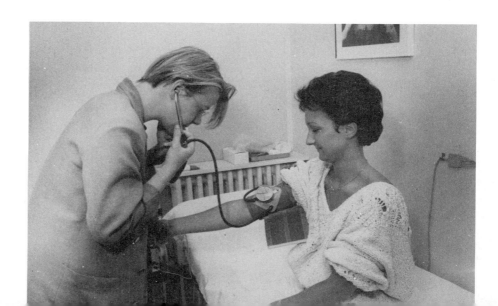

À L'ÉCOUTE◆La Maladie de Marthe

Écoutez l'enregistrement. Ensuite, faites les activités de compréhension. Écoutez ce que Marthe dit à son amie Thérèse, ensuite choisissez les phrases qui représentent le mieux le sujet de la conversation.

A. Marthe n'a rien de grave.

B. Marthe n'aime pas son médecin.

C. Marthe a besoin d'une paire de lunettes.

COMPRÉHENSION_____

ACTIVITÉ **2**

Bref... Je n'ai rien de grave.   Faites un résumé de la conversation entre Marthe et le médecin. Répondez aux questions suivantes.

1. Est-ce que Marthe est allée à son rendez-vous chez le médecin?
2. Qu'est-ce que le médecin a dit?
3. Est-ce qu'elle est toujours inquiète?

ACTIVITÉ 3

Que dit Marthe? Mettez les répliques de Marthe en ordre selon la conversation au téléphone.

Answers, Act. 3: c, a, e, b, d

a. J'ai de bonnes nouvelles. Tu avais raison. Il n'y a rien de grave.

b. Exactement. Je sais que je fais trop de lecture. Le docteur Lagarde m'a vite rassurée. C'est un médecin sensationnel.

c. Oui, c'est moi.

without

d. D'accord. Allons au restaurant! Je ne peux pas étudier sans° lunettes!

e. Je dois avoir des lunettes . . . Tu sais, il me faut des lunettes.

C'EST À DIRE ◆ Exprimer les sentiments

Approach, C'est à dire:
(1) Preview the material using the introductory guidelines. (2) Role-play the mini-dialogues and have students repeat and practice the material with you, with a partner and finally incorporating personal variations.
(3) Have students find

astonished

different ways to express feelings and emotions. List their answers in columns on the board.

I am afraid that / will undergo

Then direct students to work in pairs, creating original mini-dialogues.

Your instructor will model how to react to a piece of news. You should follow these steps.

A. Play both roles with a partner.

B. Replay the dialogues, changing a few details.

SCÈNE 1

— J'ai une carie à une molaire. Et cela a causé un mal de tête!

— Il est incroyable que ça soit vrai! Une carie a causé un mal de tête?

— C'est ça. Je suis étonné° que ce soit possible, mais le médecin vient de me le dire.

SCÈNE 2

— Je crains que° Christine subisse° une opération ce matin pour une appendicite.

— Quel dommage. Je suis triste qu'elle soit à l'hôpital pour Noël.

SCÈNE 3

— Tu sais, on m'a nommée infirmière du mois!

— Je suis très content pour toi. Je suis heureux qu'on reconnaisse ta valeur!

SCÈNE 4

to take care of
an emergency

— Ah! Je suis furieuse! Je suis vraiment en colère! J'ai attendu trois heures au cabinet du médecin et puis il est parti à l'hôpital se charger° d'un cas d'urgence.°

— Comment?

cancelled
in that way

— Bref, on a annulé° mon rendez-vous. Et j'ai attendu tout l'après-midi! Je suis tout à fait exaspérée qu'on me traite de la sorte.°

Vous dites?   Working with several partners, give and react to each piece of news. Be sure to vary your expressions.

get well

Follow-up, Act. 4: Have students close their books and spontaneously exchange news and reactions.

1. Je suis content(e) que tu te remettes° si vite.

   a. Oui, ça va beaucoup mieux.

   b. Je compte reprendre le travail lundi matin.

   c. J'ai un bon médecin.

2. Je suis furieux(se) que le médecin ne réponde pas à tes questions.

   a. Oui, mais il est très occupé.

   b. J'ai déjà porté plainte.

   c. Il est allé consulter une collègue.

3. Je suis désolé(e) que tu aies des complications à cause de l'opération.

   a. Je ne vais pas bien du tout.

   b. Ce n'est pas vraiment très sérieux.

   c. On dit que je dois passer la semaine entière ici.

4. Je crains que ce soit plus sérieux que je pensais.

   a. Calme-toi.

   b. Tu veux que je t'accompagne?

   c. Tu n'as pas confiance en ton médecin?

5. Je suis heureux(se) que tu n'aies pas besoin de physio-thérapie.

   a. Moi aussi.

   b. Oui, mais je dois faire ces exercices.

   c. Ce n'est pas aussi grave que je pensais.

6. Je suis surpris(e) que le médecin ne te donne pas d'antibiotiques.

   a. Je suis allergique aux antibiotiques.

   b. C'est un virus.

   c. Pas maintenant, mais peut-être plus tard.

REGARDONS DE PLUS PRÈS ♦ Le Subjonctif et les verbes d'émotion

Think about these questions as you study the conversation.

A. Why did Solange refuse at first to go to the party?

B. What mood is used after expressions of emotion?

— Allô? Solange? Alors, tu viens?

— Non, je ne peux pas. J'ai mal à la tête.

— Oh, non! **Je regrette que tu ne te sentes pas** bien. Mais André va venir. Fais un petit effort.

— Tu veux dire André Certois, le grand blond?

— Oui.

— Je vais mieux tout à coup.

— Tu viens? Oh, comme **je suis contente que tu viennes.** Tu vas voir, nous allons nous amuser.

■ Note that the subjunctive is normally used after an expression of emotion when there is a change of subject.

expression of emotion **+ que +** *subjunctive*

delighted / proud	*Happy:* **Je suis heureux(se), content(e), ravi(e),° fier° (fière) que . . .**

Je suis contente que tu ne sois pas malade.	*I am happy (that) you are not sick.*
Jean Durant est fier que son fils soit médecin.	*Jean Durant is proud that his son is a doctor.*

Sad: **Je suis triste, malheureux(se), désolé(e), mécontent(e),**

disappointed **déçu(e)° que . . .**

ashamed **J'ai honte° que . . .**

Je regrette que . . .

Je suis triste que tu ne te sentes pas bien.	*I am sad that you don't feel well.*
Elle est désolée que vous ne veniez pas la voir à l'hôpital.	*She is sad that you aren't coming to see her in the hospital.*
Nous regrettons que tu ne sois pas en forme.	*We are sorry (that) you aren't in shape.*

Surprised: **Je suis surpris(e), choqué(e) que . . .**

Il est surprenant, choquant, incroyable que . . .

Il est incroyable que le médecin ne m'ait pas donné de rendez-vous.	*It is unbelievable that the doctor didn't give me an appointment.*
Je suis choquée que tu aies une maladie grave.	*I am shocked that you have a serious illness.*

Irritated: **Je suis irrité(e), exaspéré(e), furieux(se) que . . .**

Vous êtes furieuse que je ne vienne pas?	*Are you furious that I'm not coming?*

▶

■ An infinitive is used when there is no change of subject.

expression of emotion **+ de +** *infinitive*

J'ai peur d'avoir une maladie grave.	*I'm afraid that I have a serious illness.*
Il regrette d'être en retard pour la visite médicale.	*He's sorry to be late for the doctor's visit.*

ACTIVITÉ **5**   **La Carte postale.**   Vous avez reçu une carte postale d'un(e) ami(e). Répondez aux nouvelles avec une expression d'émotion.

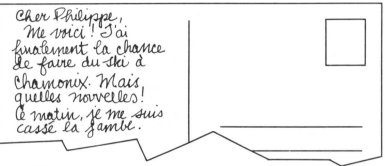

*Cher Philippe,
Me voici ! J'ai finalement la chance de faire du ski à Chamonix. Mais quelles nouvelles! Ce matin, je me suis cassé la jambe.*

MODÈLE:

Je suis content(e) que tu sois à Chamonix, mais je suis désolé(e) que tu te sois cassé la jambe.

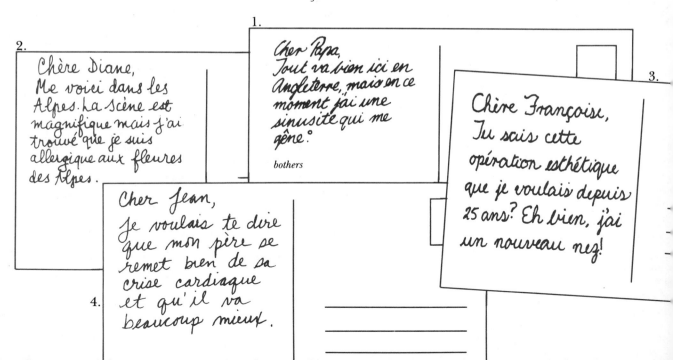

2.

*Chère Diane,
Me voici dans les Alpes. La scène est magnifique mais j'ai trouvé que je suis allergique aux fleurs des Alpes.*

1.

*Cher Papa,
Tout va bien ici en Angleterre, mais en ce moment j'ai une sinusite qui me gêne.*

bothers

3.

*Chère Françoise,
Tu sais cette opération esthétique que je voulais depuis 25 ans? Eh bien, j'ai un nouveau nez!*

*Cher Jean,
Je voulais te dire que mon père se remet bien de sa crise cardiaque et qu'il va beaucoup mieux.*

4.

ACTIVITÉ 6

Quelles sont leurs réactions?

Combine each statement of emotion with the news, using either *que* + *subjunctive* or *de* + *infinitive*.

MODÈLES: vous êtes heureux / vous avez rendez-vous chez la dentiste
Vous êtes heureux d'avoir rendez-vous chez la dentiste.

vous êtes heureux / les enfants ont rendez-vous chez la dentiste
Vous êtes heureux que les enfants aient rendez-vous chez la dentiste.

1. vous êtes heureux / ta grand-mère se sent mieux
2. je suis triste / je passe le week-end à l'hôpital
3. elle est surprise / elle va avoir des jumeaux°
4. tu as peur / tu as une appendicite
5. nous regrettons / vous ne pouvez pas venir
6. je suis choqué(e) / j'ai une infection sérieuse
7. Jeanne est furieuse / le médecin est très en retard
8. nous sommes contents / nous sommes en forme

° *m. twins*

À VOUS! ◆ Les Maladies

You recently went on an expedition in the Alps and have returned feeling very ill. Describe your symptoms to at least three different doctors (three partners), who will make a diagnosis and give you their recommendations. To what extent are all recommendations the same?

Les Papiers de l'assurance

AU TRAVAIL

before being

Note, Act. 1: This activity reviews how to give information.

parent or guardian

Les Renseignements, s'il vous plaît. Vous êtes malade et devez aller à l'hôpital. Mais avant d'être° admis à l'hôpital, il faut compléter le formulaire suivant.

HÔPITAL LAENNEC, 42, rue de Sèvres, Paris
Nom:
Adresse locale:
Adresse permanente:
Numéro de téléphone:
Responsable:°
Adresse du responsable:
Assurances:

LECTURE◆Une Lettre à papa

Pre-reading, Lecture:
(1) Preview the material
to take care
focusing on the title and letter and have students hypothesize about the content. (2) Read the introductory material.

René a demandé à son père de s'occuper° des papiers de la Sécurité Sociale.

A. Quels documents est-ce qu'il envoie dans la lettre?
B. À votre avis, est-ce que le procédé est facile?

Lyon, le 3 décembre

Cher Papa,

Voici tous les papiers de ma visite chez le médecin. Il y a une ordonnance, la carte de visite du médecin et les reçus.° Tu sais que je n'ai pas la tête à ces choses-là.

Je réponds maintenant à toutes les questions que tu m'as posées au sujet de ma visite :

1. Je crois bien que ma visite doit être classée comme routine. Je ne crois pas qu'il s'agisse° d'une visite d'urgence.

2. Oui, le docteur m'a écrit une ordonnance. Il est possible que le médicament soit couvert par la Sécurité Sociale.

3. Le médecin a effectivement signé un arrêt de travail° pour deux jours. Donc je ne pense pas que j'aie besoin d'autre chose pour mon patron.

4. Je me sens bien aujourd'hui, mais il n'est pas sûr que ce soit la fin de ce virus. Le médecin m'a dit que dans mon cas une rechute° n'est pas rare.

Je te remercie de tout le travail que tu vas faire. Je vais te téléphoner samedi prochain pour avoir de tes nouvelles. A bientôt !

Grosses bises.

Ton fils,
René

COMPRÉHENSION

ACTIVITÉ 2   Qu'est-ce que c'est?   Choisissez la meilleure définition.

1. une ordonnance

   a. des instructions médicales pour des produits pharmaceutiques
   b. une cérémonie militaire
   c. un ordre

2. des médicaments

   a. les assistants du médecin
   b. des comprimés, du sirop, des antibiotiques
   c. des papiers de l'assurance médicale

▶

3. une visite d'urgence

    a. un rendez-vous chez le médecin

    b. un cas sérieux qui demande une visite immédiate

    c. une visite encouragée par le médecin

4. un arrêt de travail

    a. une permission médicale de ne pas travailler

    b. une action policière

    c. un travail ennuyeux et routinier

5. une rechute

    a. une espèce de parachute

    b. une machine

    c. un retour de la maladie

ACTIVITÉ 3   La Maladie de René.   Complétez le résumé suivant.

Le médecin a dit que René avait _____. Il a écrit _____ et il a signé _____. Il a dit à René de ne pas travailler _____. Quand René est rentré au travail, il a donné _____ à son patron.

C'EST À DIRE ◆ Exprimer la certitude, la probabilité et le doute

Your instructor will role-play these scenes. You should follow these steps.

A. Practice both roles with a partner.

B. Note the many different ways in which certainty, probability, and doubt can be expressed.

SCÈNE 1

— Tu crois que le patron accepte mon arrêt de travail?

— C'est sûr.

— Comment le sais-tu? Est-ce que tu lui as déjà parlé de mon accident?

— Non, je suis convaincu qu'il va l'accepter; il était témoin° de l'accident.

witness

SCÈNE 2

— Comment va Marthe?
— Je ne sais pas exactement, mais je ne crois pas que sa maladie soit grave.
— Tu crois qu'elle va aller à l'hôpital?
— Mais non, je doute que sa maladie soit si grave que ça.

SCÈNE 3

— Mais où est Jean? Il a rendez-vous chez le dentiste bientôt.
got lost — Sans doute qu'il s'est perdu.°
— Ce n'est pas possible!
— Je suis convaincue qu'il s'est perdu. Il se perd tout le temps.
— Mais non, il est clair qu'il a peur et qu'il ne va pas venir.

SCÈNE 4

— Qu'est-ce que vous en pensez, Docteur?
— Je pense que vous êtes en bonne santé; il est évident que la maladie n'est pas grave.
— Mais, ma migraine?
— Je ne pense pas que ce soit sérieux. Je doute qu'elle implique un problème.

ACTIVITÉ 4

Note, Act. 4: Be sure students use the indicative after expressions of certainty and the subjunctive after expressions of doubt.

Vous me remboursez?   Certain of the following medical expenses are payable by insurance; others are not. Use the following expressions to give your opinions about each one.

rental

MODÈLE: la location de téléviseur
Je suis certain(e) que la location° du téléviseur est payée.
ou *Je doute que la location du téléviseur soit payée.*

Le doute	La certitude
Je doute que . . .	Je suis certain que . . .
Il est douteux que . . .	Il est sûr que . . .
Il est peu probable que . . .	Je pense que . . .

herb teas

diets

1. les charges du téléphone
2. les frais du médecin
3. les chambres privées
4. les services du psychiatre
5. les régimes° végétariens
6. les ordonnances

7. les frais de l'ambulance
8. les tisanes°
9. les frais du parking à l'hôpital
10. les opérations esthétiques

À mon avis . . . How much do you know about the health care system in France? Indicate whether the following are true or false, using the expressions *Je suis sûr(e) que . . .* and *Je ne suis pas certain(e) que . . . .* The answers are at the bottom of the page.

Approach, Act. 5: You may review the **Notes culturelles** at the end of **Tranche 1** and have students correct the incorrect statements.
Answers: 1. vrai 2. vrai 3. vrai 4. faux 5. vrai 6. vrai 7. faux 8. faux

MODÈLE: Le système français est plus juste que le système américain.
Je suis sûr(e) que le système français est plus juste que le système américain.
ou *Je ne suis pas certain(e) que le système français soit plus juste que le système américain.*

1. On donne de l'argent aux familles avec beaucoup d'enfants.
2. Tous les travailleurs ont 5 semaines de congé payé.
3. Les frais médicaux sont couverts en France.
4. Les travailleurs ont 32 heures de travail par semaine.
5. Les frais de maternité sont couverts.
6. La retraite° est garantie en France. *retirement*
7. Les travailleurs peuvent renvoyer° les patrons. *fire*
8. La Sécurité Sociale ne coûte rien aux travailleurs.

REGARDONS DE PLUS PRÈS ◆ Le Subjonctif et le doute

Cultural note, Regardons de plus près: The French must pay at the time they see a doctor or get medicine. They then fill out the necessary papers and wait for a long time before being reimbursed by **La Sécurité Sociale.**

Think about these questions as you study the conversation below.

A. What is the confusion about?
B. What mood is used after expressions of uncertainty or doubt?

— Tu as rempli les formulaires de la Sécurité Sociale?
— **Je ne crois pas que ce soit** nécessaire.
— Comment? **Tu doutes que ce soit nécessaire?** Tu ne veux pas qu'on te rembourse pour les médicaments?
— Oui, mais ça se fait automatiquement. **Je ne suis pas certain que je doive°** les remplir. *ought to*
— Tu rêves,° mon vieux. *are dreaming*

■ Generally, when expressing certainty, the indicative is used. When doubt is expressed, the subjunctive is used.

Answers: 1. vrai 2. vrai 3. vrai 4. faux 5. vrai 6. vrai 7. faux 8. faux

Indicatif	Il est certain qu'il se sent mieux.	*It's certain that he's feeling better.*
Subjonctif	Je doute qu'il se sente mieux.	*I doubt that he's feeling better.*

■ The expressions **je pense que** and **je crois que** used in the affirmative express certainty. The same expressions used in the negative or interrogative express doubt.

Indicatif	Je pense que c'est grave.	*I think it's serious.*
Subjonctif	Je ne pense pas que ce soit grave.	*I don't think it's serious.*
	Penses-tu que ce soit grave?	*Do you think it's serious?*

■ Look at this summary of expressions of certainty and doubt.

Indicatif	Subjonctif
Je ne doute pas que . . .	Je doute que . . .
Je pense que . . .	Je ne pense pas que . . .
	Pensez-vous que . . . ?
Je crois que . . .	Je ne crois pas que . . .
	Croyez-vous que . . . ?
Je suis certain(e) que . . .	Je ne suis pas certain(e) que . . .
Je suis sûr(e) que . . .	Je ne suis pas sûr(e) que . . .
Il est certain que . . .	Il n'est pas certain que . . .
Il est vrai que . . .	Il n'est pas vrai que . . .
Il est sûr que . . .	Il n'est pas sûr que . . .
Il est évident que . . .	Il n'est pas évident que . . .
Sans doute que . . .	Il est douteux que . . .
	Il est possible que . . .
	Il est peu probable que . . .

ACTIVITÉ **6** **Vous n'êtes pas certain(e)?** Exprimez le doute à propos des nouvelles suivantes.

Answers, Act. 6:
1. . . . que ce soit classé . . . 2. . . . que le médicament soit couvert . . . 3. . . . que je doive remplir . . .
4. . . . que la patronne accepte . . .
5. . . . que ce soit la fin . . . 6. . . . que nous allions faire . . .
7. . . . que les →

MODÈLE: je doute / le médecin arrive à l'heure
Je doute que le médecin arrive à l'heure.

1. je ne crois pas / c'est classé comme une visite d'urgence
2. il n'est pas sûr/ le médicament est couvert par l'assurance
3. je ne suis pas certain(e) / je dois remplir les papiers

4. je ne pense pas / la patronne accepte mon arrêt de travail
5. il n'est pas évident / c'est la fin de ce virus
6. il est possible / nous allons faire une autre réclamation
7. il est douteux / les assurances paient les charges de téléphone
8. il est peu probable / on rembourse les ordonnances

ACTIVITÉ **7**   **Les Accidents.**   Ask a partner about the following statistics on injuries and accidents. The answers are provided at the bottom of the page.

MODÈLE: Il y a plus d'accidents de travail que d'accidents d'automobile.
— *Crois-tu qu'il y ait plus d'accidents de travail que d'accidents d'auto-mobile?*
— *Oui. Je crois qu'il y a plus d'accidents de travail que d'accidents d'au-tomobile.*
ou — *Non. Je ne crois pas qu'il y ait plus d'accidents de travail que d'acci-dents d'automobile.*

1. Il y a plus d'accidents de travail que d'accidents d'automobile.
2. Les accidents d'avion sont plus nombreux maintenant qu'en l962.

deaths
3. Le nombre de décès° causés par l'alcool est plus élevé maintenant qu'en l960.
4. Les accidents de ski et d'alpinisme sont responsables du plus grand nombre d'accidents mortels dans les Alpes.
5. En l980, plus de personnes sont mortes dans les accidents routiers que dans les accidents de train ou dans les accidents d'avion.
6. Les fumeurs ont plus d'accidents de travail que les non-fumeurs.
7. Les accidents à la maison sont beaucoup plus fréquents que les acci-dents de travail.
8. Le nombre d'accidents de la route a diminué de 15% en 5 ans.

À VOUS! ◆ La Lettre

Approach, À vous!: You may want to ask students to write this letter as homework.

Suggestion: You may want to direct students to prepare the **Au travail** section in the following **Tranche** as homework for the next class session.

Working with a partner, write a letter similar to the one in the *Lecture*. Sub-stitute at least ten details in your letter.

Answers: 1. vrai   2. faux   3. faux   4. faux   5. vrai   6. vrai   7. vrai   8. vrai

Les Grands Problèmes

☰ AU TRAVAIL

ACTIVITÉ 1

À votre avis...   Which of the following poses the greatest health threat to modern society? Be prepared to answer the following questions and to agree or disagree with others in your class.

MODÈLE: Quelle est la menace la plus grave?
— *Pour moi, la menace des centrales nucléaires est la plus grave.*
— *C'est ça. Je suis tout à fait d'accord.*
— *Je ne suis pas d'accord. La famine est le problème le plus sérieux.*

nuclear power stations / AIDS   les centrales nucléaires°   le SIDA°   le cancer   la pollution
birthrate   le tabac   la famine   l'alcoolisme   les drogues   la natalité°

1. Quel est le problème le plus (le moins) sérieux?
2. Quelle est la menace la plus (la moins) grave?
3. Quel problème est le plus (le moins) facile à résoudre?

☰ C'EST À DIRE ◆ Comment développer et présenter un argument

Your instructor will role-play two scenes that show how to develop an argument. You should follow these steps.

A. Practice the mini-dialogues with a partner.
B. Be prepared to offer your own opinions on current issues.

DANS NOTRE VILLE
PRÈS DE NOUS QUELQU'UN A FAIM.

TÉL. 16 (1) 47.35.92.02
BANQUE ALIMENTAIRE

Avec le concours du Crédit Agricole d'Ile-de-France.

practice the material with you, with a partner and finally incorporating personal variations.
(2) Have students find different ways to develop an argument. List their answers in columns on the board. Then direct students to work in pairs, creating original mini-dialogues.

SCÈNE 1

— Qu'est-ce que tu penses de l'énergie nucléaire?

on one hand
on the other hand

— Moi, je ne sais pas. D'un côté,° je pense que ce n'est pas bien, mais de l'autre côté,° je ne pense pas que ce soit vraiment dangereux.

SCÈNE 2

— Est-ce que tu crois qu'on doive instaurer un système de transports électriques? L'automobile est une grande source de pollution.

to improve

— Non, je ne suis pas d'accord. Je ne pense pas que ce soit le cas. On a beaucoup fait pour améliorer° les voitures.

— Mais il y a des preuves que la pollution est la cause de beaucoup de maladies dans nos centres urbains.

adds

— Il est vrai que l'automobile ajoute° au problème, mais je ne crois pas que l'influence soit très importante.

Expressions pour ponctuer un argument

D'abord	Et puis	Bref
Deuxièmement	Je voudrais ajouter	En somme
Aussi	En plus	Finalement

Expressions pour répondre à un argument

Moi, je suis d'accord.	Je ne suis pas sûr(e).	Je ne suis pas d'accord.
C'est tout à fait correct.	Ce n'est pas complètement vrai.	A mon avis, ce n'est pas vrai.
C'est vrai.		Je doute que ce soit correct.

Pour et contre les centrales nucléaires.   Use the numbered statements below to develop a coherent position on nuclear power.

Suggestion, Act. 2: Have
students imagine that
they are members of a
political party discussing
important social issues.

a. Sort the statements below into two lists—one for nuclear power and one against nuclear power.

b. Decide if you are for or against.

c. Link together only the arguments that support your point of view. Use the sequence markers listed in the *C'est à dire* section to punctuate your argument.

d. Present your argument.

e. Be prepared to have someone in class agree, partially agree, or disagree with your position.

1. Nous avons besoin de l'électricité.
2. Il ne reste plus beaucoup de pétrole dans le monde.
3. Les centrales nucléaires sont dangereuses.
4. Les accidents n'ont pas été graves, mais la probabilité d'un accident extrêmement grave existe.
5. La science perfectionne encore les centrales.
6. Le maintien des centrales est un grand problème.
7. L'énergie nucléaire est une forme d'énergie moderne.

wastes   8. Il faut penser aussi aux déchets° nucléaires.

REGARDONS DE PLUS PRÈS ◆ Le Subjonctif (Révision)

Cultural note, **Regardons
de plus près:**
Consumption of alcohol
is an old tradition but
also an important
problem in France. It is
the cause of 9% of traffic
accidents in France and
represents 6% of causes
of death. (Source:
Gérard Mermet, *La
Francoscopie,* 1985)

Study the conversation below and note how the subjunctive and indicative are used.

— **Il faut** absolument **que le gouvernement s'occupe** du problème de l'alcoolisme.
— Je suis d'accord. **Il est certain que c'est** un problème majeur aujourd'hui.
— Bien sûr. Imagine le problème . . . une famille sur la route un soir . . . *drunk / wheel* tout à coup voilà un ivrogne° derrière le volant.° **J'ai peur que l'ivrogne** *cause a few deaths* **ne fasse** quelques morts!°
— Et d'un autre côté, **il faut** aussi **penser** à l'absentéisme causé par l'alcoolisme . . . et **je voudrais** aussi **qu'on considère** le grand nombre de familles détruites par cette maladie!
— En effet, le problème est grave. **Il est nécessaire de passer** à l'action à présent. Faisons quelque chose.

▶

A speaker's tone and position with respect to the information conveyed is reflected in the mood he or she selects.

■ When expressing certainty, the indicative is used.

Il est certain que c'est un problème majeur.

It is certain (that) that's a major problem.

■ The subjunctive mood is used to express perceived needs, feelings, beliefs, opinions, or doubts.

J'ai peur que l'ivrogne ne fasse quelques morts.

I'm afraid the drunk will cause a few deaths.

Certain expressions indicate that the speaker considers the information to reflect his or her perceptions rather than actual fact. These expressions are normally followed by the subjunctive.

necessity

Il faut que le gouvernement fasse quelque chose.

The government has to do something.

wish, desire

Je voudrais que vous considériez le nombre de familles détruites.

I would like you to consider the number of families destroyed.

doubt

Je doute que le problème soit facile à résoudre.

I doubt that the problem is easy to solve.

emotion

regret: **Je regrette que nous ne puissions pas** faire plus.

I'm sorry (that) we can't do more.

surprise: **Il est incroyable que le problème soit** si important.

It's unbelievable that the problem is so important.

irritation: **Je suis furieux que nous ne manifestions** pas!

I am furious that we aren't demonstrating!

sadness: **Je suis triste que l'alcoolisme pose** un si grand danger.

I am sad that alcoholism poses such a big danger.

happiness: **Je suis heureux que nous travaillions** là-dessus.

I am happy (that) we're working on that.

■ When the subject reflects on the speaker's own actions, an infinitive pattern is usually used.

Je voudrais passer à l'action à présent.   *I'd like to move to action now.*

ACTIVITÉ 3

Answers, Act. 3:
Subjunctive: 1, 4, 5, 7, 8, 9, 12, 13, 14, 15, 16, 17, 18, 20, 21, 23, 24
Indicative: 2, 3, 6, 10, 11, 19, 22

C'est vrai ou c'est votre idée?   Decide whether each of the following statements introduces a fact and should be followed by the indicative or whether it introduces a perception and should be followed by the subjunctive. Be sure to justify your choice.

1. Il faut que . . .   2. Je crois que . . .   3. Il me semble que . . .   4. Je crains que . . .   5. Je veux que . . .   6. Il est certain que . . .   7. Je suis content que . . .   8. Il est nécessaire que . . .   9. Je doute que . . .   10. Je pense que . . .   11. Il semble que . . .   12. J'aimerais que . . .   13. Il est important que . . .   14. Je ne pense pas que . . .   15. Il est douteux que . . .   16. Il vaut mieux que . . .   17. Il est peu probable que . . .   18. Je suis furieux(se) que . . .   19. Je suis certain(e) que . . .   20. Je voudrais que . . .   21. J'ai peur que . . .   22. Je sais que . . .   23. Il est essentiel que . . .   24. J'exige que . . .

ACTIVITÉ 4

blood alcohol content

Answers, Act. 5: 1. J'ai très peur d'être . . . 2. Je ne pense pas que ce problème soit . . . 3. Je veux qu'on enlève . . . 4. Je suis choqué(e) qu'il y ait . . . 5. Il est nécessaire qu'on s'organise . . . 6. Il faut que le gouvernement fasse . . .

take away / driver's license
drunk

L'Alcool au volant.   Consider this fact: *Neuf pour cent des accidents de la route sont causés par un taux d'alcoolémie° trop élevé.* Using the indicative, the infinitive, or the subjunctive, express the following opinions about that fact. Then select the two or three statements that most closely reflect your own ideas.

MODÈLE: je suis désolé(e) que (de) / le chauffeur est à l'hôpital
    Je suis désolé(e) que le chauffeur soit à l'hôpital.

1. j'ai très peur que (de) / je suis dans un accident de voiture
2. je ne pense pas que (de) / ce problème est spécifique à la France
3. je veux que (de) / on enlève° le permis de conduire° à tous les chauffeurs en état d'ivresse°
4. je suis choqué(e) que (de) / il y a un si grand nombre de fatalités
5. il est nécessaire que (de) / on s'organise contre l'alcool au volant
6. il faut que (de) / le gouvernement fait quelque chose tout de suite

LA LANGUE ÉCRITE

Une Lettre à l'éditeur.   Write a letter to the editor expressing your opinions about a current issue of health or social concern.

VOCABULAIRE ET EXPRESSIONS

■ EXPRESSING CONCERN AND REASSURANCE

Ne t'inquiète pas.	Ce n'est certainement pas grave.	Tant pis!
Rassure-toi.	Ça va passer.	Ne fais pas le bébé.
Ne t'en fais pas.	C'est dommage que tu sois malade.	Ne fais pas l'enfant.
N'aie pas peur.	Je regrette que tu te sentes mal.	Aie plus de courage!
	Je t'assure que ce n'est rien.	

■ EXPRESSING EMOTION

Peur:	J'ai peur que . . . je crains que . . .
Heureux:	Je suis heureux(se), content(e), ravi(e), fier (fière) que . . .
Triste:	Je suis triste, malheureux(se), désolé(e), mécontent(e), déçu(e) que . . .
	J'ai honte que . . . Je regrette que . . .
Surpris:	Je suis surpris(e), étonné(e), désolé(e), choqué(e) que . . .
	Il est surprenant, choquant, incroyable que . . .
Irrité:	Je suis irrité(e), exaspéré(e), furieux(se) que . . .

■ EXPRESSING CERTAINTY, PROBABILITY, OR DOUBT

Indicatif	Subjonctif	Subjonctif
Je ne doute pas que . . .	Je doute que . . .	Il n'est pas certain que . . .
Je pense que . . .	Je ne pense pas que . . .	Il n'est pas vrai que . . .
	Pensez-vous que . . . ?	Il n'est pas sûr que . . .
Je crois que . . .	Je ne crois pas que . . .	Il n'est pas évident que . . .
	Croyez-vous que . . . ?	Il est douteux que . . .
Je suis certain(e) que . . .	Je ne suis pas certain(e) que . . .	Il est possible que . . .
Je suis sûr(e) que . . .	Je ne suis pas sûr(e) que . . .	Il est peu probable que . . .
Il est certain que . . .		
Il est vrai sur que . . .		
Il est évident que . . .		

■ DEVELOPING AN ARGUMENT

D'abord	Et puis	Bref
Deuxièmement	Je voudrais ajouter	En somme
Aussi	En plus	Finalement

Moi, je suis d'accord.	Je ne suis pas sûr(e).	Je ne suis pas d'accord.
C'est tout à fait correct.	D'une part, c'est vrai.	À mon avis, ce n'est pas vrai.
C'est vrai.	Ce n'est pas complètement vrai.	Je ne pense pas que ce soit le cas.
Je crois que c'est vrai.	D'un côté, oui, mais de l'autre côté, non.	Je doute que ce soit correct.

MES FINANCES

In this chapter, you will learn how to discuss purchases and financing, discuss international customs regulations, and hypothesize about the world economy.

CHAPITRE 17

Le Dernier Cri

Be sure to call students' attention to the functions and contexts in each **Tranche** before beginning the chapter.

AU TRAVAIL

ACTIVITÉ 1

Note, Act. 1: This activity reviews how to make purchases and introduces different means of payment.

À la caisse. Vous êtes dans un grand magasin. Répétez la conversation avec un(e) camarade; ensuite, substituez d'autres achats (un sac, un short, un tee-shirt, des sandales, une blouse, un pull-over).

— Je vais prendre ce jean et le parfum.
— Ça fait cinq cent quatre-vingt-dix francs, Mademoiselle. Vous payez *cash* comptant° ou à crédit?
— Euh, je n'ai pas cette somme en espèces.° Est-ce que je peux payer avec *bills* des chèques de voyage?
— Mais oui. Vous avez une pièce d'identité?
— J'ai ma carte d'identité et mon passeport.
— C'est parfait.

DIALOGUE ◆ La Robe du soir

Approach, Dialogue:
(1) Go over the introductory questions with the students, and remind them that the first time through they should listen primarily for this information. (2) Play the dialogue on the student's audio cassette (or role-play it yourself). (3) Ask students to answer the guide questions. (4) Play the dialogue again. (5) Have students repeat and practice with you and with each other, taking different roles. Encourage them to

evening gown
f. sizes

Lise cherche une robe du soir.° Dans quel département du grand magasin est-ce qu'elle cherche? Est-ce que le système européen de tailles° pour les vêtements est comparable au système américain?

LA VENDEUSE: Bonjour, Mademoiselle. Vous cherchez?
        LISE: Je voudrais une robe du soir . . . quelque chose d'élégant. Vous avez la nouvelle ligne de Saint Laurent?
LA VENDEUSE: Bien sûr. Nous avons les derniers modèles de Saint Laurent, d'Ungaro, de Givenchy et aussi les lignes anglaises et italiennes. Nous recevrons[1] les derniers modèles américains

———

1. The complete conjugation of the irregular verb **recevoir** *(to receive)* is given in the section **Vocabulaire et expressions** at the end of the chapter.

d'Estrada et de Morgenstern à la fin du mois. Quelle taille faites-vous?

LISE: Je porte° du 38.

LA VENDEUSE: Nous avons plusieurs modèles de cette taille. Par ici. Voici notre ligne° «Passion» importée d'Italie. Elle est très en vogue° en ce moment. Et voici les nouvelles jupes° anglaises. Elles sont de style romantique. Ce modèle se porte avec une blouse en soie° et des chaussures° à très hauts talons.° Je vous garantis que vous ferez fureur° dans cette jupe. Cette couleur vous va à merveille!°

wear (Je porte°)
f. line (ligne°)
popular / f. skirts (vogue° / jupes°)
f. silk / f. shoes / m. heels (soie° / chaussures° / talons°)
will be noticed (fureur°)
suits you well (à merveille!°)

personalize the dialogue by changing words or expressions. (6) Remind them that they will have to review the material several times to complete the other comprehension activities. The dialogue and comprehension activities may be done outside of class.

Follow-up: After students have answered the introductory questions, you may want to have them refer to the **C'est à dire** section for more details about sizes.

sky blue	LISE:	J'aime bien cette jupe bleu ciel.° Et j'adore ce modèle italien. Est-ce que je pourrais les essayer?°
to try		
f. fitting rooms	LA VENDEUSE:	Nos cabines° se trouvent par là.

(Plus tard . . .)

would wear	LISE:	La jupe anglaise ne me va pas du tout. Vous porteriez° quelque chose de ce genre, vous?
	LA VENDEUSE:	En effet, je crois qu'il faut un physique spécial pour apprécier ce genre de jupe. Qu'est-ce que vous pensez du modèle italien?
	LISE:	J'adore le style. C'est parfait.
will need	LA VENDEUSE:	Et avec ça, est-ce que vous aurez besoin° d'autre chose? Nous avons des accessoires . . .
	LISE:	Merci, c'est tout.
	LA VENDEUSE:	Voulez-vous bien m'accompagner à la caisse?

COMPRÉHENSION

ACTIVITÉ **2**

Vous dites?   Racontez cet incident du point de vue de Lise. Mettez les phrases suivantes dans l'ordre correct.

1. J'ai trouvé la jupe anglaise absolument épouvantable.
2. Ce matin, je suis allée au grand magasin.
3. Gérard m'a invitée au bal et je voulais acheter une nouvelle robe.
4. Il y avait plusieurs modèles de taille 38.
5. J'ai beaucoup aimé une robe italienne et les jupes romantiques anglaises.
6. J'ai finalement choisi le modèle italien.

C'EST À DIRE ◆ Se décider

Your instructor will model how to inquire about merchandise. You should follow these steps.

A. Play both roles with a partner.

B. Substitute articles of clothing, colors, and fabrics of your choice in each mini-dialogue.

C. Be prepared to describe the type, color, and fabric of your favorite item of clothing.

SCÈNE 1

silk / red / green / dark

will wear

— Tu préfères la robe du soir en soie° rouge° ou la verte° foncée?°
— Moi, je préfère la verte foncée. Elle te va à merveille . . . mais elle n'est pas très pratique. Où est-ce que tu porteras° cette robe?
— Je la porterai à la fête de mariage de Jean.
— Ah, oui, une robe en soie sera parfaite pour le mariage.

expensive clothes, but
still tries to be stylish.

Approach: Proceed with
the usual **C'est à dire**
presentation. Have
students name different
clothes they would buy.

Suggestion: You may
want to organize a
fashion show. Ask
students to come to class
in their favorite or most
interesting clothes. Have
students improvise
descriptions. Have the
rest of the class take
notes about each model.

size (shoes)

wear (shoes)

will order

SCÈNE 2

— Votre pointure?°
— Je chausse° du 36.
— Désolé. Nous n'avons pas ce modèle en 36.
— Vous commanderez° ces chaussures pour moi? Il me faut ces chaussures . . . Elles sont exactement ce que je cherche pour mon voyage.
— Vous partez quand?
— Je partirai dans 15 jours.
— Je parlerai avec le chef du département et je lui demanderai son avis. Je crois que nous pourrons vous les commander.

D'AUTRES VÊTEMENTS

une chemise de nuit · un soutien-gorge * · un chapeau · un pullover · une blouse · un tailleur · une veste · un short · un slip * · une jupe · des sandales · des bottes · un jean · des tennis · des collants · * des sous-vêtements

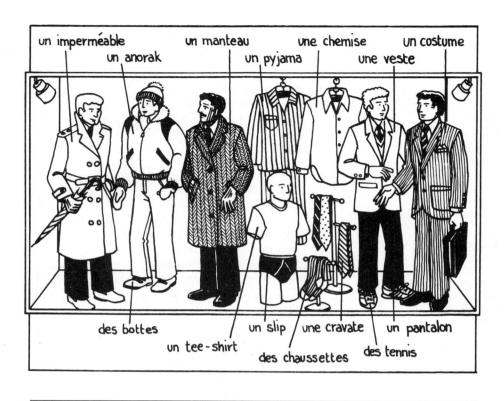

un imperméable
un anorak
un manteau
un pyjama
une chemise
une veste
un costume
des bottes
un tee-shirt
un slip
une cravate
des chaussettes
un pantalon
des tennis

D'AUTRES COULEURS

yellow	jaune°	violet(te) / pourpre
	rouge	blanc (blanche)
gray / f. wool	vert(e)	gris(e)°
	bleu(e)	noir(e)
brown	orange	marron°

D'AUTRES TISSUS

en coton
en soie
en laine°

DAMES						
Tailles françaises	40	42	44	46	48	50
Tailles américaines	32	34	36	38	40	42
	6	8	10	12	14	16
Pointures françaises	35	36	37	38	39	40
Pointures américaines	4	5	6	7	8	9
HOMMES						
Tailles françaises	46	48	50	52	54	56
Tailles américaines	36	38	40	42	44	46
Pointures françaises	41	42	43	44	45	46
Pointures américaines	8	8.5	9	9.5	10	10.5

ACTIVITÉ 3 La Redoute.

Étudiez les descriptions de catalogue suivantes et répondez aux questions.

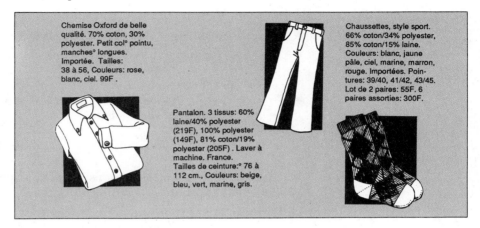

Chemise Oxford de belle qualité. 70% coton, 30% polyester. Petit col° pointu, manches° longues. Importée. Tailles: 38 à 56, Couleurs: rose, blanc, ciel. 99F .

Chaussettes, style sport. 66% coton/34% polyester, 85% coton/15% laine. Couleurs: blanc, jaune pâle, ciel, marine, marron, rouge. Importées. Pointures: 39/40, 41/42, 43/45. Lot de 2 paires: 55F. 6 paires assorties: 300F.

Pantalon. 3 tissus: 60% laine/40% polyester (219F), 100% polyester (149F), 81% coton/19% polyester (205F) . Laver à machine. France. Tailles de ceinture:° 76 à 112 cm., Couleurs: beige, bleu, vert, marine, gris.

1. Qu'est-ce qu'on peut acheter dans ce catalogue?
2. Tissus:° On offre le pantalon en trois tissus. Nommez-les. Quel tissu préférez-vous? Y a-t-il un choix de tissus pour les chemises? pour les chaussettes?
3. Couleurs: Est-ce qu'on peut acheter une chemise en jaune ou en rose? des chaussettes en bleu marine ou en rouge? un pantalon vert ou noir?
4. Tailles: Est-ce que les tailles du pantalon indiquent la longueur? Est-ce qu'on peut acheter un pantalon de 116 cm? de 78 cm? Quel terme indique la taille des chaussettes?
5. Origines: Est-ce qu'on fabrique les chemises en France? les pantalons? les chaussettes?
6. Prix: Combien coûtent deux paires de chaussettes? Est-ce qu'il y a une réduction si on achète 6 paires? Combien coûte la chemise Oxford? Le pantalon en laine coûte combien? Combien coûte le pantalon en polyester?
7. Les achats: Vous avez 325F. Est-ce que vous pouvez acheter un pantalon en coton et une chemise Oxford? Vous avez 500F. Combien de paires de chaussettes pouvez-vous acheter?

ACTIVITÉ 4 Et vous?

Téléphonez à La Redoute pour placer votre commande. Répondez à ces questions.

1. Je peux vous aider?
2. Votre nom?
3. Votre adresse?
4. Votre numéro de téléphone?
5. Et vous voulez commander?
6. La couleur?
7. La taille?
8. Le prix?
9. Vous voulez commander autre chose?
10. Et le numéro de votre carte de crédit?

REGARDONS DE PLUS PRÈS ◆ Le Futur

Approach, Regardons de plus près: (1) Review what students already know about future, and preview the material focusing on the introductory questions. (2) Model the mini-dialogue several times. (3) Encourage students to look for patterns and direct them to answer the guide questions with a partner. (4) Elicit their observations. (5) Present the grammatical explanations as a means of confirming and extending students' hypotheses.

Think about these questions as you study the conversation below.

A. Marcel is planning to buy a new suit. Why does he need it?

B. What are the two different ways to talk about future events?

— **Tu vas acheter** un costume?
— Eh bien, oui. Il me faut quelque chose pour mon nouveau poste.
— Où est-ce que **tu vas l'acheter**?
— Je ne sais pas.
— Quand **tu décideras, tu me le diras**. Je veux venir avec toi.

■ In most conversational situations, French people use the present or the immediate future to refer to future actions.

Présent	**Tu viens** m'aider à choisir une robe?	*Are you coming to help me choose a dress?*
	Qu'est-ce que **tu portes** à la fête ce week-end?	*What are you wearing to the party this weekend?*
Futur immédiat	**Je vais choisir** une paire de chaussures.	*I am going to choose a pair of shoes.*
	Tu vas acheter une nouvelle robe?	*Are you going to buy a new dress?*

■ In some cases, the future tense is used.

Futur	**Je porterai** ce costume au bureau.	*I will wear this suit to the office.*
	Quand **tu décideras, tu me le diras.**	*When you have decided, you'll tell me.*

■ The future tense is used to refer to actions that will take place at a future time. The stem of the future tense is most often the infinitive of the verb. (If the infinitive ends in **-e**, the **e** is dropped.) The endings **-ai, -as, -a, -ons, -ez, -ont** are added to the infinitive stem.

mettre[2]	**Je** mett**rai** ça pour la soirée chez mon patron.	*I'll put this on for the party at my boss's house.*
finir	**Tu** fini**ras** tes achats avant midi?	*Will you finish your shopping before noon?*

---

2. The complete conjugation of the irregular verb **mettre** (*to put on, to wear*) is given in the section **Vocabulaire et expressions** at the end of the chapter.

parler	**Elle** parler**a** à la vendeuse.	*She'll speak to the saleswoman.*
attendre	C'est cher! **Nous** atten-dr**ons** les soldes.	*That's expensive! We'll wait for the sales.*
payer[3]	**Vous** pai**erez** comptant ou à crédit?	*Will you pay cash or by credit?*
prendre	**Ils** prendr**ont** le modèle bleu marine en pure laine.	*They'll take the navy blue in pure wool.*

ACTIVITÉ 5 Qu'est-ce que vous porterez?

Qu'est-ce que les personnes suivantes vont porter?

MODÈLE: J'ai une présentation importante.
> *Je mettrai quelque chose de chic. Je porterai ma chemise blanche, mon costume gris et ma cravate bleue.*

1. Hélène va à une fête de mariage.
2. Vous avez une entrevue à la banque.
3. Je prends le train pour Marseille.
4. Nous allons au restaurant pour célébrer notre anniversaire de mariage.
5. Je vais en ville faire les achats.
6. J'ai une classe à l'université.
7. Tu te prépares pour un rendez-vous avec des amis.
8. Laurent et Michèle vont faire du jogging.

ACTIVITÉ 6 On est fana des soldes?

Who is planning to take advantage of the sales tomorrow morning? Use the future tense.

Answers, Act. 6:
1. Je passerai . . . je te rencontrerai . . . 2. Albert travaillera . . . il regardera . . . 3. Nous sortirons . . . nous déciderons . . . 4. Toi, tu joueras . . . tu chercheras . . . 5. Vous finirez . . . nous rendrons . . . 6. Marie et Claire se dépêcheront . . . elles s'amuseront . . .

MODÈLE: elle / se réveiller de bonne heure et / attendre l'ouverture de la boutique
> *Elle se réveillera de bonne heure et elle attendra l'ouverture de la boutique.*

1. je / passer par la boutique Givenchy et / te rencontrer au café vers midi
2. Albert / travailler, puis / regarder les publicités pour la boutique
3. nous / sortir ce soir et / décider demain
4. toi, tu / jouer au tennis, puis / chercher une robe du soir aux soldes
5. vous / finir vos devoirs, puis / nous rendre visite à la boutique
6. Marie et Claire / se dépêcher à la boutique où / s'amuser beaucoup

---

3. The complete conjugation of the irregular verb **payer** *(to pay)* is given in the section **Vocabulaire et expressions** at the end of the chapter.

NOTES CULTURELLES

La Mode en France

Notes culturelles: You may want to add that the way a French person dresses is considered to be a statement about his or her personality and not about the social group to which he or she belongs. As such, there is no one single style, but instead a multitude of fashions: **le style exhibitionniste, le style efficace et pratique, le style relax, le style BC BG (Bon Chic Bon Genre), le style simple qui inspire la respectabilité, l'anti-mode** (old clothes), etc. Source: Gérard Mermet, *La Francoscopie*, 1985

Suggestion: Have students compare North American attitudes about clothing with the French attitude.

Suggestion: You may want to direct students to prepare the **Au travail** section in the following **Tranche** as homework for the next class session.

La France a une réputation mondiale en tant que pays du bon goût° et des beaux vêtements. En effet, la haute couture française continue à émerveiller° le monde. Des maisons telles que Saint Laurent, Balmain, Givenchy et Dior ont établi une réputation de qualité et de style incomparables. Mais les Français ne s'habillent pas généralement chez les grands couturiers.° Un grand nombre porte des habits plus ou moins ordinaires et habituels, comme, pour les hommes, un costume noir, une chemise blanche, une cravate et des chaussures en cuir° noir. Les vêtements masculins sont devenus presque monotones dans les grandes villes françaises.

Mais les Français achètent de moins en moins de vêtements (8,6% du budget en 1970, 6,6% en 1985) et ceci a un effet sur les habitudes et sur *«le look»* des Français.

- Le jean, qui était en vogue il y a quinze ans, diminue en popularité. On achète aujourd'hui moins de jeans, mais plus de pantalons «décontractés».°

- Dans les années précédentes, on achetait beaucoup de chaussures de sport, comme les tennis, les baskets. La chaussure d'aujourd'hui est beaucoup plus individuelle et met l'accent sur la personnalité.

- Les accessoires deviennent de plus en plus importants pour montrer son individualité. Les hommes portent des pull-overs en couleurs, des nœuds papillon,° tandis que les femmes portent des écharpes,° des colliers,° des ceintures° et des sacs pour mettre en valeur leur «moi».

good taste

to amaze

m. designers

leather

informal

m. bow ties / f. scarves
m. necklaces / f. belts

Acheter une voiture

AU TRAVAIL

ACTIVITÉ 1

means

new / used

to rent

Vous cherchez un moyen de transport? Répétez les mini-dialogues suivants avec un(e) camarade. Ensuite, répondez aux questions d'une façon personnelle.

— Vous cherchez quelque chose?
— Oui, merci. Je cherche un moyen° de transport.
— Une moto, peut-être? Une voiture? Un vélo-moteur?
— Une petite mobylette.
— Quelque chose de neuf° ou d'occasion?°
— D'occasion, bien sûr! Je ne suis pas riche!

— Je peux vous aider?
— Oui, je voudrais louer° une voiture pour quelques jours.
— Une voiture de sport, peut-être? Pour combien de personnes?
— Pour moi et mes deux collègues.
— D'accord, alors une Peugeot 504. Vous payez comptant ou à crédit?
— À crédit. Voici ma carte.

À L'ÉCOUTE ◆ La Super Turbo

Écoutez l'enregistrement. Ensuite, faites les activités de compréhension. Écoutez cette conversation entre Guy et Charles, qui sont au salon de l'automobile. Ils regardent la publicité de la nouvelle Super Turbo sur vidéo. Choisissez la phrase qui représente le mieux le sujet de la situation.

A. La Super Turbo est la voiture que Guy achètera.

B. La Super Turbo est très belle, mais elle est trop chère.

C. Charles n'aime pas la voiture.

COMPRÉHENSION

ACTIVITÉ 2

Donnez des détails. Répondez aux questions suivantes selon la conversation.

1. Qui a l'intention d'acheter une voiture?
2. Est-ce que la Super Turbo est un bon choix? Pourquoi?
3. Des deux jeunes gens, qui est le plus réaliste?

4. Est-ce qu'ils ont plus ou moins de 35 ans?

5. Est-ce que vous comptez acheter une voiture comme la Super Turbo un jour?

6. Pour vous, quelles sont les qualités les plus importantes dans une voiture: la consommation d'essence,° le prix, le confort, le style et la ligne, la marque,° le modèle, le nombre de places, la fiabilité?°

gas
brand / reliability

≡ C'EST À DIRE ◆ Discuter sa situation financière

Cultural note, C'est à dire: Explain that in France, most banks are not as strict as American banks regarding overdrawn checks. One may be allowed to overdraw up to 2000F a month without penalty.

Your instructor will model two mini-dialogues that discuss personal finances. You should follow these steps.

A. Practice both roles with a partner.

B. Substitute different items for those in the conversation and be prepared to discuss financing them.

SCÈNE 1

— J'ai décidé d'acheter la Renault, mais maintenant je dois faire un emprunt.°

loan

— Tu as discuté de ça avec un banquier?

— Non, mais tu sais combien coûte un emprunt pour une voiture?

down payment / loaned / rate

— Pour obtenir un emprunt raisonnable, il faut donner une somme en acompte.° Puis, ça dépend de la somme prêtée° et du taux° d'intérêt.

— Oh, que c'est compliqué!

SCÈNE 2

— Je veux acheter une voiture . . . et euh . . .

— Est-ce qu'il s'agit d'une voiture neuve ou d'occasion?

— C'est une voiture d'occasion.

high

— Vous comprenez que le taux d'intérêt est plus élevé° pour les voitures d'occasion?

— Ah bon.

fill in

— Remplissez° ce formulaire avec les détails et nous pourrons ensuite vous renseigner.

— Merci.

La **B**anque **N**ationale de **P**aris

★ OFFRE ★

prêts° à 8,6% pour voitures d'occasion;

8,0 pour voitures neuves

à 12, 24 et 36
mensualités°

Le Crédit Lyonnais

OFFRE

prêts à **8,8%** pour
voitures d'occasion

7,8 pour voitures neuves

à 24, 36 et 48 mensualités

ACTIVITÉ **3** **Le Crédit.** Répondez aux questions. Basez vos réponses sur les renseignements suivants.

1. À la Banque Nationale de Paris, à quel pourcentage est-ce qu'on offre des prêts pour les voitures neuves? Et au Crédit Lyonnais?

2. Quel est le taux d'intérêt pour les voitures d'occasion au Crédit Lyonnais? Et à l'autre banque?

3. Si on cherche un prêt à 48 mensualités, où doit-on aller? Et pour douze mois?

4. Si vous voulez acheter une voiture neuve, quelle banque a le meilleur programme? Et pour une voiture d'occasion?

REGARDONS DE PLUS PRÈS ◆ Le Futur irrégulier

Think about these questions as you study the conversation below.

A. Two people are arguing about a car. What arguments does each give?

B. What are the infinitives of the verbs in bold?

envied

to borrow

it doesn't matter

to resell

to maintain

— Je vais acheter la Super Turbo.
— **Tu** n'**auras** plus d'argent si tu achètes cette voiture.
— Oui, mais **je serai** envié° de tout le monde.
— Certes, mais **il faudra** emprunter° une grande somme.
— Ça m'est égal.° La voiture est superbe.
— Après un peu de temps **tu voudras** la revendre.°
— Une voiture comme ça? Impossible! **Je saurai** bien la entretenir.°

■ A few verbs have irregular stems in the future. The most common ones are listed below.

être	**ser-**	**Tu seras** prêt(e) à acheter la voiture?	*Will you be ready to buy the car?*
aller	**ir-**	**J'irai** à la banque pour emprunter l'argent.	*I'll go to the bank to borrow the money.*
avoir	**aur-**	**La transaction aura lieu** demain.	*The transaction will take place tomorrow.*
venir	**viendr-**	**Tu viendras** m'aider avec les détails?	*Will you come to help me with the details?*
faire	**fer-**	Ne t'en fais pas; **ils feront** attention aux détails.	*Don't worry. They'll pay attention to the details.*
voir	**verr-**	Mais **je** te **verrai** demain matin vers 9 heures.	*But I will see you tomorrow morning around 9:00.*
vouloir	**voudr-**	**Il voudra** faire un emprunt.	*He will want to take out a loan.*
pouvoir	**pourr-**	**Je pourrai** parler avec le caissier?	*Will I be able to speak with the cashier?*
savoir	**saur-**	**Il** ne **saura** pas le taux d'intérêt.	*He won't know the interest rate.*
falloir	**faudr-**	**Il faudra** parler avec quelqu'un dans ce département.	*It will be necessary to speak to someone in this department.*

ACTIVITÉ 4 Acheter une voiture d'occasion.

You have found a used car in the *petites annonces*. Prepare your lines using the following questions. Then play the roles of the buyer and the seller with a partner.

Answers, Act. 4: 1. On voudra . . .? 2. On viendra . . .? 3. Vous serez . . .? Vous serez . . .? 4. Vous aurez . . .? 5. Il faudra . . .? 6. Je saurai . . .

to try

MODÈLE: on / pouvoir / essayer° la voiture demain soir?
    On pourra essayer la voiture demain soir?

1. on / vouloir / voir la voiture demain. Ça vous convient?
2. on / venir / vers 18h?
3. vous / être là? / Euh, vous / être libre à cette heure?
4. vous / avoir tous les papiers?
5. il / falloir payer en espèces?
6. je / savoir demain si la banque m'a accordé le prêt

Suggestion: You may want to direct students to prepare the **Au travail** section in the following **Tranche** as homework for the next class session.

ACTIVITÉ **5** **Des stratégies.** Chaque personne veut acheter un moyen de transport. Donnez une possibilité pour chaque personne.

MODÈLE: *Elle fera des économies et elle ira à la banque faire un emprunt.*

1. moi, je   a. faire des économies
2. vous   b. avoir une voiture modeste
3. elle   c. aller à la banque faire un emprunt
4. ils   d. savoir réparer une voiture d'occasion
5. tu   e. être content(e)(s) de prendre le bus
6. nous   f. voir les nouveaux modèles

À VOUS! ◆ Mon budget

Imagine that you have a total monthly income of 3 000F from which you need to pay for food, lodging, and entertainment. Discuss these questions with several classmates and decide if you can buy your own transportation.

1. Combien est-ce que vous payez en nourriture chaque semaine? par mois? Est-ce que vous dînez souvent au restaurant?

m. rent
share
2. Combien coûtent votre loyer° et les charges d'électricité, de gaz et d'eau? Si vous partagez° un appartement avec un (une/des) ami(e)(s), combien pouvez-vous mettre de côté chaque mois? Comment est-ce que vous pourrez économiser sur votre loyer?

3. Combien d'argent est-ce que vous dépensez chaque semaine pour les divertissements?

4. Pourrez-vous chercher un poste pour augmenter vos revenus ou êtes-vous trop occupé(e) en ce moment?

after paying
5. Après avoir payé° la nourriture, le loyer et les divertissements, combien d'argent vous reste-t-il?

À la douane

AU TRAVAIL

ACTIVITÉ **1** **Au contrôle des passeports.** Posez les questions suivantes à un(e) camarade.

1. Est-ce que vous avez votre carte de débarquement et votre passeport?
2. Quelle est votre nationalité?
3. Vous passerez combien de temps en France?
4. Quelle est votre destination?
5. Pour quelle raison venez-vous en France?

L E C T U R E ◆ Règlements de la douane

m. regulations / customs

Cultural note, Lecture:
Explain that citizens do
not need passports to go
from one country to
another within the
European Community.
Mention that there is a
seat of European
Government in
Strasbourg.

according to

Netherlands
rights / because of

to bring back / with no charges

Pre-reading:
(1) Preview the material
focusing on the title, and
have students
hypothesize about the
content. (2) Read the
introductory material.
(3) Remind students to
read primarily for this
information the first time
through. Stress that
students will need to read
the text several times and
should focus on different
types of information and
details each time.

Reading: The reading
and comprehension
activities may be done
out of class.

Lisez les règlements° de la douane.°

A. Est-ce que les règlements sont comparables pour les résidents de la Communauté Économique Européenne et pour les habitants d'autres pays?

B. Comment les règlements changent-ils selon° l'âge des voyageurs?

REGLEMENTS DE LA DOUANE

NATIONALITÉ

Les habitants des pays de la Communauté Economique Européenne (les habitants de l'Allemagne, la Grande=Bretagne, la Belgique, le Danemark, l'Espagne, la France, la Grèce, les Pays-Bas,° l'Irlande, l'Italie, le Luxembourg, le Portugal) ont certains droits° grâce à° leur participation dans la communauté.

CONDITIONS

Les voyageurs peuvent rapporter° en franchise° (quand ils ne sont pas destinés à l'usage commercial) des objets ou produits, sous certaines conditions.

CADEAUX

Si vous venez d'un pays de la CEE (Communauté Économique Européenne), vous aurez droit à 2 400F en marchandises sans payer un supplément de taxe. Si vous avez moins de 15 ans, vous aurez droit à 620F en marchandises. Pour les autres pays, vous aurez droit à 300F (150F pour moins de 15 ans).

ALCOOLS

Pour les voyageurs des pays de la CEE, 5 litres de vin de table
Pour les voyageurs d'autres pays, 2 litres.
Boissons alcoolisées de plus de 22° d'alcool: les voyageurs des pays de la CEE auront droit à 1,5 litres sans payer de supplément de taxe. Les voyageurs d'autres pays auront droit à 1,1 litres.
Moins de 21 ans, pas d'alcool.

TABAC

Si vous êtes un voyageur d'un pays de la CEE, vous pourrez transporter 75 cigares et 300 cigarettes. Si vous êtes un voyageur d'un autre pays, vous aurez droit à 50 cigares et 200 cigarettes.

CAFÉ

Les voyageurs des pays de la CEE pourront rapporter 1 000 grammes de café. Les voyageurs d'autres pays pourront rapporter un maximum de 500 grammes.

ACTIVITÉ 2

ACTIVITÉ 3

Vous êtes fort(e) en géographie?   Répondez aux questions suivantes.

1. Que veut dire la CEE?
2. Est-ce que c'est une organisation principalement politique, économique, linguistique ou culturelle?
3. Quels pays appartiennent à la CEE?
4. Est-ce que tous ces pays se trouvent géographiquement l'un à côté de l'autre?

Donner les détails.   Complétez ce résumé des règlements douaniers avec les renseignements corrects.

	CADEAUX	ALCOOLS	TABAC	CAFÉ
Habitants de la CEE				
moins de 15 ans				
plus de 15 ans*				
Habitants d'autres pays				
moins de 15 ans				
plus de 15 ans*				

* plus de 21 ans pour l'alcool

☰ C'EST À DIRE ◆ Expliquer les règlements

Your instructor will model how to state customs regulations. You should practice the scenes with a partner.

SCÈNE 1

border — Je voudrais traverser la frontière.°
— Si vous êtes d'un pays de la CEE, vous aurez besoin d'une carte d'identité nationale. Vous n'aurez pas besoin de passeport. Si vous êtes d'un autre pays, il vous faut un passeport.

SCÈNE 2

— Je voudrais faire des achats à l'étranger.
— Si vous êtes d'un pays de la CEE, vous pourrez rapporter 2 400F en marchandises, quelques litres d'alcool et quelques paquets de cigarettes. Si vous êtes d'un autre pays ou si vous n'êtes pas majeur(e), vous pourrez rapporter une quantité réduite de marchandises de chaque catégorie.

ACTIVITÉ **4** **Les Conditions.**   Complétez les règlements et faites dix phrases pour expliquer ce qui est et ce qui n'est pas permis.

Suggestion, Act. 4 & 5: Have students use the table from Activity 3.

MODÈLE: Si vous êtes mineur . . .
Si vous êtes mineur, vous ne pourrez pas rapporter beaucoup de marchandises.

1. Si vous êtes d'un pays de la CEE . . .
2. Si vous n'êtes pas d'un pays de la CEE . . .
3. Si vous êtes majeur . . .
4. Si vous êtes mineur . . .
5. Si vous voulez traverser une frontière de la CEE . . .
6. Si vous voulez acheter de la marchandise . . .

ACTIVITÉ **5** **Vous avez quelque chose à déclarer?**   Analyze the following purchases and explain why the person must pay an import tax or why one is not necessary. Be sure to consult the rules.

MODÈLE: Je suis de nationalité française et je veux rapporter ces 5 bouteilles de vin allemand.
Si vous êtes majeur(e) et si vous habitez la CEE, vous pourrez rapporter 5 bouteilles de vin de table.

1. Je suis italienne et j'ai 18 ans. J'ai l'intention de rapporter ces 3 cartouches de 100 cigarettes.
2. Je suis américain et j'ai 14 ans. J'aimerais rapporter cette bouteille de vin français à mes parents.
3. Je suis autrichien; j'ai 55 ans et je rapporte 1 000 grammes de café.
4. Je suis de nationalité suisse et je voudrais rapporter ces 2 litres de champagne pour la fête de mariage de ma fille.

you, with a partner and finally incorporating personal variations. (3) Have students determine how to explain rules.

REGARDONS DE PLUS PRÈS♦ L'Emploi du futur avec *si*

Think about these questions as you study the conversation below.

A. Who can import alcohol into the United States? How much can one import without paying an import tax?

B. What tenses does one use when making hypotheses?

À LA DOUANE AMÉRICAINE

— **Si vous avez** quelque chose à déclarer, **il faudra** remplir ce formulaire.

— Combien d'alcool est permis?

— **Si vous avez** plus de 21 ans, **vous pouvez** importer un litre d'alcool.

— Et si je suis mineur?

— **Si vous êtes** mineur, **vous ne pouvez pas** importer d'alcool.

— Ah, bon. Je n'ai rien à déclarer.

arrow — **Si vous n'avez rien** à déclarer, **il faudra** suivre la flèche° à gauche.

To make hypotheses in French, several sequences of tenses may be used. Three of them are treated here; another one will be dealt with in the next chapter.

■ When **si** is followed by a verb in the present tense, the verb in the second clause may be either in the present or in the future tense.

Si + *présent* → *présent*

Si vous avez 21 ans, **vous pouvez** importer un litre de vin.	*If you are 21, you can import one liter of wine.*
Si vous êtes d'un autre pays, **vous n'avez pas** le droit de rapporter tant de cigarettes.	*If you are from another country, you don't have the right to bring back so many cigarettes.*

Si + *présent* → *futur*

Si j'achète trop de cadeaux, **je devrai** payer un supplément.	*If I buy too many gifts, I will have to pay a customs tax.*
Si **vous perdez** votre passeport, **vous ne pourrez pas** passer la douane.	*If you lose your passport, you will not be able to go through customs.*

Si + *présent* → *futur immédiat*

Si cela t'**intéresse, je vais** t'**envoyer** des renseignements.	*If that interests you, I'm going to send you some information.*
Si tu veux des cigares, **je vais** t'en **rapporter** de Cuba.	*If you want cigars, I'm going to bring you some from Cuba.*

Petits Problèmes de voyage.   Trouvez plusieurs solutions aux problèmes de voyage suivants.

MODÈLE: Si ma valise n'arrive pas en même temps que moi, . . .
Si ma valise n'arrive pas en même temps que moi, je parlerai à l'agent à l'aéroport.
ou *j'attendrai le prochain avion.*
ou *je serai furieux(se).*
ou *j'irai en ville sans ma valise.*

1. Si une autre personne prend ma valise, . . .
2. Si je n'ai pas d'argent français quand j'arrive en France, . . .
3. Si je n'ai pas réservé une chambre d'hôtel à l'avance, . . .
4. Si je perds mon passeport avant de passer par la douane, . . .
to keep / bill   5. Si j'oublie de garder° la facture° pour les vêtements, . . .
6. Si je donne au douanier une carte de débarquement incomplète, . . .
7. Si je ne comprends pas le douanier quand il parle français, . . .
8. Si je rapporte plus de 5 litres de vin de table, . . .

En voyage

AU TRAVAIL

ACTIVITÉ 1

La Communauté Économique Européenne.   The twelve countries of the European Economic Community have established a common market, and they regulate commerce and travel among the participating countries. Which of the following countries belong to this organization? To refresh your memory, refer back to *Tranche 3*, page 510.

a. l'Allemagne
b. l'Autriche
c. la Belgique
d. le Canada
e. le Danemark
f. l'Espagne
g. la Finlande

h. la France
i. la Grande-Bretagne
j. la Grèce
k. l'Irlande
l. l'Italie
m. le Luxembourg
n. la Norvège

o. les Pays-Bas
p. le Portugal
q. la Suède
r. la Suisse
s. la Turquie
t. la Yougoslavie

C'EST À DIRE ◆ Parler d'une chaîne d'événements au futur

Your instructor will model the conversations on page 516. You should follow these steps.

A. Practice the conversations with a partner.
B. Substitute new cities.

(3) Have students find different ways to express and sequence future plans.

SCÈNE 1

— Quand est-ce que vous allez me téléphoner?
— *as soon as* Aussitôt que° j'arriverai à Rome.
— Pas plus tôt que ça?
— Ce n'est pas possible, je n'ai pas accès à un téléphone sur la route.
— *as soon as* Alors, téléphonez-moi dès que° vous arriverez.
— *keep informed* D'accord. Je vous mettrai au courant° le plus vite possible.

SCÈNE 2

— Quand est-ce que vous quittez Madrid pour rentrer à Paris?
— Aussitôt que je saurai si Martinez veut acheter.
— *when* Bon, lorsque° vous aurez la réponse, téléphonez-moi.
— *agreed* C'est entendu.°

The italic glosses in the left margin read: *as soon as* (line 2), *as soon as* (line 5), *keep informed* (line 6), *when* (Scène 2), *agreed* (Scène 2).

ACTIVITÉ 2

Donner des conseils.   As you depart for an important business trip to Europe, everyone has a request. Respond to each request using one of the choices listed.

1. Votre patron dit: «Quand est-ce que vous me téléphonerez?»

   a. Ne vous inquiétez pas! Le contrat est garanti.

   b. Je vous téléphonerai quand j'arriverai.

2. Votre collègue dit: «N'oublie pas de changer de l'argent!»

   a. Aussitôt que j'arriverai, j'irai au bureau de change.

   b. Bien sûr! Pour le taxi et pour les repas.

3. Votre meilleur ami dit: «Achète-moi des disques de musique française.»

   a. Dès que je changerai de l'argent, je les achèterai.

   b. Ne t'inquiète pas. Je le ferai.

4. Vos petits cousins disent: «Écris-nous des cartes postales.»

   a. Dès que je trouverai un hôtel, je vous écrirai une carte postale.

   b. C'est entendu! Je n'oublierai pas!

5. Le chef de votre section dit: «Rends visite à mon ami, le vieux Gaston.»

   a. Je le ferai le plus vite possible.

   b. Dès que j'arriverai, je fixerai le rendez-vous.

6. Votre patron reprend: «Téléphonez-moi le plus vite possible.»

   a. Bien sûr! Je vous téléphonerai lorsqu'ils signeront l'accord.

   b. Calmez-vous. C'est certain.

REGARDONS DE PLUS PRÈS ◆ Prépositions et noms géographiques

Suggestion, Regardons de plus près: Using a world map, point out capital cities and ask in what countries they are: **Où se trouve Madrid?** You may also use the map of the Francophone world in this **Tranche** and ask: **Dans quels pays parle-t-on français?**

Think about these questions as you study the conversation below.

A. Why is it important to know where a product was made?

B. What prepositions are used before the names of cities and countries?

— Est-ce que c'est un produit d'importation?
— Mais non, ce produit est fabriqué **en France.** Je l'ai acheté à la fabrique **à Rouen.**
— Est-ce que vous en êtes sûr?
— Oui, mais je ne comprends pas votre question.
— Les produits d'importation sont taxés. Par exemple, il y a une taxe sur les produits fabriqués **au Japon.**
— Et les produits fabriqués **aux États-Unis**?
— Il y a une taxe aussi.

Different prepositions are used with countries and with cities.

- Cities

Going to a city	*Returning from a city*
à + *name of city or town*	**de** + *name of city or town*
Je vais d'abord **à Paris.**	Je rentre **de Paris** dans deux semaines.
I'm going first to Paris.	*I'm returning from Paris in two weeks.*

- Countries, continents, states

To, in	*From*
en + *feminine name*	**de** + *feminine name*
J'ai des clients **en Angleterre.**	Je rentre **d'Angleterre.**
I have clients in England.	*I am returning from England.*
au + *masculine name*	**du** + *masculine name*
Ils sont fabriqués **au Portugal.**	Il les envoie **du Portugal.**
They are made in Portugal.	*He is sending them from Portugal.*
aux + *plural name*	**des** + *plural name*
Nous allons **aux États-Unis.**	Ils reviennent **des États-Unis.**
We are going to the United States.	*They are coming back from the United States.*

QUELQUES PAYS DU MONDE

l'Europe		l'Asie	l'Amérique du nord	l'Afrique
l'Allemagne	l'Italie	la Chine	le Canada	l'Algérie
l'Angleterre	le Luxem-	l'Inde	les États-Unis	le Cameroun
la Belgique	bourg	le Japon	le Mexique	la Côte
le Danemark	le Portugal	le Viêt-Nam		d'Ivoire
l'Espagne	la Suède			le Mali
la France	la Suisse			le Maroc
la Grèce	l'U.R.S.S.			le Niger
l'Irlande	(la Russie)			le Sénégal

ACTIVITÉ **3**   **Les Exportations.**   The following statistics represent the percentage each country contributed to the total European Economic Community production of certain foodstuffs. Use the information on each country's share to answer these questions. The figures read horizontally to total 100%.

	ALL.	FR.	IT.	P/B.	BEL.	LUX.	G/B.	IRL.	DAN.	GR.
Blé°	11,5	38,8	19,2	1,5	1,7	0	19,6	0,7	2,9	4,6
Riz°	0	2,5	91,3	0	0	0	0	0	0	6,2
Tabac	2,4	13,2	34,5	—	6,6	—	0,6	0	0	49,4
Huile d'olive	0	0,5	64,9	0	0	0	0	0	0	34,6
Fruits frais	18,4	18,8	38,1	3,2	2,2	0	6,8	0,2	0,6	11,6
Légumes frais	4,5	22,2	39,1	10,6	4,6	0	10,3	0,6	0,9	7,3
Vins	14,7	48,4	34	—	—	0,2	—	0	0	2,6
Viande bovine°	21,2	28,8	15	6,6	4,7	0,2	12,7	6,4	2,9	1,3
Viande porcine	29,4	14,9	12	13,6	6,6	0,1	9,7	1,3	10,8	1,7
Viande ovine° et caprine°	3,2	26,7	10,9	2,1	0,3	—	29,3	4,6	0,1	22,8

m. wheat
m. rice

beef

sheep / goat

exercises

right

1. La CEE exige° un contrôle sur la production agricole des pays membres.
    a. Quels pays n'ont pas le droit° de vendre des vins sur ce marché?
    b. Quels pays n'ont pas le droit de vendre du tabac?
2. Certains pays ont le droit de vendre certains produits mais ils n'en ont pas vendu cette année. Quels pays n'ont pas vendu d'huile d'olive? de riz?

Answers, Act. 3:
1. a. Les Pays-Bas, la Belgique, la Grande-Bretagne b. les Pays Bas, le Luxembourg
2. L'Allemagne, les Pays Bas, la Belgique, le Luxembourg, la Grande-Bretagne, l'Irlande et le Danemark n'ont pas vendu d'huile d'olive ni de riz en 1984. 3. La France, l'Italie et la Grande-Bretagne sont les plus grands producteurs de blé. 4. L'Italie vend le plus de riz.
5. L'Allemagne, la France et l'Italie vendent le plus de fruits frais. La France et l'Italie vendent le plus de légumes frais. Le Luxembourg, l'Irlande et le Danemark vendent le moins de fruits frais et de légumes frais. 6. La France et l'Allemagne contribuent le plus de viande à la communauté (la France le plus de viande bovine, l'Allemagne le plus de viande porcine). La Grande-Bretagne contribue le plus de viande ovine et caprine.

3. Le blé est un aliment important. Nommez les trois pays les plus grands producteurs de blé.
4. Quel pays vend le plus de riz?
5. Nommez les trois pays qui vendent le plus de fruits frais. Est-ce qu'ils vendent aussi le plus de légumes frais? Quels pays en vendent le moins?
6. Quels pays contribuent le plus de viande à la communauté? le plus de viande bovine? porcine? ovine et caprine?

ACTIVITÉ 4

Où fabrique-t-on cela?   Work with a partner. For each product, tell where the various components are produced and where the final product is assembled.

Answers, Act. 4:
1. . . . à Tokyo au Japon . . . à Paris, en France 2. à Milan en Italie et à Zagreb en Yougoslavie . . . à Barcelone en Espagne 3. . . . à Francfort en Allemagne . . . à Mexico au Mexique 4. . . . à Athènes en Grèce . . . à Rome en Italie 5. . . . à Pampelune en Espagne . . . à Bruxelles en Belgique 6. . . . à Bonn en Allemagne . . . à Londres en Angleterre

MODÈLE: les téléviseurs / Barcelone, Espagne / assemblage Toulon, France
     — *Où est-ce que vous obtenez les pièces pour ces téléviseurs?*
     — *On fabrique les pièces à Barcelone en Espagne.*
       On fait l'assemblage à Toulon en France.

1. autos / Tokyo, Japon / assemblage Paris, France
2. tracteurs / Milan, Italie / Zagreb, Yougoslavie / assemblage Barcelone, Espagne
3. mini-cassettes / Francfort, Allemagne / assemblage Mexico, Mexique
4. radios / Athènes, Grèce / assemblage Rome, Italie
5. mobylettes / Pampelune, Espagne / assemblage Bruxelles, Belgique
6. lecteurs laser / Bonn, Allemagne / assemblage Londres, Angleterre

LA LANGUE ÉCRITE

Suggestion, **La langue écrite:** Have students write the letter at home.

Je voudrais acheter une voiture.   Write a letter to a friend in France asking about the possibility of purchasing a car in Europe and then bringing it back to North America or about the customs rules pertaining to travel with a domestic animal.

AMÉRIQUE
DU NORD

QUÉBEC

Québec

Montréal

Nouveau-Brunswick

Nouvelle-Ecosse

Maine
NOUVELLE-ANGLETERRE

LOUISIANE

La Nouvelle -Orléans

*L'Océan
Atlantique*

HAÏTI

Port-au-
Prince

Antilles

GUADELOUPE

MARTINIQUE

*L'Océan
Pacifique*

GUYANE
FRANÇAISE

AMÉRIQUE
DU SUD

NOUVELLE
HÉBRIDES

NOUVELLE-
CALÉDONIE

POLYNÉSIE FRANÇAISE

Tahiti

LE MONDE
FRANCOPHONE

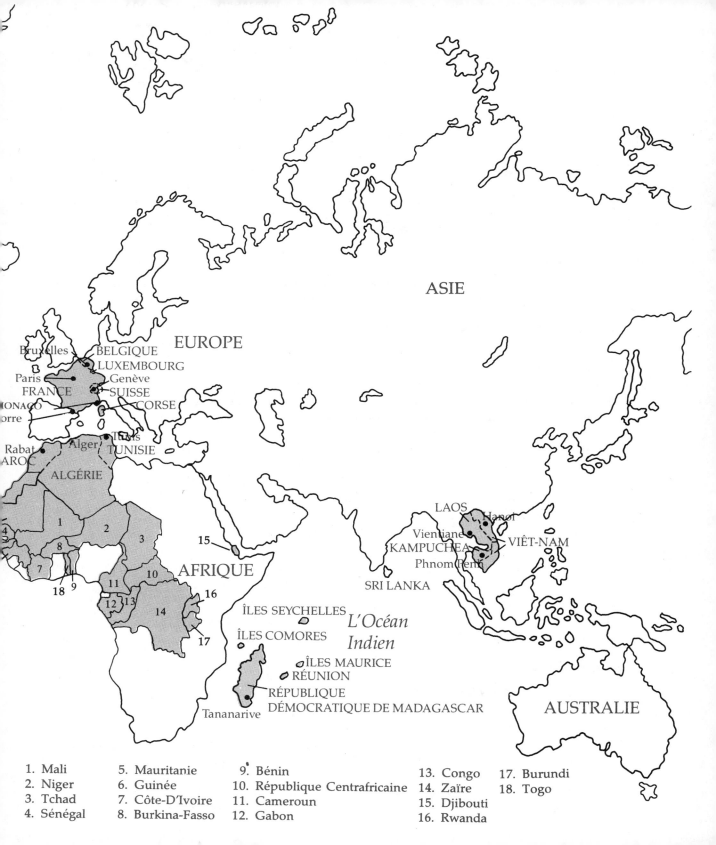

ASIE

EUROPE

Bruxelles BELGIQUE
LUXEMBOURG
Paris Genève
FRANCE SUISSE
MONACO CORSE
orre

Tunis
Rabat Alger TUNISIE
AROC
ALGÉRIE

LAOS Hanoi
Vientiane
KAMPUCHEA VIÊT-NAM
Phnom Penh
SRI LANKA

15 AFRIQUE

1

2

3

8

7

10

11 16

18
9

12 13

14 17

ÎLES SEYCHELLES L'Océan
Indien
ÎLES COMORES

ÎLES MAURICE
RÉUNION

RÉPUBLIQUE
DÉMOCRATIQUE DE MADAGASCAR

Tananarive

AUSTRALIE

1. Mali
2. Niger
3. Tchad
4. Sénégal

5. Mauritanie
6. Guinée
7. Côte-D'Ivoire
8. Burkina-Fasso

9. Bénin
10. République Centrafricaine
11. Cameroun
12. Gabon

13. Congo
14. Zaïre
15. Djibouti
16. Rwanda

17. Burundi
18. Togo

VOCABULAIRE ET EXPRESSIONS

■ CLOTHES

Je voudrais acheter un costume bleu.

D'autres vêtements: une cravate, une jupe, une veste, un tailleur, une chemise, une blouse, un tee-shirt, un short, un pantalon, un jean, un pullover, des chaussettes, des collants, de la lingerie, des sous-vêtements, un pyjama, des chaussures de tennis, des sandales, des bottes, un chapeau, un manteau, un anorak, un imperméable   **D'autres couleurs:** rouge, marron, orange, jaune, vert(e), bleu(e), violet(ette), pourpre, blanc (blanche), gris(e), noir(e)   **D'autres tissus:** en coton en soie en laine

■ BORROWING MONEY

Je dois faire un emprunt.   Je vais discuter avec un banquier?   Pour obtenir un prêt raisonnable, il faut donner une somme en acompte. Le prêt dépend de la somme prêtée et du taux d'intérêt.

■ USING FUTURE TIME AND HYPOTHESIZING

présent	Tu viens m'aider à choisir une robe?
futur immédiat	Je vais choisir une paire de chaussures.
futur	Je porterai ce costume au bureau.
Aussitôt que, dès que,	Aussitôt que j'arriverai à Rome je te téléphonerai.
lorsque (quand) + futur	Bon, alors, téléphonez-moi dès que vous arriverez.
	Lorsque (quand) vous aurez la réponse, téléphonez-moi.
Si + présent → présent	Si vous avez 21 ans, vous pouvez importer un litre de vin.
Si + présent → futur	Si cela t'intéresse, je t'enverrai des renseignements.
	J'obtiendrai un meilleur prix si je l'achète maintenant.
Si + présent → futur immédiat	Si cela t'intéresse, je vais t'envoyer des renseignements.

■ QUELQUES PAYS

J'ai des clients en Angleterre et aux États-Unis. Je rentre d'Angleterre et des États-Unis.

D'autres pays d'Europe: l'Allemagne fédérale, l'Angleterre, la Belgique, le Danemark, l'Espagne, la France, la Grece, l'Irlande, l'Italie, le Luxembourg, le Portugal, la Suède, la Suisse, l'U.R.S.S. (la Russie)

D'autres pays d'Asie: la Chine, l'Inde, le Japon

D'autres pays d'Amerique: le Canada, les Etas-Unis, le Mexique, le Viêt-Nam

D'autres pays d'Afrique: le Cameroun, l'Algerie, la Côte d'Ivoire, le Mali, le Sénégal, le Maroc, le Niger

■ IRREGULAR VERBS

payer (Note change of **y** to **i**)		**mettre**		**recevoir**	
je paie	nous payons	je mets	nous mettons	je reçois	nous recevons
tu paies	vous payez	tu mets	vous mettez	tu reçois	vous recevez
il (elle) paie	ils (elles) paient	il (elle) met	ils (elles) mettent	il (elle) reçoit	ils (elles) reçoivent
future stem: paier-		future stem: mettr-		future stem: recevr-	
		past participle: mis		past participle: reçu	

QU'EST-CE QUE C'EST QUE LE BONHEUR?

In this chapter, you will learn how to express your personal hopes and goals for the future and hypothesize about your vision of the world.

TRANCHE 1
ÊTES-VOUS HEUREUX? HEUREUSE?
Function: Projecting
Structure: Le Conditionnel
Culture: Êtes-vous heureux(-se)?

TRANCHE 2
UNE VISION DE L'AVENIR
Function: Hypothesizing
Structure: L'Emploi du conditionnel avec *si*

TRANCHE 3
RÉVISION—MON PAYS ET LE MONDE

TRANCHE 4
ACTIVITÉS GLOBALES

CHAPITRE 18

Êtes-vous heureux? heureuse?

Be sure to call students' attention to the functions and contexts in each **Tranche** before beginning the chapter.

AU TRAVAIL

ACTIVITÉ 1 **Qu'est-ce qui vous rend heureux(se)?** Qu'est-ce que vous pensez de votre vie? Qu'est-ce qui vous rend heureux(-se)? Quels aspects de votre vie voulez-vous changer?

1. Dans quelle mesure êtes-vous content(-e) de votre vie à présent?
2. Qu'est-ce qui vous rend heureux(-se)? malheureux(-se)? Quand êtes-vous particulièrement heureux(-se)? malheureux(-se)?
3. Pensez-vous que vous serez plus, aussi ou moins content(-e) dans 10 ans? Dans 25 ans? Pourquoi?

DIALOGUE ◆ L'avenir

Approach, Dialogue:
(1) Go over the introductory questions with students, and remind them that the first time through they should listen primarily for this information. (2) Play the dialogue on the student's audio cassette (or role-play it yourself). (3) Ask students to answer the guide questions. (4) Play the dialogue again. (5) Have students repeat and

future
dreams

Comment est-ce que ce jeune homme voit son avenir?° Dans quelle mesure est-ce que ses rêves° correspondent à vos rêves?

GÉRARD: Qu'est-ce que tu comptes faire à l'avenir?
RAOUL: Ben, je ne suis pas très sûr . . . je veux être heureux, satisfait de ma vie.
GÉRARD: Satisfait? Comment ça?

dog

RAOUL: Tu sais . . . je compte trouver un poste quelque part, travailler, me marier, avoir des amis, un grand chien° et peut-être un jour des enfants . . . comme tout le monde, quoi.

field, area

GÉRARD: Et dans quelle branche° veux-tu te lancer?

practice with you and with each other, taking different roles. Encourage them to personalize the dialogue by changing words or expressions. (6) Remind them that they will have to review the material several times to complete the other comprehension activities. The dialogue and comprehension activities may be done outside of class.

to take / f. management	RAOUL: Euh. C'est un peu ça le problème. Je ne sais pas exactement. J'aimerais entrer dans le commerce. Je suis° des cours de gestion,° de marketing et de comptabilité en ce moment mais je ne suis pas certain que ce soit ma carrière.
	GÉRARD: Est-ce que tu vas te fiancer bientôt?
	RAOUL: Moi? Mais non!
	GÉRARD: Et les enfants et le gros chien?
	RAOUL: Attends . . . ce sont des rêves! C'est l'avenir! Ce n'est pas la réalité, tout ça!
would be / wish	GÉRARD: Alors si tu veux rêver, dis-moi . . . si tu avais la lampe d'Aladin, quel serait° ton vœu?°
	RAOUL: Bon, alors, si j'avais la lampe d'Aladin, je demanderais une bonne carrière. Quelque chose du genre P.D.G. d'une société d'import-export ou bien d'une agence de voyages.
	GÉRARD: Et du point de vue matériel, qu'est-ce que tu souhaiterais?
home base	RAOUL: Je voudrais une belle voiture, une grande maison, un pied à terre° quelque part où il fait beau.
	GÉRARD: Est-ce que tu obtiendrais ces choses sans la lampe? Je veux dire . . . es-tu optimiste au sujet de l'avenir?
necessarily *f. luck*	RAOUL: Bof, je ne sais pas. Peut-être que si je suivais des tas de cours, si je travaillais dur, j'y arriverais un jour. Mais pas forcément.° Il faut beaucoup de chance° aussi, tu sais.

COMPRÉHENSION

ACTIVITÉ 2 · Qu'est-ce qu'il veut?

Answers, Act. 2: 1, 2, 3, 7, 8, 10, 11

Quelles choses font partie des rêves de Raoul?

1. une femme   2. un poste spectaculaire   3. de bons amis
4. un voyage à Tahiti   5. un avion particulier   6. un château
7. des enfants   8. une belle voiture   9. un chauffeur   10. un gros chien   11. une grande maison   12. une maison de vacances

ACTIVITÉ 3 · Vous êtes d'accord?

happiness

Suggestion, Act. 3: Have students share their opinions with partners, who will agree or disagree: **Je suis d'accord avec toi. À mon avis . . .** or **Je ne suis pas d'accord avec toi. À mon avis . . .**

Écrivez la liste des cinq ingrédients les plus importants pour votre bonheur.° Choisissez parmi la liste de l'Activité 2 ou créez vos propres réponses.

MODÈLE: *A mon avis, _____, c'est capital. _____, c'est aussi très important, et . . .*

C'EST À DIRE ◆ Penser à l'avenir

Cultural note, C'est à dire: Explain that when French students enter the university they immediately specialize. The **DEUG (Diplôme d'Études Universitaires Générales)** is the first diploma that French students get after two or three years. One year after the **DEUG,** they get **la Licence,** followed one year later by **la Maîtrise,** then by **le Doctorat.**

would do / to think
Approach: (1) Preview the material using the introductory guidelines. (2) Role-play the mini-dialogues and have students repeat and practice the material first with you, then with a partner, and finally

Your instructor will talk about the relationship between one's studies and one's future. You should follow these steps.

A. Practice each mini-dialogue with a partner.
B. Vary the mini-dialogues using other careers and class subjects.
C. Select the mini-dialogue that most closely reflects your thoughts, adapt it to your situation and opinions, and be prepared to talk about your current program of study.

SCÈNE 1

— Quel cours est-ce que tu suis en ce moment?
— Moi? Je fais un peu de tout. Je ne sais pas ce que je veux faire à l'avenir.
— Si j'étais à ta place, je ferais° la même chose. Il faut bien réfléchir° avant de choisir une carrière.

SCÈNE 2

— Tu aimes tes cours?
— Pas particulièrement. Je m'intéressais à la politique—j'allais changer le monde, tu sais—mais ça ne m'intéresse plus. Si j'avais à refaire mes études, je suivrais des cours de musique.

SCÈNE 3

— Tu as arrangé ton programme?

— Oui, à merveille!

— Tu as des cours facultatifs° ou obligatoires?

— J'ai des cours obligatoires ce semestre, mais c'est dans ma spécialisation,° alors je les aime bien.

optional (electives)

major

incorporating personal variations. (3) Have students find different ways to talk about the future. List their answers in columns on the board. Then direct students to work in pairs, creating original mini-dialogues.

DES COURS

Les arts: la musique, la peinture, la sculpture, l'art dramatique

Les lettres: la littérature (les études littéraires), les langues

Les sciences sociales: l'anthropologie, la géographie, l'histoire, la philosophie, la psychologie, les sciences économiques, les sciences politiques

Les sciences naturelles et les sciences exactes: la biologie, la botanique, la chimie, la géologie, l'électronique, les études d'ingénieur, l'informatique,° les maths, la physique

f. computer science

Les études commerciales: l'administration des affaires, la comptabilité, la gestion, le marketing, la publicité, les relations interpersonnelles, les sciences économiques

ACTIVITÉ 4 Et vous? Répondez aux questions suivantes.

1. Qu'est-ce que vous comptez faire dans la vie?
2. Avez-vous déjà choisi une spécialisation?
3. Quels cours obligatoires suivez-vous maintenant?
4. Quels cours facultatifs suivez-vous au moment actuel?
5. Si vous alliez développer un programme d'études obligatoires, quels cours comprendrait-il?
6. Si vous deviez recommander deux cours à un(e) ami(e), quels cours suggéreriez-vous? (Je suggérerais mon cours de _____)
7. Est-ce que vos cours vous préparent pour une carrière spécifique ou est-ce qu'ils vous préparent à être un citoyen° du monde?°

citizen / world

ACTIVITÉ 5 Que pensez-vous? Tell in which fields of study one would need expertise for the careers listed on page 528 and give your opinion of the social benefits of each.

MODÈLE: pour une carrière en pharmacie
Pour une carrière en pharmacie, il faudrait se spécialiser en biologie et en chimie. À mon avis, cette carrière est très pratique et est d'une valeur sociale énorme.

1. pour une carrière dans les services sociaux
2. pour une carrière en médecine

law 3. pour une carrière en droit°
4. pour une carrière dans les affaires
5. pour une carrière en éducation
6. pour une carrière dans le journalisme
7. pour une carrière en informatique
8. pour une carrière dans les arts ou les lettres
9. pour une carrière en architecture
10. pour une carrière en chimie

REGARDONS DE PLUS PRÈS ◆ Le Conditionnel

Approach, Regardons de plus près: (1) Preview the material focusing on the introductory questions. (2) Model the mini-dialogue several times. (3) Encourage students to look for patterns and direct them to answer the guide questions with a partner. (4) Elicit their observations. (5) Present the grammatical explanation as a means of confirming and extending students' hypotheses.

m. teaching

what

Think about these questions as you study the conversation below.

A. What benefits of teaching does this respondent appreciate?

B. Study the stems and endings of the verbs in bold. In what two different tenses have you used these components before?

— Est-ce que **je pourrais** vous poser quelques questions? **Je voudrais** savoir pourquoi vous avez choisi une carrière dans l'enseignement.°

— Parce que c'est une carrière qui me permet beaucoup de liberté; je peux faire ce qui° m'intéresse, voyager en été.

— Est-ce qu'**il y aurait** une autre raison?

— J'aime beaucoup enseigner aussi.

— **Seriez-vous** heureux(se) sans votre poste?

— C'est difficile à dire. Je ne sais vraiment pas.

The conditional tense is used in the following circumstances:

■ To make polite requests or statements, usually with the verbs **pouvoir, vouloir, aimer**.

Je voudrais avoir une belle carrière.	*I'd like to have a nice career.*
Aimeriez-vous voyager beaucoup?	*Would you like to travel a lot?*
Pourriez-vous être content dans cette profession?	*Could you be happy in that profession?*

- To make a conjecture, to say something that has not been shown to be true.

Il serait le président de la société aujourd'hui.	*He would be the president of the company today.*
Je finirais probablement mes études.	*I would probably finish my studies.*

- To talk about future actions with reference to the past.

Quand j'étais jeune, je disais que **je deviendrais** pompier.	*When I was young, I said that I would become a firefighter.*
Elle disait qu'**elle serait** belle et riche.	*She said she would be beautiful and rich.*

The conditional is composed of the future stem and the endings of the imperfect: **-ais, -ais, -ait, -ions, -iez, -aient.**

changer	Si j'étais toi, **je changerais** de carrière.	*If I were you, I'd change careers.*
finir	Tu as dit que **tu finirais** cette année.	*You said that you would finish this year.*
aimer	Est-ce qu'**elle aimerait** voyager?	*Would she like to travel?*
attendre	À votre place **nous n'attendrions** pas si longtemps.	*In your place, we wouldn't wait so long.*
travailler	Nous avions dit que **nous travaillerions** beaucoup ce trimestre.	*We said that we would work a lot this trimester.*
vendre	S'ils voulaient, **ils vendraient** leur maison.	*If they wanted to, they would sell their house.*

- Verbs with irregular stems in the future use the same stem in the conditional.

avoir	**aur-**	**J'aurais** un conseil à te donner.	*I would have advice to give you.*
être	**ser-**	**Ce serait** une erreur grave.	*That would be a grave error.*
aller	**ir-**	À ta place, **j'irais** en voyage.	*In your place, I'd travel.*
faire	**fer-**	**Je** ne **ferais** pas une erreur pareille.	*I wouldn't make a similar error.*
vouloir	**voudr-**	Si tu étais riche, **voudrais-tu** acheter la maison?	*If you were rich, would you want to buy the house?*

savoir	saur-	Il ne **saurait** pas investir son argent.	*He wouldn't know how to invest his money.*
pouvoir	pourr-	**Pourriez-vous** nous donner des conseils?	*Could you give us some advice?*
devoir	devr-	Est-ce que **je devrais** investir mon argent?	*Would I have to invest my money?*
falloir	faudr-	**Il faudrait** continuer tes études.	*You should continue your studies.*
venir	viendr-	Si tu avais le temps, est-ce que **tu viendrais?**	*If you had the time, would you come?*

ACTIVITÉ 6

Vous êtes optimiste ou pessimiste?   What attitude is portrayed in this view of the future? Complete the paragraphs, then agree or disagree with each statement.

MODÈLE: Je (*finir*) mes études.
        Je finirais mes études.

Si j'étais jeune aujourd'hui, je (*travailler*) beaucoup pour obtenir une bonne carrière; je (*avoir*) une famille et je (*participer*) dans notre société. Aussi j' (*étudier*) beaucoup pour me former l'esprit et pour préparer mon avenir.

Si j'étais adulte aujourd'hui, je (*être*) très impressionné par le confort que nous avons: la télévision, la machine à laver la vaisselle, le minitel, la voiture, l'avion . . . Je ne (*se plaindre*) pas, mais je (*prendre*) part à une vie confortable et intéressante.

Si j'étais vieux aujourd'hui, je (*remercier*) la France pour le système de Sécurité Sociale—un système qui me (*permettre*) de vivre sans me soucier des maladies. Je (*prendre*) ma retraite calmement dans le Midi et je (*passer*) mes jours à cultiver mon jardin.

ACTIVITÉ 7

attracted

Un choix de professions.   Quelles professions ont attiré° les personnes suivantes quand elles étaient jeunes?

MODÈLE: Je / être agent de police
        Quand j'étais jeune, je disais que je serais agent de police.

1. Je / être médecin
2. Ma sœur / devenir astronaute
3. Nous / être professeurs
4. Vous / devenir président
5. Jean et Luc / devenir pirates
6. Toi, tu / être joueur de football
7. Claire et Simone / être infirmières
8. Françoise / devenir détective

À Votre Place. Dites à un(e) ami(e) de ne pas accepter un poste. Donnez les raisons suivantes.

MODÈLE: Je / ne pas accepter le poste
Je n'accepterais pas le poste.

1. Je / refuser le poste
2. Tu / faire une erreur grave
3. Il / falloir penser à ton diplôme
4. Tu / devoir finir tes études
5. Il / être préférable de penser au long terme
6. Tu / trouver une meilleure situation
7. Ton poste / être beaucoup plus avantageux
8. Tu / avoir de meilleurs avantages sociaux

◼ NOTES CULTURELLES

Êtes-vous heureux(se)?

m. figures
unemployment
buying power / war

happiness

however

La satisfaction des Français envers leur société n'a jamais été si grande. En effet, en 1983, 92% des Français pensaient qu'ils étaient heureux. Et le nombre de gens qui se croyaient heureux a augmenté depuis 1973, quand 89% disaient qu'ils étaient heureux. Ces chiffres° sont très surprenants puisque les médias étaient pleins de chômage,° de diminution du pouvoir d'achat,° de crise économique, de guerre,° de terrorisme et de tensions internationales.

La source du bonheur° des Français est diverse: 95% disent que leur famille est une source de satisfaction. Le logement et le travail sont aussi des sources importantes de leur satisfaction. Paradoxalement, un pourcentage plus petit (60%) dit que l'argent fait leur bonheur.

Cela se voit dans le choix de matières à l'université. Les diplômés en lettres ne sont pas les mieux payés en France. Cependant,° la majorité des étudiants des universités françaises choisissent quand même les lettres comme matière d'étude. En 1984, d'après le Ministère de l'Éducation nationale, 29,9% des étudiants faisaient des lettres, 21,5% faisaient du droit et des sciences économiques, 15% suivaient des cours de médecine, 15,9% suivaient des cours de science, 6,2% avaient une spécialité technique et 3,9% suivaient des cours de pharmacie. Les autres sujets attiraient 7,6% des étudiants.

Le Nouvel Observateur/Sofres

Une vision de l'avenir

AU TRAVAIL

ACTIVITÉ **1** **Spéculations.** What do you think will happen in the future? Give your opinion about the following speculations, then answer the questions.

MODÈLE: À l'avenir, il n'y aura pas d'autos.
> *Non, je ne suis pas d'accord. Il y aura beaucoup d'autos. Elles seront plus rapides.*
> ou *Oui, je suis d'accord. Les autos causent trop de pollution. Il y aura une autre solution pour les transports urbains.*

1. Dans 10 ans, on pourra visiter plusieurs planètes dans notre système solaire.

   a. Est-ce que l'exploration des planètes est importante?
   b. Voulez-vous visiter des planètes?
   c. Est-ce que vous vous intéressez à ce genre de voyage?

2. À l'avenir nous n'aurons plus besoin de travailler.

   a. Est-ce qu'il est nécessaire de travailler?
   b. Est-ce que le travail a une fonction sociale?
   c. Est-ce que le travail est important?

language 3. Si nous parlions la même langue,° il n'y aurait plus de guerres.

   a. Quelle langue proposez-vous comme langue universelle?
   b. Qui va choisir la langue universelle?
   c. Est-ce que les langues sont importantes dans le monde?

will die   4. Dans 10 ans on ne mourra° pas parce qu'on pourra transplanter tous les organes.

        a. Où est-ce qu'on va trouver tous les organes?

to age   **b.** Est-ce que nous allons vieillir° quand même?

        c. Est-il possible de devenir immortel?

À L'ÉCOUTE♦La Conférence du Docteur Minois

Approach, À l'écoute:
(1) Preview the
conversation by focusing
on the art. (2) Preteach *f. fears*
the new vocabulary.
Sentences introducing this
vocabulary are found

Écoutez l'enregistrement. Ensuite, faites les activités de compréhension. Écoutez ce que le Docteur Minois dit à ses spectateurs. Quel est le point central de sa conférence? Quelles sont les craintes° des Français? Comment est-ce qu'on trouve le bonheur?

with the **À l'écoute**
tapescript in the front of
this Teacher's Edition.

COMPRÉHENSION_____

ACTIVITÉ 2   **Qu'est-ce qui cause l'insatisfaction?**   Choisissez de cette liste les choses qui causent l'insatisfaction dans la vie, selon le docteur Minois.

Answers, Act. 2: b, c, e,
f, h

      a. les relations professionnelles   **f.** l'insécurité

unemployment   **b.** le chômage°   **g.** les situations pratiques

increase   **c.** l'instabilité politique   **h.** la hausse° des prix

         d. le choix de carrière   **i.** les choses que l'on peut contrôler

f. strikes   **e.** les grèves°   **j.** la guerre

ACTIVITÉ 3 Qu'est-ce qu'il a dit? Rétablissez le texte de la conférence.

Les Français qui sont heureux attribuent leur bonheur principalement
à leurs _____ et leur _____. Ils ont aussi mentionné qu'ils ont trouvé
un _____ à leur vie, et qu'ils ont atteint certains de leurs _____. Ces
Français-là ne sont pas susceptibles à la _____ ni à _____. Ils ont trouvé leur _____ mental et physique. Ils sont _____. Remarquez que
notre _____ vient de _____ pratiques, de concepts _____ et de choses que l'on peut _____.

C'EST À DIRE◆Faire Des Hypothèses

Your instructor will consider the following alternatives. You should follow
these steps.

A. Play both roles with a partner.
B. Select the mini-dialogue that you would be most likely to have with a
close friend.

SCÈNE 1

— Si nous n'étions pas si matérialistes, le monde serait beaucoup plus agréable aujourd'hui.
— Oui, mais est-ce que tu crois qu'il serait aussi intéressant?

SCÈNE 2

m. poor
since

— Tu sais, si j'étais très riche, je donnerais beaucoup d'argent aux pauvres.°
— Mais puisque° tu n'es pas riche . . .

SCÈNE 3

— Êtes-vous heureuse?
— Si j'avais une grande famille, un bon poste et une grande maison, je se-
rais heureuse.
— Seriez-vous heureuse si vous saviez qu'il existe des malheureux?
— Oh, là là. Quelles questions vous me posez!

SCÈNE 4

— Êtes-vous heureux?

— Pas tout à fait. Si le monde n'avait pas tant de problèmes je serais heureux.

ACTIVITÉ **4** **Que feriez-vous?** Avez-vous une conscience sociale? Choisissez les phrases qui reflètent votre opinion.

1. Si on me disait que je suis matérialiste, . . .

fault

    a. je dirais oui, c'est vrai.
    b. je dirais non, je ne le suis pas.
    c. Je dirais que c'est la faute° de notre société.

2. Si j'étais très riche, . . .

    a. je donnerais de l'argent aux pauvres.
    b. je donnerais de l'argent au gouvernement pour des recherches scientifiques.
    c. je garderais l'argent pour moi.

3. Si on me demandait de travailler en volontaire, . . .

    a. je le ferais.
    b. je ne le ferais pas.
    c. je considérerais la demande; j'y réfléchirais.

4. S'il y avait une grève des transports urbains, . . .

would demonstrate

    a. je protesterais contre la grève.
    b. ça ne me ferait rien parce que je prendrais ma voiture.
    c. je manifesterais° aussi.

to donate

5. Si on me demandait de cotiser° pour sauver les éléphants d'Afrique, . . .

    a. je dirais qu'ils sont fanatiques.
    b. je leur donnerais de l'argent.
    c. je dirais que cela ne m'intéresse pas.

blood

6. Si on me demandait de donner du sang,° . . .

    a. Je le ferais avec plaisir.
    b. Je le ferais peut-être.
    c. Je dirais non.

REGARDONS DE PLUS PRÈS♦L'Emploi du conditionnel avec *si*

Think about these questions as you study the conversation below.

A. What opposing points of view are expressed?

B. What tenses are used in making hypotheses?

— Je crois que nous sommes malheureux parce que le monde est instable. **S'il y avait** plus de stabilité dans le monde, **nous serions** tous heureux. Par exemple, **s'il n'y avait pas** de chômage, **je me sentirais** plus en sécurité.

— Pense à faire des amis, ou bien pense à atteindre un équilibre mental.

— Tu rêves, mon vieux.

— Pas du tout, si tu veux être heureux, soucie-toi des choses que tu peux changer.

■ You have learned two ways to state a hypothesis.

Si + *présent* → *présent*

Si on fait la grève, **on peut** obtenir une augmentation.	*If we go on strike, we can get an increase.*

Si + *présent* → *futur ou futur immédiat*

Si tu t'inquiètes, tu seras malheureux.	*If you worry, you'll be unhappy.*
Si elle se fait des amis, **elle va être** heureuse.	*If she makes friends, she's going to be happy.*

■ Another way to state hypotheses is to use the following sequence of tenses:

Si + *imparfait* → *conditionnel*

Si j'avais beaucoup d'amis, **je serais** heureux.	*If I had a lot of friends, I would be happy.*
Si elle avait un bon poste, **elle serait** heureuse.	*If she had a good job, she would be happy.*

ACTIVITÉ 5

Suggestion, Act. 5: Have students answer according to their own political convictions. Encourage them to add other proposals.

Le Budget national. Si vous étiez le (la) président(e), que feriez-vous? Examinez vos réponses et caractérisez votre régime. Seriez-vous un président (une présidente) (a) socialiste, (b) militariste, (c) orienté(e) vers le commerce, (d) conservateur(trice)?

MODÈLE: réduire le budget militaire
Si j'étais président(e), je réduirais le budget militaire.
ou *Si j'étais président(e), je ne réduirais pas le budget militaire.*

1. augmenter le budget militaire
2. réduire les bénéfices sociaux
3. subventionner des recherches nucléaires
4. réduire les impôts° pour les individus
5. augmenter les taxes d'importation
6. éliminer le déficit budgétaire
7. réparer les routes nationales
8. acheter plus de terrain pour les parcs nationaux

ACTIVITÉ 6 Si vous pouviez changer votre vie... Répondez aux questions suivantes.

1. Si vous pouviez changer votre vie, que feriez-vous?
2. Si vous aviez le temps d'aider les autres, qui aideriez-vous?
3. Si votre ami(e) avait besoin de vos conseils, combien de temps lui donneriez-vous?

4. Si vous deviez choisir un parti politique, quel parti choisiriez-vous?

5. Si un(e) ami(e) vous demandait de l'argent, combien d'argent lui donneriez-vous?

6. Si vous pouviez changer un règlement universitaire, quel règlement changeriez-vous?

À VOUS! ◆ Cherchez la personne qui . . .

Suggestion, À vous!: Give students five minutes to complete the survey. Have students examine the answers they got and draw conclusions about the political trends of the class.

Faites un sondage auprès de vos camarades de classe et trouvez une personne qui ferait les choses suivantes. Est-ce que votre classe est activiste ou passive?

MODÈLE: manifester contre la vivisection
Manifesterais-tu contre la vivisection?

1. donner 10% de son salaire aux pauvres
2. s'engager dans le Corps de la Paix
3. travailler pour la Croix Rouge
4. donner des cours aux étudiants handicapés
5. manifester contre l'armement
6. aider le mouvement féministe
7. être un(e) ambassadeur(drice) de la paix
8. s'engager dans un mouvement politique

m. leaflets 9. distribuer des tracts° politiques

10. protester contre le terrorisme international

Suggestion, La langue écrite: Have students write the letter at home. As a pre-writing activity, you might ask students to pretend they are running for president and that they have to present a program to the class. *f. spending*

LA LANGUE ÉCRITE_____

Une Lettre au président. Le président vient d'augmenter les impôts pour tout le monde. Écrivez-lui une lettre pour protester contre son acte. Dites-lui que vous n'êtes pas d'accord et proposez d'autres solutions, comme par exemple, (a) la réduction de certaines catégories de dépenses,° (b) l'augmentation des taxes sur les produits de luxe, (c) l'augmentation des taxes d'importation. Proposez au moins une autre solution.

VOCABULAIRE ET EXPRESSIONS

■ TALKING ABOUT COURSES

Les arts: la musique, la peinture, la sculpture, l'art dramatique

Les lettres: la littérature (les études littéraires), les langues

Les sciences sociales: l'anthropologie, la géographie, l'histoire, la philosophie, la psychologie, les sciences économiques, les sciences politiques

Les sciences naturelles et les sciences exactes: la biologie, la botanique, la chimie, la géologie, l'électronique, les études d'ingénieur, l'informatique, les maths, la physique

Les études commerciales: l'administration des affaires, la comptabilité, la gestion, le marketing, la publicité, les relations interpersonnelles, les sciences économiques

■ HYPOTHESIZING

Si + *présent → présent*

Si on fait la grève, on peut obtenir une augmentation.

Si + *présent → futur ou futur immédiat*

Si tu t'inquiètes, tu seras malheureux(se).

Si elle se fait des amis, elle va être heureuse.

Si + *imparfait → conditionnel*

Si j'avais beaucoup d'amis, je serais heureux(se).

■ THE CONDITIONAL

aimer

j'aimer**ais**	nous aimer**ions**
tu aimer**ais**	vous aimer**iez**
il (elle) aimer**ait**	ils (elles) aimer**aient**

■ IRREGULAR VERBS IN THE CONDITIONAL

avoir	**J'aurais** un conseil à te donner.
être	**Ce serait** une erreur grave.
aller	A ta place, **j'irais** en voyage.
faire	**Je** ne **ferais** pas une erreur pareille.
vouloir	Si tu étais riche, **voudrais-tu** acheter la maison?
savoir	**Il** ne **saurait** pas investir son argent.
pouvoir	**Pourriez-vous** nous donner des conseils?
devoir	Est-ce que **je devrais** investir mon argent?
falloir	**Il faudrait** continuer tes études.
venir	Si tu avais le temps, est-ce que **tu viendrais?**

RÉVISION
Mon Pays et le monde

ACTIVITÉ 1

Act. 1: This activity reviews how to make reservations and how to stall for time.

À la gare.   You work for the S.N.C.F. Role-play these two scenes with a classmate. Notice that the schedule reads from bottom to top.

a. A client comes in wanting to make train reservations to one of the cities included in this schedule. Inquire about destination, dates of departure and return, preferred traveling time, type of ticket (first or second class, round-trip or one-way, supplements such as sleeping berths or meals). Get the client's name and credit card number and make the reservation.

b. Several weeks later, the client calls to confirm the reservation. Either confirm the information or tell the client that his or her reservation has been cancelled. If cancelled, help the client make new plans.

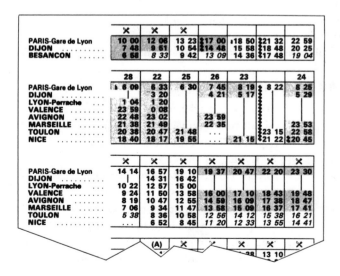

ACTIVITÉ 2 À l'hôtel.

Act. 2: This activity reviews how to select hotels.

Read these hotel descriptions from the *Guide Michelin*. Select a hotel. Find the telephone number and call to reserve a room for yourself and three friends. Inquire about facilities (parking, meals) and prices. Confirm the type of room (*avec salle de bains, à demi-pension*). Explain what additional services you will need (babysitter, secretary, guide, chauffeur). Spell your name, tell how many nights you will be staying, and give your credit card number.

ACTIVITÉ 3 Un Appartement.

Act. 3: This activity reviews how to select an apartment.

You and your friends are looking for a furnished apartment. Read these four ads. Select the apartment that most closely meets your needs and fits your price range. Call to inquire about specific features (furnishings, number of bathrooms, size of rooms, appliances provided). Make an appointment to view the apartment.

FAUBOURG ST. DENIS
Partic. loue appt, 2e ét.
3 pces, gr. sal., cuis., s.
de bns., vue, 4000F par
mois + ch. Tél.
42.46.54.60 après 18h.

NEUILLY, 105 AVE.
ROULE
à louer, chbre de service, 6e ét., eau, élec.,
1000F par mois. Sur
place, samedi 9h - 13h.

83, RUE DES MOINES,
PARIS
Partic. loue 2 pièces,
cuis., s. de bns, wc,
visite de 17h à 19h
réf. exig.

ALFORVILLE
Partic. loue Appt. 2, 4
pces, cuis., s. de bains,
wc, s/séj., très cft, près
du RER, réf. exig., 3200
F + ch. Tél 43.78.22.43

ACTIVITÉ 4 Aux Galeries Lafayette.

Act. 4: This activity reviews how to select and buy clothes.

You are going shopping at *Les Galeries Lafayette*. Make a list of at least three items of clothing and footwear you want to purchase. Note the size, preferred color and fabric. Play the role of customer in each department. A classmate should play the role of salesperson. Pay for each purchase in a different way (cash, credit, travelers checks).

ACTIVITÉ 5

Une Promotion de meubles.   You want to find out as much as you can about the furniture in the ad. Call the store to get details.

Le savoir-faire « tapissier »
De lignes élégantes, dans le respect de la tradition, sièges et canapés sont réalisés dans notre atelier, selon votre choix, de tissus des meilleurs éditeurs.

A. et H. DEBEURÉ conseils

Artisan du Meuble
Une tradition de qualité depuis 1955

255, faubourg Saint-Antoine - 75011 PARIS
Tél. 43.72.07.06 - Métro et R.E.R. Nation
Fermé le lundi

Arts et Décoration

ACTIVITÉ 6

À la douane.   With a classmate play the roles of traveler and customs agent at customs in Charles DeGaulle airport. Be prepared to tell your nationality, destination, duration of stay, and your reason for traveling to France. Declare the gifts that you are bringing into the country.

ACTIVITÉ 7

La Conférence.   You are a famous sociologist. You have been invited to give a lecture to a large group of students. Tell what you perceive to be the most compelling world concerns and what fields of study students should pursue to solve these problems.

ACTIVITÉ 8

La Lettre.   Write a letter to your French pen pal. Tell him or her about your career plans, family plans, and what you hope to accomplish in the near future. Write also about what you think the future will hold.

ACTIVITÉ **9**   Vous avez peur de mal manger?   Notre société s'intéresse aux problèmes de la nutrition et veut mener une vie saine. Lisez les passages suivants.

INFOS SANTÉ

● **Le poisson et le cœur.**
Le poisson protège contre les maladies cardio-vasculaires. On le sait maintenant avec certitude. Il existe aujourd'hui différentes gélules préparées à base de chair de poisson broyée. Qui doit en prendre ? Pour le docteur Driss (hôpital Sainte-Perrine à Paris) qui a étudié de près la question, seuls les sujets porteurs d'un risque cardio-vasculaire, par exemple les hypercholestérolémiques, devraient recourir à ces gélules (mais toujours après un bilan sanguin). Les autres ? Ils sont invités à consommer régulièrement du poisson !

Elle

Donnez les détails

1. This treatment was proposed by _____ in _____.

   a. a psychoanalyst   **a.** New York

   b. a chemist   **b.** Paris

   c. a physician   **c.** Geneva

2. It is of particular importance for people with a high risk of _____, particularly those who _____.

   a. cancer   **a.** are overweight

   b. cardiovascular disease   **b.** are undernourished

   c. high blood pressure   **c.** have high cholesterol levels

3. This treatment exists in _____ form and consists of _____.

   a. tablet   **a.** ground fish

   b. liquid   **b.** multi-vitamins

   c. capsule   **c.** ground seaweed

4. It should be begun only after _____.

   a. a heart attack

   b. a blood test

   c. all other treatments have failed

lean

young turkey
contribution
growth
f. fowl

to become anemic
weak, puny

taken off / skin
grease

did well

bronze / bachelor
f. hips

says a lot
as for
harsh

resonate

N'OUBLIEZ PAS LE POULET

C'est savoureux, ce n'est pas cher et c'est bon pour tout le monde. Très maigre,° très pauvre en cholestérol (le dindonneau° est en tête devant le poulet), d'un faible apport° calorique mais riche en protéines, la viande de volaille° convient donc à tous, notamment à ceux qui ont tendance à grossir ou veulent maigrir. Surtout si on la consomme grillée ou « à la broche » après avoir retiré° la peau° avec sa graisse.°

En outre, contrairement à certaines idées reçues sur la viande blanche, on y trouve, entre autres, beaucoup de vitamines et des minéraux comme le phosphore et le fer. Bonnes pour la croissance,° les volailles peuvent et doivent figurer en bonne place dans l'alimentation des enfants. On ne risque ni de s'anémier° ni de rester chétif° en mangeant régulièrement du poulet.

Modes et Travaux

Donnez les détails
The authors cite at least ten reasons for including chicken and turkey products in one's diet. List at least eight of these reasons. Would this article make a convincing advertisement for the poultry industry?

Terence Trent D'Arby.
Lisez le passage suivant.

Au Zénith, il chantera tout son soul. US Man in London, Terence Trent d'Arby a fait fort° dès son premier album: «The Hardline According to TTDA». L'homme à la beauté androgyne—son passé de boxeur ne l'a pas altérée—a les yeux mordorés,° les hanches° fines qui balancent soul, une coiffure «braids» et une bouche qui en dit long° sur sa sensualité. Quant à° la voix chaude et rocailleuse,° il suffit d'avoir écouté «Wishing well» pour qu'elle frémisse° dans les oreilles. À 25 ans, à la fois provocateur («Je crois que je suis un génie») et modeste («Je n'ai pas encore l'étoffe d'un grand chanteur soul, le temps m'y aidera peut-être»), il est prophète en son pays. Né en Floride, il a été nominé aux «Grammies». Pendant sa tournée américaine, Rod Stewart est même monté l'accompagner sur scène. TTDA est un célibataire° qui a besoin d'air, qui écoute non-stop toutes les musiques, et qui, sans être «fashion victim», aime bien l'habit. Une maison, deux salles de musique et de l'humour suffisent à son bonheur. Et si on vous dit que le 17 mai il sera au Zénith, vous connaîtrez peut-être un peu de cet iceberg black nommé Terence Trent d'Arby.

Elle

Donnez les détails

1. Who? What? When?
   a. Who is the article about?
   b. What is his profession?
   c. Name an album and one of his hit songs.
   d. When and where is the show described in this article?

2. Description
   a. Give his nationality and place of birth.
   b. Give a physical description of him.
   c. Describe the quality of his voice.
   d. Describe his character. Does he seem timid? egotistical? materialistic?
   e. Is he married?
   f. For TTDA, what are the keys to happiness?

TRANCHE 4

Activités globales

The following activities review most of the communicative functions presented in *C'EST À DIRE*. At this point in your training, you should be able to play one of the roles in each of them, although your instructor may ask you to do only a few. Note that there are two types of activities: listing activities and scenario activities. In the listing activities you will be asked to make lists of objects, facts, etc. In the scenario activities, you will be asked to role-play situations. Listing activities tend to be easier and less interactive than scenario activities.

A. Describing your possessions and making a purchase

Listing Activity. Identify these items. Tell which of the items you have, and describe them and their features.

Scenario Activity.   You are in a large electronics store. Greet the salesperson, inquire about and confirm the regular and sale prices of items you are interested in, and discuss two different modes of payment.

Scenario Activity.   You are going on vacation and want to purchase several new outfits. You are in *Les Galeries Lafayette*. Greet the salesperson in each department, and inquire about sizes, colors and fabrics. If the items you are interested in are out of stock, ask to have them ordered and find out how long it will take to get them.

Scenario Activity.   You want to buy a vehicle. Give the pros and cons of each type of vehicle, then select the one that best fits your budget and needs. Go to the bank to apply for financing. The banker will ask you for certain information, references, and pieces of identification and will ask you to describe the vehicle in detail.

B. Describing someone

Listing Activity.   Describe each person's physical features and clothing.

Scenario Activity.   You are applying for a job in the customer relations department of a large department store. In your job, you will deal primarily with complaints. Provide the personnel manager with your name, address, telephone number, and any other information he or she requests. Be sure to describe your character and temperament. Tell in general what type of work you are seeking, and how you feel about meeting the public under such circumstances.

C. Maintaining social relations

Listing Activity.   Name and tell your relationship to as many different members of your family as you can. Tell something interesting about each one.

Scenario Activity.   You are a reporter for a local newspaper and have been asked to interview a visiting celebrity. Find out as much as you can about him or her. The more interesting the things you find out, the better your article will be. Consider the following topics: education and background; typical daily schedule and activities; preferred sports and leisure activities; favorite and least favorite films, books, and television shows; favorite and least favorite foods; favorite articles of clothing and possessions.

Scenario Activity.

a. You and a close friend are at a café when another friend arrives. Introduce your friend to this new person and tell several things about his or her interests to get the conversation going.

b. You have been asked to introduce a new colleague at a business meeting. Present this person to at least six other people.

D. Describing leisure activities

Listing Activity.   Tell what the following people are doing.

Scenario Activity.   Give your opinion about each of the activities shown above. Tell which activities you currently participate in, how often, and with whom. If you do not participate in an activity, tell why. Tell what other things you like to do.

Scenario Activity.

a. You have two free tickets to the opera and want to invite a friend. When you call, you reach his or her answering machine. Leave a message with all of the details (day, date, time, place, event) and request that your friend return your call before 7:00 p.m. the next day.

b. Your friend calls to respond to your invitation. Confirm the essential details. If your friend is not free or is not interested in that event, make plans to do something else together at another time.

E. Buying and ordering foods and beverages

Listing Activity. Identify as many of the following food and beverage items as you can. Give your opinion of each one and tell in which specialty stores or in which sections or aisles of the supermarket they could be purchased.

Scenario Activity. You are planning a fruit, cheese, and dessert party and are going shopping at a market, a dairy store, and a pastry shop. In each store, inquire about prices, tell the salesperson how much of each item you will need, and pay for your purchases.

Scenario Activity. You are in a café. Give your order to the waiter. Be prepared to make a second choice in case your first choice is not available. If the order does not arrive in a reasonable amount of time, inquire about it. Finally, ask for your bill before leaving.

Scenario Activity. You and a friend are planning to dine in an expensive restaurant. Telephone ahead of time to reserve a table in the garden area and to inquire about modes of payment. Ask what the daily specials are. Once you arrive, greet the waiter, request the à la carte menu, and order a complete five-course dinner for two.

F. Making travel plans and reservations

Listing Activity. List your three favorite vacation spots and several activities you like to do at each one.

Scenario Activity. Call the S.N.C.F. and reserve two one-way second-class tickets from Strasbourg to Nice with *couchettes*. In addition, make reservations for meals in the *wagon-restaurant*. Inquire about facilities for transporting your car so that you can drive back to Strasbourg. Since you will need to change trains in Dijon, be sure to inquire about the amount of time you have to make the connection. Confirm the dates and times of departure and arrival and inquire about fares. Give your name, address, and credit card number to the agent.

Scenario Activity. You need hotel reservations for three nights in Nice. You would like one room with a double bed, a private bath, and breakfast. Inquire about prices. Ask if they accept pets *(des animaux)* and what they charge for parking. Inquire about the availability of private telephones and a conference room. Reserve a room on the third or fourth floor with a view of the Mediterranean. Be sure to spell your name, give your address and confirm your credit card number.

Scenario Activity. Describe your most recent vacation. Tell where you went, tell what the weather was like, and say a little about what you did and whom you met. Be sure to evaluate the vacation and tell if you would recommmend it to another person.

Scenario Activity. You are at customs and have discovered that you have lost your passport. Greet the agent. Tell your name, nationality, destination, duration of stay, and reason for travel; then explain your predicament, telling where you think your passport might be and providing the agent with other means of identification.

G. Requesting and providing information and directions

Scenario Activity. You are enrolled in an art class. One of the sessions will meet in the Musée Rodin. Ask your instructor what days of the week the museum is open and at what time it opens in the morning and closes in the evening. Inquire about any admission charges. On the way to the museum you lose your way. Get the attention of a passerby and ask for directions.

Listing Activity. Name as many objects, activities, and places in the following city scene as you can.

Scenario Activity. Invite a friend to dinner at your house, which is located near the métro station Châtelet. If he or she accepts the invitation, explain how to use the métro to come to your house.

H. My job

Listing Activity. Name as many professions as you can and tell a little about each one.

Scenario Activity. You are going to a job interview. First check in at the receptionist's desk and introduce yourself. Tell why you are there. During the interview, tell the employment agent a little about your background, the classes you have taken, your major, and previous work experience. Describe your career goals and what you see as ideal working conditions. Tell why you are the most qualified candidate for the position.

◆Regular Verbs

Verb		Indicative				Conditional	Subjunctive	Imperative
		present	imperfect	passé composé	future			
-er verbs								
parler	je	parle	parlais	ai parlé	parlerai	parlerais	parle	
(to speak)	tu	parles	parlais	as parlé	parleras	parlerais	parles	parle
	il	parle	parlait	a parlé	parlera	parlerait	parle	
	nous	parlons	parlions	avons parlé	parlerons	parlerions	parlions	parlons
	vous	parlez	parliez	avez parlé	parlerez	parleriez	parliez	parlez
	ils	parlent	parlaient	ont parlé	parleront	parleraient	parlent	
entrer	j'	entre	entrais	suis entré(e)	entrerai	entrerais	entre	
(to enter)	tu	entres	entrais	es entré(e)	entreras	entrerais	entres	entre
	il	entre	entrait	est entré(e)	entrera	entrerait	entre	
	nous	entrons	entrions	sommes entré(e)s	entrerons	entrerions	entrions	entrons
	vous	entrez	entriez	êtes entré(e)(s)	entrerez	entreriez	entriez	entrez
	ils	entrent	entraient	sont entré(e)s	entreront	entreraient	entrent	
se laver	je	me lave	me lavais	me suis lavé(e)	me laverai	me laverais	me lave	
(to wash)	tu	te laves	te lavais	t'es lavé(e)	te laveras	te laverais	te laves	lave-toi
	il	se lave	se lavait	s'est lavé(e)	se lavera	se laverait	se lave	
	nous	nous lavons	nous lavions	nous sommes lavé(e)s	nous laverons	nous laverions	nous lavions	lavons-nous
	vous	vous lavez	vous laviez	vous êtes lavé(e)(s)	vous laverez	vous laveriez	vous laviez	lavez-vous
	ils	se lavent	se lavaient	se sont lavé(e)s	se laveront	se laveraient	se lavent	
-ir verbs								
finir	je	finis	finissais	ai fini	finirai	finirais	finisse	
(to finish)	tu	finis	finissais	as fini	finiras	finirais	finisses	finis
	il	finit	finissait	a fini	finira	finirait	finisse	
	nous	finissons	finissions	avons fini	finirons	finirions	finissions	finissons
	vous	finissez	finissiez	avez fini	finirez	finiriez	finissiez	finissez
	ils	finissent	finissaient	ont fini	finiront	finiraient	finissent	
-re verbs								
attendre	j'	attends	attendais	ai attendu	attendrai	attendrais	attende	
(to wait for)	tu	attends	attendais	as attendu	attendras	attendrais	attendes	attends
	il	attend	attendait	a attendu	attendra	attendrait	attende	
	nous	attendons	attendions	avons attendu	attendrons	attendrions	attendions	attendons
	vous	attendez	attendiez	avez attendu	attendrez	attendriez	attendiez	attendez
	ils	attendent	attendaient	ont attendu	attendront	attendraient	attendent	

◆Irregular Verbs

Verb		Indicative present	imperfect	passé composé	future	Conditional	Subjunctive	Imperative
acheter	j'	achète	achetais	ai acheté	achèterai	achèterais	achète	
(to buy)	tu	achètes	achetais	as acheté	achèteras	achèterais	achètes	achète
	il	achète	achetait	a acheté	achètera	achèterait	achète	
	nous	achetons	achetions	avons acheté	achèterons	achèterions	achetions	achetons
	vous	achetez	achetiez	avez acheté	achèterez	achèteriez	achetiez	achetez
	ils	achètent	achetaient	ont acheté	achèteront	achèteraient	achètent	
aller	j'	vais	allais	suis allé(e)	irai	irais	aille	
(to go)	tu	vas	allais	es allé(e)	iras	irais	ailles	va
	il	va	allait	est allé(e)	ira	irait	aille	
	nous	allons	allions	sommes allé(e)s	irons	irions	allions	allons
	vous	allez	alliez	êtes allé(e)(s)	irez	iriez	alliez	allez
	ils	vont	allaient	sont allé(e)s	iront	iraient	aillent	
appeler	j'	appelle	appelais	ai appelé	appellerai	appellerais	appelle	
(to call)	tu	appelles	appelais	as appelé	appelleras	appellerais	appelles	appelle
	il	appelle	appelait	a appelé	appellera	appellerait	appelle	
	nous	appelons	appelions	avons appelé	appelerons	appellerions	appelions	appelons
	vous	appelez	appeliez	avez appelé	appellerez	appelleriez	appeliez	appelez
	ils	appellent	appelaient	ont appelé	appelleront	appelleraient	appellent	
		Like **appeler: s'appeler**						
apprendre		See **prendre**						
avoir	j'	ai	avais	ai eu	aurai	aurais	aie	
(to have)	tu	as	avais	as eu	auras	aurais	aies	aie
	il	a	avait	a eu	aura	aurait	aie	
	nous	avons	avions	avons eu	aurons	aurions	ayons	ayons
	vous	avez	aviez	avez eu	aurez	auriez	ayez	ayez
	ils	ont	avaient	ont eu	auront	auraient	aient	
boire	je	bois	buvais	ai bu	boirai	boirais	boive	
(to drink)	tu	bois	buvais	as bu	boiras	boirais	boives	bois
	il	boit	buvait	a bu	boira	boirait	boive	
	nous	buvons	buvions	avons bu	boirons	boirions	buvions	buvons
	vous	buvez	buviez	avez bu	boirez	boiriez	buviez	buvez
	ils	boivent	buvaient	ont bu	boiront	boiraient	boivent	
comprendre		See **prendre**						
connaître	je	connais	connaissais	ai connu	connaîtrai	connaîtrais	connaisse	
(to know)	tu	connais	connaissais	as connu	connaîtras	connaîtrais	connaisses	connais
	il	connaît	connaissait	a connu	connaîtra	connaîtrait	connaisse	
	nous	connaissons	connaissions	avons connu	connaîtrons	connaîtrions	connaissions	connaissons
	vous	connaissez	connaissiez	avez connu	connaîtrez	connaîtriez	connaissiez	connaissez
	ils	connaissent	connaissaient	ont connu	connaîtront	connaîtraient	connaissent	

courir	je	cours	courais	ai couru	courrai	courrais	coure	
(to run)	tu	cours	courais	as couru	courras	courrais	coures	cours
	il	court	courait	a couru	courra	courrait	coure	
	nous	courons	courions	avons couru	courrons	courrions	courions	courons
	vous	courez	couriez	avez couru	courrez	courriez	couriez	courez
	ils	courent	couraient	ont couru	courront	courraient	courent	
croire	je	crois	croyais	ai cru	croirai	croirais	croie	
(to believe)	tu	crois	croyais	as cru	croiras	croirais	croies	crois
	il	croit	croyait	a cru	croira	croirait	croie	
	nous	croyons	croyions	avons cru	croirons	croirions	croyions	croyons
	vous	croyez	croyiez	avez cru	croirez	croiriez	croyiez	croyez
	ils	croient	croyaient	ont cru	croiront	croiraient	croient	
devenir		See **venir**						
devoir	je	dois	devais	ai dû	devrai	devrais	doive	
(to have to,	tu	dois	devais	as dû	devras	devrais	doives	dois
to owe)	il	doit	devait	a dû	devra	devrait	doive	
	nous	devons	devions	avons dû	devrons	devrions	devions	devons
	vous	devez	deviez	avez dû	devrez	devriez	deviez	devez
	ils	doivent	devaient	ont dû	devront	devraient	doivent	
dire	je	dis	disais	ai dit	dirai	dirais	dise	
(to say,	tu	dis	disais	as dit	diras	dirais	dises	dis
to tell)	il	dit	disait	a dit	dira	dirait	dise	
	nous	disons	disions	avons dit	dirons	dirions	disions	disons
	vous	dites	disiez	avez dit	direz	diriez	disiez	dites
	ils	disent	disaient	ont dit	diront	diraient	disent	
écrire	j'	écris	écrivais	ai écrit	écrirai	écrirais	écrive	
(to write)	tu	écris	écrivais	as écrit	écriras	écrirais	écrives	écris
	il	écrit	écrivait	a écrit	écrira	écrirait	écrive	
	nous	écrivons	écrivions	avons écrit	écrirons	écririons	écrivions	écrivons
	vous	écrivez	écriviez	avez écrit	écrirez	écririez	écriviez	écrivez
	ils	écrivent	écrivaient	ont écrit	écriront	écriraient	écrivent	
envoyer		See **payer**						
essayer		See **payer**						
être	je	suis	étais	ai été	serai	serais	sois	
(to be)	tu	es	étais	as été	seras	serais	sois	sois
	il	est	était	a été	sera	serait	soit	
	nous	sommes	étions	avons été	serons	serions	soyons	soyons
	vous	êtes	étiez	avez été	serez	seriez	soyez	soyez
	ils	sont	étaient	ont été	seront	seraient	soient	

faire	je	fais	faisais	ai fait	ferai	ferais	fasse	
(to do,	tu	fais	faisais	as fait	feras	ferais	fasses	fais
to make)	il	fait	faisait	a fait	fera	ferait	fasse	
	nous	faisons	faisions	avons fait	ferons	ferions	fassions	faisons
	vous	faites	faisiez	avez fait	ferez	feriez	fassiez	faites
	ils	font	faisaient	ont fait	feront	feraient	fassent	

lire	je	lis	lisais	ai lu	lirai	lirais	lise	
(to read)	tu	lis	lisais	as lu	liras	lirais	lises	lis
	il	lit	lisait	a lu	lira	lirait	lise	
	nous	lisons	lisions	avons lu	lirons	lirions	lisions	lisons
	vous	lisez	lisiez	avez lu	lirez	liriez	lisiez	lisez
	ils	lisent	lisaient	ont lu	liront	liraient	lisent	

manger	je	mange	mangeais	ai mangé	mangerai	mangerais	mange	
(to eat)	tu	manges	mangeais	as mangé	mangeras	mangerais	manges	mange
	il	mange	mangeait	a mangé	mangera	mangerait	mange	
	nous	mangeons	mangions	avons mangé	mangerons	mangerions	mangions	mangeons
	vous	mangez	mangiez	avez mangé	mangerez	mangeriez	mangiez	mangez
	ils	mangent	mangeaient	ont mangé	mangeront	mangeraient	mangent	

Like **manger: voyager**

mettre	je	mets	mettais	ai mis	mettrai	mettrais	mette	
(to put,	tu	mets	mettais	as mis	mettras	mettrais	mettes	mets
(to wear)	il	met	mettait	a mis	mettra	mettrait	mette	
	nous	mettons	mettions	avons mis	mettrons	mettrions	mettions	mettons
	vous	mettez	mettiez	avez mis	mettrez	mettriez	mettiez	mettez
	ils	mettent	mettaient	ont mis	mettront	mettraient	mettent	

Like **mettre: permettre, promettre**

mourir	je	meurs	mourais	suis mort(e)	mourrai	mourrais	meure	
(to die)	tu	meurs	mourais	es mort(e)	mourras	mourrais	meures	meurs
	il	meurt	mourait	est mort(e)	mourra	mourrait	meure	
	nous	mourons	mourions	sommes mort(e)s	mourrons	mourrions	mourions	mourons
	vous	mourez	mouriez	êtes mort(e)(s)	mourrez	mourriez	mouriez	mourez
	ils	meurent	mouraient	sont mort(e)s	mourront	mourraient	meurent	

offrir	j'	offre	offrais	ai offert	offrirai	offrirais	offre	
(to offer)	tu	offres	offrais	as offert	offriras	offrirais	offres	offre
	il	offre	offrait	a offert	offrira	offrirait	offre	
	nous	offrons	offrions	avons offert	offrirons	offririons	offrions	offrons
	vous	offrez	offriez	avez offert	offrirez	offririez	offriez	offrez
	ils	offrent	offraient	ont offert	offriront	offriraient	offrent	

Like **offrir: ouvrir, souffrir**

ouvrir		See **offrir**

partir	je	pars	partais	suis parti(e)	partirai	partirais	parte	
(to leave)	tu	pars	partais	es parti(e)	partiras	partirais	partes	pars
	il	part	partait	est parti(e)	partira	partirait	parte	
	nous	partons	partions	sommes parti(e)s	partirons	partirions	partions	partons
	vous	partez	partiez	êtes parti(e)(s)	partirez	partiriez	partiez	partez
	ils	partent	partaient	sont parti(e)s	partiront	partiraient	partent	

Like **partir: sortir**

payer	je	paie	payais	ai payé	paierai	paierais	paie	
(to pay)	tu	paies	payais	as payé	paieras	paierais	paies	paie
	il	paie	payait	a payé	paiera	paierait	paie	
	nous	payons	payions	avons payé	paierons	paierions	payions	payons
	vous	payez	payiez	avez payé	paierez	paieriez	payiez	payez
	ils	paient	payaient	ont payé	paieront	paieraient	paient	

Like **payer: envoyer, essayer**

permettre   See **mettre**

pouvoir	je	peux	pouvais	ai pu	pourrai	pourrais	puisse	
(to be able	tu	peux	pouvais	as pu	pourras	pourrais	puisses	
to)	il	peut	pouvait	a pu	pourra	pourrait	puisse	
	nous	pouvons	pouvions	avons pu	pourrons	pourrions	puissions	
	vous	pouvez	pouviez	avez pu	pourrez	pourriez	puissiez	
	ils	peuvent	pouvaient	ont pu	pourront	pourraient	puissent	

préférer	je	préfère	préférais	ai préféré	préférerai	préférerais	préfère	
(to prefer)	tu	préfères	préférais	as préféré	préféreras	préférerais	préfères	préfère
	il	préfère	préférait	a préféré	préférera	préférerait	préfère	
	nous	préférons	préférions	avons préféré	préférerons	préférerions	préfèrions	préférons
	vous	préférez	préfériez	avez préféré	préférerez	préféreriez	prèfériez	préférez
	ils	préfèrent	préféraient	ont préféré	préféreront	préféreraient	préfèrent	

prendre	je	prends	prenais	ai pris	prendrai	prendrais	prenne	
(to take)	tu	prends	prenais	as pris	prendras	prendrais	prennes	prends
	il	prend	prenait	a pris	prendra	prendrait	prenne	
	nous	prenons	prenions	avons pris	prendrons	prendrions	prenions	prenons
	vous	prenez	preniez	avez pris	prendrez	prendriez	preniez	prenez
	ils	prennent	prenaient	ont pris	prendront	prendraient	prennent	

Like **prendre: apprendre, comprendre**

promettre   See **mettre**

recevoir	je	reçois	recevais	ai reçu	recevrai	recevrais	reçoive	
(to receive)	tu	reçois	recevais	as reçu	recevras	recevrais	reçoives	reçois
	il	reçoit	recevait	a reçu	recevra	recevrait	reçoive	
	nous	recevons	recevions	avons reçu	recevrons	recevrions	recevions	recevons
	vous	recevez	receviez	avez reçu	recevrez	recevriez	receviez	recevez
	ils	reçoivent	recevaient	ont reçu	recevront	recevraient	reçoivent	

revenir   See **venir**

savoir (to know)	je	sais	savais	ai su	saurai	saurais	sache	
	tu	sais	savais	as su	sauras	saurais	saches	sache
	il	sait	savait	a su	saura	saurait	sache	
	nous	savons	savions	avons su	saurons	saurions	sachions	sachons
	vous	savez	saviez	avez su	saurez	sauriez	sachiez	sachez
	ils	savent	savaient	ont su	sauront	sauraient	sachent	
servir (to serve)	je	sers	servais	ai servi	servirai	servirais	serve	
	tu	sers	servais	as servi	serviras	servirais	serves	sers
	il	sert	servait	a servi	servira	servirait	serve	
	nous	servons	servions	avons servi	servirons	servirions	servions	servons
	vous	servez	serviez	avez servi	servirez	serviriez	serviez	servez
	ils	servent	servaient	ont servi	serviront	serviraient	servent	

sortir (to go out) See **partir**

souffrir (to suffer) See **offrir**

suivre (to follow)	je	suis	suivais	ai suivi	suivrai	suivrais	suive	
	tu	suis	suivais	as suivi	suivras	suivrais	suives	suis
	il	suit	suivait	a suivi	suivra	suivrait	suive	
	nous	suivons	suivions	avons suivi	suivrons	suivrions	suivions	suivons
	vous	suivez	suiviez	avez suivi	suivrez	suivriez	suiviez	suivez
	ils	suivent	suivaient	ont suivi	suivront	suivraient	suivent	
venir (to come)	je	viens	venais	suis venu(e)	viendrai	viendrais	vienne	
	tu	viens	venais	es venu(e)	viendras	viendrais	viennes	viens
	il	vient	venait	est venu(e)	viendra	viendrait	vienne	
	nous	venons	venions	sommes venu(e)s	viendrons	viendrions	venions	venons
	vous	venez	veniez	êtes venu(e)(s)	viendrez	viendriez	veniez	venez
	ils	viennent	venaient	sont venu(e)s	viendront	viendraient	viennent	

Like **venir: devenir, revenir**

voir (to see)	je	vois	voyais	ai vu	verrai	verrais	voie	
	tu	vois	voyais	as vu	verras	verrais	voies	vois
	il	voit	voyait	a vu	verra	verrait	voie	
	nous	voyons	voyions	avons vu	verrons	verrions	voyions	voyons
	vous	voyez	voyiez	avez vu	verrez	verriez	voyiez	voyez
	ils	voient	voyaient	ont vu	verront	verraient	voient	
vouloir (to want)	je	veux	voulais	ai voulu	voudrai	voudrais	veuille	
	tu	veux	voulais	as voulu	voudras	voudrais	veuilles	veuille
	il	veut	voulait	a voulu	voudra	voudrait	veuille	
	nous	voulons	voulions	avons voulu	voudrons	voudrions	voulions	veuillons
	vous	voulez	vouliez	avez voulu	voudrez	voudriez	vouliez	veuillez
	ils	veulent	voulaient	ont voulu	voudront	voudraient	veuillent	

voyager See **manger**

A

à to, at, in, with
 à côté de near
 à la fois at the same time
 à la ligne new paragraph
 à l'appareil on the phone
 à la prochaine see you next time
 à l'écoute listening in
 à l'étranger abroad
 à merveille wonderfully
 à mon avis in my opinion
 à présent now
 à un de ces jours see you one of
  these days
 à vous it's your turn
abondant(-e) plentiful
s'abonner à to subscribe to
accuser to accuse
acheter to buy
l'acheteur m. buyer
actif(-ve) active
actuel(-le) present
les affaires f. business
l'affiche f. poster
affreux(-se) awful
l'agent m. police officer
agressif(-ve) aggressive
aider to help
ailleurs elsewhere
aimer to love, to like
ajouter to add
allemand(-e) German
aller to go
 allons-y let's go
l'aller simple m. one-way ticket
alors so
l'alpinisme m. mountain climbing
l'amande f. almond
l'amateur m. enthusiast, fan
ambitieux(-se) ambitious
améliorer to improve
l'amende f. fine
amener to bring (people)
amer(-ère) bitter
l'ami(e) m., f. friend

amical(-e) friendly
l'amour m. love
s'amuser to have fun
l'an m. year
l'anchois f. anchovy
ancien(-ne) former
l'angine f. bronchial infection
anglais(-e) English
l'animateur(-trice) m., f. show host
l'année f. year
l'anniversaire m. birthday
l'annuaire des abonnés
  m. telephone book
annuler to cancel
août August
l'appareil m. receiver
l'appareil-photo m. camera
appartenir à to belong to
appeler to call
les applaudissements m. applause
apporter to bring (things)
apprendre to learn
appuyer to push
l'après-midi m. afternoon
l'argent m. money
 l'argent de poche m. pocket
  money
l'armoire f. wardrobe
l'arrêt m. stop
arrêter to stop
arriver to arrive
les asperges f. asparagus
assez enough
 assez bien well enough
 assez de enough
s'asseoir to sit down
 assieds-toi sit down
l'assiette f. plate
assister à to attend
attendre to wait
attraper un rhume to catch a cold
au à + le at the
 au bord du lac on the edge of
  the lake
 au bout de at the end of
 au courant up-to-date

au-dessous below
au-dessus above
au juste exactly
au moins at least
au travail let's get to work
l'auditeur(-trice) m., f. listener
l'augmentation f. raise
aujourd'hui today
auprès de to
aussi also
 aussi capable que as capable as
 aussi vite que possible as quickly
  as possible
aussitôt que as soon as
autant de as much as
 autant de . . . que as much . . . as
l'automne m. fall
autrefois formerly, then
autrichien(-ne) Austrian
avant before
les avantages sociaux m. benefits
avec with
 avec plaisir with pleasure
aveugle blind
l'avion m. airplane
l'avocat(e) m., f. lawyer
avoir to have
 avoir mal au foie to have
  indigestion
 avoir peur to be afraid
 avoir raison to be right
 avoir tort to be wrong
avril April

B

se baigner to bathe
la baignoire bathtub
la bande dessinée comics
la banlieue suburb
le banquier banker
la barbe beard
bavarder to chat
beau (belle) handsome, beautiful
beaucoup a lot
 beaucoup d'autres many others

la **Belgique** Belgium
la **belle affaire** good buy
bénéficier to benefit
bête stupid
la **bêtise** silly thing
la **bibliothèque** library
bien well
  bien entendu of course
  bien que even though
bienvenu(-e) welcome
le **billet aller-retour** round-trip
  ticket
les **biscuits** *m.* cookies
le **bistro** coffee house
la **blague** joke
blanc(-he) white
blessé de guerre war wounded
bleu(-e) blue
boire to drink
la **boisson** beverage, drink
la **boîte** place, company, box
le **bolide** fast car
bon(-ne) good
  le **bon goût** good taste
  bon marché inexpensive
la **bonbonnière** candy dish
le **bonheur** happiness
la **botanique** botany
bouché(-e) stuffed up
la **boucherie** butcher shop
bouger move
la **boulangerie** bakery
le **boulot** job, work
la **bouteille** bottle
la **branche** field, area
brancher to connect
le **bras** arm
bref in brief
la **bronchite** bronchitis
le **brouillard** fog
broyer to grind
le **bruit** noise
brut gross
le **bureau** office

C

ça this (that)
  ça a l'air this looks
  ça fait it is, it costs
  ça m'est égal it doesn't matter

ça n'a pas bien marché it didn't
  sell well
ça y est I've got it
le **cabinet** office
le **cadre** manager
la **caisse** cashier
le **canapé** sofa
candidat(-e) *m., f.* candidate,
  contestant
capital(-e) very important
car because
la **carie** tooth cavity
carré(-e) square
le **carrefour** corner, intersection
la **carte** map; menu
le **cas** case
  le **cas d'urgence** emergency
le **cascadeur** stuntperson
la **casse** breakage
ce this, that
  ce qui what
  c'est à dire this is to say,
    meaning
  c'est bien ça that's it
  c'est dommage too bad
  c'est qui? who is it?
  c'est tout that's all
ceci this
la **ceinture** belt
célèbre famous
le **célibataire** bachelor
le **cendrier** ashtray
la **centrale nucléaire** nuclear
  power station
le **César** French movie award
la **chair** flesh
la **chaise** chair
la **chambre** room
  la **chambre de service** maid's
    room
le **champ** field
la **chance** luck
changer to change
la **chanson** song
chanteur(-euse) *m., f.* singer
chapeau! congratulations!
chaque each
la **charcuterie** delicatessen
se **charger** to take care of
les **charges** *f.* extra charges
le **chariot** cart

chaud(-e) hot
le **chauffage** heat
chausser to wear (shoes)
les **chaussures** *f.* shoes
chauve bald
le **chef d'équipe** section head
le **chef de section** department
  head
le **chemin de fer** railroad
chercher to look for
chétif(-ve) weak, puny
les **cheveux** *m.* hair
la **cheville** ankle
chez at
le **chien** dog
les **Chiffres et les Lettres** popular
  game show
la **chimie** chemistry
chirurgien(-ne) *m., f.* surgeon
choisir to choose
le **chômage** unemployment
la **chose** thing
ci-dessous below
le **ciel** sky
le **cinéaste** movie maker
la **circulation** traffic
le **cirque** circus
citoyen(-ne) *m., f.* citizen
le **citron** lemon
la **clef** key
le **clip** video
le **cœur** heart
se **coiffer** to comb one's hair
le **coin** corner
le **col** collar
le **collier** necklace
le **colonel** colonel
la **colonie de vacances** summer
  camp
combien de . . . ? how many, how
  much
  combien coûte how much is
    (costs)
  combien de fois how many times
la **commande** order
comme like, as
  comme il faut properly
  comme vous le savez as you
    know
commencer (à) to begin
le **commis** office boy

les commissions *f.* shopping; commission
la commode dresser
comprendre to understand
le comprimé pill
la comptabilité accounting
le comptable accountant
comptant cash
le concessionnaire dealer
le concours tournament
le congélateur freezer
les congés *m.* vacation
la connaissance acquaintance
connaître to know
le conseil advice
conseiller to advise
consommer to consume, to use
continuer to continue
convenablement well
le coq au vin chicken with wine
le coquillage seashell
le corps body
la correspondance correspondence, connection
correspondant(-e) *m., f.* person you are calling
corrigé(-e) corrected
le costume suit
cotiser to donate
le coucher du soleil sunset
la couchette sleeping berth
le coup de téléphone telephone call
courageux(-se) courageous
courir to run
le courrier mail
le cours class
  le cours de mode fashion class
  le cours facultatif optional course, elective
la course racing
court(-e) short
le coût de la vie cost of living
coûter to cost
couturier(-ière) *m., f.* designer
la crainte fear
crevé flat
croire to believe
la croissance growth
croyable believable
les crudités *f.* raw vegetables

le cuir leather
la cuisine kitchen
la cuisinière oven
le cyclisme biking

D

d'abord first of all
d'accord agreed
d'après moi in my opinion
d'autres others
  d'autres fois other times
davantage more
de of
  de la sorte in that way
  de l'autre côté on the other hand
  de ma faute my fault
  de ma part on my behalf
  de nouveau once more, again
  de plus moreover
  de temps en temps from time to time
  de toute façon in any case
se débrouiller to manage, to get along
décembre December
le décès death
décevant(-e) disappointing
les déchets *m.* wastes
déchirer to tear
décontracté(-e) informal
décrire to describe
décrocher to pick up (the phone)
déçu(-e) disappointed
dedans inside
le défaut fault
dégager to clear
le dégât damage
dégoutant(-e) disgusting
dehors outdoors
demain tomorrow
la demande d'emploi job application
demander to ask
déménager to move
la dentelle lace
se dépêcher to hurry
la dépense spending
dépenser to spend
depuis since
  depuis longtemps for a long time

depuis toujours forever
descendre to get off
se déshabiller to get undressed
désolé(-e) sorry
dessous below
détester to dislike
devant in front of
devenir to become
deviner to guess
devoir to have to
le devoir duty
  les devoirs *m.* homework
le digestif after-dinner drink
dimanche Sunday
le dindonneau young turkey
dîner to have dinner
dire to say
  dire ce que j'aime to tell what I like
diriger to direct
disponible available
se disputer to fight
d'occasion used
le domicile home
dommage too bad
donc therefore, so
donner to give
dormir to sleep
la douane customs
la douche shower
doué(-e) gifted
douter to doubt
le dragon dragon
le droit law
à droite on the right
drôle funny
d'un côté on the one hand
dur(-e) hard, tough
la durée length
durer to last

E

l'eau *f.* water
  l'eau potable *f.* drinking water
l'écharpe *f.* scarf
les échecs *m.* chess
échouer to fail
économe economical
écouter to listen
l'écran *m.* screen

écrire to write
l'écrivain m. writer
efficace effective
effrayer to scare
l'électroménager m. home
  appliances
elle she, her
elles they, them
émerveiller to amaze
l'émission f. show
en in
  en accompte as a down payment
  en cachette in secret
  en ce qui concerne concerning,
    regarding
  en ce temps-là at that time
  en colère angry
  en direct live
  en espèces cash
  en face across (the street)
  en face de facing
  en franchise duty free
  en moyenne on the average
  en plein air outside, outdoors
  en pleine forme in great shape
  en réparation in the shop
  en retard late
  en somme all in all
  en sortant while leaving
  en vente available for sale
  en vogue popular
l'endroit m. place
l'enfant m. child
enfin finally
engager to hire
enlever to take away
l'ennui m. trouble
l'enseignement m. teaching
enseigner to teach
ensuite next
entendre to hear
  s'entendre avec to get along with
entendu understood, agreed
l'en-tête f. headline
entre between
  entre autres among others
envelopper to wrap
envier to envy
environ approximately
envoyer to send

l'épice f. spice
l'épicerie f. grocery store
éplucher to peel
épouser to marry
l'équipe f. team
l'escargot m. snail
l'escrime f. fencing
espagnol(-e) Spanish
espérer to hope, to wish
essayer to try, to try on
l'essence f. gas
l'étage m. floor
l'étagère f. shelves
en état d'ivresse drunk
l'été m. summer
étonnant(-e) astonishing
étonner to surprise
être to be
  être à to belong to
  être au régime to be on a diet
  être libre to be free
  être sage to be good
l'étudiant(e) m., f. student
étudier to study
eux them
l'événement m. event
exigeant(-e) requiring, demanding
expliquer to explain

F

le fabricant manufacturer
la fac university (faculty)
la façon way
la facture bill
faible weak
la faim hunger
faire to do, to make
  faire la lessive to do the wash
  faire le ménage to do housework
  faire preuve to demonstrate
  faire sa connaissance to meet
    him (her)
le fait fact
fauché(-e) broke
le fauteuil armchair
féliciter to congratulate
la femme woman, wife

la femme d'affaires
  businesswoman
la fente slot
la ferme farm
fermer to close
ferroviaire rail
la fête party
fêter to celebrate
le feuilleton series, soap opera
février February
la fiabilité reliability
la fiche d'enregistrement baggage
  tag
fier(-ière) proud
la fièvre fever
la fille girl, daughter
le fils son
la fin end
se fiancer to become engaged
finir to finish
la fleur flower
le fleuve river
des fois f. sometimes
foncé(-e) dark
le football soccer
la forêt forest
la formation training
formidable great
fort(-e) strong
fou (folle) crazy
le four à micro-ondes microwave
  oven
le foyer family
frais (fraîche) cool
le franc franc (French currency)
fréquenter to frequent
le frère brother
frisé(-e) wavy
les frissons m. chills
frivole frivolous
froid(-e) cold
le fromage cheese
les fruits de mer m. seafood
fumer to smoke
la fusée missile

G

gagner to earn, to win
le gant glove

le garçon waiter
garé(-e) parked
le gars guy
le gaspillage waste
le gâteau cake
à gauche on the left
gazeux(-se) carbonated
la géllule capsule
la gendarmerie police station
généreux(-se) generous
le genre kind
les gens *m.* people
gigantesque gigantic
la glace ice cream
la gorge throat
grace à because of
gratuit(-e) free
la Grèce Greece
la grève strike
la grippe flu
gris(-e) gray
grossir to gain weight
la guerre war
le guichet ticket window

H

s'habiller to dress
habiter to live
la hanche hip
la hausse des prix rise in prices
la haute couture high fashion
hein! huh!
hésiter to hesitate
l'heure *f.* time, hour
heureux(-se) happy
hier soir last night
l'hiver *m.* winter
le HLM subsidized housing
la honte shame
l'hôtel de ville *m.* municipal
    building

I

ici here
il:
  il me casse les pieds he (it)
    bothers me
  il me semble que it seems to me
    that

il n'a rien compris he didn't
    understand anything
il ne fallait pas you shouldn't
    have
il nous cause des ennuis he (it)
    annoys us
il nous faut we need
il n'y a pas de mal it's nothing
il y a there is (are)
ils ont l'air they look (like)
imaginatif(-ve) imaginative
l'immeuble *m.* building
les impôts *m.* taxes
impraticable unusable
impulsif(-ve) impulsive
l'inconnu *m.* stranger
l'infirmière *f.* nurse
l'informatique *f.* computer science
s'inquiéter to worry
s'inscrire to enroll
l'instituteur(-trice) *m., f.*
    elementary-school teacher
insupportable unbearable
interdit de fumer smoking
    prohibited
l'interrogation *f.* quiz
interroger to question
intime close
inviter to invite
l'ivrogne *m.* drunk

J

jaloux(-se) jealous
jamais never
janvier January
le jardin garden
jaune yellow
je:
  j'ai besoin de I need
  j'ai peur I am afraid
  j'aimerais I would like
  je compte sur I expect
  je crois I think
j'en ai vraiment assez I'm fed up
je n'en reviens pas I can't get
    over it
je n'en sais rien I don't know
    anything about it
je ne peux pas I can't

je ne sais pas I don't know
je ne tiens pas à I don't care for
je suis doué(-e) I am good in
je suis une boule de nerfs I am a
    bundle of nerves
je te (vous) jure que I assure you
    that
je vais choisir I am going to
    choose
je vous conseille de I advise you
je vous en prie don't mention it
le jeu game
jeudi Thursday
jeune young
la jeunesse youth
la joie de vivre joy of living
joli(-e) pretty
jouer to play
le journal the newspaper
la journée day
les jours fériés *m.* holidays
juillet July
juin June
la jupe skirt
juteux(-se) juicy

L

là-bas over there
la laine wool
laisser to leave
  se laisser prendre to be fooled
le lait milk
lancer to introduce
se laver to wash
le lave-vaisselle dishwasher
la lecture reading
léger(-ère) light
le lendemain the next day
lentement slowly
la lessive laundry
se lever (de bonne heure) to get
    up (early)
libre free
le lieu place
la ligne de métro *métro* line
  la ligne de produits product line
lire to read
lisse straight
la livre pound

locataire *m., f.* tenant
loin far
  loin de far from
  loin d'ici far from here
les loisirs *m.* leisure activities
la longueur length
lorsque when
louer to rent
lourd(-e) heavy
lu read (past participle of lire)
lui him or her
lundi Monday
les lunettes *f.* glasses
  les lunettes de natation *f.*
    swimming goggles
  les lunettes de soleil *f.* sunglasses
le Luxembourg Luxemburg

M

le magasin store
  le magasin de vins wine store
mai May
maigre skinny, lean
maigrir to lose weight
le maillot jersey
  le maillot de bain bathing suit
la mairie city hall
la maison house
mal bad
  mal élevé(-e) poorly mannered
malade sick
malade *m., f.* sick person
le malentendu misunderstanding
malheureusement unfortunately
malheureux(-se) unhappy
malsain(-e) unhealthy
la manche sleeve
manger to eat
la manifestation demonstration
manifester to demonstrate
  (politically)
le manque lack
manquer to miss
le manteau coat
le maquillage makeup
se maquiller to put on makeup
marcher to walk
mardi Tuesday
le mari husband
la marque brand

marron brown
mars March
le médecin doctor
meilleur(-e) better, best
le mélange mixture, confusion
même same, even
  la même chose the same thing
menacer to threaten
la mensualité monthly payment
le menton chin
la mer sea
mercredi Wednesday
la mère mother
mes my
mettre to put, to put on
  mettre au courant to keep
    informed
meublé(-e) furnished
le microbe germ
midi noon
le Midi South of France
le milieu social class,
  surroundings
mimé(-e) mimed
mince thin
moi me
  moi aussi me too
  moi non plus me neither
moins . . . que less . . . than
mon my
le monde world, people
la montagne mountain
le montant amount, sum
monter to climb, to go up
la montre watch
montrer to show
se moquer de to make fun of
la mort death
la moto-neige snowmobile
mourir to die
moyen(-ne) average
le moyen a way
  le moyen de transport means of
    transportation
myope nearsighted

N

nager to swim
naïf(-ve) naive

les Nantais *m.* players from
  Nantes
la nappe tablecloth
la natalité birthrate
la natation swimming
ne:
  n'ayez pas peur don't be afraid
  ne fais pas l'enfant don't be a baby
  ne . . . plus no more
  ne . . . rien nothing
  ne t'en fais pas (ne vous en faites
    pas) don't worry
  n'importe quoi anything at all
néanmoins nevertheless
négatif(-ve) negative
la neige snow
nerveux(-se) nervous
nettoyer to clean
neuf(-ve) new
le nez nose
  le nez qui coule runny nose
ni . . . ni neither . . . nor
le nœud papillon bow tie
noir(-e) black
  noir et blanc black and white
le nom (last) name
non plus neither
la note bill, note
se nourrir to nourish oneself
la nourriture food
le nouveau new member (person)
novembre November
nouveau (nouvelle) new
le nuage cloud
la nuit night

O

obéir (à) to obey
obtenir to get
occupé(-e) busy
s'occuper to be busy
octobre October
l'œil *m.* eye
l'œillet *m.* carnation
l'œuf *m.* egg
offrir to offer
l'oiseau *m.* bird
on:
  on dit que people say
  on m'a dit someone told me

on pourrait we could
on se voit we will see each other
l'opérette *f.* musical
l'oreille *f.* ear
originaire originally from
l'otage *m.* hostage
où where
oublier forget
l'ouest *m.* west
l'ouverture *f.* opening
ouvrier(-ère) *m., f.* worker
ouvrir to open

P

la paix peace
le palier landing
le palmier palm tree
Pâques *m.* Easter
par:
  par contre on the other hand
  par exemple for example
  par hasard by chance
le parapluie umbrella
parce que because
pardonner to forgive
pareil(-le) similar
paresseux(-se) lazy
parler to speak
parmi among
partager to share
particulier(-ère) individual
partir to depart, to leave
partout everywhere
pas du tout not at all
passager momentary
se passer de to do without
les patins à glace *m.* ice skates
la pâtisserie pastry shop
la patrie native land
patron(-ne) *m., f.* boss
pauvre poor
le pavillon house
payer to pay
le pays country
le paysage countryside
les Pays-Bas Netherlands
la peau skin
le peintre painter
pendant during

la pendule clock
pénible tedious
penser to think
  penser (à) to think about
  penser de to think of
le permis de conduire driver's
  license
le personnage character (in a
  play)
personne no one
un peu de a little
pharmaceutique pharmaceutical
la pièce room; play
le pied à terre home base
la piscine swimming pool
la piste slope
la plage beach
se plaindre to complain
le plaisir pleasure
la planche à voile wind surfer
le planeur glider
le plat dish, course
plein temps full-time
pleuvoir to rain
plier to fold
plus:
  plus de more
  plus . . . que more . . . than
  plus tard later
le plus the most
  le plus important the most
  important
plusieurs several
plutôt instead
le pneu tire
pointu(-e) pointed
la pointure size (shoes)
le poisson fish
la poissonnerie fish store
le poivre pepper
le pont bridge; four-day weekends
porter to wear; to carry
  porter plainte to make a
  complaint
  se porter bien to feel good
le Portugal Portugal
le poste position, job
le pot de crème pudding cup
poudreux(-se) powdery
pour gagner du temps to stall
pourquoi why

pourriez-vous could you
pourtant however
pouvoir to be able to
le pouvoir power
préférer to prefer
le premier first (floor)
prendre to take; to have (food)
le prénom first name
près near
  près de near
  près d'ici near here
présenter quelqu'un to introduce
  someone
presque almost
  presque chaque almost every
le prêt loan
prêt(-e) ready
prêter to lend
prier to beg, to beseech
le printemps spring
les produits de beauté *m.* beauty
  products
la profession libérale professional
les projets *m.* plans
la promenade walk
se promener to take a walk
la promotion sale
les provisions *f.* food
puis then
puisque since

Q

le quai platform
quand même all the same,
  anyway
quant à as for
le quartier neighborhood
quel(-le) which, what
  quelle chance what luck
quelque chose something
  quelque chose d'intéressant
  something interesting
quelques a few
qu'en pensez-vous? what do you
  think of it?
que puis-je faire pour vous? may I
  help you
qu'est-ce que tu en penses? what
  do you think of it?
qu'est-ce qui what

qu'est-ce qu'il y a? what's the matter?
qui who
  qui est-ce? who is it?
quitter to leave
quoi what
  quoi de neuf? what's new?
  quoi dire what to say

R

le rabais reduction
raccrocher to hang up
la radio radio, X-ray
le rang row
râpé(-e) grated
se rappeler to remember
le rapport météorologique weather report
rapporter to bring back
se raser to shave
ravi(-e) glad
ravissant(-e) handsome, ravishing
réagir to react
récent(-e) recent
recevoir to receive
la réclamation complaint
reçu(e) received
le reçu receipt
réfléchir to think; to reflect on
regarder to watch
  regardons de plus près let's take a closer look
le régime diet
la règle rule
le règlement regulation
regretter to regret
le remède remedy
remercier to thank
se remettre to get well
rencontrer to meet
rendre to return
les renseignements m. information
se renseigner to get information
rentrer to return; to fit in
renverser to spill
renvoyer to fire
répartir to distribute
la réplique line (from a play, a dialogue)

répondre to answer
se reposer to rest
représentant(-e) m., f. salesperson
le R.E.R. urban express train system
le responsable parent or guardian
rester to stay
retirer to take off
retourner to return
la retraite retirement
la réunion meeting
réussir to succeed, to pass
le rêve dream
se réveiller to wake up
revendre to resell
revenir to come back
rêver to dream
le rez-de-chaussée ground floor
le Ricard anise flavored aperitif
rien nothing
  rien de spécial nothing special
rigoler to joke
la rivière river
le riz rice
la robe the dress
robuste big, robust
rocailleux(-se) rocky, harsh
rouge red
roux(-sse) redheaded
le Royaume-Uni United Kingdom
la rue street

S

le sable sand
le sac à dos backpack
la salle de séjour family room
le salon living room
  le salon de thé tea room
les salutations f. greetings (on a letter)
samedi Saturday
le sang blood
sans without
sans reproche beyond reproach
la santé health
sauf que except that
savoir to know
la scène stage
la séance show
le sèche-linge dryer

le séjour stay
selon according to
la semaine week
sensible sensitive
sentir to feel
septembre September
la série noire mystery novel
sérieux(-se) serious
se serrer la main to shake hands
la serveuse waitress
le service d'accueil welcoming service
servir to serve
seul(-e) alone
si yes (emphatic); if
le SIDA AIDS
le siège (car) seat
la S.N.C.F. French national railroad
la société company
la soeur sister
la soie silk
se soigner to take care of oneself
soi-même oneself
les soins m. care
le soir night
le soleil sun
la somme sum
le sommeil sleep
sortir to go out
la soucoupe volante flying saucer
souffler to blow
souffrant(-e) ill, ailing
souffrir to suffer
sous under, underneath
se souvenir de to remember
souvent often
la spécialisation major
le stade stadium
stationner to park
le style de vie lifestyle
subi(-e) undergone
subventionner to subsidize
le sucre sugar
la Suède Sweden
suédois(-e) Swedish
suivre to follow; to take (a course)
sur on
  sur le dos on my back
surprenant(-e) surprising
surtout above all, especially

survoler to fly over
le syndicat union

T

le tabac tobacco
le tableau painting
tacher to spot
la taille size
le talon heel
tandis que while
la tante aunt
tant pis never mind
taper to type
le tapis carpet
le tas lots
la tasse cup
le tatouage tattoo
le taux d'alcoolémie blood alcohol
   content
le taux d'intérêt interest rate
tellement so much
le témoin witness
la tempête storm
le temps time, weather
le terrain d'aviation airport
la tête head
le TGV *train à grande vitesse* (fast
   train)
le tiroir drawer
la tisane herb tea
le topos presentation
se torturer to torture oneself
tôt early
toucher to touch; to earn
toujours always
tourner to turn
tous les every
tousser to cough
tout everything
  tout à coup all of a sudden
  tout a été prévu everything is
     under control
  tout à fait altogether
  tout d'abord first of all
  tout de même anyway

tout de suite right away
tout droit straight ahead
tout le monde everybody
tout près very near
la toux cough
le tract leaflet
traduire to translate
le trajet travel, trip
la tranche slice
le travail work
travailler to work
travailleur(-euse) *m., f.* worker
la trentaine about thrity
trois heures et demie three thirty
se tromper to be mistaken
trop cher too expensive
trouver to find, to think about
  se trouver to be located
tu you
  tu ferais mieux you'd better
  tu veux y aller? do you want to
     go there?

U

usine *f.* factory

V

le vacancier vacationer
vaniteux(-se) vain
vas-y go ahead
la vedette star
le vélo bicycle
vendeur(-euse) *m., f.* salesperson
vendre to sell
vendredi Friday
venir to come
  venir de to have just
vérifier to verify
la vérité truth
le verre glass
vers about
vert(-e) green
le vertige dizziness

les vêtements pour dames *m.*
   women's clothes
les vêtements pour hommes *m.*
   men's clothes
la viande meat
la vie life
vieil(-le) old
le vieillard old man
vieillir to age, to become old
vif(-ve) bright, vivid
vigoureux(-se) vigorous
le vin wine
  le vin classé named, expensive
     wine
vingt heures 8 p.m.
la vitesse speed
le voeu wish
voici here is (are)
la voie tracks
voir to see
  se voir to see each other
voisin(-e) *m., f.* neighbor
le vol flight
  le vol à voile gliding
la volaille fowl
votre propre your own
vouloir to want
vous you
  vous ferez fureur you will be
     noticed
voyager to travel
voyons let's see
vrai(-e) true
vraiment really
vu seen (past participle of **voir**)

W

les WC *m.* toilet

Y

y there
le yaourt yogurt
les yeux *m.* eyes

≡ VOCABULAIRE ◆ Anglais / Français

A

able: to be able pouvoir
about vers
  about thirty la trentaine
above au-dessus
  above all surtout
abroad à l'étranger
according to selon
accountant le comptable
accounting la comptabilité
to accuse accuser
acquaintance la connaissance
across (the street) en face
active actif(-ve)
to add ajouter
advice le conseil
to advise conseiller (de)
afraid: to be afraid avoir peur
  don't be afraid n'ayez pas peur
after-dinner drink le digestif
afternoon l'après-midi m.
again de nouveau
to age vieillir
aggressive agressif(-ve)
agreed entendu, d'accord
AIDS le SIDA
airplane l'avion m.
airport l'aéroport, le terrain
  d'aviation
all tout
  all in all en somme
  all of a sudden tout à coup
  all the same quand même
to allow permettre
almond l'amande f.
almost presque
  almost every presque chaque
alone seul(-e)
also aussi
altogether tout à fait
always toujours
to amaze émerveiller
ambitious ambitieux(-se)
among parmi
  among others entre autres
amount le montant

anchovy l'anchois m.
angry en colère
anise-flavored aperitif le Ricard
ankle la cheville
to annoy causer des ennuis
to answer répondre
anything at all n'importe quoi
anyway quand même, tout de
  même
applause les applaudissements m.
appointment un rendez-vous
  to have an appointment (with)
    avoir rendez-vous (avec)
approximately environ
April avril
to argue (with) se disputer (avec)
arm le bras
armchair le fauteuil
to arrive arriver
as comme
  as . . . as aussi . . . que
  as for quant à
  as much . . . as autant de . . . que
  as soon as aussitôt que
  as you know comme vous le
    savez
ashtray le cendrier
to ask (for) demander
asparagus les asperges f.
astonishing étonnant(-e)
at à, chez
  at least au moins
  at that time en ce temps-là
  at the end of au bout de
  at the same time à la fois
to attend assister (à)
August août
aunt la tante
Austrian autrichien(-ne)
available disponible
average moyen(-ne)
awful affreux(-se)

B

baby: don't be a baby ne fais pas
  l'enfant

bachelor le célibataire
backpack le sac à dos
bad mal
bakery la boulangerie
bald chauve
banker banquier(-ière) m., f.
to bathe se baigner
bathing suit le maillot de bain
bathtub la baignoire
to be être
beach la plage
beard la barbe
beautiful beau (belle)
beauty products les produits de
  beauté m.
because parce que, car
  because of grâce à
to become devenir
before avant
to beg prier
to begin commencer à
Belgium la Belgique
believable croyable
to believe croire
to belong to être à, appartenir à
below dessous, au- (ci-)dessous
belt la ceinture
to benefit bénéficier
benefits les avantages sociaux m.
best le (la) meilleur(-e)
between entre
beverage la boisson
beyond reproach sans reproche
bicycle le vélo
big grand, robuste
biking le cyclisme
bill la facture, la note
bird l'oiseau m.
birthday l'anniversaire m.
birthrate la natalité
bitter amer(-ère)
black noir(-e)
  black and white noir et blanc
blind aveugle
blood le sang
  blood alcohol content le taux
    d'alcoolémie

to blow souffler
blue bleu(-e)
blunder le faux pas
body le corps
boss patron(-ne) m., f.
botany la botanique
bottle la bouteille
bow tie le nœud papillon
box la boîte
brand la marque
breakage la casse
bridge le pont
in brief bref
bright vif(-ve)
to bring:
  to bring (people) amener
  to bring (things) apporter
  to bring back rapporter
broke fauché(-e)
bronchial infection l'angine f.
bronchitis la bronchite
brother le frère
brown marron
to brush one's hair se coiffer
building l'immeuble m.
business les affaires f.
businessman l'homme d'affaires m.
businesswoman la femme
  d'affaires
busy: to be busy s'occuper
butcher shop la boucherie
to buy acheter
buyer l'acheteur m.

C

cake le gâteau
to call appeler
to calm down se calmer
camera l'appareil-photo m.
to cancel annuler
candidate candidat(-e) m., f.
candy dish la bonbonnière
capsule la géllule
carbonated gazeux(-se)
care les soins m.
to care for tenir à
carnation l'œillet m.
carpet le tapis
to carry porter

car seat le siège
cart le chariot
case le cas
cash comptant, en espèces
cashier la caisse
to catch a cold attraper un rhume
to celebrate fêter
chair la chaise
chance: by chance par hasard
to change changer
character (in a play) le
  personnage
to chat bavarder
cheese le fromage
chemistry la chimie
chess les échecs m.
chicken le poulet
  chicken with wine le coq au vin
child l'enfant m., f.
chills les frissons m.
chin le menton
to choose choisir
circus le cirque
citizen citoyen(-ne) m., f.
city hall la mairie
classes les cours m.
to clean nettoyer
to clear dégager
clock la pendule
close intime
to close fermer
cloud le nuage
coat le manteau
coffeehouse le bistro
cold froid(-e)
collar le col
colonel: army colonel le colonel
to come venir
  to come back revenir
comic la bande dessinée
company la société, la boîte
to complain se plaindre, porter
  plainte
complaint la réclamation
computer science l'informatique m.
concerning en ce qui concerne
to congratulate féliciter
congratulations félicitations!
  chapeau!
to connect brancher

connection (train, métro) la
  correspondance
to consume consommer
contestant candidat(-e) m., f.
to continue continuer
cookies les biscuits m.
cool frais (fraîche)
corner le coin, le carrefour
corrected corrigé(-e)
correspondence la correspondance
to cost coûter
  it costs ça fait
cost of living le coût de la vie
cough la toux
to cough tousser
could you pourriez-vous
to count on compter sur
country le pays
countryside le paysage
courageous courageux(-se)
course (in a meal) le plat
crazy fou (folle)
to cross traverser
cup la tasse
customs la douane

D

damage le dégât
to dance danser
dark foncé(-e)
daughter la fille
day la journée
dealer concessionnaire m., f.
death la mort, le décès
December décembre
delicatessen la charcuterie
demanding exigeant(-e)
to demonstrate faire preuve
demonstration:
  demonstration (political) la
    manifestation
  demonstration (scientific) la
    démonstration
to depart partir
department head le chef de
  section
to describe décrire
designer (clothes) couturier(-ière)
  m., f.

to die mourir
diet le régime
  to be on a diet être au régime
to direct diriger
disappointed déçu(-e)
disappointing décevant(-e)
disgusting dégoutant(-e)
dish le plat
  to do the dishes faire la vaisselle
dishwasher le lave-vaisselle
to dislike détester
to distribute répartir
dizziness le vertige
to do faire
doctor le médecin
dog le chien
to donate cotiser
don't mention it je vous en prie
to doubt douter
down payment en accompte
dragon le dragon
drawer le tiroir
dream le rêve
to dream rêver
dress la robe
to dress s'habiller
dresser la commode
to drink boire
drink la boisson
drinking water l'eau potable f.
driver's license le permis de
  conduire
drunk (person) l'ivrogne m.
dryer le sèche-linge
during pendant
duty le devoir
  duty free en franchise

E

each chaque
ear l'oreille f.
early tôt
to earn gagner, toucher
Easter Pâques m.
to eat manger
  to eat dinner dîner
economical économe
edge: on the edge of the lake au
  bord du lac

effective efficace
egg l'œuf m.
elective course le cours facultatif
elementary-school teacher
  instituteur(-trice) m., f.
elsewhere ailleurs
emergency le cas d'urgence
end la fin
engaged: to become engaged se
  fiancer
English anglais(-e)
enough assez de
to enroll s'inscrire
to enter entrer (dans)
enthusiast l'amateur m.
to envy envier
errands: to do errands faire les
  courses
especially surtout
even though bien que
event l'événement m.
every tous les
everybody tout le monde
everything tout
everywhere partout
exactly au juste, exactement
except that sauf que
to explain expliquer
extra charges les charges f., les
  frais de m.
eye l'œil m., pl. les yeux

F

facing en face de
fact le fait
factory l'usine f.
to fail échouer, rater (un examen)
fall l'automne m.
family le foyer
  family room la salle de séjour
famous célèbre
far (from) loin (de)
farm la ferme
fashionable en vogue
fashion class le cours de mode
fast car le bolide
fault le défaut
fear la crainte
February février

to feel sentir
  to feel good se sentir (porter)
  bien
fencing l'escrime f.
fever la fièvre
a few quelques
field le champ, la branche
to fight se disputer
finally enfin
to find trouver
fine l'amende f.
to finish finir (de, par)
to fire renvoyer
first premier(-ère)
  first floor le premier étage
  first name le prénom
  first of all (tout) d'abord
fish le poisson
  fish store la poissonnerie
flat crevé(-e)
flesh la chair
flight le vol
floor l'étage m.
flower la fleur
flu la grippe
to fly over survoler
flying saucer la soucoupe volante
fog le brouillard
to fold plier
to follow suivre
food la nourriture, les provisions f.
fooled: to be fooled se laisser
  prendre
forest la forêt
forever depuis pour toujours
for example par exemple
to forget oublier
to forgive pardonner
former ancien(-ne)
formerly autrefois
four-day weekend le pont
fowl la volaille
franc (French currency) le franc
free libre, gratuit(-e)
  to be free être libre
freezer le congélateur
French movie award le César
French National Railway System
  la S.N.C.F.
to frequent fréquenter

Friday vendredi
friend l'ami(-e) m., f.
friendly amical(-e)
frivolous frivole
front: in front of devant
full-time plein temps
fun: to have fun s'amuser
funny drôle
furnished meublé(-e)

G

to gain weight grossir
game le jeu
garden le jardin
gas l'essence f.
generous généreux(-se)
germ le microbe
German allemand(-e)
Germany l'Allemagne
to get obtenir
  to get along se débrouiller
  to get along with s'entendre avec
  to get angry se mettre en colère
  to get dressed s'habiller
  to get information se renseigner
  to get off descendre
  to get to know faire la
    connaissance de
  to get undressed se déshabiller
  to get up (early) se lever (de
    bonne heure)
  to get well se remettre
gifted doué(-e)
gigantic gigantesque
girl la fille
to give donner
glad ravi(-e)
glass le verre
  glasses les lunettes f.
glider le planeur
gliding le vol à voile
gloves les gants m.
to go aller
  go ahead vas-y
  to go down descendre
  to go on a diet se mettre au
    régime
  to go out sortir
  to go shopping faire les courses
    (le shopping)

to go to bed se coucher
to go up monter
good bon(-ne)
  good buy la belle affaire
  good taste le bon goût
  to be good être sage
  to be good in être doué(-e)
grated râpé(-e)
gray gris(-e)
great formidable
Greece la Grèce
green vert(-e)
greetings (on a letter) les
  salutations f.
to grind broyer
grocery store l'épicerie f.
gross brut
ground floor le rez-de-chaussée
to grow old vieillir
growth la croissance
guardian responsable m., f.
to guess deviner
guy le gars

H

hair les cheveux m.
handsome beau (belle)
to hang up (a phone) raccrocher
happiness le bonheur
happy heureux(-se)
hard dur(-e)
to have avoir
  to have just venir de
  to have to devoir
head la tête
headline l'en-tête m.
health la santé
to hear entendre
heart le cœur
heat le chauffage
heavy lourd(-e)
heel le talon
to help aider
her lui
herb tea la tisane
here ici
  here is (are) voici
to hesitate hésiter
high fashion la haute couture
him lui

hip la hanche
to hire engager
to hold tenir
holidays les jours fériés m.
home le domicile
  home appliances
    l'électroménager m.
  home base le pied à terre
homework les devoirs m.
to hope espérer
hostage l'otage m.
hot chaud(-e)
hour l'heure f.
house la maison, le pavillon
housework: to do housework faire
  le ménage
how:
  how many times combien de
    fois
  how much is (costs) combien
    coûte
however pourtant
huh! hein!
hunger la faim
hungry: to be hungry avoir faim
to hurry se dépêcher
husband le mari

I

I je, moi
if si
I'm fed up j'en ai assez
I've got it ça y est
I would like j'aimerais
ice cream la glace
ice skates les patins à glace m.
to identify identifier
  to identify oneself s'identifier
ill malade, souffrant(-e)
imaginative imaginatif(-ve)
impossible impossible
to improve améliorer
impulsive impulsif(-ve)
in à
  in any case de toute façon
  in great shape en pleine forme
  in my opinion d'après moi, à
    mon avis
  in that way de la sorte
income taxes les impôts m.

indigestion: to have indigestion
avoir mal au foie
individual particulier(-ère)
inexpensive bon marché
informal décontracté(-e)
information les renseignements *m.*
inside dedans
to insist insister
instead plutôt
interest rate le taux d'intérêt
intersection le carrefour
introduce:
  to introduce (a product) lancer
  to introduce someone présenter
    quelqu'un
to invite inviter
it:
  it doesn't matter ça m'est égal
  it seems to me that il me semble
    que
  it's nothing ce n'est rien, il n'y a
    pas de mal
  it's your turn à vous
  Italy l'Italie

J

January janvier
jealous jaloux(-se)
jersey le maillot
job le boulot, le poste
  job application la demande
    d'emploi
to joke rigoler
joke la blague
joy of living la joie de vivre
juicy juteux(-se)
July juillet
June juin

K

to keep informed mettre au
  courant
key la clef
kind le genre
kitchen la cuisine
to know (to be familiar with)
  connaître; **(to know how to)**
  savoir

L

lace la dentelle
lack manque
to lack manquer
landing le palier
last dernier(-ière)
  last name le nom
  last night hier soir
  to last durer
late en retard
later plus tard
laundry la lessive
  to do the laundry faire la lessive
law le droit
lawyer l'avocat(-e) *m., f.*
lazy paresseux(-se)
leaflet le tract
to learn apprendre
leather le cuir
to leave partir, sortir, quitter,
  laisser
left: on the left à gauche
leisure activities les loisirs *m.*
lemon le citron
to lend prêter
length la longueur, la durée
less . . . than moins . . . que
let's:
  let's get to work au travail
  let's go allons-y
  let's put on mettons
  let's see voyons
  let's take a closer look regardons
    de plus près
library la bibliothèque
life la vie
lifestyle le style de vie
light léger(-ère)
to like aimer
line (from a dialogue) la réplique
to listen écouter
listener l'auditeur(-trice) *m., f.*
listening in à l'écoute
a little un peu de
live en direct
to live habiter
living room le salon
loan le prêt
to loan prêter
located: to be located se trouver

to look for chercher
to lose perdre
  to lose weight maigrir
a lot beaucoup
love l'amour *m.*
to love aimer, adorer
luck la chance
Luxemburg le Luxembourg

M

maid's room la chambre de
  service
mail le courrier
major la spécialisation
to make faire
  to make fun of se moquer de
makeup le maquillage
  to put on makeup se maquiller
to manage, to get along se
  débrouiller
manager le cadre
manufacturer le fabricant
many beaucoup
  many others beaucoup d'autres
map la carte
March mars
to marry épouser
May mai
may I help you? que puis-je faire
  pour vous?
me:
  me neither moi non plus
  me too moi aussi
means le moyen
  means of transportation le
    moyen de transport
meat la viande
to meet rencontrer, faire la
  connaissance de
meeting la réunion
men's clothes les vêtements pour
  hommes *m.*
menu la carte
métro line la ligne (de métro)
microwave oven le four à
  micro-ondes
milk le lait
mimed mimé(-e)
to miss manquer
missile la fusée

mistaken: to be mistaken se
   tromper
misunderstanding le malentendu
mixture le mélange
momentary passager
Monday lundi
money l'argent m.
monthly payment la mensualité
more davantage, plus de
   more . . . than plus . . . que
moreover de plus
the most . . . le (la, les) plus . . .
mother la mère
mountain la montagne
   mountain climbing l'alpinisme m.
to move (out) déménager, bouger
movie maker le cinéaste
much beaucoup
municipal building l'hôtel de ville
   m.
musical l'opérette f.
my mon, ma, mes
mystery novel la série noire

N

naive naïf(-ve)
native land la patrie
near près (de)
nearsighted myope
necklace le collier
to need avoir besoin de
negative négatif(-ve)
neighbor voisin(-e) m., f.
neighborhood le quartier
neither non plus
   neither . . . nor . . . ni . . .ni . . .
nervous nerveux(-se)
Netherlands les Pays-Bas m.
never jamais
   never mind tant pis
nevertheless néanmoins
new nouveau (nouvelle),
   neuf(-ve)
   new member le nouveau, la
      nouvelle
   new paragraph à la ligne
newspaper le journal
next ensuite
   next day le lendemain
   next to à côté de

night la nuit, le soir
no:
   no more ne . . . plus
   no one personne,
      ne . . . personne
noise le bruit
noon midi
nose le nez
not at all pas du tout
note la note
nothing rien, ne . . . rien
   nothing special rien de spécial
to nourish oneself se nourrir
November novembre
now à présent
nuclear power station la centrale
   nucléaire
nurse l'infirmière f.

O

to obey obéir (à)
October octobre
of course bien entendu
to offer offrir
office le bureau
   doctor's office le cabinet
   office helper le commis
often souvent
old vieux (vieille)
   old man le vieillard
on sur
   on my behalf de ma part
   on the one hand d'un côté
   on the average en moyenne
   on the other hand par contre
   on the phone à l'appareil
once more de nouveau
oneself soi-même
one-way ticket l'aller simple m.
to open ouvrir
opening l'ouverture f.
order la commande
to order commander
originally from originaire de
others d'autres
other times d'autres fois
outdoors dehors, en plein air
oven la cuisinière
over there là-bas
to owe devoir

P

painter le peintre
painting le tableau
palm tree le palmier
parent responsable m., f.
to park stationner
parked garé(-e)
party la fête
pastry shop la pâtisserie
to pay (for) payer
peace la paix
to peel éplucher
people les gens m.
   people say on dit
pepper le poivre
to permit permettre
person you are calling le
   correspondant
pharmaceutical pharmaceutique
to pick up (the phone) décrocher
pill le comprimé
place l'endroit m., le lieu
plans les projets m.
plate l'assiette f.
platform le quai
play la pièce
to play:
   to play a game jouer (à)
   to play an instrument jouer (de)
   to play sports faire du sport
players from Nantes les Nantais
pleasure le plaisir
plentiful abondant(-e)
pocket money l'argent de poche m.
pointed pointu(-e)
police:
   police officer l'agent m., f.
   police station la gendarmerie
poor pauvre
poorly mannered mal élevé(-e)
Portugal le Portugal
position le poste
poster l'affiche f.
pound la livre
powdery poudreux(-se)
power le pouvoir
to prefer aimer mieux, préférer
present actuel(-le)
presentation le topos
pretty joli(-e)

product line la ligne de produits
professional la profession libérale
to promise promettre
properly comme il faut
proud fier(-ère)
pudding cup le pot de crème
puny chétif(-ve)
to push appuyer
to put mettre
  to put on (clothes) mettre

Q

to question interroger
quiz l'interrogation f.

R

racing la course
radio la radio
rail ferroviaire
railroad le chemin de fer
to rain pleuvoir
raise l'augmentation f.
  raise in prices la hausse des prix
ravishing ravissant(-e)
raw vegetables les crudités
to react réagir
to read lire
reading la lecture
ready prêt(-e)
really vraiment
receipt le reçu
to receive recevoir
recent récent(-e)
to recommend conseiller
red rouge
redheaded roux(-sse)
reduction le rabais
regarding en ce qui concerne
to regret regretter
regulation le règlement
reliability la fiabilité
to rely on compter sur
to remain rester
remedy le remède
to remember se souvenir de, se
  rappeler
to rent louer
repairs: in for repairs en
  réparation

reply la réplique
requiring exigeant(-e)
to resell revendre
to rest se reposer
to retain retenir
retirement la retraite
to return retourner
  to return home rentrer
  to return (something) rendre
rice le riz
right:
  on the right à droite
  right away tout de suite
  to be right avoir raison
river le fleuve, la rivière
rocky rocheux(-se), rocailleux(-se)
room la chambre, la pièce
round-trip ticket le billet
  aller-retour
row le rang
rule la règle
to run courir
runny nose le nez qui coule

S

sale la promotion
  on sale en vente
salesperson représentant(e) m., f.,
  vendeur(-euse) m., f.
same même
  the same thing la même chose
sand le sable
Saturday samedi
to say dire
to scare effrayer
scarf l'écharpe f.
screen l'écran m.
sea la mer
seafood les fruits de mer m.
seashell le coquillage
secret le secret
  in secret en cachette
section head le chef d'équipe
to see voir
  see you next time à la prochaine
  see you one of these days à un
    de ces jours
  to see each other se voir
to sell vendre
to send envoyer

sensitive sensible
September septembre
series le feuilleton
serious sérieux(-se)
to serve servir
to set the table mettre la table (le
  couvert)
several plusieurs
to shake hands se serrer la main
shame la honte
to share partager
to shave se raser
she elle
shelves l'étagère f.
shoe la chaussure
shopping les commissions f.
short court(-e)
show la séance, l'émission f.
  show host l'animateur(-trice) m., f.
  to show montrer
shower la douche
sick malade
  sick person malade m., f.
silk la soie
silly thing la bêtise
similar pareil(-le)
since puisque
to sing chanter
singer chanteur(-euse) m., f.
sister la sœur
to sit down s'asseoir
size (clothes) la taille
  (shoes) la pointure
to ski faire du ski
skin la peau
skinny maigre
skirt la jupe
sky le ciel
sleep le sommeil
to sleep dormir
sleeping berth la couchette
sleeve la manche
slice la tranche
slope la piste
slot la fente
slowly lentement
to smoke fumer
smoking prohibited interdit de
  fumer
snail l'escargot m.
snow la neige

to snow neiger
snowmobile la moto-neige
so alors
  so much tellement
soap opera le feuilleton
soccer le football
social class le milieu
sofa le canapé
someone told me on m'a dit
something quelque chose
  something interesting quelque
    chose d'intéressant
sometimes des fois m.
son le fils
song la chanson
sorry désolé(-e)
South of France le Midi
Spanish espagnol(-e)
to speak parler
speed la vitesse
to spend dépenser
spending la dépense
spice l'épice f.
to spill renverser
to spot tacher
spring le printemps
square carré(-e)
stadium le stade
stage la scène
to stall pour gagner du temps
star la vedette
stay le séjour
to stay rester
stop l'arrêt m.
to stop arrêter
store le magasin
storm la tempête
straight lisse
  straight ahead tout droit
stranger l'inconnu(-e) m., f.,
    l'étranger(-ère) m., f.
street la rue
strike la grève
strong fort(-e)
student l'étudiant(-e) m., f.
to study étudier
stuffed-up bouché(-e)
stuntperson le cascadeur
stupid bête
to subscribe s'abonner à

to subsidize subventionner
subsidized housing le HLM
suburbs la banlieue
to succeed réussir (à)
to suffer (from) souffrir (de)
sugar le sucre
suit le costume
sum le montant, la somme
summer l'été m.
  summer camp la colonie de
    vacances
sun le soleil
Sunday dimanche
sunglasses les lunettes de soleil f.
sunset le coucher du soleil
surgeon chirurgien(-ne) m., f.
to surprise étonner
surprising surprenant(-e)
Sweden la Suède
Swedish suédois(-e)
to swim nager
swimming la natation
  swimming goggles les lunettes de
    natation f.
  swimming pool la piscine
Switzerland la Suisse

T

tablecloth la nappe
to take prendre
  to take a course suivre un cours
  to take an exam passer un
    examen
  to take a trip faire un voyage
  to take a walk faire une
    promenade, se promener
  to take away enlever
  to take care of s'occuper de, se
    charger de
  to take care of oneself se soigner
  to take off retirer
tattoo le tatouage
tea room le salon de thé
to teach enseigner
teacher le professeur
teaching l'enseignement m.
team l'équipe f.
to tear déchirer
tedious pénible

telephone le téléphone
  telephone book l'annuaire des
    abonnés m.
  telephone call le coup de
    téléphone
to tell what I like dire ce que
    j'aime
tenant locataire m., f.
to thank remercier
that ce, ceci
  that is to say c'est-à-dire
  that's all c'est tout
  that's it c'est bien ça
them eux, elles
then puis, ensuite
there is (are) il y a
therefore donc
they elles, ils
thin mince
thing la chose
to think réfléchir (à), croire
  to think about penser à
  to think of penser de
thirsty: to be thirsty avoir soif
this (that) ce, ceci
  this is to be said c'est à dire
  this looks ça a l'air
to threaten menacer
throat la gorge
Thursday jeudi
ticket window le guichet
time l'heure f.
  for a long time depuis longtemps
  from time to time de temps en
    temps
tire le pneu
to à
tobacco le tabac
today aujourd'hui
toilet les WC m.
to tolerate supporter
tomorrow demain
too aussi
  too bad (c'est) dommage
  too expensive trop cher
tooth cavity la carie
to torture oneself se torturer
to touch toucher
tough dur(-e)
tournament le concours

tracks la voie
traffic la circulation
training la formation
to translate traduire
to travel voyager
trip le trajet
trouble l'ennui *m.*
true vrai(-e)
truth la vérité
to try (on) essayer
Tuesday mardi
to turn tourner
to type taper

U

umbrella le parapluie
unbearable insupportable
under sous
undergone subi(-e)
to understand comprendre
understood entendu(-e)
unemployment le chômage
unfortunately malheureusement
unhappy malheureux(-se)
unhealthy malsain(-e)
union le syndicat
United Kingdom le Royaume-Uni
university la fac
up-to-date au courant
used d'occasion

V

vacation les congés *m.*
vacationer le vacancier
vain vaniteux(-se)
to verify vérifier
very très
  very important capital(-e)
  very near tout près
video le clip
vigorous vigoureux(-se)
to visit (a person) rendre visite à
  (a place) visiter

W

to wait (for) attendre
  to wait in line faire la queue

waiter le garçon
waitress la serveuse
to wake up se réveiller
walk la promenade
to walk marcher
to want vouloir, désirer
war la guerre
  war wounded le blessé de guerre
wardrobe l'armoire *f.*
to wash se laver
waste le gaspillage
  wastes les déchets *m.*
watch la montre
to watch regarder
water l'eau *f.*
wavy frisé(-e)
way la façon
weak faible
to wear (clothes) porter
  (shoes) chausser
weather report le rapport
  météorologique
Wednesday mercredi
week la semaine
welcome bienvenu(-e)
to welcome accueillir
welcoming service le service
  d'accueil
well convenablement
  well enough assez bien
west ouest
what quoi, qu'est-ce que (qui)
  what do you think of it? qu'en
    pensez-vous?
  what luck quelle chance
  what's new? quoi de neuf?
  what's the matter qu'est-ce qu'il y
    a?
  what to say quoi dire
when quand, lorsque
where où
which, what quel(-le)
while tandis que
white blanc(-he)
who qui
  who is it? qui est-ce? c'est qui?
why pourquoi
wife la femme
to win gagner

windsurfer la planche à voile
wine le vin
  named, expensive wine le vin
    classé
  wine store le magasin de vins
winter l'hiver *m.*
wish le vœu
to wish espérer
with avec
  with pleasure avec plaisir
without: to do without se passer de
witness le témoin
woman la femme
women's clothes les vêtements
  pour dames *m.*
wonderfully à merveille
wool la laine
work le travail, le boulot
to work travailler
worker travailleur(-euse) *m., f.*,
  l'ouvrier(-ère) *m., f.*
world le monde
to worry s'inquiéter
  don't worry ne vous en faites pas
to wrap envelopper
to write écrire
writer l'écrivain *m.*
wrong: to be wrong avoir tort

X

X-ray la radio

Y

year l'an *m.*, l'année *f.*
yellow jaune
yes (emphatic) si
yogurt le yaourt
you vous, tu
  you shouldn't have il ne fallait pas
  you will be noticed vous ferez
    fureur
  you'd better tu ferais mieux
young jeune
  young turkey le dindonneau
your own votre propre
youth la jeunesse

INDEX

TEXT PERMISSIONS

We wish to thank the authors, publishers, and holders of copyright for their permission to adapt the following:

p. 4 *Elle,* 16 May 1988; **p. 104** realia, *L'Officiel des Spectacles;* **p. 104** realia and announcements, *Office du Tourisme;* **p. 111** realia, *L'Officiel des Spectacles;* **pp. 138–139** Gérard Mermet, *Francoscopie,* p. 13; poll, *France-Soir/Louis Harris* 14 December 1985; **p. 168** map, *Michelin Guide de Tourisme,* p. 113; **p. 181** métro map, *Régie Autonome des Transports Parisiens;* **pp. 228–229** Gérard Mermet, *Francoscopie;* **p. 261** Gérard Mermet, *Francoscopie;* **p. 279** «La France, pays des fromages», *France-Amérique* 17–23 March, 1988; **p. 326** schedule, *Ciné Télé Revue,* 25 February 1988; **p. 330** *Quid,* 1988; **p. 333** Gaston, *Le Cas Lagaffe,* Franquin and S. A. Editions, Jean Dupuis pp. 9, 26; **p. 353** *Quid,* 1988; **p. 402** «Je vis avec une super-maman», *Elle,* 7 March 1988, **p. 403** «L'Aquagym», *France-Soir,* 19 March, 1988; **p. 404** «Parlez-vous franglais?» *Modes et Travaux,* July, 1987; **p. 531** poll, *Le Nouvel Observateur/Sofres;* **p. 542** advertisement, *Arts et decoration,* March, 1988, p. 126; **p. 543** «Le Poisson et le cœur», *Elle,* 7 March 1988, p. 67; **p. 544** «N'oubliez pas le poulet», *Modes et Travaux,* July, 1987, p. 104; **p. 544** «Terence Trent D'Arby», *Elle,* 16 May 1988, p. 63.

BLACK AND WHITE PHOTO CREDITS

All photos except the following were taken by Andrew Brilliant: page **14** *(right)* Alain Mingam; **232** *(right)* Reuters/Bettmann Newsphotos

COLOR PHOTO CREDITS

La Vie de tous les jours: **1, 2** Andrew Brilliant
Culture et loisirs: **1** Andrew Brilliant *(top);* Judy Poe *(bottom);* **2** Gabor Demjen/Stock, Boston *(top);* Andrew Brilliant *(bottom);* **3** *Water Lilies,* Oscar Claude Monet, French, 1840–1926. Oil on canvas. 89.5 x 100.3 cm. (35¼ x 39¼ in.) Gift of Edward Jackson Holmes. Courtesy, Museum of Fine Arts, Boston *(top);* Judy Poe *(bottom);* **4** Andrew Brilliant
Images de la France: **1** Judy Poe *(top);* Andrew Brilliant *(bottom);* **2** Andrew Brilliant *(top, center left, bottom);* Courtesy of French National Railroads *(center right)*